未来系列

未来

从数智经济到共享社会

邵春堡 著

中信出版集团 | 北京

图书在版编目（CIP）数据

未来发展 / 邵春堡著 . -- 北京 : 中信出版社，
2023.12
ISBN 978-7-5217-6086-6

Ⅰ . ①未… Ⅱ . ①邵… Ⅲ . ①信息经济－研究 Ⅳ .
① F49

中国国家版本馆 CIP 数据核字（2023）第 192052 号

未来发展
著者：　邵春堡
出版发行：中信出版集团股份有限公司
（北京市朝阳区东三环北路 27 号嘉铭中心　邮编　100020）
承印者：　北京通州皇家印刷厂

开本：787mm×1092mm 1/16　　印张：35　　字数：452 千字
版次：2023 年 12 月第 1 版　　印次：2023 年 12 月第 1 次印刷
书号：ISBN 978–7–5217–6086–6
定价：118.00 元

服务热线：400–600–8099
投稿邮箱：author@citicpub.com

赞誉

◎**邬贺铨**

中国工程院院士

互联网已渗透进各行各业并继续发挥数字化转型的引擎作用，生成式人工智能的崛起进一步推动了云网融合和算网协同，在全球经济发展不确定的形势下，AI+互联网呈现出强劲持续的确定性动能。邵春堡博士多年来深耕数字经济研究，敏锐地提出数智经济的新概念，聚焦智能时代的数字经济特点，前瞻性地分析对经济、社会等方面的深刻影响，展现数智社会的前景，阅读本书会给未来注入更多的确定性。

◎**陈存根**

中央国家机关工委原副书记，中国社会工作联合会会长

数字时代，随着数字技术在经济、社会、文化、科技、教育等诸多领域的普及应用，将会更多地呈现数字化应用场景和表达方式。社会工作要适应数字化潮流，探索和应用数智治理方式，提高治理效益；要将丰富的社会治理经验和做法通过高度概括，使复杂的治理和具体的服务简易化、差异化、精准化，运用教育、服务、防范和处置的治理方式，发挥社会工作在社会治理中的优势；要注

意防止数字技术在社会治理广泛应用中可能出现的异化现象，突出社会治理的自然属性和人性。邵春堡博士对数字治理、自然治理、社会治理三种方式的探索，会在迈向未来的发展中给人以启发和借鉴。

◎杨志明

国务院参事室特约研究员，人力资源和社会保障部原党组副书记、副部长，中国劳动学会会长

邵春堡博士潜心研究数智时代劳动新变化，关注未来就业新发展。智能机器取代人劳动的趋势与发挥人的创新性、能动性、柔性并不矛盾，新技术革命和新增劳动力的下降，带来劳动力从“数量型”向“技能型”转变，从无限供给向有限供给转变，大批新生代投身数字技能和网约劳动，人们会更好地适应和坦然面对未来人机分工、协作、交互及数智劳动增加。创新能力决定未来的劳动发展。当人们摆脱苦脏险重和枯燥乏味的劳动后，有技术新鲜度的体面劳动、快乐劳动、数智劳动将产生劳动魅力，新的劳动就业将趋于幸福。

◎杨学山

工业和信息化部原副部长，北京大学兼职教授

数字与材料能源的融合、工业技术与数字技术的融合，使人类社会的生产力体系进入一个新的历史阶段：工业经济走向数字经济，工业时代走向智能时代。为迎接这个新的时代，产生了丰富多样的转型实践和与时代特征相符的理论探索。邵春堡先生的《未来发展》一书，从多个维度告诉我们未来数智经济和共享社会可能的愿景和实践的路径。

◎朱光耀

财政部原副部长

邵春堡博士抓住数智经济这个主题，也就找准了未来和世界发展的一个重要方向，是很有价值的探索。理想的未来是光明的，但现实的数字化发展，需要社会转型、战略导向、战胜风险，方能迎来全新的生产方式和生活方式。数字世界和全球化相辅相成，需要制定共同的数字化规则，界定数字主权和数据跨境资源流动，保持供应链的韧性和稳定性，加强国际合作，并通过全球数字治理，方能推进数智经济的发展和数智社会的繁荣。

◎林左鸣

中国航空工业集团有限公司原董事长，中国航空学会理事长

在几千年人类文明史的经济活动中，数字经济是一个极新的领域。这个新概念的提出及其实践，推动了一次重大的经济价值嬗变。从过去人类的经济活动中，人们发现、创造、交易的主要是实物价值，这次巨变让人们关注以数字为载体的非实物价值。重大创新需要理论研究先行。邵春堡博士作为一位杰出的学者，所著的《未来发展》一书从现实的数字经济出发，挖掘数字化的非实物价值，探寻其规律，给人们以全新的启迪，为提升数字经济发展水平注入强劲推力。可喜可贺！

◎王建宙

中国移动通信集团有限公司原董事长，全球移动通信协会高级顾问

数字化是未来发展的重要标识。运用数字技术可以注入新动能，在海量数据、迭代网络、超强算力、人工智能的基础上，促进经济社会的在线化、智能化、虚拟化、云端化；实施数字化转型可以开拓新视界，倒逼流程优化、效率提升、赛道调整，改变经济社会的策略运

行方式和价值传递模式；树立数字化思维有利于构建新格局，在突破发展定式的过程中，增加数字化发展的途径和方式，让企业和客户有更多的选择和机会。邵春堡博士的《未来发展》一书开阔思路，没止步于具象描述，更多地注重方法论引导。

◎汪明义

四川师范大学校长、教授

人是经济社会发展中最核心的要素，教育是人成长的自变量、经济增长的助推器、社会繁荣的动力源。改变世界从改变教育开始。教育的理念、目的、形态和模式正在数智化推动下发生深刻变革。邵春堡博士对未来教育的探索，冲破旧的教育思维，预测学校教育向社会教育转变、学制教育向终身教育转变、少数人的精英教育向共享教育转变，把学习当作一种生活方式和人的全面发展的途径，这些观点的底气来源于数智化推动的全球教育发展浪潮。

◎阎凤桥

北京大学教育学院院长、教授，中国教育发展战略学会常务理事

作为超生物的人类种群，始终在思考着未来，并探索走向未来之路。但是，不同人对于未来有着不同的预期，有的偏向悲观，有的偏向乐观。英国作家赫胥黎分别于1932年和1958年在《美丽新世界》和《重返美丽新世界》两部书中，勾画了他心目中未来世界的图景，它们是反乌托邦文学的典型。美国人波兹曼效仿先师，于1985年用《娱乐至死》警示即将到来的未来。科学进步、信息技术和人工智能究竟会怎样改变人类的历史进程？赫胥黎和波兹曼所处的时代不像今天表现得这么明显，于是又催生了一批新的乌托邦和反乌托邦的文学和学术作品。邵春堡博士从乐观的视角勾画了令人欣慰的未来数智图景。众所周知，人类的预言不仅需要建立在客观的基础上，同时也具

有自我实现的效果。期待通过人类的努力，可以自觉地张扬数智的正面效果，克服其负面影响，共同塑造一个理想可期的新社会形态。

◎**刘胜军**

独立经济学者，刘胜军微财经创始人

我们正在见证数字就是一切的时代，这将给经济与社会带来深刻重构，无从逃避。任何技术的进步不可能只有好处而无风险，因此，对数字化革命进行深入研究和思考至关重要。邵春堡博士的最新力作《未来发展》以宏大又富有前瞻性的眼光，指路数字化前景，其思考的深度和系统性在同类书中是不多见的，可谓空谷足音，具有很高的参考价值。

◎**李玲**

北京大学国家发展研究院教授，中国健康发展研究中心主任

邵春堡博士的《未来发展》展现了数智经济和数智社会的美好愿景。数智化发展将为我国带来千载难逢的机遇，我国的数字产业优势和数字产品的应用实践，将为崭新的数智经济社会形态提供一种中国模式。

推荐序

数智经济引领未来发展

王东京
中央党校（国家行政学院）原副校（院）长

邵春堡博士的《未来发展》，起笔于青蘋之末，温风徐徐，不少观点和表达犹如朵朵浪花，成于微澜之间。相信读者会在不经意间被渐渐带入波澜壮阔的未来。阅读本书似未来激情之旅。

这本书将治学严谨的研究与展望未来的探测集于一体，在亮点频闪中极易捕捉值得称道的观点和表述，感受“未来发展”的脉动，令人心驰神往。全书前半部分论述数智经济，后半部分论述数智社会。

在数智经济发展上，作者有几个明确的观点：

1. 三种发展方式。一是智能发展方式，以人工智能等智能系统，生产海量和优质的产品和服务，在处理人与机器人的管控、协作和人机分工的劳动关系中，具有做大蛋糕的趋势；二是平台发展方式，人们共享机会、资源和过程，注重物品使用而不必样样拥有，省去不必要的投资，在处理人与人的成果分配关系中，具有分好蛋糕的趋势；三是生态发展方式，以轻资产为主，在数字化条件下，信息占比越来越大、物质和能量占比相对减少，从而减少对能源、自然的开发，减轻生态及地球的重负，在处理人与自然持续和谐的共生共存关系中，具有可持续做大和分好蛋糕的趋势。

2. 价值流向变化。数智技术的应用为供需实时计算匹配提供了坚实基础，并通过高频泛在的在线交易，以及渐趋完善的信用评价体系，为部分产业提供了有效配置资源的低成本共享渠道，弱化所有权而强调使用权。以往工业经济主要流向资本的价值，数智经济则流向分散，涌现出要素价值、内涵价值、分享价值、包容价值、品牌价值等多种价值创造渠道，具有分散的共富趋势，是解决发展不平衡的最好方式。

3. 数字产业集群。数字产业集群超越传统产业集群方式，在方向上，坚持数字化、网络化、智能化的协调和融合；在过程中，做到全方位、全链条、全要素的融合和改造；在作用上，追求放大、叠加、倍增的效应。这有助于重构更加宽泛的供应链产业链和世界经济的秩序。数字产业集群优势和强大竞争力，将有望把数智经济引向更远的未来、提到更高的层面。

4. 共享发展方向。数字经济吸取以往共享经济的经验和做法，体现时代共享特征，成为典型和规模化的共享经济，将共享经济推到顶端。在数字经济向数字社会的延伸中，将共享精神传递到社会及其治理，数字经济、数字社会、数字治理构成共享发展，且具有共富趋势。

在数字社会发展上，作者有一个演进逻辑：

1. 逻辑起点是智能机器人将更多取代人的劳动。这种取代虽然也有类似机器取代人的劳动后产生新业态、新岗位的情况，但总体上智能机器人取代人的劳动，具有人与机器人分工的特征。人们将基本结束繁重的体力劳动，从事更多的脑力劳动。未来劳动就业主要是创作、创意、创造、创新等文艺、文化、科技、教育、品质等工作。少量的体力劳动和人机协作，让劳动变得快乐和必需。人们从事较多的脑力劳动，在时间和地点上会相对自由，再无以往那样的劳动就业压力。

2. 解决人的全面发展中存在的主要矛盾。人的全面发展最根本的是人的体力和智力的全面、和谐、充分的发展，包括人的科技和道德素养。无论是马克思提到的缩小和消灭三大差别，还是现在常说的世界不平等发展，还原到人自身，就是人的物质生产功能与精神文化功能不协调。相比于以前，现在的不平等、不全面，并不主要是物质短缺所致。诸如战争、冲突、贫穷、气候问题、自然灾害、精神疾病、心理疾病，不少缘于精神、信仰、文化、智力的滞后和欠缺，揭示了人的全面发展的主要任务是解决人的智力、精神、文化、教育发展滞后或欠缺的问题。

3. 共享教育和大模型等技术将成为提高人的素质的重要途径。数智技术打破教育和学习在时空上的限制，数字平台可让人们随时随地学习，可以在线获取各种教育和学习资料，并以动漫、虚拟场景、游戏、交互等方式快乐地学习。通用大模型汇聚了大量知识和一般思想方法，特别是GPT-4 Turbo具有很强的智能性，上知天文，下知地理，有问必答，分条析理，可支持大多数人的学习，成为便利学习和传播的工具。多数人从体力劳动中解脱出来后，有了时间和物质生活保障，就有条件和需求从学校教育向社会教育转变、从学制教育向终身教育转变、从精英教育向共享教育转变，以弥补人的全面发展中精神文化、道德信仰、智能智力等方面的不足。

4. 人的全面发展注重健康水平、生活方式和治理保障。影响人的全面发展的因素还有健康、生活和治理。一要构建包括医疗、卫生、社会、环境、物种、文化等要素的健康大生态，使人与万物和谐；应用数智技术建造远程医疗和网络医院，应用人工智能提升医疗质量和健康水平，应用基因和生物技术助推精准医疗发展；随着未来元宇宙的发展，需要更多引入心理学、哲学等理论来配合医治疾病，以追求健康和长寿的人生。二要适应人机共存、快乐常态、简约生活、零距离变迁、融入自然、爱好至上、整合零碎、数字消费等生活方式的重塑，树立生产和生活新关系、原子和比特思维并重、开放交流中保护隐私、碳基文明与硅基文明结合等智能生活新理念；主动融入社会生活的连接契合机制、人的自我认知与表达机制、人际关系变化新机制。三要用“自然治理、数字治理、社会治理”这些听得懂的语言和看得清的符号来标识治理，保障人的全面发展的秩序，向着自由人联合体的社会发展。

未来发展在于人类的希望和想象力。当合上这本未来之书，会让人回味无穷，佩服邵春堡博士对未来的探索精神和创新勇气。

欲行远必自迩。欲承其重，必固其基。数智社会的繁荣，要从打牢数智经济基础做起。想要创造数智灿烂的未来，在当下就要探索数智经济更多的确定性。

数智经济究竟是什么？在数智经济实践还未充分展开，许多特征还未成熟和显现出来的情况下，寻找数智经济的内在联系、发展规律，的确存在一定难度。在对数智经济初步实践分析的基础上，我认为数智经济的本质是计算，通过数据的计算合理分配资源、精准分配生产和需求，通过一系列的运算达到降低成本和提高效率的目的。数智经济的含义非常广，在制造业里也叫智能经济。

发展数智经济，要实现转型与产业的结合，加速经济数智化。在数智经济与实体经济的融合上需要一些示范引导，一个产业中如果出现一两家企业在数智化建设方面颇有建树，企业生产成本就会快速降低，供货的速度也会大幅提高，有这样积极作用的示范效应，其他企业就会积极跟从。要通过建立数智经济发展委员会之类的专门组织，积极呵护产业数智化发展，让企业家发挥创造力，解决发展过程中存在的问题，把创新和发展放到监管前，促进数智经济的健康繁荣。

数智经济是走向未来的新型方式，同我主张的第四产业崛起异曲同工。如果说第一产业对应农业，第二产业对应工业，第三产业对应服务业，那么正在飞速发展的第四产业则是数智经济的产物。它满足了人们对信息的需求，其产品是信息，原材料也是信息，掌握了信息就掌握了数智经济的基础。

第四产业是从第三产业中剥离出来，解决人对信息需求的产业，包括信息的加工、服务和智慧化提升，以至整个数智经济。目前，第四产业已经渗透到人类活动的方方面面，无论是吃饭、网购，还是出行等，企业发展需要追随数智社会发展而进行产业升级。第四产业的兴起会出现大批新型基础设施需求，如专注于云服务、数据管理等需求，还会涌现出一批信息基础设施的建设者和服务平台，这对很多企业来说是一个巨大的发展机遇。

数智经济方兴未艾，共享发展走向远方。数智时代注定镌刻在21世纪，21世纪将引领数智发展走向更远的未来。

自序

数智起舞，共享发展

研究“未来发展”，缘于新一轮科技革命开启的数智时代，正在接棒历经几个世纪的工业社会。

站在历史与未来的交汇点，身后有影子，身前必有光。有人喜欢去描摹影子的形状，深度研究工业时代，以启示未来。笔者更想追光，踏着发展的永恒步伐，探寻数字化未来的瑰丽世界，昭告世人。

数智时代来临，经历了量变、质变、激变。

量变是在物质、能量和信息三要素并存和比例变化中占比最高的一项，孕育着新社会生成的要素。农业经济“物质”占比高，工业经济“能量”占比高，数智经济“信息”占比高。以往的知识经济、信息经济、网络经济，都是量变的积累和促成。

质变由新科技革命引发，它把知识经济、网络经济条件下的数据，以及网络的工具性、技术性，上升到资源、要素、性质的高度，质变就此发生，数字智能时代孕育成熟，但尚需至少二十年的产业变革期才能正式进入新的时代。

激变发生在2020年以来的全球新冠疫情防控中。防疫使人们的生活、生产、交往受到限制，数字技术得到广泛应用，平台模式、在线方式纷纷呈现，在紧急情况下省去以往产业化经历的思想文化、体制机制等繁杂的程序、拉锯和磨合。数字产品、技术和平台应用的便利，刺激了数字产业规模，把数智时代直接提前到现在。

数据的要素特征和新技术的智能性质，使数字经济和数智经济的两种表述越来越多地混用。本书应用数智经济的概念，体现数字的象征意义，突出新经济的智能实质，反映未来的发展趋势。

数智化发展的基础在智能技术。2023年注定是智能技术面向未来发力的重要标志，除了年初OpenAI和文心一言等发布大模型的技术外，接近年尾又迎来一波新的冲击。李彦宏在10月17日的百度世界大会上，正式发布文心大模型4.0，展示了文心一言在处理复杂问题的能力上取得显著进步。大模型将开启一个繁荣的AI（人工智能）原生应用生态。11月8日，OpenAI开发者大会透露的最新技术带来更大冲击，涵盖人工智能的各个方面，旨在推动开发者社区的发展并加速创新。

数智经济的价值流向不同于过去，由于互联网、大数据、人工智能支撑的平台作用，以往工业经济主要流向资本价值，数智经济则分散流向，涌现出要素价值、内涵价值、分享价值、包容价值、品牌价值等多种价值创造渠道。在工业社会做产品、品牌、标准的基础上，数智经济的价值生态链已萌芽，并构建着共生格局，使数智经济同时成为共享经济。正是由于数智经济的平台广阔，使更多的人可以共享资源、机会、过程以及成果，因此为共同富裕奠定了有利基础。

数智经济具有虚拟形式，应引导其着力于实体经济，防止金融、房地产等虚拟经济与实体经济比例失当。数智经济在发展的同时，善于向外赋能，使生态经济、能源经济也得到蓬勃发展，以至人们称21世纪是智能时代、生态时代、新能源时代。正如机器隆隆、石油滚滚隶属于工业时代，绿色能源、自然生态则隶属于数智时代。

数智经济目前还是初步发展，数字产业集群的优势和强大竞争力，将会把数智经济引向更远的未来、提升到更高的层面。

经济是科技的载体，社会是经济的延伸。数智经济必然拓展出一个数智社会，数智经济和数智社会构成共享发展。

智能机器人规模性地取代人的基础劳动后，有机器人提供的物质生活保障，人们将会更多地从事文化、艺术、科技等工作，ChatGPT等大语言模型的普遍应用，有利于让更多人掌握知识，学会一般的思想方法。尽管现在人工智能还远不如人类智慧，但人类和机器关系的改变终将解放人类，并会使人走向真正的高贵。

教育的数智化转型、变革和理念创新，使共享教育、社会教育、终身教育成为人的全面发展的途径，也成为人的一种生活方式。

长寿甚至有望永生成为未来普遍的健康理念和实践。社会、环境、物种、文化等将纳入人类健康大生态；数字通信技术造就远程医疗和网络医院，解决了医疗资源不足的问题；人工智能技术提升医疗质量和健康水平，纳米机器人有可能进入人体进行健康巡察，并针对病灶精准施药治疗；基因、生物技术和医工结合，助推精准医疗蓬勃发展，特别是较远的未来，人们会更多地引入心理学、哲学等理论配合医治疾病。

数智经济和数智社会的发展，必然带来人的优质生存和高质量生活。一是生活方式将被重塑，比如人机共存、快乐常态、简约生活、零距离变迁、融入自然、爱好至上、整合零碎、数字消费。二是智能生活新理念将更加普及，比如重塑生产和生活的关系、原子和比特思维并重融合、不必样样拥有但求可以使用、开放交流中保护隐私、碳基文明与硅基文明的理念。三是数智生活新机制将更加完善，包括社会生活的连接契合机制、人的自我认知与表达机制、人际关系变化新机制。

未来治理，包括自然治理、社会治理、数智治理。自然治理侧重于治理现代化、社会化和现代人这三个方面的异化问题，防止违反自然规律，处理好人与社会、人与自然、经济建设与生存环境的关系，坚持绿色发展、系统治理、以人为本，实现人与自然和谐共生的现代化，走绿色发展的人类文明之路。社会治理是对社会各方面开展的预防、管控和风险处置的全过程治理，拿交通管理中的红绿黄灯标识来类比社会的方方面面，针对社会、自然及其他各方面的正常状态、危险状态和介于两者之间的中间状态，防范黄色、整治红色、巩固和扩大绿色，建立对社会各方面的安全预警治理体系。数智治理实质上是以数智科技的应用和融合为基础，在确保数据安全的前提下，使政府、企业、个人等不同主体最大程度地共享数据资产，促进数据关联应用，形成“用数据对话、用数据决策、用数据服务、用数据创新”的现代治理模式。三种治理既相互联系渗透，又各有范围和特色。三种治理用听得懂的语言和看得清的符号进行标识，越简单、越大众，越适宜监管，越能使人们共同参与治理、执行和配合，产生良好的社会治理效果，从而向着人的全面发展和自由人联合体的社会发展。

共享发展代表了经济和社会的未来发展趋势，将会超越所有权意义上的商品消费，公众将更普惠均衡地共享社会生产力带来的红利。

笔者以2022年出版的《未来引擎》一书为基础，将未来研究的内容分为近未来、中未来、远未来。近未来聚焦21世纪，着重探索这个百年的经济和社会发展趋势，也是本书的主要内容。中未来是从现在到22世纪末这样的跨度，着重探索这个时期的人类组织、社会制度、社会文化，聚焦社会融合，也就是笔者正在研究创作的《未来共同》。远未来指向22世纪之后，着重探索人类进化、星际人类、人类和平，聚焦人类命运，将是本系列中的《未来谜团》。

对近未来的把握、中未来的认知、远未来的憧憬，将增加现实人生之外的触碰感知，延展生命长度，拓宽生命厚度。

目录

第一章 数智经济为何成为新经济形态

人类运用铁器和牛耕的农业革命，结束了石器社会，开创了农业社会；以蒸汽机、电气化为标志的两次工业革命，结束了农业社会，开启并深化了工业社会。新一轮科技革命带来经济形态变革和转折的机遇，数智经济时代正在到来。

传统经济形态正在为数智经济腾挪空间

数智经济强劲的发展势头，使衰落中的旧形态势必为其腾挪空间。工业社会经历几百年是否已经衰落？几个世纪以来，人们不停地对其积弊的批判，就暴露出其弊端丛生、日趋没落的颓势。

19世纪，马克思指出："资本来到世间，从头到脚，每个毛孔都滴着血和肮脏的东西。"他认为工业社会不是自由、平等的社会，也不是一个能保证每个人都能得到充分自由与发展的社会。

20世纪，现代管理学之父德鲁克认为，工业化生产方式对经济领域和整个社会结构的改变，不断加深现实社会危机，并加剧现实社会的冲突，特别是两次世界大战造成人类浩劫和灾难，使大众对工业社会的市场机制及其宣称的目标失去信心和兴趣，断言工业化实践以及工业主义终将以失败告终。

21世纪，皮凯蒂的《21世纪资本论》分析了工业革命以来的财富分配数据，认为不加制约的资本主义导致财富不平等加剧，资本收益率大于经济增长率，自由市场经济并不能完全解决财富分配的不平等问题，直击贫富差距的主因，建议通过民主制度制约资本主义以减少财富不平等。但皮凯蒂站在工业社会生产关系的立场，不可能提出解决工业社会问题的根本性方案。

工业社会的每次危机都在冲击其本质，只是工业社会早期、中期尚处于生产力旺盛阶段，由于及时地调整生产关系，客观上延长了这个形态的寿命，但总体衰落的命运已难以挽回。

20世纪中叶信息革命后，西方发达国家意识到了工业社会某些机制和环节的危机，生产成本高、污染很严重、生产效率日渐低下等，展开了“去工业化”：一是将制造工厂由大城市迁移到中小城镇和农村地区，甚至迁移到国外；二是钢铁、造船、工程机械和纺织等传统产业，逐步主动或被动走向衰退，制造业严重萎缩；三是把生产过程中劳动密集型的加工装配环节，分散到国外工资成本低廉的地区，而发展中国家的优惠政策和廉价劳动力加剧了这种趋势。

西方发达国家开展的几十年去工业化的过程很残酷。美国的制造业劳动力占总劳动者的比例，从1965年最高值的28%下降至1994年的16%；日本制造业的就业比重从1973年的27%下降到1994年的23%；欧盟国家中，1970年制造业就业比例的最高值是30%，到1994年下降到20%。与此同时，金融和服务业迅速发展。美国服务业就业人数占劳动者总数的比重，从1960年的56%上升至1994年的73%。其他发达国家均出现类似现象。[①]结果造成美国虚拟经济膨

① 铁流.成于工业化，败于“去工业化”，制造业之于中国崛起到底有多重要？[EB/OL].瞭望智库（微信公众号），2016-04-14.https://mp.weixin.qq.com/s?__biz=MjM5NjU5MTAyMQ==&mid=402033562&idx=1&sn=d128763581112da34af4e67c1d042fe9&scene=27.

胀，逐渐脱离工业制造等实体经济，成为2008年金融危机的一个诱发原因，导致后来几任美国总统花力气推动制造业回归都难以如愿。

去工业化最应调整、变革乃至去除的是僵化的生产体制、管理机制和不合时宜的观念文化，然而西方发达国家的做法却是简单地削弱了工业、制造业和经济实体。工业社会几百年来施惠于人类，促进社会进步，形成了不可替代的地位，要真正推进经济形态更新和转化还需强烈的外部力量。

科技革命及产业化催生新的经济社会形态

新一轮科技革命浪潮正好从外部冲击到传统的经济体系。

数智技术拓展了社会连接的边界

互联网、物联网，覆盖了人、物、时空等广阔范围，打破了工厂、车间、仓储、物流、销售等各环节的界限。工业时代的先生产、后消费、再分配的顺序，迎面遇上了数字时代的边生产、边消费、边分配的并发状态。跨国企业的内涵和外延扩大，通过它们将数字技术快速传播和推广到世界各地乃至人类难以涉猎的更大范围。

数字平台的共享促进了经济社会发展

新技术的普及和应用超越原来工厂、单位、组织的信息传递圈子，使所有的生产、工作和生活都进入网络而联通。不断发展更新的通信技术，以及庞大的数字智能体系，从最早运用于生活消费领域，向着传统产业改造升级延伸，从便利和活跃人们的生活和工作，到应用数字技术创造出各种产品和服务，推动经济社会进入新的发展阶段。

数智科技的通用性盘活各个产业

在各项数字技术相互交叉的基础上，又以“互联网+”“人工智能+”等方式，融合生物科技、材料科技、航空航天科技、环境能源科技等，积极影响各个产业的技术进步和生产要素升级，共同推动技术转化、产业创新和体制转型，促进了分工和质量及效率的提升。

数字科技的智能普遍提升了效率

自动化不再限于机械化和电气化，更多地与智能、网络和数据相关联。数智经济在搜寻成本、复制成本、运输与沟通成本上的优势，及其可记载性和验证性等特点，促进了节能减排，并以虚拟方式参与资源配置。应用数字孪生进行各种设计，数智经济的“智造”代替传统制造，定制化和即时性生产超越工业规模化、批量化的生产，更好地满足了消费者的个性需要。所有这些智能应用环节，普遍提升了效率。如大连港操作员在孪生渲染技术的帮助下，以“上帝视角”了解设备作业和船舶装卸状态，监测拥堵，提升作业效率。[①]

数字网络重构社会组织

在数字网络穿透工业社会一切组织结构的基础上，将个人纳入数字网络并使之成为基本节点，无疑将带来原有社会组织结构的调整甚至瓦解。[②]人工智能、传感器、物联网、大数据、区块链等技术运用于各种协调、联络、监管和决策，体现了新科技在一定范围内使生产力

---

① 张岳. 中国经济，下一个超级风口！[EB/OL]. 百家号，2023-04-19.https://baijiahao.baidu.com/s?id=1763568875953376974&wfr=spider&for=pc ）.

② 王天夫. 数字时代的社会变迁与社会研究 [J]. 中国社会科学，2021(12).

与生产关系相对应。

在新科技革命及其产业化中出现的数智经济，超越工业经济的发展逻辑和工业社会的运行规则，打破了物理时空边界，成为以万物互联为基础、以数据要素为核心、以自然算法为产销方式的新经济形态，明显发挥着以下三大优势。

一是强大智能。各类新技术的广泛应用，提升了生产、工作和生活的智能性，尤其是人工智能的大规模使用，将会创造出比过去任何时候更多更好的产品和服务，极大地提升生产效率和消费体验。

二是共享性质。价值流向的分散、向下和平台辐射，有利于降低不平等发展的可能性，普惠大众。“数字化转型为供需实时匹配提供了坚实基础，并通过高频和泛在的在线社交，以及渐趋完善的信用评价体系，为部分产业提供了有效配置资源的低成本共享渠道，弱化所有权而强调使用权，促使共享经济快速兴起。”[①]

三是生态文明。相比于工业制造方式，在创造同样数量和质量的产品和服务中，数智经济会极大地降低原料和能量的损耗。虚拟方式和线上经营，大大削弱了传统经济方式占有大量资源的优势。

总体看，数智经济是以数据为要素、以网络为载体、以应用数字技术为推动力的经济活动，包括了数字产业化和产业数字化。

数智经济形态的形成和发展

随着生产力水平的提升，人类社会经历了自然经济时期和市场经济时期，现在正在进入数智经济时期。这三个时期也被称为农业社会、工业社会和数智社会。农业社会自给自足、以村庄为范围进行简

① 中国电子学会.全球产业数字化转型趋势及方向研判（2021）[EB/OL].网易，2022-02-18.https://m.163.com/dy/article/ERKM65MF053874C1.html.

单交换，经济范式是“点”；工业社会布满流水线、供应链、产业链，经济范式是“线”；数智社会是网络结构、多元协同、分布式组织体系，经济范式是“网”。之所以称作数智社会，是因为它是由数字技术和人工智能技术的产业化和普遍运用形成的。电子信息的所有机器语言都用数字代表，信号以1和0的方式来传送，一切建立在数智技术基础上。

数智生产力开创了一个新的时代

21世纪前20年，孕育并产生数智经济社会形态，缘于生产力的飞跃和结构变化。何祚庥院士认为：“马克思主义生产力概念包括精神生产力和物质生产力，当精神生产力的比例越来越大时，以知识为基础的形态必然出现。知识经济的到来，是人类文明进步的必然结果。”生产力的颠覆和创新显示着强大的威力。

一是劳动者发生革命性变化。能力上，人们通过穿戴、携带和利用智能设备，延伸和超越劳动者本身的能力；类别上，增加了智能机器人这个新成分，它们虽与身为劳动者的人有着本质区别，但逐渐成为一种劳动力；分工上，智能机器人更多地担负人类的体力劳动，人类将担负更多的脑力劳动；边界上，智能发展拓展了人工智能取代人类劳动的想象和可能的边界，特别是生成式AI的出现，在从客服到写作等许多岗位，都可能取代人类，而且有可能最先被取代的不光是体力劳动，还有人的一般脑力劳动。可以预见，人工智能规模性地参与劳动，将使未来劳动就业出现新的转折，人类劳动会趋于自觉、轻松、快乐，形成新的劳动格局，人们的就业压力会普遍减轻。

二是生产工具超出传统工具的范畴。智能机器人不同于一般的自动化机器，它可以模仿人，具有一定的能动性，更富有效率，使生产工具的地位明显提高，带动经济发展速度指数级增长；智能机器人取代人的劳动，短期会像机器取代人一样，对就业构成一定威胁，但未来机器人的广泛使用，将带来人与机器人的分工，机器人更多地担负体力劳动和一般脑力劳动，人将担负更多的脑力劳动，这样既能减轻人类的劳动负担，避免体力劳动中的风险和牺牲，又能享受机器人提供的物质保障，人类将迎来真正意义上的幸福生活。

三是劳动对象变化巨大。进入劳动过程的自然、资源由寂寞到活跃，大量的传感器、物联网、云计算等设备，唤醒了山川河谷、顽石矿物，人类能够根据能力、环境保护要求有计划地开发，劳动对象与劳动者、劳动工具的结合从来没有像现在这样密切。

生产力各要素功能增强和结构调整，极大地提升了生产力要素的整体功能和作用。这是近代以来生产力的最大变革，带来生产力最大的进步和解放，形成数智发展的重要方式，奠定未来发展的主导地位，开创了一个崭新的数智时代。

数智经济形态的孕育和形成

恩格斯说："只有当我们用数字描述一个世界时，才会由必然王国走向自由王国。"[①]数智科技经历了萌芽、形成和发展的过程，从量变到质变，先后出现了信息经济、知识经济、数智经济，按照顺序，智能程度不断提高。从信息经济到知识经济，再到数智经济，就是从知识爆炸到智能扩张的过程，是从数字信息到数字智能的演变。数智科技的扩张和演变，在经济和社会的泛化中，体现其价值的实现逻辑。

数智经济超越信息经济和知识经济，就是利用了更加丰富、更

① 马克思，恩格斯.马克思恩格斯文集（第三卷）[M].北京：人民出版社，2009.

强功能的数智技术，特别是诸多数智技术的融合应用突破了信息和知识标志的经济方式的短暂过渡，带来整个经济环境和经济活动的根本变化。信息化是互联网等信息技术导致的，数字化是若干项信息技术的集合或融合造成的，智能化则是数字技术和人工智能的更多融合运用形成的。信息化不会因有数字化、智能化便戛然而止，信息化还会延续很长时期，它融入数字智能化洪流后，存在的方式和形态发生了变化。

如果说在信息经济和知识经济时期，数智技术和数据对经济活动发挥着工具、技巧、方法的作用，那么在数字智能经济时期，数智技术和数据就逐渐转化并升级到资源、要素、内容的性质，数字科技及其积累的数据本身成了价值的主体和核心。现在数据用过一次后进行再次分类并重组分析，不仅无损还会增值，运用价值更高。

数据越沉淀就越庞大，经过分析和加工，就更具反复利用的价值。数据成为最有价值的生产资料和要素，它有助于化解不确定性，能有效提升规划和行为的成功率。芯片构建数据价值的基础，连接、智能、新能源促进其价值提升。正是以数智科技和数据为要素，通过生产过程驱动产品制造和产业发展，形成了创新产品、产业构建的数智经济生态。

数智经济是在农业经济、工业经济之上涌现的经济发展形态，将会带来更高的发展效率。想要将数智科技进步带来的自发的、零碎的社会现象，引向自觉、有序、健康和普遍，须从认识数智科技开始，把握数智科技价值的实现逻辑和扩张路径。

数智科技价值扩张和升值的逻辑

以数智科技为起点，将梯次实现数字产业化、产业数字化、数智经济、数智社会、数智治理。

数智科技

云计算、大数据、5G、6G、人工智能、区块链、万物互联等数字技术的发展和融合，成为数字世界的基础，数字技术有其自身价值，越运用越普及，越能发挥其深厚的应用价值，也越能发现其潜在的延伸价值。现在越来越多的业务正在变成时间的艺术，当然不是所有的应用场景都需要计算，但是在理想情况下，事件发生时产生的数据就应被立即处理分析。从这个意义上说，数字智能是一种时间性能力，探索硬件架构和算法优化，可以迅速解决问题。如果任务时间无限，滴水也能穿石，而快速解决问题靠的是智慧，数字科技融合，可以从容面对数据洪流的产生和激增，通过“流计算”驱动智能发展。

数字产业化

数字产业化就是数字技术带来的产品和服务。数字技术率先在信息产业系统深度运用和广泛扩散，运用和扩散的范围包括基础网络通信运营商、互联网企业、信息通信设备终端和软件服务产业等。近水楼台先得月，数智科技在信息通信系统和互联网企业中的运用，推进了信息产业的快速发展。当然，数字智能产业的形成和发展，常常是科学技术、商业生态、产业政策等多种因素相互作用和制约的结果。科技提供了可能性，科技又不能信马由缰，且科技在发展中也会呈现非匀速、非确定性特征，即产业必然性塑造中的偶然个性。比如华为、阿里巴巴、腾讯等，通过运用数智技术及其融合，做出通信技术产品、工具、云服务、App（应用程序）等各种智能产业产品。如果没有云计算、大数据技术支撑，人工智能只能是个玩具，而云计算也是在大数据基础之上发展起来的。

产业数字化

产业数字化就是用数智技术改造和提升传统的产业，抓住数据资源这个关键要素，重构产品结构，以信息网络为市场配置纽带，发挥服务平台的产业载体作用，并贯穿数字管理。通过数字产业化这个捷径，使已形成的数字智能新业态、新平台、新服务、新岗位，广泛渗透和运用在第一、二、三产业，将人工智能“嵌入”各行各业，加速万物智能发展，推进各个产业互联网化和数字化，放大数字技术的价值实现，在智能属性、运营效率、综合实力、竞争力等方面获得全面提升。产业数字化将全面推动数字时代产业体系的质量变革、效率变革、动力变革，推动新旧动能转换和高质量发展。

数智经济

数智经济是以使用数字化信息作为关键生产要素，以现代化信息网络作为重要载体，以智能化算法为重要工具来提升生产运营效率和优化经济结构的一系列经济活动。海量数据与智能算法成为数智经济的两个重要元素。平台支撑、数据驱动、普惠共享和智能算法是数智经济的四大特征。通过数字技术产业化和产业数字化，数字技术应用几乎覆盖所有产业行业，推进经济社会更好更快发展，指数级提升人类社会产能和贡献率，经济发展中浓厚的数字智能特征逐渐取代原来工业化的特征，形成数智经济形态。

数智社会

这是一个以数字产业化、产业数字化为基础，并与整个数智经济相匹配的崭新社会形态，主要通过数字产品、数字化服务在社会、文化、教育等各方面的广泛运用，或通过各种数字产业、数字服务、数字平台为社会生活提供产品和服务，使社会时时处处呈现数字智能化应用及场景。这种现象与传统社会明显不同，反映着数字智能资源的鲜明特点。比如从搜索引擎到自动驾驶汽车，这是一个信息份额递减而智能份额递增的过程，是一个从直接操纵到授权代理的过程。

数智治理

这是适应数智经济和数智社会的新特点，运用数字智能要素和资源开展的社会治理方式。数智经济与数智社会带来一些新业态、新行业、新岗位，相应地需要大量新的决策、规划、管理、监督和安全等方面的工作，进而需要相应的职业道德、规则和法律予以规范和治理，数智化治理应运而生，重塑着社会运行方式和国家治理方式。

从数智技术到数智经济、数智社会，再到数智治理，数字技术及其价值的实现得到四个延伸：第一，数字技术本身的价值，通过数字技术产业化，向信息通信和互联网产业延伸；第二，信息通信互联网产业的价值，通过产业数字化，向各产业延伸；第三，经济领域数字化向社会和文化领域数字化延伸；第四，数字技术由生产力的功能向生产力与生产关系兼有的功能延伸，从创造物质财富向辅助监管和治理的层面扩展。如果量子计算问世并实现普遍应用，那将对整个社会产生又一轮超级冲击，很可能就此引领人类文明走向彻底数智化。如果集中而优质的智能网脑神经元把相关信息传导循环起来，将会加速世界智能化。

随着数智科技日益发展和对数智技术价值的不断挖掘，人们感受到万物皆数，而且数字间的关联上升为一种普遍规律。如同土地意味着农业时代、机器意味着工业时代一样，数据意味着数智时代。有人将计算机产生作为这个时代的起点，有人把20世纪90年代末联合国首次提出“数字地球”的概念作为开始，也有人把“数字城市”“智慧城市”“智慧社会”的规模性建设作为这个时代形成的标志。其实，不必非要找个时间点，从信息经济到知识经济再到数智经济这样的过程，就是数智时代形成的客观标志。

数智科技及产业化催生社会转型

数智技术和前沿技术加快迭代演进，深度融入社会各个领域，不断迸发创新活力，使数智经济成为全球产业变革和经济增长的核心要素。数智经济的发展特征和趋势，使这个崭新形态从萌芽、成形，迅速走向规模化，冲击着传统的经济、社会和文化。尤其是全球数据爆发式增长和海量集聚，使数字技术价值极速扩张。短短几年时间，数智经济已进入跨界融合、系统创新、智能引领的阶段。数智经济的发展将带动巨大需求，无疑是各个产业和行业的重大机遇，世界各国都把数字化、网络化、智能化作为国际竞争的新赛道。

培植数智经济新优势和竞争力，基础在数字化转型。目前世界数智经济发展的不平衡多是转型的优与劣造成的，常常有一些企业、社会组织和政府，在数字化转型上缺少作为，推进力度不够。有序推进转型，在于把握各种条件，及时制定政策策略，积极支持鼓励相关举动。如果条件不具备，过早转型就会效率低，浪费资源；如果条件充分而行动迟缓，就会丧失最佳机会。

美国是数智科学技术领先的国家，中国在5G、量子通信、语音识别、超级计算机、人工智能、生物技术、绿色能源等前沿科技领域也不断取得突破，正在从“跟跑”向“并跑”和“领跑”转变，移动支付、共享经济、在线购物、机器人制造等领域数字技术的运用和产业化蓬勃发展，特别是消费互联网的数字技术运用在全球领先，实现了历史性的进步。

历史表明，科技革命和产业革命深刻改变着世界发展格局。科技革命和创新是转型的重要前提，科技产业化是数字化转型的直接条件。我们要把握科技革命和产业革命的时机，及时组织和引导转型。数智科技作为新的生产力，在创造财富、促进增长方面有着明显的作用，数智科技又作为参与生产关系的崭新力量，对社会发展也发挥着积极影响。

思想观念、体制机制、基础设施的变化

数智科技带动数智经济和数智社会转型，正值全球新冠肺炎疫情时期，表面上看对数字化转型和推进带来冲击，事实上恰恰带来转型的机遇。疫情防控过程中使用数字技术支持的各种产品、工具、软件和便利服务，加快了数字化转型的进程，加快了观念转变、监管转变和基础设施在不同国家的转型步伐。

思想观念的转变

工业社会向数智社会转型遇到的最大阻力是传统和习惯势力。从互联网到大数据，再到数字智能，不只是概念变化，更是观念变化，是从表象到肉体再到灵魂的上升。许多国家已进行多年转型探索，取得不同的成效，但在病毒危及生命的全球抗疫中，必要的居家隔离、社交距离让人们静下来将各种日常必需的数字技术运用、理念认知和规范监管合为一体，减少了许多思想说服、技术科普、试点试验过程。人们在接受数字技术带来的社会生活和经济发展的实惠中，也在文化观念、生活习惯、工作方式中接受了数字技术，推进了数字化步伐，为数智经济和数智社会的规模化发展做了必要的铺垫和准备。

普通百姓可能只在表面上感受到了数智技术带来的生产、工作和生活的方便和升级，而接触数字智能实质的人们则深刻认识到数智技术将带来企业和社会的创新循环机制，即“数据—算法—知识—用户体验—新的数据”构成的循环往复的价值创造机制。理解到数字智能社会的价值，进而增强自觉性，主动抓住机遇。数字智能世界需要新思维，而思维、观念和心态的转变都带有根本性，必须树立与数智社会相适应的思维方式和积极心态，以相应的观念、心态来协调参与度，激励员工、客户和其他利益相关者乃至整个社会来创新，调动人们广泛参与企业和社会的数字智能化转型升级。

建立严谨而科学的转型态度、协作和共享的思维方式，方能较好地接受数字化转型的动员。思想观念的转变会促成对数字技术、数智经济的理解和支持，在积极态度下，转型才有积极性，推进才会有进展。全球疫情防控对数字化转型是个促进和检验，对数字化治理也是个初步的整体尝试。

基础设施建设的转型

在向数智社会的过渡中，新的基础设施建设离不开数字化转型的底层支撑和技术保障，信息交流的需求决定了信息基础设施成为数字智能社会最重要的基础设施内容。

随着视频应用、工业互联网、数字工厂、数字文娱、在线直播、远程医疗、在线教育等新应用、新模式的加速涌现，现有信息技术算力不足的状况呼唤新的基础设施；随着生活工作的在线化，工厂与城市的智能互联，智能产品的持续增长，自动驾驶与智能网联车等新技术的导入，大量网络与数据安全问题也亟待通过提升基础设施建设予以解决。因此，数字化转型迫切需要以5G、AI等技术支持的网络优化、智能升级、融合创新等服务的基础设施体系来解决这些问题。可见，新的基础设施建设是新旧动能转变和数字化转型的技术性基座。[①]

传统的制造业基本上以器械、电器和电力为主，其生产流水线要靠很大规模的投资来建立，后续很难调整。比如一家汽车制造厂，要重建一条生产流水线，成本很高，花费时间很长。而数字智能基建的扩大，就能促进数据智能、自动化、精准预测对制造业的转型和改造，实施数字控制。它改变的核心是数据和知识，包括制造的流程、工艺、设计，制造的每一步都会用数字来控制。如果一家汽车制造厂要调整生产，制造另外一种样式的汽车，它不再需要重建生产线，而只需把新产品模块接过来就可以了。这将彻底改变制造业的基础，制造业效率将极大提升。

过去一款新药研发要经历很长过程，才能发现某种药物对某种病症是否有效。未来借助人工智能计算技术，将庞大的基因数据与海量的健康信息结合起来分析，会很快发现规律，找到个性化的基因药物。[②]再如，"过去是建电站，打水井，现在是提供电网、水网，企业只要打开水龙头就可以得到水。企业不再需要部署那么多服务器，不再需要那么多的ERP（企业资源计划）系统，只需接入网络，就可连接所有的计算、存储、数据库等服务，商业端服务也方便快捷"。[③]当然，"新型基础设施是总体和融合的，不是局部和单独的；是在原基础之上对技术的提升和拓展，不是扔掉过去的设施；是以事务为中心，不是以技术能力为中心"。[④]新的基础设施建设的规模性扩展，将会降低企业数字化转型的成本。

---

① 杨学山.新基建与数字化转型[EB/OL].百家号，2020-06-16.https://baijiahao.baidu.com/s?id=1669585041719845321&wfr=spider&for=pc.

② 李彦宏，等.智能革命：迎接人工智能时代的社会、经济与文化变革[M].北京：中信出版社，2017.

③ 同上。

④ 杨学山.新基建与数字化转型[EB/OL].百家号，2020-06-16.https://baijiahao.baidu.com/s?id=1669585041719845321&wfr=spider&for=pc.

不同产业、行业、企业的应用，会使新的基础设施建设有效倒逼产业链上下游间的数字化转型，共建产业应用生态，通过各方对基础设施的投入与应用，让用户在体验到数字化办公、学习、生活的简单、快捷、方便的同时，也大量利用数字化技术引流，拓展业务，实现数智经济利益最大化。“以制造型企业为例，生产管理、物料管理、质量管理、设计变更的信息化和数据化都需要整合，数据化达到一定程度后，辅以算法和开发，智能企业就水到渠成。”[①]

在全球化条件下，数字基建还须融入全球信息基础设施建设中，成为开放和合作的基础和平台，为走出去和引进来的跨国企业、国际市场、各种交流充分赋能。一般来说，面向消费的数字化转型走得较快，但产业数字化转型相对滞后，需要通过融合各项数字技术的底座建设，推动数字技术和创新发展的融合。

体制机制的转型

数字化转型是一场管理革命，因为从传统社会形态步入数智社会，会有许多不适和阻力。比如大一统的组织模式，层次过多，传递缓慢，相互扯皮，与数字技术的运用格格不入。按照数字化要求，就需要改变组织的传统体制，实现扁平化、简单化、分布式的组织形式，才能传达迅捷，职责明确，提高效率，转变为适应数字化社会的组织方式。数字化转型实际在倒逼企业、社会乃至政府组织的相关体制机制改革。其实，转型就是一种改革，是进入数智经济和社会的必要前提。美国之前抗拒产业政策指导，现在也在向着这个方向发展。

除了上述提及的传统组织机制纵向架构与数智经济社会的组织扁

① 李彦宏，等.智能革命：迎接人工智能时代的社会、经济与文化变革[M].北京：中信出版社，2017.

平化、网络化发展的适应性，还要考虑更好地实现公共部门数字化，设计公共部门的激励机制；纠正过去政府部门条块分割、应急决策迟缓、响应快慢不一、家底不清、协调不畅，以及政府协同治理中能力短板的问题；从信息、组织、治理角度，简化和缩短纵向多层的行政体制，体现小政府的精干高效，使适应了数字化的经济和社会组织呈现明确的职责界限、清晰的法制规定、主动的应急思维、干练的工作作风，保证数字技术和功能运作深入，整体协同性强，在信息发布、事权分工、部门协调、物资保障、应急预案等方面有序进行。通过这样的机制，推动数字政务和智慧城市建设，利用数字资源和平台以及各种技术手段，治理经济金融问题、社会发展问题、文化信仰问题，以及紧急重大事件等问题。

转型的前期步骤都是后期举措的条件，或者说数字化的步步推进都在倒逼相关环节的改革。转型不规范，革新不到位，就会出现数智经济社会发展的制度体制性障碍，就会抑制数智社会创新活力和发展动力的释放。改革到位，制度创新，管理创新，数字化转型就会前移或深入，调整后的体制机制就能适应网络交易的"虚拟性"、跨地域交易的"全球性"、跨境电子商务全天候交易的"高效性"。

灾难最能检验数字化转型和治理的能力和成效，疫情防控是数字化转型和治理的试金石，也是数字化转型的促进站和检查站。全球新冠肺炎疫情是一个外生冲击，提供了一个很难得的观察数智经济转型和发展的机会。如果没有这次外生冲击，数智经济的很多现象和形态很难被看得清楚，其价值评价也不够客观。突如其来的疫情将数智经济的真实面貌很好地呈现在了我们面前。

数字化转型是一个长期和复杂的过程

数字化转型是个长期过程，从欧美发达国家的去工业化开始，到随着信息科技革命而经历的信息经济、知识经济、网络经济，再到新一轮科技革命中通用性数字科技的广泛应用和产业化，逐渐融合了信息经济、知识经济、网络经济和智能经济的所有特点，使原有形式集中到数智经济这个核心内容上并得以迅猛发展，成为被世界逐渐接受的数智经济形态。

当然，数智经济成为继农业经济、工业经济之后的主要经济形态，并不意味着数智经济对后两者的替代和消灭，而是扬弃、超越和发展。正如工业经济之后，农业经济并未消亡，而是通过工业的渗透、支持和改造，实现了农业现代化。数智经济也不会替代传统工业经济，而是通过数据这一关键要素转变传统工业经济的生产方式，赋予其智能，促进经济提质增效升级。

可以说，无论信息经济、知识经济、网络经济还是后来的数智经济，都是数智技术在起作用。但之前数字技术并没有发展到现在这样的程度。比如早在20世纪末，机器学习、人工智能的算法便已成为编码工作的宠儿，但碍于数据收集、存储技术的不成熟，人工智能缺乏相应的数据基础，并没有发展到产业级别。如今随着计算机相关技术的完善，早已成熟的算法焕发生机，这正说明以前的信息经济、知识经济、网络经济在经济活动中主要发挥着工具、技巧、方法的作用。

经过21世纪前20多年的发展，新一代通信技术突飞猛进，人工智能、区块链、5G、大数据、云计算、物联网纷纷涌现，它们之间互相融合，具备了更多的智能化内容。这个时期的数字技术转化并升级到资源、要素、内容的性质上，数字技术及其积累的数据本身成了价值的主体和核心。特别是数智技术的产业化蓬勃发展，最终发展成数智经济。

数字化转型体现了世界发展不平衡的特征。有的国家很早施行去工业化，有的国家则刚完成工业化，各国历史文化基础不同，发展阶段不同，区域、民族各有特点，转型过程不是简单的此去彼来，不能将数智社会与工业社会截然分开。“在这场调整变革中，工业经济时代的产业运行体系还在发生根本性变革，资源配置、创新协作、生产组织、商业运营等方式加快转变，全球经济正迈入体系重构、动力变革、范式迁移的新阶段。”[①]崭新的形态正在从工业社会的母体中孕育和形成，是扬弃中的此消彼长，这就使数字化转型和数智经济发展在不同国家中处于不同地位。

主导地位

欧美等发达国家和地区，在去工业化后，又开启信息化建设，加之具有科技优势，特别是美国硅谷对科技的长期培育，使美国在数字产业化中走在前列，美国的苹果、谷歌、微软、脸书等互联网信息科技公司，领航世界新经济发展长达几十年。虽然美国的产业数字化受工业空心化的不利影响，但其占据产业链高端，注重用数字科技武装服务业，在装备制造服务业中占比很高。埃隆·马斯克创办的几家公司在产业数字化方面非常典型，成就显著。欧洲一些国家也在积极运用数智技术改造和提升制造业，如英国打造数字化强国，强化战略引领；德国制订并实施工业4.0方案；欧盟打造统一数字市场，构筑产业转型共同体。

中国在20世纪奋力实现工业现代化，正好遇上信息化浪潮，提出信息化带动工业化，促进信息化与工业化的有机结合，较早地为数字化奠定了基础。其后又提出信息化和工业化的深度融合，“两化”融合包括技术融合、产品融合、业务融合、产业衍生四个方面。在新世纪数字化转型竞争的格局中，我国强力推进数智科技，加大产业数字

① 数字化转型课题组.数字化转型：从工业经济迈向数智经济[R].中国电子信息产业发展研究院，2018-12-18.

化进程，推动数字技术与实体经济的深度融合，促进制造业和服务业利用数字技术转型升级，使数智经济2022年占GDP（国内生产总值）比重达到41.5%。[①]

并列地位

在各国的数字化转型和建设中，有些国家的工业制造业增加值占GDP的比重超过20%，并通过出口制成工业品来参与全球化经济体系，刚达到工业化水平；同时顺应数字化转型的形势，强劲发展数智经济，使数智经济处于同工业经济、农业经济并列的状态。

这种并列状态有利于利用电子商务平台、数字媒体平台、共享经济平台、在线自由职业者平台，统筹考虑各行业的数字化进程，进而“推动传统经济模式向形态分工更优化、结构更合理的现代生产模式转变，加速商业模式重塑，为创新主体的联合提供更为便捷和广泛的平台，进而驱动资本、劳动力、技术等生产要素的集约化整合、协作化开发、高效化利用与网络化共享”。[②]

非主导地位

在全球数字化转型中，仍有一些国家处于工业社会占主导地位的阶段，少数落后国家还处在农业社会阶段，这是由它们不同的历史基础和社会发展水平决定的。数字科技虽然也很快传播到这些国家和地区，甚至不排除局部地区和产业也在推行数智经济，比如“一带一路”

① 董建国，王思北.2022年我国数字经济规模达50.2万亿元[EB/OL]. 新华社客户端，2023-04-27.https://baijiahao.baidu.com/s?id=1764344907629532131&wfr=spider&for=pc.

② 阚天舒，张纪腾.发展数字经济，为何要强调共建共享[N].解放日报，2018-11-27.

沿线有些国家在中国等国家互联网企业的带动和支援中，借助区域性、大企业的数智经济平台得到一定发展，但是它们还需要从数智经济的基础设施建设做起，需要从点到面扩展。在它们目前的总体经济发展中，数智经济不占主导地位。

混合状态

数智经济与其他经济已经难以清晰划分，加之统计口径不一，有的国家将数字产业化这个新产业称为第四产业。产业数字化正在将传统工业、农业、第三产业转变为数字化，尚处于演化过渡状态。虽然从旧形态的格局看，工业和农业所占份额不少，但是它们份额的增长，离不开数字化转型的强力牵引。比如我国一些地方工业薄弱，数字化转型没有负担，正是数字化促进了传统产业升级，这些地方向数智经济整体过渡很有前景和希望。

数字化转型仍在进行中，一切都在创新，全球经济格局也会深刻变化。面对这些变化和创新，我们需要重新审视自身地位、把握各自角色、找准发展方向。

Chapter 2

第二章 数智经济的运行和价值创造

数智经济具有虚拟性质，它以其独特的方式创造实际价值，是经济价值流向的真正转变。在认识数智经济、实施数字化转型、推进数智经济发展中，由于对数智经济虚拟性的知识偏差和认识误区，有时难以把握数智经济的价值及其实现方式，在某种程度上影响到数字化转型和数智经济推进。

这些年，国内外互联网等信息产业公司，大多排在《财富》世界500强企业和各种经济榜单前列，它们创造的价值都是真实存在的，既催生数字产业新形态，也推动传统产业包括制造业的数字化发展，正在极大地改变人们的生产、工作和生活。灾难会让各国更加充分认识数智经济的价值创造和不凡贡献，不少经济体出台数智经济转型的举措，大多数国家和地区都开始发展数智经济，制定鼓励数字技术研发和数字产业发展的政策。数智经济是全球未来的发展方向，我们应该主动把握时代机遇，发挥各自的资源、技术、市场优势，提高竞争力，为人类美好生活开辟新的可能。随着数智经济广泛深入发展，社会方方面面将体现数智经济创造的价值。

数智经济本源的要素价值

数智经济有三个要素：一是数据资源作为关键生产要素；二是信息网络作为重要载体；三是通信技术的有效使用作为提效和优化的重要推力。数智经济本源的价值创造正是源于海量数据、现代网络和数字科技这三大要素。

数据资源作为关键生产要素的价值

在数智经济发展过程中，数据起着核心作用，对土地、劳动力、资本、技术等传统生产要素产生着深刻的影响，展现出巨大的价值和潜能。

自动采集数据是产生价值的源头。过去人工采集数据，现在利用物联网感知技术等方法采集数据，使感知—呈现—分析同时完成，而且智能设备的数据产生成本低，机器和系统的采集还是即时的、连续的、精准的、客观的。源头采集保障了数据无限供给、无限使用和无限增长，由此奠定数智经济的价值基础。

海量数据带来规模效应。人工采集很难形成数据规模，而自动采集带来海量数据，进而产生规模效应和数据价值。尤其是物联网大大增加了机器与机器之间的通信频次，数据量增长的倍数难以计算。整个经济正在成为一台持续运转的数据机器，它消费数据，处理数据，并且产生越来越多的数据。任何国家和企业，或试图采用侵权和侵犯他人隐私的组织及个人，从正面和反面都以收集和控制数据为前提。数据为所有掌握它的人提供了难以置信的优势。谁占据数据越多，谁就越有发言权和决策权，也就获得越多的价值。数据已成为权力来源，数据与权力的关系越来越密切。

数据资源具有超越物质资源的价值。早期计算机硬件使用真空管计算，受到物理限制。半导体让计算机硬件小型化，将大量的晶体管封装到微小的硅芯片上，硬件不再是一个限制因素，软件潜力变得无限，数据以字节的形式存在于这个无形的世界中，突破了物质的正常物理限制，使数智经济带来的增长突破现实资源与物理空间的限制。虽然硬件变革也在推动数据产品更新重构，但软件更具有定义数据的地位和作用。信息时代以来，尽管人们先期遇到数据价值和数据所有权的困惑，但那些无法触摸的计算机信息、软件、数据、业务流程、品牌、知识产权、专利等无形资产，在总投资中的比重一直稳步增长。

数据具有流动的价值。早期的半导体能够控制电子流动的注入和流出，实现接通和断开晶体管，使得现在的计算机能够通过二进制语言进行通信。特别是微小的硅芯片可节省大量成本、提高可靠性，能够操纵无穷多电子的能力，有效地将处理和分发的成本降到零。音频、视频、文本、图像，一切都可存储、传输、处理、排列和组合。5G无线技术让数据以闪电般的速度传输，数据流动的自动化水平，成为企业未来核心竞争力的重要环节，改变着工业时代从研发、创新、测试，直到完美后再推向市场的流程，取而代之的是测试的模式先上线，再不断依托用户交互和反馈的数据来迭代更新。6G将具有更快的传输速度、更多的连接数量、更大的数据流动价值。

存储、处理和分析数据能力的价值。对海量数据的处理靠单台计算机已无能为力，取而代之的是依托云计算的分布式处理、分布式数据库和云存储、虚拟化技术来进行，运用分布式架构，进行数据挖掘。数据在云管端协同的时候，更体现出云计算的优势和远超人工处理的能力，这种大量储存、分布式计算处理和分析数据的技术，使操控电子的能力大大增强，进而使效率大增，价值尽显。

数据具有资源、资产和资本的属性。数据的及时、准确和完整性，拓展了数据开发利用的深度和广度；数据的可复制、可反复使用且无实质损耗的特性，使数据使用的频率更高，使用的范围更大，创造的价值更多，且在增加使用价值的同时不会给数据本身的价值带来损失；数据的非排他性和非竞争性，如同阳光和空气，使数据蕴含巨大潜力。这些性能和优势，决定了数据必然具有交易价值。随着使用的数据资源越多，对其需求越大，价值创造在攀高。工业经济时代，任何一个产品，用过一次，价值就会下降；而数字智能时代，由原子构成的商品和由“比特”构成的商品之间的关键区别是“比特”是非竞争性的，这意味着数字产品可以被一个人消费的同时又不会减少其他人可以获得的数量或质量。数据可以被任何公司、任何人同时和重复使用而不被削弱。数据这个无形资产虽难以触摸，但在投资上已超越有形资产的价值，因为投资数智经济的成本和门槛低，会带来高收益，形成周期短、发展速度快的新业态，还会形成超大规模的平台企业。

现代网络作为重要载体的价值

网络以其独特的超大功能彻底动摇了以固定空间领域为基础的既有形式，也以其独特的方式从根本上改变着现实的政治、经济和社会生活。

网络连接和泛在的价值

现代网络正在渗入每个人的日常行为之中，随着每个成员加入网络，网络价值随之提升，更多成员进入网络，网络规模线性增长，网络价值呈指数级攀升。虚拟社会的人群聚集是工业时代无法比拟的。2022 年，微信的活跃用户数超过13亿，脸书的活跃用户数达 29亿，WhatsApp 的活跃用户数达20 亿，淘宝的活跃用户数达8.25 亿，TikTok（抖音国际版）的活跃用户数达7.32亿，抖音的活跃用户数达6亿，QQ的活跃用户数达5.95亿。[①]根据SimilarWeb统计，ChatGPT 2023年4月全球访问量达到 17.6 亿次。[②]这些用户如同生活在同一座现实城市中的人一样，生活在同一个网络空间，用一种不同于城市生活的方式在沟通、交流、学习、成长，从而在这个网络空间形成新的文化、新的价值取向、新的消费习惯，并在虚拟社会中诞生新的市场。[③]梅特卡夫定律告诉我们，网络的价值与用户数的平方成正比，用户数越多，企业的价值就越大。如果一个网络的用户量是竞争者的2倍，那么其价值则是竞争者的4倍。加之参与网络的人对网络的依赖性会越来越大，在软件服务上会更明显，Windows（微软视窗系统）依然拥有绝大多数PC（个人计算机）操作系统的市场，且大家几乎都要用PPT（演示文稿软件）进行演示；在互联网服务上，使用搜索引擎的人越多，搜索的结果越会被不断优化；淘宝、天猫等平台买卖双方参与的人越多，平台的价值和吸引力也就越大，生态越完善，双边的依赖度也就越大；脸书、腾讯所构建的社交网络更是将网络效应推到极致，因为人际关系沟通网络使得用户几乎被锁定在了一个网络体系之中。广泛的网络连接实现着各种技术创新、各种方式组合的数字化，使现代网络具有较传统信息网络更大的优势，体现出连接和泛在的特性。

从外延看，网络连接持续向外拓展，从人与人的连接，到人与物、物与物的连接；从有许可的网络到无许可的网络；从单一的网络到融合的网络。人们置身于无所不在的网络之中，在任何时间、地点，使用任何网络，都能实现与任何人与物的信息交换。还

---

① 趣味数据.2022全球社交媒体App排行榜Top10，微信仅排第5[EB/OL].知乎，2022-12-06. https://zhuanlan.zhihu.com/p/589512053?utm_id=0.

② 佚名.SimilarWeb：2023年4月ChatGPT全球访问量达到17.6亿次[EB/OL].新浪网，2023-05-09.https://finance.sina.com.cn/tech/roll/2023-05-09/doc-imytetur8146944.shtml.

③ 朱岩，石言.数字经济的要素分析[J].清华管理评论，2019(Z2).

可从需求出发，利用新的网络及其技术，为个人和社会提供泛在的、无所不含的信息服务和应用。互联网使整个经济中越来越多、越来越大的网络成为可能，导致数字平台业务的数量和重要性不断增加。

从内涵看，网络连接正不断向纵深引进，从端到端的连接到端到云的连接。中国移动通信集团原董事长王建宙认为，5G时代及其以后，这种内涵式连接还将进一步扩大。特别是海量的设备通过5G网络连接，对数据的计算和分析将会实时分布于整个网络结构中，万物互联将进一步改变网络连接的结构和规则，进而改变行业的生态系统。畅通的管道、大规模的连接是网络活跃的价值基础。网络是承载数据又释放数据的力量，它将创造更多的用户体验和新的服务。

网络共享的价值

互联网的共享思维引导网络发展趋向共享。现有的数智技术正在满足网络建设在不同程度上的合作和共享，运营商正在共享频率、共享基站，甚至逐渐共享整个网络。随着电信网络的云端化，网络运营商可通过软件来提供不同的网络服务功能，实现网络应用功能的差异化。共享基础网络既不会削弱竞争，也不会影响服务质量，还可集中使用频率资源，集中物力和财力，更好地提升网络的覆盖密度，提升网络质量，改善网络服务。

网络是技术、平台、服务，还是基石，它承载着未来数智经济和数智社会的发展，网络共享反映了互联网的本质。我们对网络应用的认知越深入，越能感受到网络统筹和集约的潜能，越能共享网络承载的能量和服务的功效。即时、实时和不间断的网络如同流水，持续激发创新活力，使得市场信息对称性不断完善，产销和供需日益精准对接，消费需求日益提升，经济出现指数级增长和倍增效应。

更新迭代和自我强化的网络价值

网络技术的迭代更新和突破，使带宽更高、网速更快、储量更大、时延更短，产生的价值也呈指数级提升。比如移动通信网络从1G、2G、3G、4G到5G，乃至已展开竞争研发的6G，正是移动网络迭代更新的演进。“1G提供话音服务，2G出现文字传递功能，3G和4G催生沟通新渠道，人们用社交网络聊天、发照片、发视频、传音乐。5G具有独立组网的新无线标准，按网络切片原则制定业务规范，将一个物理网络切割成多个端到端的不同功能的虚拟网络，每个虚拟网络在逻辑上都是独立的。以5G为新起点，软件定义网络将成为电信业网络新结构的趋势。以云技术为基础的网络功能虚拟化和软件定义网络可以使整个通信网络系统从硬件驱动变为软件驱动。网络的云端化是未来电信网络发展的趋势。”①

及时并充分利用适宜的网络，特别是新一代网络，将使强者更强，弱者更弱，甚至会导致极端结果的出现，通常是某一公司或某一技术在某一市场上的统治地位。物理距离是永恒的，而通过技术创新武装的网络在无限缩短这个距离。在互联网这一虚拟网络里，数字化和连接以操作系统、搜索引擎、社交网络、数字平台等形式迅速发展，虚拟网络的联系和节点虽然看不见，却在驱动着数智经济发展，改变着人们的生活。越是走向未来，网络越会无限放大有价值的个体和信息的获利机会。一个个体的心智模式或者思考模式，就是创造一个自己的利基市场，建立在自己独特的知识、技能和经验的组合上，通过网络把它放大。网络的杠杆，不像传统的资本或者劳动力杠杆，你需要从别人那里获取，需要得到别人的许可，网络的杠杆往往是免费的、无须许可的，而且是自动化的。

---

① 王建宙.从1G到5G：移动通信如何改变世界[M].北京：中信出版社，2021.

广泛互动和聚合的网络价值

数字智能革命性地改善和提升了连接的速度、广度、便捷度，并将实体间面对面的互动迁移和拓展到虚拟空间，进而对价值交换的参与者和实现路径带来根本影响，最终为一系列商业模式的创新提供可能。作为数据载体的网络如同数据一样，也是使用越多，对其需求越大，创造的价值越高。网络的力量和无形资产的崛起颠倒了价值链中的议价能力。价值不在于是否拥有或控制网络，而在于利用网络形成的外部互动及其聚合，在于将用户与最相关、最合适的供给联系起来的能力，以及减少消费者使用障碍的能力。“使用而非拥有”“不使用即浪费”，网络“连接”带来的时效、成本、价值，明显超出“拥有”网络的价值。亨利·福特所说的“让每个人都能买得起汽车”的理想，在网络无处不在的时代正在演化为“让每个人都能使用汽车”，“连接”汽车远大于“拥有”汽车。

信息通信技术有效使用的价值

数智经济的源头是数智技术生产力的兴起，数智技术是贯穿整个数智经济发展的灵魂。数智技术突破了原有的东西，诸如它对报纸、邮局和电视等的超越，但是它没有止于破坏，而是在破坏的基础上创造出互联网、电子邮箱、短视频、VR（虚拟现实）等，可以对原来的东西取而代之，创造出更大的价值，对消费者来说更方便、更经济、更有效率，这大概也符合熊彼特提出的创造性破坏的观点，生动地说明新技术、新产品、新生产函数带来的市场变化和经济价值。

数字技术及其多项技术叠加使用的价值。如区块链、物联网、大数据、人工智能等技术，分别运用在数智经济过程中，都会产生难以估量的倍增效应，使用有些技术所产生的作用是不可取代的。多项数字技术叠加使用，作用则如虎添翼。比如工业互联网和5G融合叠加，互促共进，将赋能各行各业。又比如将人脸识别、图像识别、智能语音识别、L4级的自动驾驶等其中的任意三个及以上技术融为一体，将使专用人工智能发展到通用人工智能，价值会得到极大提升。产业数字化比消费数字化需要更复杂的数字技术融合，特别是产业数字化面临“链条冗长，对物料、工具、人力、资金等上下游不同资源的组织，企业间的多方利益博弈，商业信息的机密性与数量级均处不同层次等特点。而物联网、云计算和区块链等技术的融合能够突破对实物资产连接不足的问题，可承载巨大的工业信息流”。[①]

摩尔定律的价值仍然在延伸。摩尔定律反映集成电路的晶体管数量每18~24个月增加一倍，计算机的性能提高一倍，成本却保持不变，随着晶体管间距接近1纳米的物理极限，2025年可能出现量产，摩尔定律将逐渐失效。科技界讨论过替代方案，量子计算是一种趋近的计算模式，被认为是延续摩尔定律的关键。类似于摩尔定律作用的数智技术有望出现，其实，网络升级换代和人工智能档次的提升已经在这样演绎，随着时间推移都在逐渐升级，将会带来更多更大的价值。

数字科技增长引领经济指数级增长。国家、区域、企业的创新都在驱动技术赋能。独特的数字科技持续创新，使数智经济以高速、海量的数字信息流跨越距离的障碍或空间的限制，以磅礴的气势引领各行各业前行。数字技术普遍地提升了人们获取信息的效率，电商平台提升了交易效率，数字化工作平台提升了产业协作的效率和人财物事审批的效率。数智经济依靠信息、数据、网络和技术等新型生产要素的迅捷开放性，呈现出指数型、集约型、高效率的经济增长模式。“数字技术提供了一个高速运行的虚拟空间，其间的信息传递是以光速

① 程实.数字经济的价值创造与增长本质[EB/OL].盘古智库，2021-06-11.https://baijiahao.baidu.com/s?id=1702218239779075567&wfr=spider&for=pc.

运行的，原有的实体空间已经与之不可同日而语，经济数据的处理、传输，决策的速度都大大提升，经济成果产出的效率和规模空前跃升。”[①]可以说，数字科技的指数级增长是经济指数级增长的重要依据。特别是技术融合所产生的能量，更是提升经济效率和经济价值的重头。

三个要素相互作用的价值

数据、网络和科技三个要素的价值跃然在前，三者互动，形成一系列超越传统形态的经济活动，数智经济应运而生。数智经济的更大价值体现在这些要素的相互作用之中。

数据以网络为载体，滚雪球似的积累，海量数据更有价值。网络也因承载和运营着丰厚的数据，运用着各种数智科技，从而更加珍贵。数字科技借助数据和网络方能得到广泛应用，体现科技生产力的锐气和不凡。比如网络上的数据同各种算法和模型结合，就会创造更大价值。正是数据、网络和科技三者结合，锻造出各种平台企业，进而突破地域和时间限制，将大量用户集聚到平台，使用户方便和快捷地使用数据，开展经营活动，使得平台上的企业短时期内快速崛起。互联网的即时性、移动性和便捷性与运用信息技术和数据相结合，使原本分隔的生产者和消费者直接联系，减少了信息不对称导致的资源浪费，实现供给和需求有效匹配，促进生产结构升级，释放产业供给潜力。数据借助网络和科技手段创造的数智经济与实体经济是一体的，从某种意义上说也是对传统经济利益分配的矫正，而且数智经济将从产品市场转移到要素市场，原有生产者通过打开实体商品的数字空间重获市场机会，而企业发展路径也将更加多元化。除相对静止地

① 付晓东.数智经济：中国经济发展的新动能[EB/OL].人民论坛网，2020-10-19.http://www.rmlt.com.cn/2020/1019/596301.shtml?from=singlemessage.

认识数智经济要素互动的价值外，后文所述各部分的数智经济价值的产生，其实都是三要素能动结合的成果。

数智经济虚拟性的内涵价值

数智经济的内涵价值，是在经济活动的外延没有扩大、资源能源没有增加的情况下，其实际价值得到提升，这是数智经济虚拟性的突出体现。

流程再造带来的价值

无规则不成体系，无流程不能管理。企业数字化转型，要借助数字技术把对所有业务的支配放到流程中，使其有机排列。流程不仅是形式，还拥有权力。履行流程就是科学运营的过程。流程科学，则经营取胜；流程不严密，经营易疏漏；权力不在流程内，流程就会走过场。要真正使流程完整地反映企业业务的本质，防止关键环节和重要节点在流程外循环。数字化塑造流程，就是凭借5G技术优势，以关键环节智能化为核心，以端到端数据流为基础，以网络互联为支撑，将智能技术贯穿到设计、生产、管理、服务等环节，各环节无缝对接，有效缩短产品研制周期，降低资源能源消耗，缩小运营成本，提升产品质量，提高生产效率。贯穿在各流程和环节中的无纸化、云端化和自动化，将使整个生产制造过程在数字驱动下、在人与人之间无须直接接触而自动实现。

数字科技改造过的工作流程和环节具有精准预测、精准服务、精准供销的特点，将会避免传统市场经济运行中的盲目性，降低市场波动性和不确定性，降低数据存储、计算、传输的成本，比如在互联网上传输以“比特”形式存储的信息时，其成本接近于零，使数字产品的分销成本接近于零，远距离和近距离通信的成本差异也接近于零。数字化也大幅降低了市场交易成本，形成用户协同效应，在给生产者和消费者带来决策便利和精准服务的同时，也大幅提高了自动化和智能化水平。这些流程和环节的数字化改进，都将使得数智经济比工业经济创造更多的价值和效应。

管理和治理升级带来的价值

数字化对流程是一次再造，对管理是一场变革。流程是管理的基础和前提，但是数字化条件下的监管和决策不是简单地对应流程，还要兼顾数字化发展拓宽的各种经济和社会关系。随着数智经济和数智社会的形成，企业数字监管将突破原来狭隘的封闭式管理范围，与社会数智治理、数字政府治理、民众数字化运用相结合，在经济发展过程中展现宏观与微观、内部与外部、主角与多元的数字监管和治理格局。数智经济新的监管和治理方式相适应、相协调，需要尽快探索和开发数字化监管和治理工具，提升企业等经济组织的数字化治理水平，积极反作用于数智经济，适时反馈、纠正企业数字化发展中的问题，提出建议，以促进数智经济更加健康顺利地发展，更好地服务于客户、社会和民众。

在经济形态变革上，工业互联网平台正在驱动数智经济、规模经济向范围经济转变，传统的单品种、大批量、标准化的生产方式向多品种、小批量、个性化、定制化的生产方式转变。而且工业互联网改变了劳动者、劳动对象和劳动工具之间的关系，实现了制造资源在更大范围内更高效率的网络化协同，正在引发生产方式、企业形态、业务模式的根本性变革。

在企业监管和治理上，企业管理决策链、生产制造链、客户服务链的反应会更加敏捷、精准、高效，形成灵活运转、精准服务、快速响应的经济新形态，从而把行政化的监管转变为制度监管和数字智能管理，把人从海量的、低价值的、简单重复的工作中解放出来，降低监管成本，提高管理效率。

在数字化监管和决策上，区块链、大数据、人工智能等技术具有了生产关系的某些属性，使数字技术由生产力的功能向生产力与生产关系兼有的功能延伸，从创造物质财富向辅助监管和治理的层面扩展。数字化监管和治理就是数字技术的生产关系属性反作用的体现，较之一般反作用会更快地生效。比如，低成本的数字信息流可以使总部和组织领导层更好地了解远处或一线正发生的事情，从而提高集权度，同样，低成本的通信可以让一线员工获得以前只有总部高层才能获得的信息，从而提高分权度。[①]比如机器决策不用再转换为人的决策，否则靠人应接不暇，更难以快速响应。“计算机已成了真正的决策者，而它也确实精于此道，虽然偶尔会发生一些小意外。”[②]人们慢慢地开始觉得，智能系统比人更有知识、更加可靠、更有效率、更加公正，交付给智能系统会比人类亲自调查、评价、决策、治理有更好的结果。[③]如果集中而优质的智能网脑神经元把相关信息传导并循环起来，世界的数字智能化更会加速。

数字化节能减排带来的价值

数据资源成为关键要素，不是不要物质和能源，而是在数字技术手段参与的前提下精准地配置它们，有时数据还可代替一些资源，减少重复浪费，提高质量，减少次品，降低资源能源使用量和机械损

---

① 阿维・戈德法布，凯瑟琳・塔克. 数字经济学[J]. 比较，2021(1).

② 托马斯・达文波特，茱莉娅・柯尔比. 人机共生：谁是不会被机器替代的人[M]. 李盼，译. 杭州：浙江人民出版社，2018.

③ 孙伟平. 人工智能与人的“新异化”[J]. 中国社会科学，2020(12).

耗，促进循环利用和生态环境保护。数据生产不了汽车，建造不了房子，但可以帮我们低成本、高效率、高质量地生产汽车和建造房子，高效率地提供公共服务。“数据要素可以用更少的物质资源创造更多的物质财富和服务，甚至对传统的生产要素产生替代效应。比如移动支付会替代传统ATM（自动取款机）和营业场所，波士顿咨询估计过去10年由于互联网和移动支付的普及，中国至少减少了1万亿传统线下支付基础设施建设。”[①]电子商务减少了对传统商业基础设施的大规模投入，政务“最多跑一次”减少了人力和资源消耗，数据要素用更少的投入创造了更高的价值。

数字化降低了搜寻、复制、运输、追踪和验证的经济成本。比如，数字技术使追踪个人的行为变得容易，数字验证可以更容易地验证数智经济中的任何个人、公司或组织的声誉和可信度。数字科技正在成为碳中和的重要工具，它本身更是一种低碳的技术手段。全球电子可持续性倡议组织（GeSI）2016年预测，到2030年信息技术的应用可将全球温室气体排放量减少20%，通过数字化赋能碳减排量可高达121亿吨。[②]

数智经济内核的分享价值

数智经济的基础和核心是数字产业化，在数智经济核心产业发展的同时，也为各行各业提供了数字技术、产品、服务、基础设施和解决方案，各个行业可依赖数字技术、数据要素，开展经济活动，形成产业数字化。正是数字化发展带动了分享经济、网络零售、移动支付等新技术、新业态、新模式的不断涌现，深刻改变着人们的生活。

① 安筱鹏.数据要素如何创造价值[J].中国战略新兴产业，2021(4).

② 范为.碳中和潜藏百万亿投资机遇[EB/OL].经济观察报，2022-05-07.https://baijiahao.baidu.com/s?id=1732132856050884146&wfr=spider&for=pc.

为传统产业提供数字智能基础设施

数智经济的发展，将使原有的路、网等基础设施，融入5G、工业互联网、人工智能、大数据中心等智能设施，得到万物互联的条件，激活沉淀的、无机的设施，建成系统完备、高效实用、智能绿色、安全可靠的现代化基础设施体系，为流动的数据与创新驱动的技术提供坚实的保障，支撑产业互联网的运行框架，使制造业企业相互连接形成网状拓扑结构，使原本并无明显交集的企业共处一个技术支持的互信环境下，通过应用信息基础设施，让市场主体方便入网、快捷上云、及时进入数字世界，实现生产制造的程控化、自动化和智能化，达到有求必应、实时响应的状态，进而解决产业链、供应链各环节的互联互通、实时联动问题，使数据使用的过程透明可监督，促进更深层次的多维业务合作，使生产、供应、销售各环节形成有机整体。

比如，作为新基建核心技术的5G，就可赋能工业制造，并适应不同行业、不同企业的个性化需求，有更多的接口、可靠性高、抗电磁干扰、适应高低温、防爆。所以要改造3G、4G技术应用为5G应用，开发适应5G在工业上的应用，使5G真正成为智能化工具和产业助手。

比如，算力中心的建设应注重场景应用，同时对主流生态全面兼容，降低开发门槛，有利于吸纳更多的应用和开发者，实现多方共建，提升整个算力产业链的效率和效益，让算力真正发挥效力。相关研究报告显示，“计算力指数平均每提高1个百分点，数智经济和GDP将分别增长3.3‰和1.8‰”。[1]真正使数智技术的基础设施赋能和最终产品价值升值。

① 韩鑫.夯实数字经济发展底座[N].人民日报，2021-07-06.

为实体经济输入数智技术

产业数字化的过程，是在已有机械化和自动化的基础上，赋予各种产业数字智能化技术，使制造技术与数字技术相结合，构建一个集信息收集、数据分析、组织决策和项目执行为一体的独特智能体系，提高产业的智能化水平，放大其价值。但是，数智经济与实体经济特别是制造业的关键结构不是全部相适应的，为防止引发“IT悖论”，需要强调数据信息化、设备智能化，以及员工、设备和管理三者之间的相容性。比如“工厂内网要推进IT与OT（运营技术）融合，开发融合的网关，使工厂朝着扁平化、IP化[①]、智能化发展，推动机器联网，盘活生产线的数据”。[②]

数字孪生是数智技术的综合性应用，它通过感知和模仿等技术，设计一个同物理实体相同的虚拟对象，形成与物理实体完全相同的整体框架、资源构成、运营流程、实际效果，两者是动态同步的“平行世界”。通过虚实二者的不断交互，相互反馈和操作，随着虚拟对象不断地感知和分析物理实体，扩展数据模型，实时数据表征，多维度保真，使物理实体接受和执行虚拟对象发出的指示，在闭环中数字对象影响物理实体，从而降低物理实体以往的试验和制造风险、资源和能源消耗、时间和人力浪费。当然，工业设计也是现实制造前的一种虚拟，但是那种设计是整个制造过程的一个程序，方案一旦进入制造环节，就难以在过程中修改完善，直到产品成形或使用才能予以检验，如果发现问题并予以改进完善，就要从头开始，周期长，耗材多。数字孪生则不同，虚拟体与物理体交互反馈，就是从试错到模拟择优的零成本方法，是一种新质生产力的作用方式。

---

① IP化指数字产品成为独立实体，都有一个在网络上独一无二的代码。

② 邬贺铨．新型5G工业网关[EB/OL]．网易，2021-05-28.https://www.163.com/dy/article/GB3MQO4A053874C1.html.

通过“解决产品生产制造中的虚拟化、模拟化和个性化问题，使产品能够按用户需求进行生产制造和应用场景仿真，并根据用户体验，确定产品的结构、材料与制造工艺，使产品的生产制造建立在能够快速、精准满足用户需求的基础上”。[①]当然，虚拟不是魔幻，实体也不会接受无序的方案和虚幻的指示。虚拟方式有自身的逻辑和原理，有超越传统经济的机制和智慧。“务虚的不实，务实的就虚”，只要虚拟体科学扎实地设计和模拟，物理体就能在接受虚拟体的指导中使先进的生产制造落到实处。只有遵循科学和技术、规律和本质、逻辑和程序，扎扎实实地创造一个合理的虚拟对象，坚持两者的交互，物理现实才会按照逻辑、程序、资源、架构和效果呈现出来。

如果虚拟世界太随意、欠科学、不合理、不扎实，那么按照虚拟方案建造的物理实体就可能一塌糊涂，注定失败。我们常用小说、戏剧等文艺手法描写现实世界，既来自现实，又艺术地拔高现实，会让我们的精神世界得到一种享受和启发。现在我们通过感知和模仿物理现实，设计虚拟世界，又用海量数据、智能网络和科技手段去分析、论证、修正、完善映射来的虚拟世界，进而依照理想的虚拟方案渐进地改造现实世界。数智经济、数智社会、智慧城市、数智治理，如果用好数字孪生技术，将会使这些方面的效率较之过去得到极大提升，社会也将由此得到新的推进。

运用数字技术盘活实体经济要素

数字化技术优化了市场的资源配置，促进了相关资源的匹配性。在网络上搜寻各种资源信息的成本大幅下降，能够在更广阔的范围了

① 张金昌.数字经济的红利发挥与治理关键[J].国家治理，2021(23).

解各种资源的余缺、需求和供给，包括工人和企业、买家和卖家、投资者和企业家、闲置房和旅行者、慈善机构和捐助者，等等，从而降低价格、价格离散度、失业率、空置率和库存，减少了资源在一些地方堆积耗费卖不出去，而加工制造设备又空置在另一些地方无资源加工和生产的现象，还会改变从劳动力到婚介等各类市场的匹配情况，从而改变经济结构，提高经济效益。梳理数字化的资源配置，可以归纳为以下三种情况。

一是依托网络、平台和数据配置资源，能低成本、无耗能地延伸要素配置范围。这将摆脱地理、交通、行业、企业、能源和人才等传统要素的限制，激活各地各企业闲置的设备、能源、人才等资源，更好地衔接和聚合各类资源，优化资源结构，拓展产业链组织分工边界，降低交易成本，转移价值分配，倒逼需求变化。

二是数字化激活配置要素的灵活性。这不仅带来劳动、资本、技术等单一要素的倍增效应，还能提高劳动、资本、技术、土地等传统要素之间的资源配置效率，把各种要素有序地纳入生产流程，实施网络化制造和分享式制造，促进数据流通交易和数据红利全面释放，使产业生态更加健康和可持续。

三是灵活的资源配置唤起组织和个体的创新活力。这会加快要素以资本、劳动为主向以技术、服务为主转变，围绕制造业增强自主创新能力，推进现代制造服务业发展，提高相应的产品和商业模式的创新能力，并依托“智能定制”和“体验式销售”实现消费场景升级，满足用户的碎片化需求，提升用户价值和增强用户黏性。

数智经济以正纠偏的包容价值

数智经济能快速发展，在于数字技术的应用给消费者带来便捷生活。人们一边乐意拥抱数字化，一边又发泄着对数字化的不满，而且用正效应覆盖着负效应，在大体平衡中促进着数智经济发展。人们在把自己的照片发在朋友圈的同时，又在抱怨隐私被侵犯；人们在电商平台方便购物时，又在抱怨有的电商平台对商品设置的选择范围极小；人们在抱怨数字技术的诸多不足时，还得通过微信、微博、抖音将这些意见披露出去。

数智经济的发展还在于监管部门对数据管理的规范性要求，使消费者对数据分享和使用持包容态度。这种对多种数字产品和服务的广泛使用，提供了海量的数据与应用场景。比如，任何一个不允许公司获取个人驾驶数据的地方都将难以发展相关行业；医疗保健领域的所有人工智能应用都需要大量的X射线、CAT扫描和其他诊断数据来创造创新，以挽救生命。但是数智经济发展要在应用者的宽容中加速改进自身，需要将大量数据提炼的思路转化为现实应用，自觉防止对用户造成潜在的数字侵权。

如果说数智经济发展初始阶段，开发者和使用者都拥有探索和尝试的兴趣，那么在深化发展中就要严格规范，尊重用户权益，通过技术和监管，趋向完善。正是包容和宽怀的发展经历，使数智经济在发展中具有互联和共享的品质，加之数智经济发展不平衡又必然保持竞争态势，注定了数智经济的发展是多元竞争和包容共享的对立统一趋势。竞争加速发展，包容追求共享。数智经济越是快速发展，越能敏锐地感知和捕捉自身风险，就越要重视对自身负面作用的化解。

因此，要把数智经济理解为一条扁担挑着的两头：一头是递增的发展效益，另一头是风险的逐步化解。要防止数智经济在取得成就的同时，熵增大，折扣多，得不偿失，就需要在数智经济发展中始终关注并防范数字安全风险，高度重视和解决数字化发展中的垄断、孤岛、鸿沟等不平衡问题，努力谋求数字化的机会均等、规则均等、权利均等，主动解决数智经济发展中产生的负面因素，使数智经济成为真正的包容共享经济。

解决发展不平衡问题，追求共同价值

数智经济超越传统的市场规则，尤其是主动透明的交易方式、较为对称的信息权益，使市场主体有了平等的地位，本质上是共享经济。比如，信息传输成本的下降缩小了距离的影响，孤立的个人和公司也能够参与全球经济，农村消费者将得到和城市消费者一样的数字产品和服务并因此受益，知识也将在全球范围内扩散。但在现实中存在区域数智经济发展路径出现同质化的现象，区域间对关键资源的争夺加剧了数智经济发展的不平衡。

因此，在保持数智经济广泛渗透的基础上，需要分析和衡量地区数智经济产业发展状况，针对数智经济的地区差异和城乡之间、人群之间的数字鸿沟，加强数智经济协同发展，强化区域数智经济产业对接，带动落后地区共享"数字红利"，提高数智经济在薄弱地区和行业的渗透力度，提升整体数智经济的优质占比；利用平台模式改造落后产业，重塑生产方式，精准产品产销，抢占市场先机；组织各种要素和资源，赋能经济社会落后地区、偏远山区、弱势群体，防止形成数字鸿沟；使每个经营实体在共同利益和目标的驱动下，加强与系统内部的业务协作，让不同区域、不同人群实现普惠协调发展，形成价值创造的范围经济，发挥企业价值与社会价值的协同作用。

按照迈克尔·波特和马克·克雷默共享价值的理论，企业率先将商业行为和社会发展置于核心来考虑，以创造"共享价值"，就是将经济价值的创造融入社会价值的创造中，让企业成功与社会进步连接起来，扩大商业价值与社会价值的总量，它是一种新的社会分配方式。共享价值原则可以实现企业发展与社会繁荣的良性循环，并为企业带来持续的利润。越来越多的以共享价值为经营方针的企业，致力于把握共享价值的主动权，将其作为企业战略的组成部分。有些互联网公司把可持续的社会价值创新和消费互联网、产业互联网一起作为所有业务的底座，坚持向下扎根，并和各种业务有连接、有互动、有支撑，在自身成长的过程中，把相当大的力量汇入促进社会发展的洪流。

防止平台垄断和赢家通吃，追求包容价值

数智经济在普遍发展的同时，孕育了一些较大的数字平台企业，它们带动大量的商户、制造企业和物流企业，推动着数字化转型。很多线下企业也有借助平台企业触达更多用户、优化采购配送、改进业务流程、提升管理水平等多方面的需求。但是需求方数量的增长能够降低平台企业供应的成本，又使产品对其他用户更具吸引力，加速了需求的增长，触发正反馈和扩展性，从而形成个别公司和平台的垄断局面，导致赢家通吃的结果。因此，有人说数字化的发展将带来一个分化的未来，而这实际上取决于我们利用数字化对社会的不同责任。

从社会与个人责任相统一的角度来看，就需要适时推出和执行反垄断政策，反不正当竞争行为，防止互联网巨头一家独大，资本无序扩张，引起民众不满或社会动荡，使做大了的蛋糕毁于一旦。还要避免恶性竞争和重复建设，让数字化生态呈现金字塔形状，不同层面都可受益，真正促进平台模式的可持续发展。反垄断将成为数智经济发展的最大变量，短期与长期影响都将十分大。二选一、互相屏蔽、大数据“杀熟”等现象将被有效遏制，补贴大战成为历史，挑战巨头的“老二”们也不再“非死不可”，行业走向良性竞争模式。

企业方和平台方应在监管机构的引导下，加强自我约束，互利共赢。平台企业仍然需要大量供应链上下游企业，特别是线下企业提供关键支持。很多线下企业对平台企业仍然涌现出需求，这就要形成以平台经济为中心的各类中小企业一起发展的数智经济相关集群，带动行业或区域内新的经济增长极，促进以技术为核心的数字产业链良性

竞争，促进大众化平台、各类企业和线上多种经济普遍繁荣。只有包容了数智经济发展中的各种可能，包括平台和非平台、线上与线下、正确与错误、竞争与垄断、成功与失败，最后得到的才是真正的价值。

防范数字安全风险，追求熵减价值

大数据、云计算、物联网、人工智能、移动互联等技术融合发展，使得网络安全风险叠加、异常复杂，特别是数智经济的天然流动性，导致传统的信息安全防护措施不再适用，已引起多方关注，如大数据分析、数据安全、隐私保护等，都已有相关法律法规进行规范。因此，数智经济要在立足建设和发展中，同步做好风险防范和安全保障。在建设数智经济的基础设施的同时，就要同步建设安保配套设施。在制定、贯彻、执行数智经济建设法律规章的同时，同步制定、贯彻和执行数字和网络安全保障的法律法规。企业应当在数字化业务发展与数据安全之间寻求平衡点，通过技术、法规、监管、打击等手段，维护国家政治安全、企业经营安全、公民隐私安全。

数智经济可跨越国界，会在更大范围内发展和繁荣，人类应当一起努力，减少数字安全壁垒，释放数智经济潜力，逐步打造开放、安全、公平的数智经济发展环境。不能因获得数智经济的利益而造成安全隐患和牺牲隐私权利，要防止已获得的成就被打折扣。包容性收益要从防范负面影响做起，化险为安，变害为益，保障和巩固数智经济成果，特别是在社会效益上取得的成绩，成为名副其实的包容共享经济。

数智经济具有发展速度快、融合程度高、业务模式新等特点，把握数智经济价值创造的本质，就应在把握数智经济要素创造价值这个源头的前提下，有步骤、有目标地推进数智经济发展。

一要抓住机会，尽快发展数智经济的核心部分，要强化互联网企业、数字设备和软件企业、电信运营商的发展，还须扩大数字产业的规模，增加数字企业的数量，持续改进质量，发挥数字产业生力军的作用，以提高生产母机的能力，促进产业数字化。

二要实施数字化转型，尽快实施数智经济与实体经济融合，发挥数智经济主力军的作用，促进各行业的数字化发展，让人们得到更多看得见的利益和实惠。

三要发挥反映数字科技生产关系的数智治理作用，探索新的治理方式，反作用于数字科技生产力，注重数字安全和监管，促进数智经济健康发展。

数智经济发展中的品牌价值

品牌是企业的品质、形象和生命。随着数智技术的广泛应用，重塑品牌成为企业的挑战和机遇。把积累的企业优势和崭新的数字化技术紧密结合，就会在工业社会向数字智能社会的转型中，使企业得到改造、转变和升级，使企业品牌体现出智能化品质、数字化形象和强劲的生命力。

企业数字化转型是企业品牌升级的机会

数字智能化转型的本质是生产力的变革和飞跃。生产力是品牌建设的土壤、空气和水分。在数字技术生产力变革的条件下，想要保持品牌竞争力，企业必须对竞争对手的威胁、新的市场发展机会和剧烈的市场变革做出快速反应。从这个意义上说，企业数字化转型也是品牌建设的崭新途径和高速赛道。过去企业试图通过调查来洞察用户需求，而实际上用户给出的是经过过滤的答案，企业的分析路径也很粗糙。在数据驱动下，品牌获取用户信息、需求和行为模式的路径越来越通畅，可以基于数据洞察呈现的相关性算法这一方法，用户真正的需求是被自己的行为注解出来的，这给品牌成长提供了新路径。

数字化转型不只是技术的更迭，而是战略、组织、运营等全方位的变革，而品牌建设是设计、制造、监管、体验、应用的全过程，是企业综合素质的体现，哪一方面有问题都会影响品牌建设。反过来，培育品牌又会促进转型中各项素质的相互协同和提高。在数智技术的应用下，各个环节都有新特色，来得快，体验好，易迭代。品牌建设会在原有的程序上，用时更少、成本更低、质量更高，因而相比原来的品牌更具优势。

在数字化转型中，许多企业借此机会培养和锻造自身的全球竞争实力、科技创新能力、持续发展能力、承担社会责任能力，在数字化发展中瞄准国际标准提升水平，向全球价值链中高端进发，成为一流企业。社会上曾流行这样的说法，“一流企业做标准，二流企业做品牌，三流企业做产品，四流企业做服务”。这种说法从大工业角度看不无道理，但并非所有企业都要去做标准，而是根据企业不同的规模、优势和特点，在做产品和服务的基础上做好品牌。少数优秀企业可能会向着做标准挺进，但是做优秀的产品和品牌是多数企业努力的方向，而且产品和品牌是不可割裂的认知关系。

事实上，数字化时代不见得把一、二、三流分得很清，因为企业做“标准”是大工业时代的逻辑，所有的产品都是整齐划一的，标准的制定者可以坐享其成。而在数字化发展中，企业更多地要满足各种消费者的各种需求，服务往往是定制性的，可能一流的企业要做“服务”，因为它对企业的两方面要求比较高：一是提供定制化的能力，这要有一定的科技基础；二是对接消费者的能力，这要求较强的网络数字化能力。当然，无论什么样的企业，想达到既定的目标，就要制定一个比想要达到的目标更高的目标——求上者，则居中；求中者，则居下。

一流企业至少要达到和超越二流三流企业的标准和要求。做标准就是树立行业标杆，制定游戏规则，所在行业都须遵循此标准，可见做标准的企业占据绝对优势，可通过提高门槛和标准限制其他企业进入，从而削弱对手。华为的5G既是标准，也是品牌，是用其综合素质锻造出来的，也是多年的技术沉淀。做品牌要按照行业标准，通过营销、管理和质量等环节树立起来，品牌优势也需要长期培育和维护，一旦改了行业标准就须再次适应新标准。做好品牌也需要靠积累和沉淀，需要时间和资金投入。现在做品牌的老办法不灵了，需要适应互联网思维方式和数智化敏捷、简单、交互的特点。做产品重在提高质量，获得产品竞争优势，但保持这种竞争优势，会受到标准和品牌的打压和制约。

在数字化条件下，产品是一种功能、场景和服务的解决方案。一流企业应该有做一流产品、服务和品牌的底气和实力。其实，在数智经济条件下，企业的出路、品牌建设的上策，在于企业升级成平台。平台化的本质就是给创造者提供创造价值的机会，把自己变成一个价值创造的平台，未来将会有更多的企业和组织平台化。

在全球抗击新冠疫情的斗争中，许多企业采用线上线下结合的方式，展现出新的增长点，高科技企业正在寻找新的方法，将敏捷性和智能化融入供应链，更好地抵御了危机，也推进了企业数字化转型。近年来经济发展速度放缓，人们开始深思数字化转型的本质和如何建设品牌的价值，通过科技生产力和市场方式，盘点价值链状况，合理调整产业链和供应链布局。

发挥企业优势创建数智化品牌

企业发展关乎国计民生，具有战略性产业和集群优势。在数字智能条件下，企业品牌建设具有战略意义。

发挥集团企业的产业集群优势，把统筹安排与市场机制结合起来，营造数字智能品牌的协同生态。为适应数智经济发展，一些企业正在缩短管理层级链条，加大重组力度，串联起数字产业集群的诸多因素。企业集团整体的数字化转型，可以推动产业链、供应链的相关联动，而数字化转型本身是一种集成式创新，跨学科、跨知识、跨技术，一个集团或相近产业的若干集团就是一个产业数字化集群，企业应将产业链、供应链活动的数字化改造作为优先事项，横向联合攻关，纵向环环相扣，建立产业链、供应链新模式。灵活、集成的弹性供应链和产业链，更有助于自上而下地挖掘数据价值，维持企业竞争优势，提升集群整体的产业数字化品牌价值，实现加速增长。产业集群采用两种运作方式。

第一是统筹协调。这要推动内外部资源共享和协作，探索内部链式流转运行，促进产业协同，共同培育数字化转型生态，加快形成集团级数字技术赋能平台，加快推进数字基础设施能力开放，推动大中小企业融通发展，为集群内企业集中力量提升品牌的科技含量和附加值奠定基础，创出产业数字化的品牌。应当注意的是，切莫将集团当集群，切莫将企业管理层级当产业链。

第二是市场机制。相对稳定的产业集群在于市场调节，品牌的生命力也在于市场，必须坚持市场化运行，激活产业链各个环节的积极因素，在完全的市场竞争中应对需求端变化，在产品的竞争中以质取胜，并通过创新产品，拓展品牌效应，巩固市场份额，为企业赢得市场竞争力，打造具有未来数字智能发展前途的企业品牌。宏观统筹与市场机制相结合的方式，使集群优势与尊重各主体特点相统一，形成良性循环的协同生态和竞争格局。

发挥集团企业战略性产业的优势，借助数智技术，转化、改造和升级传统品牌。集团企业在市场经济要素中占据重要地位，培养和积累了大量优秀品牌。比如“上天有神舟，下海有蛟龙，入地有盾构”

等。数字化转型要在珍惜传统品牌的同时，善于发现品牌的短板，应对国际品牌的挑战。以数智技术，改变老字号、老面孔。数字化品牌与传统品牌是相互继承而非割裂和对立的关系，传统品牌在供应链上的扎实度是靠时间打造的，它代表的是消费者对某一产品或服务的特性、形象以及性能的总体认识和好恶度，这对数字化品牌也相当重要。无论是在虚拟的数字世界，还是在现实的原子世界，品牌的含义没有本质变化，以信息化、网络化、智能化为标志的数字技术革命，造就了数字化品牌与生俱来的特质——强势扩张力和智能性质。

许多企业在数字化转型中，主动依照数智技术重塑品牌，使产品成为数字智能化产品，这已成为品牌升级的一个举措。比如中铁装备用数字化为传统的盾构技术赋能，做到无人值守，并将“摸黑”掘进变成“透明”和“智慧”掘进。再比如，振华港机作为“全球港机之王”，在数字化转型中打造振华特色的智能制造新模式，智能化调度时间从原先的5分钟/单缩短为30秒/单，提高调度效率9倍。中车长客打造的高铁“金名片”等，都是通过转化和升级传统产品和品牌，缩短设计和制造流程，减少生产设施，降低材料使用和管理运营成本，赋予其智能，提高了效率。有的品牌还在产品中植入芯片以验证安全性和查询产品的使用说明。

发挥企业变革优势，使信息产业企业会同中小企业，共创数字智能产业化品牌。信息通信产业的大企业，可会同互联网中小企业一起，加速信息技术融合创新，发挥数智技术的优势，共同建设5G、大数据中心、工业互联网、区块链等新型数字基础设施，探索构建数据中台、业务中台、技术中台等新型数字平台，并加强平台、系统、数据等安全管理，推动信息技术与经济社会发展融合，共享数智经济要素资源，为企业数字化转型提供技术支撑，为传统产业数字化奠定基础。就信息通信和互联网企业自身而言，应尽可能把数字产业化做强做优做大，发挥数字产业化生力军的作用，带动产业数字化广泛发展。

为此需要培育壮大人工智能、大数据、云计算等新兴数字产业，推动数字业务发展，优化资源整合，打造规模化数字创新体，培植新业务增长点，扶持行业领先的数字化服务龙头企业，研发和输出数字化转型产品和系统解决方案。在工业软件类、数字平台类、数字化解决方案类等方面，持续打造具有较大影响力的核心技术产品和行业解决方案。更需紧扣重大战略需求和产业发展瓶颈，聚焦核心电子元器件、高端芯片、核心工业软件等关键领域，加快关键核心技术攻关，加速打造原创技术策源地，突破品牌的制高点，发挥产业平台和应用场景优势，加大自主产品应用推广力度，为社会各类创新主体开展技术创新和产业孵化提供条件和载体。

发挥集团企业相对门类齐全和体系完整的优势，推动数字技术与实体经济融合，打造产业数字化的品牌。以数字化转型为前提，推进制造业与互联网融合、制造业与服务业融合，按照企业品牌发展的目标要求，根据不同场景、人群和消费需求，以及消费者注重的品牌认知与口碑，在产品设计、品牌建设、营销手段和销售渠道等方面敢于创新，着力打造产品的“品牌符号”，以战略制高点支撑品牌建设。特别要围绕企业的生产经营难点痛点问题，强力推动产品创新数字化、生产运营智能化、用户服务敏捷化、产业体系生态化，加快企业高质量发展，培育带动面广的应用场景，打造复制性强的解决方案，树立示范性好的品牌标杆，以更多的优秀品牌争取竞争主动权，展现产业数字化的主力军形象。

要突出品牌的数智化特点

品牌是企业参与市场竞争的重要资源，也是衡量企业实力的重要指标。数字化转型后的企业品牌具有新特点。

创造

就是在数字化发展实践中创建标准和品牌。制造做的是低附加值工作，极易受制于人；创造则带来高附加值，属于产业链上游，可用无形资源创造财富，使整个产业更加健康。数智化技术的广泛应用刚刚开始，就以一种强势的力量影响着现实，甚至不能按既有的经济分类来理解经济的发展，这就要不拘一格，大胆探索，走自己的路子。优势企业要在探索的年代敢于创新产品、善做品牌、厘定标准。在G20（二十国集团）杭州峰会对数智经济定义的基础上，中国国家统计局会同有关部委发布的《数字经济及其核心产业统计分类》，从数字产业化和产业数字化两方面，确定了数智经济的基本范围，将其分为数字产品制造业、数字产品服务业、数字技术应用业、数字要素驱动业、数字化效率提升业五部分。前四部分是数智经济核心产业，对应《国民经济行业分类》中的26个大类、68个中类、126个小类。后一部分对应《国民经济行业分类》中的91个大类、431个中类、1 256个小类。企业应在上述框架和范围内，甚至不只限于这些分类，进行探索、创造和发展，把品牌建设和制定标准结合起来，在创造产品的基础上尽可能多地打造品牌。

智能

要把数智技术与制造技术结合起来，赋予实体经济更多的智能，创造更快、更好、更完善的产品和服务，使产品更加智能，使品牌体验极佳。还可应用数字孪生技术实现物理实体与数字虚拟体之间的双向动态交互，用数字技术赋能物理系统，用物理空间展示数字空间，让企业产品和品牌在数字和物理两空间收获成功。通过数字化功能改造产品，使产品智能灵活，具有自适性程序，例如地理定位、数据传输、传感器和摄像头等智能技术，使其有反应、能协作和主动联网，可以最大程度地满足用户需求，减少地域限制，扩大人与人之间的交流空间。

体验

数字智能时代，人们在购买产品的同时，也在购买产品体验。虽然产品就代表着品牌，但对品牌的体验不止于产品。这种体验不仅在产品的使用和服务的享受中，还可在网站、社交媒体或者App的互动中。即使没有购买和使用，用户也能直观地感受和认知，既能感受到看得见的产品品质、包装、使用方便性、价格合理性、服务水平、企业实力、员工素质等品牌形象，还能感受到产品思想、情感和文化等无形的品牌价值和巨大潜力，实现了对抽象的品牌体验和具象的产品体验的完整认知。随着软件更新，企业还可给用户带来实时、自适应、互联的体验，产品也会根据用户需求、使用情形来适时调整和适应，使用户可动态把握对品牌的认识。为使产品更有吸引力，提升用户对品牌的忠诚度，企业还可提供对话式、即时性、真实场景的互动体验，比如一个创新品牌，未必最先拥有新技术，但率先开发了新体验，直接或间接地为用户提供想要的服务、社会地位和归属感，增强用户黏性，让产品或品牌始终站在市场最前沿。

价值

企业产品和品牌体现企业价值和文化，也是品牌建设的灵魂。数字化转型也是企业在思想、价值和文化方面的深层次变革。数字智能时代，以数码和文化符号重构品牌，建立品牌与人对话的桥梁。“在多元化、去中心化、反深度化的社会文化语境下，以品牌符号之意义呼应人心潮流之意义，进而丰富工商业与人心的对话，并通过推广优秀案例，探讨在品牌建设过程中的新趋势、新思想、新方法，为品牌建设面向未来、不断生长铺垫一条有益进路。”[①]数字化让品牌能更精准地了解消费者，使产品能够越来越贴近消费者，数据将比用户更加清晰地表达他们真正需要什么。说到底，品牌价值就是以用户为中心，帮助用户解决问题。围绕满足人民对物质和精神的美好生活需要，追求健康取向，瞄准正能量的标准，创新数字智能的延伸。产品价值就是最好的营销和品牌。如果违背品牌价值，用户只需5秒钟就可卸载相关App，并果断放弃这个品牌，这样就会降低品牌的信用溢价。如此，品牌价值要求企业始终自律向善，容不得因实力过大而纵容自己偶尔偷懒或者违背公众利益去做哪怕一点点“恶”。正是这样的价值，才能不断丰富品牌内涵，延续品牌生命力。

---

① 21世纪经济报道.数字化时代，打破与重构 第十六届中国品牌价值管理论坛携风而来[EB/OL].新浪财经，2020-12-10.https://baijiahao.baidu.com/s?id=1685684696377952317&wfr=spider&for=pc.

Chapter 3

第三章
数字化要着力实体经济发展

数智经济发展速度之快、辐射之广、影响之深，展现了数字创新无穷的魅力，已成为经济发展的重要增长极，正在推动生产方式、生活方式和治理方式的深刻变革。保护和引导数智经济发展的强劲势头，要把经济发展的重心放在实体经济建设上。加快数智经济建设，促进数智经济与实体经济的深度融合，推动数智经济的高质量发展。

实体经济的基础和决定作用

强调着力实体经济，对于防范发展中的风险、提高发展质量至关重要。

从实体经济与虚拟经济的关系看，实体经济是源和基础，虚拟经济是流和高端，把实体经济底座做大夯实，方能承受其上的虚拟经济高楼大厦。实体经济和虚拟经济应该呈正三角形，不能呈倒三角形，否则就会头重脚轻，影响经济社会的稳定发展。可见，实体经济对整个经济社会发展具有基础性和决定作用。

从2008年金融危机带给我们的教训看，20世纪中叶美国开始的“去工业化”，其实也是在逐渐掏空其实业，而美国的金融和服务业迅速发展，就业人数在1994年占比就达到73%。金融和服务业的极速发展，造成美国房地产市场异常繁荣，产生大量金融衍生品，导致2008年次贷危机爆发，次级贷款资产的证券化加重其危机扩散，资金链断裂，银行破产，国际债务飙升。虚拟经济膨胀，脱离工业制造业等实体经济，成为金融危机的根本诱因。在金融危机前，美国整体经济的虚拟化达到了30~40倍的水平，制造业空心化非常严重。金融危机之后，各国学者都在研究如何吸取教训，其中有研究认为中国虚拟经济与实体经济的黄金比例为16.7∶1，较为合适，强调要注意脱实向虚，防止价值虚拟。

从国家竞争力的基础看，实体经济是国家发展的本钱，是财富创造的根本源泉，是国家强盛的重要支柱，是国家发展与安全的保障，也是数字化转型中对传统经济改造和升级的基础。即便完成转型，也应保障实体经济应有的比例。一个国家要想强大，必须靠实体经济，不论经济发展到什么阶段，实体经济都是国家经济发展、在国际经济竞争中赢得主动的根基。

如果实体经济薄弱，本国创造的产品越来越少，遇到复杂的国际形势和风险，就会影响国内信心，引起恐慌，导致物价上涨和通货膨胀。美国的衰退风险和趋势就有这样的因素。乌克兰危机造成欧洲能源危机，牵连世界粮食风险和危机，尽管有地缘政治因素，但也说明做大实体经济至关重要，有实体经济作为支撑，就有利于防范风险、克服危机。

深度融合数智经济与实体经济

数智经济与实体经济是一种新经济与传统经济的对应关系。实体经济与虚拟经济也是一种对应关系，而虚拟经济是由马克思提出的虚拟资本衍生出来的概念。马克思认为，虚拟资本是在借贷资本和银行信用制度的基础上产生的，包括股票、债券等，虚拟资本本身并不具有价值。虚拟经济具有高度流动性、不稳定性、高风险性和高投机性4个特征。数智经济参与实物或使用价值的生产，不是用符号、概念等方式套利、圈钱，不属于虚拟经济。

数智经济与实体经济的融合，就是运用数字技术对传统的实体经济进行智能化改造，转换动能、节约人力物力、变革生产模式、创新经营管理方式、提高综合效率、扩大经营成果等。在数智经济与实体经济融合中，还伴随着观念、体制、技术、基建等方面的数字化转型。

数智经济进入高速发展阶段，更致力于与实体经济的融合，主要是通过数字产业化和产业数字化来实现，已取得显著进展。现在，数智经济在全球范围蓬勃发展，反映了各国在数字化发展上的竞争，都想占据新科技、新经济的制高点。

数智经济与实体经济深度融合，可以采取以下方式。

由虚向实

数智经济与实体经济深度融合需要扫除发展中的"拦路虎"，使实体经济得到数智经济的充分赋能。

增强数字产业化的力量，使数字产业的企业能够大面积地参与指导和带动传统产业的数字化改造和升级。中国虽然已有四大电信运营商和以华为、中兴为代表的遍布基础硬件、基础软件、大数据云计算、应用软件、信息安全、信息技术应用创新等领域的众多信息科技企业，以及诸如阿里巴巴、腾讯、小米、百度等全球领先的互联网头部企业，还有大量发展迅猛的中小微企业从事信息科技和互联网产业，但是，面对几十年形成和发展起来的传统产业的数字化改造和升级，数字产业化力量仍显不足。这就需要更好更充分地放手发展数字产业，使其在产业数字化中发挥骨干、带动作用。有条件的企业都应依靠自身力量，通过自我的数字化改造，实现产业数字化。事实上，在近几年的产业数字化中，像海尔、海信、三一等大中型企业已逐步完成从信息化到数字化的升级，打造了全球智能制造的示范样板，是数智经济与实体经济深度融合发展的典范。

深化认识和调整政策，更加坚定数字化转型的决心和信心。一些传统的规模性企业担负繁重的任务，担心数字化改造可能会影响当期业绩，加之对数据联网后的标准和安全问题没把握，以致一些企业的内外网并未打通，对企业的数字化改造仍有疑虑。这些企业在两者融合上表现出积极姿态，但在实质推进过程中犹豫不决，导致数智经济与实体经济深度融合难以取得实质性突破。因此，要结合宣传成功范例来深化认识数智经济，让企业家感受到数字化升级带来的明显好处，通过改进和完善考核政策，解除短期发展的后顾之忧。扭转之前停留在数字化论坛、蜻蜓点水式数字化投入等局面，推进数智经济与实体经济实质性的深度融合，以期见到效益、体现效率。

深度融合要体现实体经济智能化的实质和作用。在两种经济融合中，不能满足于已有的机械化、电气化、自动化，认为同数智经济融合，就是在原来运营的基础上做些调整和改善。事实上，数字化改造是给企业赋予智能化，通过数字化转型和改造，在原来机械化、电气化、自动化的基础上逐渐智能化，超越机械化和自动化。机械化是我们过去的目标，许多企业就是在实现机械化、电气化的过程中成长发展起来的，但那已是过去的辉煌，如果停留在运用电力等驱动或操纵机械设备阶段，仍需大量人力、物力的付出，还会丧失新的竞争力；自动化按人的要求，经过自动检测、信息处理、分析判断、操纵控制，实现预期的目标，无人或较少的人直接参与生产，是许多企业正在采取的先进方式，但是距离数字化改造要求的智能化还有差距。

数字智能化就是将经验转化为数据，将数据转化为知识，将知识融入自动化系统，其潜力通过数据信息深度挖掘，经迭代而诞生出新业态和新动能。企业应将人工智能和机器智能化尽快部署到主要的传统业务流程中，尽早降本增效，更好地改善用户体验，给生产和制造带来更高的效率。

由易到难

数智经济与实体经济深度融合需要根据实际情况循序渐进，突破难点，实现关键处的融合。目前有三类问题较难解决：一是为数不少的制造企业的生产线设备都依靠进口，一些工业网关与数字化的网络衔接不配套，如果更换大型设备，既要考虑前期规模投入，又要考虑更换衔接的风险；二是农业产业在融合中处于薄弱环节，主要是数字化条件不充分，基础设施薄弱、网络信号差、缺少长远规划，除了一些大的农业数字化公司进军农业产业，整体的传统农业与数智经济的融合推进较慢；三是小企业数字化需求分布零散、体量小、营收少，还存在融资难等问题。

在共性上，企业要超越原来的生产方式，摆脱传统产业的惯性和依赖性，无论有无条件，抑或条件是否充分，都要从装备智能化新设施和智能化运用旧装备两个方面不同程度地努力。在个性上，要考虑企业更新的设备是否符合数字智能化的要求，避免进口设备和陈旧设备不匹配等成为数字化的阻碍。通过新的基础设施建设，改进和加强农村数字化转型的条件，促进农业数字化，提高新型农业的效率。要从政策上支持小微企业的数字化融资，政府或大企业建设的新基础设施可与小企业共享，以减少其在这方面的投入，同时探索小微企业数字化改造的模式，以不同类型企业数字化转型的成功样本为范例，对小微企业数字化转型予以引导，走出小企业改造升级的路子。

由部分到整体

有些企业在融合数智经济与实体经济过程中，仅仅局限在信息化系统的改进和升级上，缺乏对企业生产运营的整体改造，仅有的信息化系统也未能融入价值创造过程。这就需要厘清转型过程中的战略规划、商业模式、产品、运营四者之间的关系，将信息化系统改造扩展到资源配置、生产设计、制造、流通、消费等各个环节，赋予产业数字化更完整的内涵，促进各部分协同和互动，真正发挥效能和作用。比如，企业数字化改造和升级后，就要发挥数智经济的搜寻成本、复制成本、运输与沟通成本的优势，体现可记载性和验证性等特点，促进节能减排；以虚拟方式参与市场资源配置，应用数字孪生开展各种设计，以数智经济“智造”代替传统“制造”，以定制化和即时性生产超越过去大工业规模化、批量化生产，更好地满足消费者的个性需求。所有这些智能应用环节，都将普遍提升企业效率。

由内到外

数智经济与实体经济深度融合有利于企业建立智能化的生产系统，并创造出具有数字化特点的产品和服务。这些产品和服务，在运用到社会、文化、生活中时，需要配套便利的应用条件和环境。实际上，要将两种经济的融合从企业内部延伸到企业外部，需要政府对相应的公共设施进行规划、建设、维护、管理，促进社会、文化和生活的数字化应用，进而形成数字教育、数字医疗、数字就业、数字会议、数字社区等。这就会将企业提供的数字化产品和服务与社会生活的应用衔接起来，提升社会、文化和生活的智能化水平。

双向建设数字基础设施和平台

数智经济催生新基础设施、平台、线上等概念和发展方式。双向建设就是既要建设新基建，也要维修、更新、重建传统基础设施；既要建设线上平台，也要搭建和提供线下运营和服务平台。

新基建和线上平台建设

在数智经济火热发展中，为鼓励新经济，加快数字化发展，中国推出新型基础设施建设，包括5G基站建设、特高压、城际高速铁路和城市轨道交通、新能源汽车充电桩、大数据中心、人工智能、工业互联网七大领域，涉及诸多产业链，这是以新发展理念为导向，以技术创新为驱动，以信息网络为基础，面向高质量发展需要，提供数字化转型、智能升级、融合创新等服务的基础设施体系。从政府到社会以及企业，开展对新设施和线上平台的建设，促进了电商、平台和线上经济的发展和繁荣，推动了消费互联网向产业互联网的发展。

传统基建和线下平台建设

数智经济创造价值，尤其是平台经济方式，离不开传统基础设施建设和线下各种设施、条件和服务。事实上，新基建无法取代传统基建，只有新旧基建配合协调，才能成全数智经济发展。正是前些年大规模投入的基础设施建设，保障了现在的线上发展、平台发展、电商发展。如果没有交通、供水供电、科研与技术服务、园林绿化、环境保护、社区、楼宇等市政公用工程设施和公共生活服务设施等，人们在线上、平台的运营就无法落地，也缺少物质保障。比如，我们在线上选择购买自己想要的产品，如果没有人制造这些产品、没有人组织货源、没有道路交通设施、没有物流、没有“快递小哥”运货、没有社区的接收和秩序保障，线上和平台发展就会变得苍白无力，成为无源之水。

人们在享受新基建、线上平台服务的同时，不能忽略传统基础设施的建设和维护，不能忽略线下建设的劳动和付出，而且这些建设不是一劳永逸的，需要不断维护、更新、改造、提高、重建。

从实体企业的角度建设数智经济

在数字化浪潮中，一些实体企业受到冲击，特别是一些线下商贸门店纷纷倒闭，还有一些适应新经济大势，选择了在线上平台运营。但是，并非所有实体店经营者都适合在线上平台运营，也未必都要从线下搬到线上，这就要从双向建设的角度，探索平台加实体等的灵活方式。事实上，不少实体店也做了许多探索。受一些小微实体店成功案例的启发，笔者建议走两者灵活结合的发展道路，比如，实体店增加客户体验区，使客户在视觉、嗅觉、味觉、触觉、听觉等多感官、多方位对产品和服务的体验中进行消费。还可通过“线下体验+线上下单”的创新融合模式，让用户享受沉浸式场景体验，促进消费升级。比如，实体店将以产品为核心转化为以人为核心，将自己打造成社交场所和资源交换场地，让员工广泛带动新会员，发挥潜力，开拓市场；又如，将实体店作为直播基地吸引同城流量，备好美颜灯、三脚架等设备，一边开门做生意，一边开启同城直播；再如，通过招商把实体店生意从C端（个人客户）过渡到B端（企业客户），使店内产品真正具备商业模式属性，把微商模式搬到线下门店，用实体店复制出多家分店。

着力于实体经济，是数智经济自身的内在特征，也是发展数智经济的现实要求，推动双向建设、融合创新，就能保障数智经济的可持续和高质量发展。

着力并充分赋能实体经济

数智经济已成为整个经济发展的生力军，是赋能实体经济的重要角色。

着力于实体经济的抓手

着力实体经济，要有实在的措施和方法，在发挥以下三个作用中，结合不同的数智技术、工具应用场景，寻找具体的抓手。

杠杆和支点的撬动作用

数智经济是以数智科技为基础产生的新经济形态，具有先进的智能生产力，能够发挥新经济的杠杆和新科技的支点撬动作用，会对实体经济产生奇妙的作用。2022年数字经济规模达50.2万亿元，正在推进“中国制造”走向“中国智造”。

规模的推动和拉动作用

近年来数智经济发展速度之快、辐射之广、规模之大、影响之深，正在展现数字化创新的无穷魅力。2022年我国数字经济占国内生产总值比重达到41.5%，成为整个经济发展的重要增长极，是拉动发展的一支劲旅，正在推动生产方式、生活方式和治理方式深刻变革。数智经济目前的规模和势能，完全可以对实体经济发挥规模带动作用。

数字化转型中的枢纽作用

数智经济是新生事物，具有蓬勃活力，是数字化转型的关键要素，是重塑世界的一支重要力量。它的天平偏向哪里，哪里的分量就会显得更重一些。这些年，数字化转型促进智能制造、数字农业、数字金融、数字服务、数字贸易等各个方面加快发展。现在强调实体经济，数智经济就会在转型的枢纽中偏向工业、农业和服务业，着力于实体经济，加大数智经济与实体经济的深度融合，使其捆绑一体，有针对性地赋能。

赋能实体经济的着力点

哪儿有问题，哪儿就是着力点。在数智经济发展，特别是在数字产业化和产业数字化的融合方面，存在深度不够、重点不突出的问题，这些正是数智经济赋能实体经济的着力点。

工业，尤其是制造业

针对有些企业担心联网后的数据标准和安全问题，故仍然停留在单纯的信息系统建设，未将数字化、智能化融入生产运营中，以及数智化改造中工业设备的衔接问题，应该从根本上超越原来的生产方式，摆脱传统产业的惯性和依赖，无论有无条件，抑或条件是否充分，都要从两个方面不同程度地努力。一方面，提高设备的智能、效率和精度，实现单机智能化或通过单机设备的互联而形成智能生产线、智能车间、智能工厂；另一方面，更加合理和智能地使用设备，虽然有些设备在功能和用途上完全不同，需要不同的解决方案，但它们都有一些共同点，例如可以共同采用以工业网关为中心的物联网、边缘计算和自动化，通过智能改造和运营实现制造业的价值最大化。此外，还要考虑企业更新的设备是否符合数字智能化的要求，避免进口设备和陈旧设备不匹配等成为数字化的障碍。

农村农业

针对农村数字化的条件比城市和工业差许多的问题，包括基础设施薄弱、网络信号差、缺少长远规划，以及整体的传统农业与数智经济的融合推进较慢，要注重农业物联网、农业大数据、精准农业和智慧农业等设施的建设；利用各种数智技术，从宏观和外部层面，对各种农业生产要素进行重新组合和优化，畅通城乡要素的流动和融合，鼓励一些数字化公司进军农业产业，充当生力军，发挥骨干和带动作用；建议在县一级设立数字技术骨干和信息骨干，在乡村振兴中，给乡村干部讲明白数字化，开阔其应有的技术视野，并做出数字化转型的示范，以点带面，促进农业数字化，提高新型农业发展效率。

中小微企业

针对中小微企业的数字化需求分布零散、体量小、营收少，以及融资难等问题，国家在优化基础设施布局、结构、功能和系统集成，构建现代化基础设施体系中，要考虑和覆盖到中小微企业的发展所需。中小微企业数字化融资仍需得到国家扶持和社会帮扶，有关部门要对中小微企业的经营者进行数字化转型的培训，讲清数字化对企业全面素质提升和改造的好处，组织优质的数字化转型服务商，对中小微企业进行技术指导。

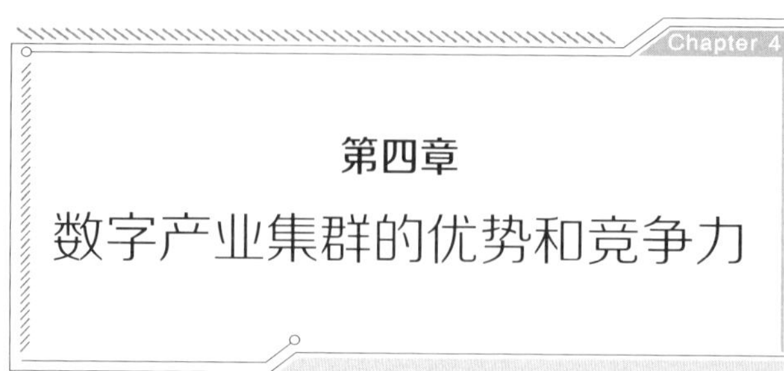

第四章 数字产业集群的优势和竞争力

数智技术的广泛应用，形成数智经济的发展趋势，世界各国都把数字科技作为发展新动能，将数智经济作为发展的新形态，抢占机遇，奋勇争先。在数智经济的竞争格局中，数字产业集群具有诸多积极效应，有利于在世界范围提升产业数字化、智能化，扩大数智经济规模，提升产业规模效益，激发企业创新，增强产业和企业竞争力。

我国要提高数智经济竞争力，打造国际性的数字产业集群，一是需要加快发展，从速度上培养优势；二是在数智经济和实体经济深度融合上下功夫，让中国制造高质量发展。

数字产业集群的起步和特征

数智经济发展正在重组全球要素资源，重塑全球经济结构，改变全球竞争格局。在千帆竞发的数智经济海洋中，提升竞争力须打造航母式的数字产业集群。

《全球数字经济白皮书（2022 年）》显示，从规模看，2021 年美国数智经济蝉联世界第一，规模达 15.3 万亿美元（约合人民币 106.79 万亿元），中国位居第二，规模为 7.1 万亿美元（约合人民币 49.56 万亿元）；从占比看，德国、英国、美国数智经济占GDP比重均超过65%；从增速看，全球主要国家数智经济高速增长，挪威数智经济同比增长34.4%，位居全球第一。《数字中国发展报告（2021年）》指出，2017—2021年，我国数据产量从2.3ZB增长至6.6ZB，这一数据产量在2021年全球占比9.9%，位居世界第二。我国数智经济具有领先的基础设施、规模化的产业生态、丰富的数字化转型经济等优势。但较之美国等发达国家，存在大而不强以及“卡脖子”等难题，数智经济的结构和质量也待调整和提高。在数智经济激烈的竞争中，亟待提升国际竞争力。

向数字产业集群要竞争力。产业集聚与产业竞争力的强关联性会随着时间的推移而加强，集群内企业纵横博弈，形成关联性网络，能有效降低企业成本，获得分工的好处，具有相对的竞争优势。

打造数字产业集群是提升数智经济竞争力的重要方式。集群竞争力不是各企业竞争力的总和，而是重在关联、配套和协同；不是跟随、同质化的技术水平，而是需要差异性和原发性技术；不能满足于一般的规划、品牌、设计，踏入“比较优势陷阱”，而要更重视科技创新能力、品牌运作能力、国际营销网络，增强产业和企业竞争力。

借鉴产业集群经验并给予政策引导

发展数智经济之前，我国曾经历过多轮产业集聚，积累了丰富的经验和做法。从中华人民共和国成立初期规划投资、产业兴城、积累效应所产生的大庆、鞍山、武汉、东北和西南等产业基地，到石油化工、钢铁、煤炭、重型机械等产业的相对集中；从改革开放之初乡镇企业和民营企业生产衣服、玩具、皮鞋、电子产品、箱包，到成规模的专业生产、加工和市场；从“三来一补”，即来料加工、来样加工、来件装配及补偿贸易，以及市场和原料“两头在外”的出口导向的产业链、供应链，成长为内外企业共同参与的中国制造产业集群；从组建国有企业集团、各地开发区和工业园区的产业集聚，到以若干大城市为中心的通信互联网产业的带动和集聚，这些都是当今数字产业集群可以借鉴的重要基础。我国具有较为全面的产业布局和集群优势，这是打造数字产业集群的重要条件，但是其他产业集群与数字产业集群各有特点，要相机创新变通，不能因循照搬。

产业集群需要政策的积极引导。在对数字科技广泛应用的基础上，数智经济发展具有蓬勃生机。特别在2020年以来新冠疫情的冲击和影响下，数字化发展正成为指引世界走出低迷，走向希望的明灯。如何更好地巩固已经发展起来的数字科技的支柱产业，把数字消费的巨大潜力和产业互联网的兴起作为经济增长的新动能，且为产业数字化自身升级改造提供强大动能，需要宏观政策的科学引导。各国都提出加快数字化发展，在国际竞争格局下加速建设数字产业集群，意在发挥数智经济在生产要素配置中的优化和集成作用，促进数智经济与实体经济的深度融合，提升实体经济的发展韧性与创新能力。还需要诸如保护知识产权、加强产品研发和技术创新、限制数字和平台垄断等发展集群的政策，以保障众多主体的合作行动和集群治理，同时，积极参与数字领域国际规则和标准的制定，建立数据资源产权、交易流通、跨境传输和安全保护等基础制度和标准规范，推动数据资源开发利用等。

数字产业集群的特点

一是技术融合。集成电路、软件、人工智能、大数据、云计算、区块链、5G以及以后的6G等技术各有其功能，通过相互融合可产生更大效能。因此，打造和完善共享的新基建，建设大数据中心、工业互联网等设施，可为技术融合提供底座，发挥共享作用。

二是产业跨界。数字产业是以信息为加工对象，以数字技术为加工手段，以全社会各领域为市场，虽然数字产业自身有时无明显利润，但可以通过赋能其他产业做出贡献。产业数字化正是数字技术作为媒介在搭桥跨界，无人机、机器人、新型可穿戴设备等很多产品都得益于跨界合作。

三是虚拟配置。数字技术可跨越以往集群和企业重组的物理条件，依托信息网络、平台应用和数据资源，利用各地闲置的设备、人才和资本来组织生产，实施灵活的企业重组和产业集聚，或建立数字虚拟产业园和数字虚拟产业集群，使产业生态更加健康和可持续。

四是智能升级。应用数字技术可提升不同产业的智能化水准，提高企业品质，使企业相关业务具备向外延伸的条件和空间。

以市场为主导打造数字产业集群

数智经济是在数字技术领域的产业革命与制度创新基础上逐步发展的，要把数字科技支持的崭新产业发展成更具规模、更有质量的经济形态，还需要市场主导，靠自下而上的内生动力，辅之以政府的指导和促进，形成有质量的数字产业集群。

在数智经济与实体经济的融合实践中集群

在数字经济和实体经济融合前，数智经济本身已在数字产业化和产业数字化的实践中开始了集群。数字产业化和产业数字化，都是数字产业集群的过程。数字产业化包括数智技术、产品及服务，它们的融合既产生数字化新业态、新产业，又对原有的信息通信、设备制造、互联网、软件企业实施综合化改造或重组。电信运营企业在互联网化、云网一体化；电信设备软件企业在综合化，比如华为、三星等企业不仅有网络设备，还有手机和芯片的设计和制造等产品线，且经营效益良好；互联网公司从提供门户网站以及搜索引擎、即时通信等互联网的基础业务开始，普遍向外延伸，进入媒体、电商、支付、金融等各种领域。

产业数字化包括工业互联网、智能制造、车联网、平台经济等融合型新产业、新模式、新业态，是传统产业应用数字技术所带来的生产数量和效率提升，通信信息产业为各个产业的发展提供数字技术、产品、服务和解决方案等，新增产出构成数智经济的重要组成部分。如深圳医疗器械集群就是在与电子产业的交叉中发展起来的。数字技术应用使企业之间的业务界限越来越模糊。数字产业已成为融合的产业，实体经济是落脚点，高质量发展成为总要求。

数智经济与实体经济融合，可以追溯到20世纪我国信息化带动工业化的过程，其实那就是知识经济、信息经济与实体经济的融合，促进了我国信息数字技术的快速发展，涌现出中国制造。现在的数字化发展不能简单取代工业化，也不能片面提升服务贸易比例。数智经济与实体经济的融合，既是创新，又是调整，是两者的深度融合，要由表及里，使数智经济深入实体经济核心，总体上贯穿于方向、过程和作用，夯实集群中产业链的价值基础。

在方向上，坚持数字化、网络化、智能化的协调和融合。数字化达到一定程度，网络化才能取得实质进展；资源和能力网络化连接达到足够的复杂度，智能决策的技术和产业投入回报价值才会突显，智能化才能步入快车道。

在过程中，做到全方位、全链条、全要素的融合和改造。要包括数智维度、资源维度、实体维度等各方位，供应、制造、销售、服务等各链条，资本、数据、技术、人员等各要素，这样才能将智能化贯穿到价值创造、数字化管理和高效运营中，增强集群内产业链、供应链的竞争力。

在作用上，要得到放大、叠加、倍增的效应。平台配置资源放大范围、节省成本、提高效率；融合相关技术促成许多功能叠加、集成并产出更多小微型产品；智能促进人机和环境系统融合，贯穿态势理解、决策、指挥，将会在各环节中起到倍增、超越的能动作用。

具体来说，要从赋予技术、激发活力、扩大规模、产业创新四个方面深度融入。

第一，为实体经济输入智能技术。在已有机械化、自动化武装的制造业基础上，赋予其智能化，放大其价值。在数智经济与家电、纺织、电子等领域率先融合的基础上，加大对与采矿、化工、有色金属及燃气等行业的融合，尤其要深化与骨干制造业的融合。要凭借技术优势，以关键制造环节智能化为核心，以端到端数据流为基础，以网络互联为支撑，将智能技术贯穿于设计、生产、管理、服务等制造活动的各个环节，有效缩短产品研制周期，降低资源能源消耗，降低运营成本，提高生产效率，提升产品质量。

第二，要激活实体经济活力。融合在于激活参与组合的数据要素，改变不同组合中各要素的分量，增加要素结构配置的灵活性，使企业组织作为要素配置的母体，摆脱地理、交通、人才、能源等传统要素的限制，更多依托信息网络、平台应用和数据资源，利用各地各企业闲置的设备来组织生产，促进数据流通交易和数据红利全面释放，使产业生态扩大范围，发展更加健康和可持续。甚至可以组织各种要素和资源赋能于经济落后地区、偏远山区，让不同区域实现普惠协调发展。

第三，融合要形成规模效应。在纵向上形成数智经济的不同产业链，横向上形成不同产业的规模集聚，推动先进制造业集群发展，构建各具特色、优势互补、结构合理的战略性新兴产业增长引擎，培育新技术、新产品、新业态、新模式。过去的企业注重横向发展，越做越大，涉及面越来越宽，也就越容易展开“同质化竞争”。而现在，应在横向聚集的同时，更善于集群的纵向发展，争取越做越精，越做越深。这样还会使得行业越来越垂直、协作越来越完善、结构越来越周密，企业与企业之间、行业与行业之间的独立性越来越强，“差异化共存”成为发展主流。

第四，实现产业全要素、全流程、全生命周期数字化转型与创新。在数字基础设施建设和数字经济全产业链布局的基础上，构建数字驱动、智能主导的数智经济高融合生产体系。应以数字产业集聚的方式与实体经济相融合，让制造产生更多附加值。同时依据我国农村地区相对落后的实际，用数智经济装备农业。当工农业借助数字科技达到高峰时，会将第一、第二产业的更多从业者从烦琐的劳动中解放出来，把数智经济引向高质量的发展。

创造数字化条件促进中小企业集群

以往经验表明大型企业具有产业集群的优势，但需要防止将企业层级当作价值链，而要真正锻造生产链、供应链，形成产业集群。数智经济的潜力寄托在中小微企业上，政府要扶持建立工业互联网技术支撑与服务创新中心，以优惠或免费方式普惠服务中小微企业，夯实数智经济的基础。特别是中小微企业数量多、机制活，对参与数智经济发展有积极性，但本身缺乏集群的条件，应在鼓励与推动中小微企业数字化转型的同时，为其参与集群提供帮助。

一是组织区域数字化、行业数字化和企业数字化的促进工作，引导中小微企业参与数字化转型，通过加强平台、算法、服务商、专家、人才、金融等有利于数字化转型的公共服务，降低数字产业集群的门槛和成本。

二是明确企业参与集群的大体目标，在积极接受数字化发展理念的基础上，通过不同路径，推动纵向上形成数智经济的不同产业链，横向上形成不同产业的集聚规模，构建各具特色、优势互补、结构合理的数字产业增长引擎，进而培育和发展新技术、新产品、新业态、新模式。

三是建立共享的数字基础设施，形成一个众多合作伙伴围绕数字智能新基建组成的生态系统，使各主体和竞争者之间都有机会共享资源和设施。

四是为数字化企业从资本市场融资提供便利，支持符合条件的企业发行公司债券，探索股权和债权相结合的融资服务。

五是提供战略策略咨询和服务，根据不同企业的特点，选择参与集群的不同途径，或业务聚焦，或业务多元化，或扩展业务边界，或适当外包，因企制宜，找到各自相对适合的策略措施。行业协会应为中小微企业参与集群制定行业标准，规范市场行为。

在开放和全球化中提升集群质量

全球化与数字化发展相辅相成，数字化借助全球化发展起来，数智经济发展必将把全球化推进到新的水准。只有在开放环境中，才有可能提升数字产业集群的国际竞争力。

第一，把过去以外贸导向的集群转变到内外导向的集群。面对复杂的国际格局，各国特别是大国都在畅通国内循环，吸引全球资源要素。我国正在构建以国内大循环为主体、国内国际双循环相互促进的新发展格局，有利于形成我国参与国际竞争和合作的新优势，在两个循环中促进数字产业在更大范围、更高质量上集群。全球化和数字化的世界，提升了各种资源的流动性和可用性，使得发展要素和资源更易于被获取，连接门槛降低，产业组织和社会分工持续深化，多元主体参与的更大范围的开放式合作正在蓬勃发展。数智经济对于打通我国内部大循环，更好地连接国际国内两个市场有着积极作用。

第二，在合作解决气候等问题中抓住数字产业集群机遇。气候等问题是全球共同面对的紧迫危机，解决问题和化解危机的过程，也是数字产业在国与国间集群的机遇。数字技术为全球疫情防控提供了强大的支撑，增强了疫情期间的经济发展韧性。国际社会和企业还需要摒弃分歧，承担社会责任，携手在零碳社会建设、新能源开发、能源互联网、数据共享等领域开展更紧密、更全面的合作，鼓励以企业为龙头，推进产学研合作创新，推动中小企业的产品和服务“入网接链”，增强融合与竞争力，让人们共享数字时代红利，把数智经济作为经济发展的增长引擎，共同打造数字未来之路。

第三，在国内外评价标准的比对中提升产业集群的质量。目前，各国数智经济发展较多使用了国内特色的测量指数，还应较多参考国际上的一些指标。在与国际数智经济比对中，清醒认识本国的优势和劣势，重视数智经济在国际竞争中的严峻挑战。比如，集群不仅直接或间接地与产业价值链环节相关，更需要在企业诚信和合作愿望基础上的社会联系，仅仅存在空间共享而没有产业联系的诸多产业园区现象，严格意义上算不上集群。再比如，既要重视数智经济基础指数，又要关注数字产业指数，特别是增量，尽可能通过数字技术应用，改善资源配置，推动产业结构优化，在传统制造业与数智经济的深度融合中，分析生产过程中产生的大量数据，优化生产流程参数，对可能出现的问题进行预判，提高产品和服务质量，促使整体经济在更少投入的基础上获得更高产出，提升数字产业集群的效率和竞争力。

培植产业集群竞争力

打造数字产业集群，增强、优化其竞争力，需要注重若干要素的培植。

全方位打造数字产业集群

注重集群的机制架构和优化，增强数智经济的发展韧性、创新能力、竞争优势。

从区域范围到虚拟范围

区域范围集群。数字产业或关联性很强的企业根据纵向分工和横向竞合关系，集合于特定地区形成产业组织。集群内企业间的联系，以及企业与商会、协会、中介等机构的联系，是各种生产要素在一定地域的大量集聚，区域内这些组织之间建立起长期合作的稳定关系，如硅谷、中关村数字产业集群，都是如此，依托中心城市和数智经济发达区域组建成数字产业园，共建共享优质基础设施，具有适应市场需求的持续竞争力。

虚拟范围集群。数字产业集群跨越传统产业集群的物理空间限制，依托信息网络、平台应用和数据资源，使原本不易集聚的相关企业上下贯通，左右协同，形成紧密配套的产业链共同体，辐射半径更广，带动能力更强。深圳新一代信息通信集群、无锡物联网集群、合肥智能语音集群、杭州数字安防集群，都兼有虚拟与区域集群的方式。小米集团通过工业设计平台、供应链平台等向生态链延伸，遍布京津冀、长三角、珠三角以及川渝、湖北等地的100多家生态链企业，在设计、研发、采购、制造、质量、销售等领域协同创新，创造了上百款用户追捧的“爆品”。目前，米家开放生态平台上的企业开发团队已超过4 000家。①

① 王政.我国数字产业集群加速成长[N].人民日报，2022-11-30.

从产业集群到融入全球产业链

产业集群。众多企业和机构为从事数字产品制造、数字产品服务、数字技术应用、数字要素驱动，通过数字科技与其他科技融合，加之各要素联结，协同制造、物流、农业、金融、服务等传统行业的生产环节，并在供求关系中结成若干条产业链，形成相对稳定的数字产业集群。产业集群反映集群内企业的不同产品在原料、加工、生产、销售等各环节的关联，是产业链的空间载体。

全球产业链。产业集群跨越国家和区域，把数字产业的不同区域的产业集群整合起来，形成全球产业链。产业集群要沿着全球产业价值链从低附加值、非战略性环节，向高附加值、战略性环节攀升，体现过程、产品、功能、链条的升级，推动数字产业迈向全球价值链中高端，这是提高产业集群竞争力的一个方向。现在全球产业链重构，具有从“水平分工”转向“垂直一体化”的趋势，这就要发挥我国具有全部工业门类的优势，将核心竞争力转移到区域或大国产业链的垂直一体化上来。比如，广州主动融入和对接粤港澳大湾区、金砖国家和“一带一路”沿线国家和地区，推动数字资源开放流动、数字创新平台共建、数字创新技术共研和数字创新成果共享，建设数字开放城市。①

从集群生态到适应竞合环境

集群生态。数字产业集群生态围绕数字化技术服务商、软件开发者、产业服务平台、工业互联网平台等进行生态共建，加强多方协同，通过数字技术实现产业集群研发、制造、流通、销售、品牌等内部资源的整合和外部专业资源的联结，形成一个众多合作伙伴组成的

① 覃剑.率先建成具有国际竞争力的数字产业集群[N].南方日报，2021-01-26.

生态系统，使各主体和竞争者之间都有机会共享资源和设施，打造安全可靠、系统完备的产业发展生态。集群外围是更加宏观的数字中国与网络强国生态，围绕发展与安全，将发展作为产业集群安全的基础，让安全为产业集群的发展护航。

竞合环境。产业集群的生态有利于适应竞合环境。数字产业集群的培育发展，需要政府维护秩序，创新制度，完善政策和设施，促进产学研合作，加大对企业技术改造的力度，发挥行业协会在沟通政府与企业关系、协调行业纠纷、保证行业公正等方面独有的作用，创造有利于产业集群发展的环境。国家间的战略合作和竞争，构成发展的宏观环境。近年来，美国加强对经济的干预，2022年接连出台《通胀削减法案》和《芯片与科学法案》，试图以产业政策主导全球供应链体系的重构，影响全球价值链乃至数字产业集群的稳定性。目前被美国政府列入实体清单的中国企业已经超过千家，多数都是民营企业。[①] 为此，产业集群同国际社会在共同维护市场原则和秩序的基础上，要讲究策略，在某些方面可能要将以往扬长避短、取长补短的方法，改为扬长补短、自主创新。

为产业集群竞争力增强、优化、补短

产业集群的竞争力不是抽象的，它是在基础培育基础上，加快数智经济发展，以及在数智经济与实体经济的深度融合中，产生优势，赋能于产业集群，形成鲜明的效应，发展出竞争力。

在技术创新上，在最大限度地发挥5G、量子信息等技术优势的同时，加强操作系统、工业软件、高端芯片、传感器等领域技术的攻关；在通用性的数字技术与制造技术、能源技术、生物技术广泛融合的同时，尽快将这些综合、集成的技术变成产品，增加在产业链、供

---

① 向松祚.对稳定和恢复经济的思考和建议.向老师新经济学，2023-01-11.

应链上的价值。

在基础设施建设上，在优化布局、结构、功能和集成的原则下，推动5G网络规模化部署和融合应用，统筹布局绿色智能的数据与算力基础设施；在城市和大企业新基础设施的优化和智能升级中，注重农业物联网、农业大数据、精准农业和智慧农业等设施的建设，让中小企业分享政府投资或大企业建设的新基础设施。

在龙头企业带动上，要在消费互联网向产业互联网的延伸中，打造具有核心技术产品、生态构建力强的行业龙头企业；在支持数智经济“链主”企业和领军企业发展壮大中，加强大企业的引领作用，构建头部企业协同中小企业和创新企业蓬勃发展的格局。“截至2022年9月底，全球共有1 199家‘独角兽’企业，也是估值超过10亿美元的初创企业，其中美国公司占比54.1%，全球第一。中国公司占比14.4%，位居第二。”[①]加快创新性龙头企业发展，速度仍要加快，结构更要改善。

在数智经济治理方面，探索数智经济发展规律和监管方式，构建数字化条件下的监管秩序，完善包容审慎的行业监管体制，健全既能激发活力又能保障安全的平台经济治理体系，创新监管治理模式，强化以信用为基础的新型监管方式，提高对新技术、新产业、新业态、新模式的治理能力。

通过重点环节的发展，带动产业集群的生产过程升级、产品服务升级和价值链升级等，为产业集群升级提供驱动力。

产业集群涌现倍增、奖惩、溢出、带动效应

数字产业化和产业数字化持续加快和深度融合，能够发挥出数智

① 黄益平.数字经济的发展与治理[J].上海质量，2023(3).

经济的集群效应和优势，这些效应和优势在过程中产生，在结果中体现，展示出数智经济发展的强大竞争力。

倍增效应

数字产业集群相较传统产业更具弹性，产业集群就是以数智经济相对发达的地区为中心，在互联网企业或较大电商平台的核心地区，吸引大量上下游企业和支撑性企业，扩大产业的整体规模，通过产业内部的分工、合作、协同和深化，形成更加合理的产业结构，形成空间集聚和辐射，提高区域内的竞争力。这实质上也是数字产业化和产业数字化深度融合的放大和倍增，发挥对外部的规模经济效应、区域品牌效应和产业链效应，影响和辐射周围地区。

奖惩效应

集群使数字产业横向合作，纵向成链，形成数字产业同业竞争，产生一定的压力，会激发部分企业强化产品的专业化和差异化，促进生产工艺的更新和升级，加快产品创新，削减生产成本和提高专业水平，完善市场上的产品类型，提高企业的竞争优势。创新能力较差的企业则会在竞争中被淘汰，使市场留下产品质量过硬、富有创新意识的企业，形成激励机制，优胜劣汰，促进创新，推动集群范围内数字产业的健康发展。

溢出效应

集群范围内的数字产业及相关企业，有着大体相同的人才和技术要求，未来也将面临技术、人才等相同方面的资源短缺。产业集聚会吸引技术和人才等资源，并使这些资源在集群内相互渗透，有利于人才培养和流动，有助于区域内公共设施的完善和共享，可以提升沟通效率和数据运算能力，减少企业间的沟通成本和信息不对称现象，使得各种生产要素在短时间内流动到最合适的位置，从而优化资源配置，避免重复建设、浪费现象和无效运转，加快资金流转，提高生产要素的周转效率。美国在半导体行业领先数十年，就是因为硅谷聚集专业人员长期研发，积累了技术，形成流程知识，建起了人才生态系统。人才的溢出效应还会连带企业之间的技术、知识被最高效地利用，进而提高集群范围内研发方向的投入产出比，增强数字产业集群整体的技术研发实力，相关先进技术的扩散将激发其他行业的创新能力。这不仅能促进数字产业自身的发展，还会孕育新的产业和发展模式，推动产业结构升级，增强区域的产业竞争力，实现集群区域整体经济增长。

带动效应

数字产业集群会积极地影响和带动没有集群的数字产业企业，辐射和影响区域内的其他企业，也是对战略性新兴产业融合集群发展的一种示范，以小集群推动大集群。

数字产品微型化趋势孕育集群新机会

融合和集成已成为数字技术发展的一大特点，与此相对应的微型、融合、集成类产品也将成为一个趋势。比如，微纳技术、微电子、微机电、微智能系统，它们在产业化中有优势生产出小型、微型、集成度高的产品，这些产品又凝结成精细化的材料和能量；又如，英特尔的尖端芯片上，摆放着数十亿个微处理器。借助融合和集成技术，一些产品变得更加紧凑、更有效率，大幅减少用材耗能，产品变得更轻，内在功能连接间距更短，占用空间更小，零件数量更少，接口数量更少，使不同的组件和模块间产生相互依赖性。融合和集成带来了紧凑的封装，降低了成本，改善了功能，提高了效率。这种数字化技术和产品的融合、集成、微小型虽然刚刚开始，但发展前景广阔，在这样的趋势和产品特点中，潜伏甚至孕育着数字产业集群新的条件和机会。

总之，提升数字产业集群的国际竞争力，可以将数智经济引向世界发展的潮头，促进经济高质量和可持续发展。

Chapter 5

第五章
数智经济发展的重要特征

数智经济发展正在与营造开放、包容、公平、公正、非歧视的环境结合起来，展示其蓬勃活力和开放共享性质。无论从数智经济的智能发展、平台发展、生态发展等特征看，还是从贯穿其中的通用技术、广泛连接、共享平台、虚拟性质、数据资源的现象看，都越来越体现出数智经济发展中效率、公平和生态的共享性质。认识上，智能性、平台性、生态性是数字经济发展的逻辑；实践中，数智经济的以上三个特征融为一体，彰显出其强大功效。

代表数字智能生产力方向的智能发展

数智技术和数智经济的蓬勃发展，代表了智能生产力的方向。智能机器人成为劳动队伍的新秀，劳动工具超出传统工具的范畴，劳动对象变被动为主动。生产力各要素功能增强和结构调整，极大提升了生产力要素的整体功能和作用，驱动着数智经济数字化、智能化、网络化的加速演进，积极影响着各个产业乃至全社会的智能发展。

数据密集和科技密集成为智能发展的源头和驱动

工业时代以劳动密集、资本密集、资源密集为主驱动社会发展，能源、机械、劳动力、资本成为重要的资源和要素。数智时代仍然沿用原有的资源和要素，但趋势表明数据和技术已成为发展的主要驱动要素。

各种数智技术的融合、密集和应用，使感知无所不在、连接无所不在，而且数据信息储存传递均以数字化为主，使所有的生产装备、感知设备、联网终端，包括生产者本身都在源源不断地产生数据资源。伴随互联网、物联网的不断发展，数据呈爆炸式攀升、海量集聚。数据意味着信息汹涌奔流，意味着超强的算法、强大的算力、智能的发展。

数据密集与技术密集相辅相成。数据采集、数据标注、数据储存、数据分析、数据交易等环节的数据处理，需要算法、算力等相应的数智技术，而滋养这些技术到成熟的程度又需要巨量的数据应用。同时，各种数智技术相互融合，特别是数智技术的通用性，使其与工业制造技术、新能源技术、材料技术、生物技术等很容易交叉融合，又与各项产业交互融合，形成数智经济发展中的数据密集、知识密集、技术密集，逐步取代传统经济发展中的劳动密集和资本密集。制造、能源等技术是本体技术，智能技术为“赋能技术”，它们在创新、应用和产业化中相互结合和集成，共同作用于智能发展，极大地提高了发展效率和质量。

数据和技术的密集，引发智能和集成两种趋势。大量的、非结构化的数据集可用于训练强大的机器学习和人工智能模型，软件和硬件技术的进步以及云商业模式的爆炸性增长，推动人工智能迅猛发展。而人工智能、大数据、控制技术、机器人技术以及构造环境的融合和密集，使自动驾驶汽车、智能制造机器人、聊天机器人以及用于陪伴的机器人等成为可能，也使智能发展呈集成态势。

ChatGPT、文心一言、盘古大模型等，正是靠大算力、高成本和规模的数据“喂养”起来的。密集数据背后是广泛的应用场景，算力背后是完善的信息基础设施，算法背后是芸芸人才及其所做的大量科研活动。目前运行的ChatGPT-4，其训练参数高得惊人，密集技术构成技术体系，算力、数据、算法成为大模型的三大支柱。ChatGPT的产生是量变积聚的质变。超级AI算力+大模型算法正在成为国家和产业战略核心竞争力。密集数据、密集技术，加上低物质、低能源的输入，会带来更低的碳排放和污染，生产出丰富而优质的数字智能产品和服务。

智能发展的集成趋势日渐显现。周济院士概述智能制造包含了四个集成：一是智能制造纵向集成，即企业内部的系统集成；二是智能制造横向集成，即企业外部的系统集成；三是智能制造端到端集成即围绕特定产品形成动态系统集成；四是形成制造系统外部的大集成。[①]

密集的数据和技术导致产品出现集成、微化、虚拟、无形等现象，丰富了数字化产品或服务的物质形态，无论是大设计还是小创意，不少是虚拟状态，使新的发展具有“无重量经济”的特点。有些产品可凝聚传感器、处理器、存储器、通信模块、传输系统等各种技术，使得产品体积微小，同时具备动态存储、感知和通信能力，能发挥产品可追溯、可识别、可定位的作用。

智能发展的生产方式

智能发展系统地提升着工业社会的发展方式，呈现出数字化、网

① 周济.以智能制造为主攻方向 加快“5G+工业互联网”创新发展[N].人民邮电报，2022-11-21.

络化、智能化的格局，正在取代或提升机械化、电气化、信息化，形成智能发展的崭新方式。

一是数字化正在提升信息化，由企业各部门信息化扩展到生产运营各环节。过去的信息多集中在企业各部门，虽然对生产系统发挥着一定的信息参考作用，但没有实际融入生产系统。而今数字化渗透到产品设计、建模、工艺、维护等全生命周期，贯穿到企业生产、运营、管理、服务等各个环节，延展到供应商、合作伙伴、客户等全价值链，通过点—面—体的渗透，把信息带到生产发展的四面八方，通过数字智能界面无缝连接，实现信息共享，推动资源配置数字化、装备数字化、生产制造数字化、管控数字化、产品数字化、营销数字化、服务数字化。消除了过去信息不对称带来的发展差异后，一切将变得更为协调、紧凑、高效。

二是网络化改造原来的生产线，扩展了生产发展的时空。网络化促进了人与人、人与物、物与物之间更紧密的联系，所有实际和虚拟的物品都有特定的编码和物理特性，网络化将资源连为一体，使信息储存传递呈现数字化形式，可以无差别流动，模糊了生产发展中的地域、行业和时间边界，这种效应还在向企业、客户、产品等生态系统快速蔓延。“生产模式从大规模流水线生产转变为规模定制化生产，生产组织将从竞争和垄断转变成为竞合、协同、共享，生产形态将从生产型制造转变成为生产服务型制造。”[①]比如，生产笔记本电脑、汽车、玩具或音乐系统等任何复杂的产品时，可考虑将产品组成部分安排在具有相对优势的不同地点规模化生产，这比在同一地方生产的成本要低廉许多，平台支配的生产方式取代了工厂集中完成的方式。

又比如，机器人参与的劳动，打破传统工作时间的规定，出现许

① 周济. 以智能制造为主攻方向 加快“5G+ 工业互联网”创新发展[N]. 人民邮电报，2022-11-21.

多无人制造车间，减少或取消了曾为员工提供的专门设施和条件，出现了无灯光作业，也减少或取消了车间和班组管控。这些智能化装备和改造前期投入较高，但后续使用、维护和管控成本低廉。例如，数字孪生实现了工业场景在数字空间的虚拟化呈现，支持远程诊断、操控物理实体，减少了人工现场介入。

网络化和智能化方式变革，极大地刺激着经济发展，提高了综合效率，促进同一产业链不同环节的相互协同，促进产业链与产业链之间、制造产业和服务产业之间的相互赋能，改变和调整着原有的国际分工合作，形成更高效的价值链、产业链、供应链，促进经济社会的智能化发展。

三是智能化在提升工业化，形成改造和超越机械化、电气化、自动化的生产发展模式。新科技革命及其产业变革，致力于提高设备的智能、效率和精度，实现单机智能化或通过单机设备的互联而形成智能生产线、智能车间、智能工厂；同时，更加合理和智能地使用设备，通过智能运维实现制造业的价值最大化，体现智能影响的更快速、更高效、更优质。

过去的机械化运用电力等驱动或操纵机械设备，仍需要人的参与；自动化按人的要求，经过自动检测、信息处理、分析判断、操纵控制，实现预期目标，无人或较少人直接参与；智能化“使惰性物体充满活力，就像一个多世纪前的电力一样。通过人工智能，将对过去电气化的产品重新认知”。[①]

智能化推动机器向着无人系统发展，从基于编程的无人系统到自动无人系统、智能无人系统、自主智能无人系统。未来的自主智能无人系统，依靠大数据、人工智能以及其他科技进步来创造具有集成任务、运行规划、决策和推理能力的无人系统，具有自主性、智能性和

① 陈杰，孙健，王钢.从无人系统到自主智能无人系统[J].Engineering，2022(5).

协作性等特征。自主智能无人系统可在没有或有限的人工参与下完成通用任务。特别在5G或未来6G的支持下，无人化会很快推进，如我国的湘潭钢铁厂，从炼钢到轧钢，炉前都无人化了；天津港装卸货物也实现了无人化，代码一输入，机器从船上自动把集装箱搬运过来，然后用汽车运走；山西的煤矿在地下采用5G+人工智能后，人员减少了60%~70%，大多数人在地面的控制室里工作；德国企业应用了华为的5G技术后，也使很多工厂实现了无人化生产。①

智能化发展的实质在于将经验转化为数据，将数据转化为知识，将知识融入自动化系统中，其潜力通过数据信息深度挖掘和迭代而诞生出新业态和新动能。智能化系统包括智能生产、智能产品和智能服务三大功能，成为覆盖产品全生命周期的创新优化系统。

智能制造是智能发展的核心，它将通过数字化、网络化和智能化，延伸到智能交通、智能城市、智能农业、智能医疗等方面，使智能制造与各行业交融集成，形成智能发展的生态系统。

智能生产输出质优价廉量大的产品和服务

智能发展超越以往的发展形式，具有放大叠加乃至倍增的作用，以高效的方式创造更多更好的产品和服务，能较以往更好地满足人们的物质和文化需要。一是精准生产提高了标准化水平，能减少乃至消除次品，确保产品优质。二是以消费者需求进行定制化生产，适销对路，减少库存，避免积压。三是投入的资源、能源相对减少，简化烦琐的生产条件，无人车间减少了管理环节，降低了成本，保证了产品和服务的价格优势。四是通过网络进行资源配置，通过平台组织生产，提高了生产效率。

① 许诺.任正非谈ChatGPT：AI服务普及需要5G的连接[N].新京报，2023-03-18.

智能发展方式将会解决许多矛盾。资本和劳动力密集被数据密集、技术密集取代，能缩小资本与劳动收入的矛盾，具有公共性质的数据和技术投入后，带来的收入和利润有利于社会共享；智能机器人规模性参与生产，能缩小白领与蓝领、管理层与执行层的收入差距。过去对体力劳动者的保护不够，存在劳动者劳动时间过长、身患职业病、工资待遇过低，甚至承受下岗之痛等现象，未来可能会随着智能发展而逐渐弱化和消失，使许多矛盾变得不再突出。由于减少了对资源和能源的利用，减少碳排放和污染，从而减少人与自然的矛盾，将促进企业和社会和谐。

智能生产发展创造的财富，有利于做大做优蛋糕。物质短缺年代或者不发达地区出现的矛盾和问题，无论是产品服务稀缺，还是质量标准不合格，其本质是因为贫穷。随着智能科技和产业的发展，许多问题都可得到解决，一些矛盾随之消失，从这个意义上说，智能发展是一种最大的共享。产品充足和优质带来的社会富裕，让许多问题的解决变得简单起来。仓中有粮，心中不慌。过去是“僧多粥少”，短缺条件下的“公平”始终是舍本逐末。我国贫困地区的脱贫在相当程度上得益于先富地区的对口帮扶。当遇到各种灾难时，许多企业慷慨解囊，伸出援手。当物质财富基本满足人们的需求后，“饥寒至身、不顾廉耻”的问题会减少，有利于个人修养、综合素质、职业能力的提升，群体之间的矛盾将得到缓和，从而减少对抗、冲突，甚至会减少引发战争的可能。

虽然财富增多后还会有新的矛盾和问题，但是总体上有充分的物质条件胜过物资短缺，有利于更好地解决矛盾和困难。

“解放人”“提升人”“全面发展”的趋势

智能发展系统会更多地取代人的劳动，在人机合作和互动中减轻人的负担，从多方面把人解放出来，使人能腾出手来从事更适合自己的工作，得到全面发展。一是人们可以更加安全轻松地工作。机器人取代急难险重脏以及乏味、重复的工作，减少了劳动者的风险和牺牲，减少了无意义的工作，允许其选择自己更擅长和感兴趣的工作。

二是人们将从生产线的流水作业岗位中解脱出来。过去劳动者被束缚在机器旁，机械地配合操作，稍不留神就会受到伤害，现在人们可以离开流水线岗位，实施人机协作、人机互动，劳动者相对轻松，可相对自由地支配时间。

三是人们可在办公室操控机器人。智能机器人大规模参与生产，直接支配生产线和生产现场，人们将更多地投入设计、改进、控制机器人等工作。

四是人们通过网络自由择业且自由支配工作时间和地点。网络和平台的发展，使许多个体能够对接多种需求，使那些在技能、人脉、服务上有一技之长的人，通过数字平台找到匹配的工作，并根据自己的特长支配自己。“比如在什么时间什么场所做什么样的事情，根据自己的兴趣制定目标，决定自己要成就什么样的事业。越来越多的人可依托各类平台获得收入。比如，出租车司机可脱离出租车公司，依靠滴滴、优步等互联网平台接单赚钱，成为一名自由职业者。像淘宝、猪八戒、爱彼迎等都属于类似的平台。”诸如网络主播、自媒体、网店店主等各种自由职业都在兴起，他们不需要上班，也没有公司能束缚他们。“未来每个人都是一个独立的经济体，可以独立完成某项任务，可以依靠协作和组织去执行系统性工程，社会就是一个庞大网络，每个人都成了一个ID，即身份的象征。”①

在漫长的历史阶段，人类依靠体力劳动，为生存奔波，智能和精神发展相对不足。在未来的智能发展中，人们可通过人机协作、互动等方式参与体力劳动，还可自愿参与田园牧场种植养殖和园艺劳动，

---

① 水木然.“未来社会”的三大趋势：虚拟，共享，自由[J]. 记者观察，2016(10).

包括通过健身锻炼，继续从完善人的角度发展体能。在参与上述轻松体力劳动的同时，人们将更加注重全面发展，更多倾向于创作、创造、创新等艺术、科技、文化等精神类活动，提高道德品质和情操，发展社会公共关系，促进社会公平、和谐。

随着人工智能等高端科技的研发，诸如ChatGPT准“奇点”的来临，给人类的提升和进化提供了难得的机会，也是对人类未来的严峻挑战和威胁。我们从结绳记事、口头交流、书写印刷，到电话电报、语音视频，已将思维交流能力发展到相当高的层次。没有电脑时，知识分子终其一生，将“一本书主义”作为奋斗理想和目标；而今电脑和互联网提供的便利，大大提高了人们的思考效率，静悄悄地进化着人的大脑和意识。现在大模型似乎能做人们一直进行的推理、综合、分析、表达工作，是否像过去机器取代人一样让它也取代人的工作呢？过去的智能发展已有不少产品是对人的四肢、五官的延伸和代替，现在ChatGPT的深度发展将是对人的大脑和意识的“取代”，可能意味着对人类的威胁。事实上，ChatGPT也遇到了发展瓶颈，要让大模型获得更好的应用，不少人把视线投向垂直领域的应用上。有人认为，ChatGPT应用宽泛时，其能力就像是高中生、大学生的水平；和垂直场景结合时，微调的数据足够精确和贴合场景，能力就能达到硕士、博士的水平，能解决更具体的需求。[1]

对此，我们要应对挑战，超越ChatGPT，并将此当作人类提升的一次机会。比如，可在ChatGPT给的答案基础上，做纠正、核实的工作，中学生、大学生等在学习过程中，可在ChatGPT给的唯一答案基础上，给出同样问题的两个、三个甚至更多的答案，在ChatGPT答案的基础上进行优化、改进和完善，不断锻炼和挑战人的大脑思维。随着机器人、

① 李秋涵.ChatGPT也涨不动了[EB/OL].澎湃，2023-06-25.https://www.thepaper.cn/newsDetail_forward_23605162?commTag=true.

人工智能更多地取代人的一般劳动，提升人类大脑思维能力的学习和锻炼也有了时间、精力和物质等保障。过去人们更多地发展体能，未来可以更多地在智能上提升自己，促进人的全面发展。同时，要管控好人工智能的研发，让其发展符合伦理，契合人类的共同利益和发展愿景。

智能发展表明，数智经济的生产力水平正在超越工业经济，不仅大幅提升了经济活动的价值创造能力，还深刻改变了要素与要素、个体与个体、组织与组织之间的关系维度和层次，加速经济运行机制的变革重构。

体现数智经济生产关系的平台发展

平台发展是基于数字技术，并由数据驱动、平台支撑、网络协同的经济活动单元构成的发展方式。无平台不经济，平台已成为广义的发展方式，包括制造平台、商贸平台、服务平台等。平台为需求提供新空间、为创新提供新引擎、为创业提供新渠道、为服务提供新支撑。平台兼顾效率和公平，在发展全局中的地位和作用日益突显，大有可为。

平台门槛低且具辐射放大效应

新基建是平台的综合支撑，通用性技术决定平台应用的广泛性，使互联网+、人工智能+、物联网+、区块链+、大数据+，连接和赋能方方面面，使哪里有数字化，哪里就可搭建平台，展现“万物互联”、网络配置一切的发展基础。数字平台的覆盖性、便捷性、智能性，会为各种问题提供解决方案和服务。平台兼具市场主体和市场形式，进入门槛低，进来的企业、机构、个人都处于平等地位，平台具备典型的大众市场，深化了市场的内涵、扩展了市场的外延。平台的信息透明与易获取性，可以使各类产业和企业通过平台直接与需求者实时沟通，极大地缩短供求距离，降低曾在流通和消费过程中消耗的时间、库存、物流、运输等成本。我们常见的电商平台，将全国乃至世界的买家和卖家联系起来，消费者在日常生活中都有亲身感受。制造方面的平台出现于消费互联网之后，较典型的有徐工汉云的工业互联网平台，其深入场景应用，发挥机理模型、人工智能、数字孪生、工业知识图谱和嵌入式等技术优势，搭建技术平台，赋能不同行业和场景落地应用，将工业互联网平台率先与标识解析融合，实现异地、异主、异构数据的跨行业、跨领域、跨平台互联互通。这个平台已服务装备制造、建筑施工、有色金属、工程机械、新能源、纺织机械、物流运输、智慧城市、核心零部件、教育等80多个专业领域。一些“规模定制平台，针对差异化、品质化、绿色化消费需求，发展面向用户的个性化定制经济，将产品创意、工业设计、生产制造、产品销售、售后服务等环节紧密结合，实现上下游企业、新创业企业、投资方和产业链有机结合，实现生态闭环、垂直孵化”。[①] 如海尔集团基于“大规模定制”打造的平台，致力于为不同行业和规模的企业提供基于场景生态的数字化转型解决方案，构建“大企业共建、小企业共享”的产业新生态。2023年这个平台已经链接企业近90万家，孕育出化工、模具等诸多行业生态，并在20多个国家复制推广，成为跨行业、跨领域的工业互联网平台。[②]

经济平台、服务平台、治理平台等各类平台的成熟，必然构建相关机制，诸如在平台分类基础上构建得更加宽泛的“机会共享、财富

① 中国经联会平台经济发展委员会．“平台经济”的10种发展模式[EB/OL]. 百家号，2021-12-23.https://baijiahao.baidu.com/s?id=1719930982569934685&wfr=spider& for=pc.

② 佚名．在这个重要座谈会上，三家双跨平台企业发言[EB/OL]. 工业互联网世界（微信公众号），2023-07-13.

共享、权力共享、价值共享和知识共享等各种机制”，紧扣民众共享、和谐社会、共同利益、公平保障等主题，致力于由共享平台向共享机制的转变，使平台拥有了深刻的内涵。

所有权与使用权适当分离

平台“参与的主体间构成三元结构的运营，它们互利共赢，物资供给者通过充分利用闲置资源而获得收益；物资需求者以较低费用获得需求对象的使用权；平台运营者收取平台服务费，互惠共赢”。[①]这使得商品与服务的需求方除购买部分商品或服务以获取其所有权外，还可用短期使用、临时租用或定期雇用的形式，满足临时性、分散性的需求。数据由消费者等各方生成，由数字平台经营者加工处理，形成数据驱动的新服务，再提供给其他消费者参考和使用，扩大了共享的意义。

所有权与使用权分离是平台发展的最大内涵，人们只求使用，不求样样拥有，利用平台网络的信息资源等，知道各种资源的余缺，知道急用、缓用、不用的市场，通过平台达成供需交易，既最大限度地利用了资源，又降低了成本，使各方都能从平台发展中受益。平台方式使分享经济、网络零售、移动支付等新技术、新业态、新模式不断涌现，深刻改变了百姓生活。

资源组织和匹配方式

平台是特定的资源组织和匹配方式，平台上双边和多边利益攸关

① 孟飞，程榕. 资本主义共享经济是对资本逻辑的深化还是逆转？——基于雇佣劳动关系视角的政治经济学批判[J]. 国外理论动态，2020(3).

者通过平台这个中介连接和匹配，形成网络的辐射效应。比如，以往实体商店受地理条件限制，光顾的多是附近居民和流动人口，而平台辐射范围是网络能够覆盖到的所有地方，无处不在、无时不有。平台可以解决发展中需要的资源、机会、条件，有利于共享资源、机会、过程。数智经济发展较为成功的企业、机构和个体，大都基于平台的力量。平台可在短时间内完成一项供需匹配，剔除或缩减中间环节。比如，中小企业想在银行贷款，在填报需求后进入流程，银行评价信用，评估额度，直到审核通过，打款到账，用时极短且无须人工操作。再比如，利用平台培训人员，很快就能达到成千上万的人次，但线下大学的一个院系也许每年只能毕业几百人，平台的培训功能是线下院校和培训中心无法相比的。

平台蓬勃发展得益于数量庞大的受益群体拓宽了兴旺的社会基础，平台发展的广度超越了传统的百货公司和日用品企业产销的范围，应有尽有，覆盖广泛，诸如搜索引擎、电商、在线旅行、交通出行、社交娱乐、金融服务等领域，成为提供数据驱动产品和服务的枢纽。人们通过平台就业、购物、配置资源等，感受到明显的便利和低成本，于是参与人数越来越多，平台场景受益者覆盖范围也就越大，再通过受益对象的空间扩散，以及为平台提供需求和供给的企业和个体急切寻找匹配对象，从而形成对平台参与者的无形动员。加之技术支撑的平台具有强大的赋能效应，形成新的经济增长点，改善用户体验，增加大量的就业机会，繁荣各类市场，促进国际国内贸易，从根本上提升了经济效率和社会效益。

分享交流与防范垄断

互联网打破传统经济对产品、渠道和信息的垄断，成为内容分享和交流平台。与此同时，平台企业也会产生自身的垄断现象。这就要扬长避短，善于认识平台的市场规律，制定和执行平台监管规则，辅之以政府的宏观引导，鼓励平台包容性与普惠性的增长，使其成为经济增长方式的主流形态。数字智能平台在发展初期有可能被平台主垄断和支配，但垄断优势会随着大数据的共享而削弱，垄断弊端也易被社会所认识。数智经济发展有能力缩小这些差别。在经历早期几轮反垄断之后，数智经济和数字化发展会逐渐规范和健康，使平台更好地走向合理共享的路子。这需要经历较大平台规模发展与市场监管之间的磨合，建立新的监管规则，警惕平台数据和算法背后的不良现象，见微知著，探索治理平台的不正当竞争和垄断现象，引导平台规范、健康、可持续发展，塑造和扩大平台经济的正面形象。

平台发展的实践表明，能否处理好平台发展中的各种关系，使其符合数字智能生产力的方向和要求，是权衡生产关系与生产力是否相适应的标准。平台方式看起来是一种生产关系，当它体现出与其相应的生产力时，同样可以直接创造价值。实践证明，在数智经济条件下，生产资料所有权和使用权日益分离，价值分配机制日益复杂，个人基于数字平台与企业共享资源、协同创新，既能深度参与生产、按贡献获得收益，又能消费产品、促进企业生产价值实现，个人与企业的关系也从雇佣关系向合作关系转化。交易规则孕育改革，数字产品和服务的价值不再由供需均衡时的市场价格决定，而是通过先免费后付费等更多形式实现，数字货币的生产、支付和流通体系正在加快建设，将有可能改变传统的以纸币、黄金等为代表的货币结构、流通规律和价值形成机制。

数字化过程中人与自然协调的生态发展

生态发展是以轻资产为主的发展方式。农业社会物质占比大，工业社会能量占比大，而数智社会信息占比大，有利于减少对能源的消耗、对自然的开发，减轻地球生态负担，促进形成人与自然持续和谐的共生共存关系。

信息占主导的发展趋势

数字时代，虚拟性的信息比重趋大，实体的物质和能量比重趋小。比如，数智制造优于传统制造，取代了以石化资源为主的基础资源，建立在以知识、数据和信息为主的关键要素基础上，服务于制造业和实体经济。“智造”代替制造，可以将数据瞬间传输到任何网络结点，使数智经济不再像工业经济那样受到物质条件的约束，使用能量相对减少，成为最具创新性的经济。

美国制造业相对衰落，部分原因是将服务制造业的数智经济统计在第三产业，而中国放在了第二产业。随着数智经济规模壮大，应将智能制造独立出来，作为第四产业，形成新实体经济。在数智经济的各种要素和设备系统中，软件的分量越来越大且不断升级，向所有功能延伸，结构软件化、功能软件化、组织软件化、管理软件化、控制软件化，按需升级和快速迭代。2022年中国软件和信息技术服务业规模以上企业超3.5万家，累计完成软件业务收入108 126亿元，同比增长11.2%，[①] 再加上互联网服务、文化创意等因素，越来越多的税源具备了“去物质化”的属性。

软件虽由硬件等物质决定，但软件分量增大使物质和能量的使用极大地减少，使数智经济的产品体积越来越小、重量越来越轻、速率越来越高、容量越来越大、价格越来越便宜，也越来越绿色低碳，并由此带动电子、光学、集成电路、仪表装备、材料、能源等相关学科

---

① 工信部：2022 年我国软件业务收入跃上 10 万亿元台阶 [EB/0L]. 中新网，2023-02-01.https://baijiahao.baidu.com/s?id=1756616033015666975&wfr=spider&for=pc.

的低耗低成本发展，大大减少对生态和自然资源的开发，进而减轻地球负担。

消费者决定生产和价值

以往生产者影响消费者的模式，正在被消费者需求决定产品生产的模式所取代。它与定制化的条件密切相关，而定制化的前提是设计、制造等方面的智能化。虽然在生产方面，可以规模化、标准化、自动化，但其中已融入柔性化、定制化、可视化、低碳化的特性。因此，“工业发展进程正在从企业产品牵引用户需求转变为用户需求引领企业生产，智能制造将会改变传统制造从生产环节降本增效，进而转向提供高附加值的衍生服务，从智能产品到智能服务，都在提升附加值”。[①] 从而在整体上减少库存，避免积压，产销对口，减少浪费，延伸价值，提高效率和效益。

“工业时代的产品价值由企业定义，企业生产什么产品，用户就买什么产品，企业定多少钱，用户就花多少钱，主动权掌握在企业手中。而智能制造实现的个性化定制，去掉中间环节，加快商业流动，产品价值由用户来定义，用户认可的，用户参与的，用户愿意分享的，用户不说你坏的产品，才具有市场价值。”[②]

数实融合促进生态环境改善

许多地方把数智经济与生态环境建设相结合，在数字技术的应用中节约信息搜寻成本，提升资源配置效率，而且能够精准识别、及时

① 中商产业研究院.2019年中国智能制造将迎十大发展趋势[J].物联网技术，2019(1).

② 产业智能官.智能制造与智能工厂的主要特征[EB/OL].CSDN网，2017-12-03. https://blog.csdn.net/np4rHI455vg29y2/article/details/78699844.

追踪生态环境问题，为科学保护、系统治理提供支撑，还能推动数智经济与绿色经济协同发展，为提升生态环境治理体系和治理能力的现代化水平提供新的方法。

推进传统企业的数字化转型和低碳化改造，可以助力电力、交通、制造、建筑等重点行业通过企业上云、智能网联等方式进行绿色供应链管理，在实现提质增效的同时减少生产过程中的能源消耗。许多企业在数字技术与能源制造技术的结合中，拓宽新能源的开发和利用途径，有效控制资源和能源消费，降低碳排放总量，实现从高生态环境代价的粗放模式向创新和绿色双轮驱动发展模式转变，提高产品的科技含量，加大数字资源的分量，多途径保护生态环境，创造更多物质财富，提供更多优质生态产品，以满足人民日益增长的美好生活需要。

数智经济发展和碳中和战略的推进，使城市、园区、企业都面临绿色低碳转型，都有对新能源利用、能源管理、碳减排、碳交易等的广泛需求。适应这些需求，可以利用数字技术“打造碳交易平台、碳减排管理平台、智慧能源管理平台等，并借助能源物联网技术，连接各类分布式能源、能源终端、智能设备等，赋能发电、楼宇、园区、交通、城市等多个场景”，① 进而促进生态文明试验区建设，运用现代科技，完善环境污染问题的发现、预警和应急处置机制，加强空气、水、土壤等方面的污染防治技术研发，提升生态环境治理水平，带动消费等生活方式的绿色化，促进公众健康生活的行为养成，实现对美好生活的追求。

---

① 中国经联会平台经济发展委员会．“平台经济”的10种发展模式[EB/OL]. 百家号，2021-12-23.https://baijiahao.baidu.com/s?id=1719930982569934685&wfr=spider&for=pc.

轻资产为主的智能制造和友好的外部性

数智经济取代重资产为主的旧制造，实现从空间维度对实体经济的赋能。数智平台对资源的虚拟配置，可在合理配置资源的基础上，跨越地域、领域开展生产和销售，这是对传统实体经济的重要改造。实体经济为数智经济发展提供物质支撑和素材，数智经济为实体经济提供信息、数据、软件，甚至灵感，使实体经济增强市场透明度，优化生产和运营方案。

数智经济具有友好的外部性。数字产品具有可复制和共享特征，具有正外部性和公共物品的特征。一项成果的推广应用能够间接地为其他成果的研究、开发和应用开辟道路，也会使智力以外的要素投入产生更高的使用效率，而且数字产品还不会产生环境污染等负外部性，也就是说，数智经济的正外部性恰恰有利于维护自然生态环境，有利于社会财富快速增值、经济社会健康和可持续发展，实现人与自然的和谐共生共存，这是人类最大的共享。

效率、公平、生态共筑开放共享底座

智能、平台、生态这三个发展方式，其方向一致。智能发展是做大蛋糕，平台发展是分好蛋糕，生态发展是持续做大和分好蛋糕。

智能发展处理的是人和机器人的关系

人与智能机器人的劳动分工，使机器更多担负体力劳动，减少人的生理局限带来的痛苦、风险和牺牲，促使智能发展多快好省地做大蛋糕，创造可供人们享用的物质和文化产品和服务。人类更多担负脑力工作，做好人机协调、人机合作、掌控机器人，使人有更多时间和精力提高自身素质，并得到全面发展。数字化转型推动智能制造的生产方式、企业形态、业务模式加速变革，促进制造业提质、降本、增效和绿色安全发展。智能发展的长期探索和实践，将会走出一条物质文明以机器智能发展为主，以人的引导配合为辅的路子；走出一条精神文明以人为主，以其他要素配合为辅的路子，最终形成以物质文明与精神文明相结合的全面发展方式。数字智能发展方式，就是要生产质优量大价廉的产品和服务。做大蛋糕是分好蛋糕的基础，是共享的基础。

平台发展处理的是人和人的关系

平台发展有利于缩小不平等，消弭贫富分化的鸿沟，实现发展目标。过去在资源、机会、发展的支配上，农村交通闭塞，接应和配套的条件差，使城市一直优越于农村；现在城乡公民都可进入平台参与共享，可以逐步缩小城乡发展差距。在共享资源、机会和过程的基础上，通过共商共建的过程，可以相对公平地分配蛋糕。有研究者认为，数智经济为中国实现共同富裕提供了新路径，“外卖、电商、移动支付、远程办公、在线展会等服务业的新模式、新业态蓬勃发展。如中国电子商务的交易额从2012年的8.1万亿元，快速上升到2020年的37.21万亿元，增长了4.6倍，稳居全球第一”。[1]平台发展方式兼顾了各个方面，尤其在效率基础上兼顾了公平。

生态发展处理的是人和自然的关系

生态发展是实现人与自然的共享，防止自然环境破坏对人类的

---

① 邢利宇.政协委员：数字经济为中国实现共同富裕提供了新路径[EB/0L].中新网，2022-7-18.https://www.chinanews.com/cj/2022/07-18/9806459.shtml.

反噬。随着城市化进程加快，过度开采资源对自然生态环境造成的危害也在不断加大。数据密集、技术密集，逐渐取代资源密集和能源密集，数智经济成为高质量发展的关键驱动因素，尤其是数字技术对生态环境治理的放大、叠加、倍增作用，让社会公众在环境善治和质量改进中，不断提升获得感、幸福感、安全感。如果说气候变暖、污染严重、物种减少让人们忧虑重重，那么数智经济发展则让人们看到人与万物共生共存的信心和希望，人类社会的可持续发展有了新的方案，这是人与自然及环境的一种和解，是共生前提下的共存。

有研究团队根据我国285个城市2011—2018年的数据，实证检验了数智经济对城市环境污染的影响及其内在机制，结论认为：数智经济降低了城市环境污染物排放，在区域异质性上，东部地区数智经济的污染减排效应相比中西部地区更大；数智经济对城市环境污染的空间溢出效应也得到证实，表明数智经济有助于降低区域整体的环境污染排放；数智经济发展有助于产业结构优化和绿色创新水平提升，并通过绿色创新和产业结构优化降低城市环境污染排放。[①]数智经济的生态发展方式从根本上维护了人的生存环境和生态能源，使人类和其他物种形成生命共同体。

蓬勃发展的数智经济，随着这场更大范围、更深层次的科技革命和产业变革的深入，将会不断释放全球增长的潜力，更加彰显开放共享的数智经济特性。

① 邓荣荣，张翱祥. 中国城市数字经济发展对环境污染的影响及机理研究[J]. 南方经济，2022(2).

Chapter 6

第六章 数智经济带动的全面发展

在数智经济着力实体经济发展的同时，还需要全面关注，因为整个经济虽有虚拟和实体之分，但有的经济还很难按虚拟与实体来划分。数智经济要覆盖经济建设的方方面面，保障数智科技得到普遍、深度、有效的应用，从而展现与工业经济不同的特质，形成新的发展格局。

数智经济的一个显著特点是，在物质、能量和信息三个方面，信息占比明显居高。但是，提高信息占比，不纯粹是信息量的扩张和质的提升，更要顾及信息技术对生态环境和绿色能源的数字化武装，在物质和能源占比减少的情况下保证不影响发展数量和质量，保证占比大的信息的确管用高效，能够取代和发挥过去资源和能源份额所起到的重要作用。

数智经济作为崭新的经济形态，具有宏阔视野，少不了环境和能源这两个重要方面，没有能源和环境，数智经济就难以发展。数智经济发展要把智能经济、生态环境、绿色能源统筹起来，纳入数字形态中，处理好经济、环境、能源三者的关系。

绿色能源的发展有利于数智经济可持续发展。绿色能源能够减少数字基础设施的电力消耗，提高数字产业的能源利用效率，为数智经济发展提供稳定的能源保障；可以促进数字产业的绿色化发展，推动数智经济与环保产业融合，从而创造更多的就业机会和经济增长点；降低数字产业的能源成本，提高其能源利用效率，增强数字产业的竞争力，为数智经济的发展提供更有力的支撑。

生态环境为数智经济发展提供空间支持。环境是各种生物存在和发展的空间，是资源的载体。环境接受来自数智经济体生产加工过程和人类生活产生的废弃物，并对其净化处理，是资源承载能力和数智经济生产能力以及人类生活的重要保障。

数智经济发展是资源环境和经济协调可持续发展的保障。尽管在数智经济和绿色能源、生态环境的关系中，我们更多地看到数智经济体对能源这种重要自然资源的索取和排放废弃物，但同时数智经济体又以其物质再生功能为能源、环境的持续发展和完善提供物质和资金支持。当数智经济发展到一定程度，才能有更多的资金投入能源的开发中，不断提高能源利用效率，促进培育新能源和可再生能源，提高能源的可开采量；数智经济不断发展，就能持续提高环保投资和环境改造水平，提高环境承载力。

数智形态需要能源、环境、经济同处于一个相互依赖、相互影响的整体。当能源、环境和经济之间和谐一致、协调发展，才能建立一种良性循环，实现数智经济社会的可持续发展。能源、环境与数智经济发展能否相互协调、相互促进，取决于数智经济体对能源的开发保护和对污染的控制，以及经济体对能源的消耗和对环境的污染之间的正负影响角力，这两种影响的综合作用决定了数字智能经济持续发展所能够依赖的能源环境基础。[①]

① 佚名.简述能源、环境及其与经济发展的关系[EB/0L].奥财网校，http://www.kjlww.com/m/article-36014.html.

智能经济发展

数字智能形态的形成及其价值，已在新经济的初步发展中展示魅力。在数智科技触角伸向各领域并纵深发展中，人们将会看到价值实现的不同场景、不同的商业模式，而且与产品体验、技术架构和商业模式相互匹配，给社会带来实际效益。

智能交通是数智经济飞速发展的缩影

智能交通与人们的生产生活密切相关。各种交通工具和道路正处于飞速发展和变化的状态。

智能汽车突飞猛进

智能汽车，即自动驾驶汽车，能提高效率，减轻人的驾驶压力，使多数人受益。美国现在拥有2亿辆传统汽车，如果使用智能汽车，只需4 000辆就能满足需求，可以节约大量资源、能源和人力。2021年，联网自动驾驶汽车再次成为国际消费电子展览会的主角，近400家公司报告其在避免碰撞、紧急制动或停车辅助方面取得的最新进展。[①]

智能汽车对传统汽车的最大颠覆，来自特斯拉。很多人称智能汽车为带轮子的计算机，重新定义了人对汽车的使用，给汽车嵌入自动驾驶技术，打开了“软件定义汽车”的新窗口，革新了用户体验。全球范围内的大部分科技巨头都在渐渐进入这一行业，包括谷歌、微软、亚马逊、苹果。

---

① 参考消息．西媒：全球技术盛会展示数字化新潮流[EB/OL].腾讯网，2021-01-14. https://new.qq.com/rain/a/20210114A0CHUE00.

汽车制造业成为中国经济火热发展的领域，据天眼查不完全统计，截至2023年4月，我国已有77.1万家新能源汽车相关企业，百度、阿里巴巴、360、格力、创维、富士康、乐视、小米、华为、宝能、恒大、五粮液、曹操出行、货拉拉……各个行业都在加入跨界造车大军，规模越来越大。

这些企业的路径不同，小米、恒大、创维等走的是自研自产路线；华为、阿里巴巴、百度则选择与车企合作，主攻智能座舱领域；货拉拉、曹操出行主打商用车和营运车市场。[①]

百度在人工智能、深度学习领域积累了独特的优势，从环境感知、行为预测，到规划控制、高精地图、高精定位，探索自动驾驶车所集纳的多个领域最顶尖的技术。百度已在北京、长沙、深圳等地开放无人出租车上路，乘客可预约免费体验自动驾驶行车服务。一辆辆智能汽车头顶雷达，车身印着“Robotaxi”（自动驾驶）的标识，精确定位，连掉头都“丝毫不减速”。尽管自动驾驶在某些测试场景或局部地区已正常运行，但其相关技术仍在不断改进中。

2023年6月17日，深圳宣布开放首个自动驾驶L4级商业收费运营。从此深圳的大街上涌现出车顶上顶着雷达，车身印着“萝卜快跑”自动驾驶标志的白色车辆，以后这样的车会越来越多。[②]

比亚迪新能源汽车智能制造，有新能源汽车、大巴、商用车、云轨以及比亚迪电子、电池等业务，在研发信息化、生产数字化与产品智能化方面非常出色。

智能汽车的探索和应用促进车路协同发展，形成全智能车路协同的交通模式。人工智能在自动驾驶中的应用，带动了交通管理领域的

---

① 胡雯雯.创维、百度、五粮液……跨界造车的大佬们，如今表现如何？[EB/OL].搜狐网，2023-04-28.http://news.sohu.com/a/671229049_161795.

② 芸梅谈美食.“萝卜快跑”来了！深圳突然发布好消息[EB/OL].搜狐网，2023-06-22.http://news.sohu.com/a/689044993_121262698.

变革和发展，有利于人员和货物的运输准确、安全、快捷和节能。自动驾驶汽车和卡车的原型正在开发中，共享汽车领域的公司已使用技术来避免交通拥堵，及时到达目的地。用不了多久，这些技术就会扩展到公共交通领域。

自动驾驶技术普遍商用后，对整个社会的改造会非常大，不仅是汽车和交通问题，自动驾驶机器可以自己行动、自己联网，带来不同行业的改变。马斯克认为："自动驾驶将在一周占人们大约1/3的时间……未来任何需要用车的时候，只需手机联络自动驾驶汽车即可，极大地提高了汽车利用率，改变了汽车90%甚至更多的时间处于停放的状态。仅这个变化就将引起城市房地产革命。如今的专用停车空间将可用作其他用途。自动驾驶汽车不用时也需停放，车辆可紧凑排放，停放区域无须处处有出口。"[①]

车联网是汽车与道路的数字化发展方向，按公路交通、车辆制造较高安全标准的要求，从设计、制造、建设和管控的源头进行数字化。车联网将摆脱对移动互联网和物联网的依赖，使汽车数字化、道路数字化，把汽车作为一个移动的物联网终端，让车联网终端成为汽车出厂的标配。车联网的快速发展有利于推进无人驾驶的发展。自动驾驶的常态化，将带来社会的范式转变，拥有私家车不再对人有吸引力。很难想象哪个行业不会受到无人驾驶车的影响，比如简洁智能自行车会重占主导，摩托车和自行车的出行将成为城市交通的亮丽风景。政府将会保障新的交通工具之间、道路交通的立法与技术之间的和谐发展。

智能汽车同电动汽车并行不悖，智能汽车是淘汰石化能源、启用清洁能源的重要契机。电动车产业将是未来10年变化最大的行业，中

① 马丁·福特.机器人时代：技术、工作与经济的未来[M].王吉美，牛筱萌，译.北京：中信出版社，2015.

国汽车行业重新洗牌，将对日、欧、美传统汽车大厂发起根本性的挑战，而且速度会很快。“2030年中国电动车市场渗透率将从2020年的7%上升到35%，甚至更高，将出现商用的L5自动驾驶，L2自动驾驶成为标配。电动车普遍续航里程达到1 000千米，最高续航将超1 500千米，全面超越汽油车，相关基础设施得到普及。电动车的兴起加速汽车更新换代，改变了汽车行业的消费模式，向电子设备更新换代模式靠拢。2030年电动汽车全球销量将超4 000万辆，马斯克说特斯拉2030年销量要达到2 000万辆。”[①]

“传统燃油车巨头大众宣布自己的电动化战略，希望成为全球最大的电动汽车制造商，计划2025年在中国建成1.7万个充电桩、在欧洲运营1.8万个充电桩，到2030年电动汽车销量占欧洲总销量70%。未来将通过最高降低50%的电池成本来降低电动汽车价格，打造像加油一样便捷的充电服务。”[②]自动驾驶汽车、电动汽车的加速发展，将带动诸如车载娱乐系统、通信系统、电动车基础设施等相关产业的兴起，相应地引发传统汽车产业的快速衰落，连带与其配套的相关产业将进入衰落期，比如4S店、汽油相关产业。

列车和铁路的智能发展更为可观

“2030年中国高铁里程将达到6万千米左右，由现在的四纵四横，到八纵八横，基本实现20万以上人口城市的铁路覆盖。全长近1万千米的欧亚高铁建成后，将贯穿欧亚大陆，货运时间将缩短到3天以内。

① 黄华.今后中国十年预测[EB/0L].新浪财经，2021-02-06.https://baijiahao.baidu.com/s?id=1690959134098142022&wfr=spider&for=pc%E6%96%B0%E6%B5%AA%E8%B4%A2%E7%BB%8F2021-02-06,2023-10-08.

② 佚名.重磅！马斯克承认了！特斯拉车内摄像头在监控车主[EB/0L].东方财富网，2021-03-21.https://finance.eastmoney.com/a/202103211852075139.html.

欧亚高铁很可能带来大欧亚板块物流分水岭式的变化，高铁建设逐渐替代目前占据主体的水路运输。时速达1 000千米的中国胶囊列车有望在2030年前试运行。”[①]5年之内，高铁速度有可能突破800千米/时。

有人预测，“15年后，马斯克设想的超级高铁项目（Hyperloop）正式建成”。超级高铁是目前正在开发的运输系统，是一种以“真空钢管运输”为理论核心的交通工具，具有超高速、高安全、低能耗、噪声小、污染小等特点。它将使用加压吊舱载客，可在真空钢管中运载货物。吊舱由一个电动直线电机通过一个隧道或低压管道逐步加速。吊舱通过磁悬浮快速上升到轨道上方，由于空气阻力低，实现超高速滑行。超级高铁有助于缓解交通压力，不受交通事故和天气因素的影响，带来稳定、可靠的通勤体验。[②]

超级高铁是一个快速交通系统，可在低压管道中运送乘客，时速达1 126千米。20年后升级版超级高铁将可能建成。由于是真空运行空间，没有摩擦力，“胶囊大玩具”车厢运行速度最高可达每小时6 500千米，从纽约到洛杉矶只要5分钟，纽约到北京只需2小时，环球旅行只需3小时。25年后，量子计算机正式大规模商用，其运行速度比传统模拟装置计算机芯片运行速度快1亿倍。30年后，可续航2 000千米氢燃料电池汽车将会诞生。[③]

磁悬浮飞车将高度智能化，成为大众交通工具。隧道交通也在开发中，马斯克的The Boring Company地下轨道交通公司也有助于缓解大城市的交通拥堵。

---

① 黄华.今后中国十年预测[EB/OL].新浪财经，2021-02-06.https://baijiahao.baidu.com/s?id=1690959134098142022&wfr=spider&for=pc%E6%96%B0%E6%B5%AA%E8%B4%A2%E7%BB%8F2021-02-06,2023-10-08.

② 江晓波，黄诗愉.面向未来的100项颠覆性技术创新[J].创新研究报告，2021(47).

③ 有思谷.美国大胆预测：未来300年的人类竟然是这样的[EB/OL].知乎，2022-01-20.https://zhuanlan.zhihu.com/p/459109781.

智能飞机发展趋于完全自主系统

现在一个12小时的航班，飞行员只工作七八分钟，其余时间都是AI驾驶飞机。以后航空公司可能会被无人机颠覆，现在的无人机就可搭载乘客，未来还会有更精彩的发展。无人机自行导航，具有很强的感知能力，通过传感器数据构建内部地图来运行，靠其算法做决策，使用多波长激光，从远处分析物质的传感器领域将取得进展。最快的飞机是SR-72黑暗之星，每小时飞12 348千米，10马赫。[①]C919载客已首飞成功，中国的大飞机登上世界商业舞台，打破波音、空客长期垄断民航市场的局面。4马赫超声速民航飞机将在2030年出现，能否商用还不确定，[②]未来还将有地面载客火箭。

智能低空载人飞行器横空出世

载人低空自动驾驶飞机将逐渐获得应用，成为城市立体交通的关键部分，将引发新一轮产业竞争。[③]因传感器、电力存储、电机和人工智能的迅速发展，飞行汽车已试飞，规模性飞行汽车也会到来。它们形状各异、大小不一，有架在超大风扇上的摩托车，有按比例放大到真机大小的四轴无人飞行器，还有微型空间的豆荚式飞机，可谓五花八门，且大多应用在短程和中程运输中。城市将成为飞行汽车产品的主用场景，如飞行汽车得到成功应用，将开启新一轮城市基础设施的发展。

---

① 一马赫究竟有多快？10马赫速度的战机你们见过吗？https://www.bilibili.com/video/BV1zB4y1g7pp/.

② 黄华.今后中国十年预测[EB/OL].新浪财经，2021-02-06.https://baijiahao.baidu.com/s?id=1690959134098142022&wfr=spider&for=pc%E6%96%B0%E6%B5%AA%E8%B4%A2%E7%BB%8F2021-02-06,2023-10-08.

③ 同上。

从长远看，整个城市将会基于飞行汽车普遍应用的场景规划调整。电动垂直起降汽车正在开发中，将实现搭载1名飞行员和4名乘客，以超过240千米的时速连续飞行3小时以上。优步已在开发空中交通管理系统以协调它们的飞行队伍，还在设计建造系列“巨型空中机场”，供乘客装卸货物、车辆起飞和降落。预计到2027年可以轻松预订空中拼车，到2030年城市航空将会成为异地流动的主要方式。①

各产业行业智能发展掠影

数智科技在各个行业发挥的举足轻重的作用，将使许多智能工具成为塑造人类未来生产生活的关键因素。

制造业领域

智能制造运用人工智能技术，贯穿数字化、网络化、智能化，形成新的制造模式。智能制造具有技术驱动、网络化、灵活性、产业链端到端、真实反馈等特点。

以人工智能、机器学习、大数据等新兴技术为支撑，智能制造具有高度的灵活性和定制化能力，可根据客户需求进行定制化设计和调整。生产线可以随时更改以适应需求变化，让制造业更好地满足市场，从而实现制造过程的高效性、精细化、自动化、智能化。

以供应链、生产线、物流管理、售后服务各环节端到端的管理协调为主线，智能制造将优化整个制造流程，使产品研发、质量检测、售后运维、市场预测等环节得到智能化控制，实现决策前瞻化、生产

① 彼德·戴曼迪斯，史蒂芬·科特勒.未来呼啸而来[M].贾拥民，译.北京：北京联合出版公司，2021.

数字化、产品智能化、服务定制化。

以智能感知、智能控制、自动化柔性化生产为特征，将智能机器人、工业互联网技术广泛应用于制造业，将涌现出大量智能工厂，并使 3D、4D 打印技术快速发展，展现个性化定制、柔性化生产、制造业服务化的新趋势。

以物联网、5G或6G促进的设备之间数据共享和协同工作为条件，智能制造将通过各种传感器、摄像头等设备实时监控整个制造过程，获取每个环节的数据和指标，及时了解生产流程和设备状态。对发现异常的迹象和问题及时分析处理和预测，制造商可在故障前几周或前几个月就执行预测性维护，对制造过程进行调整和优化，提升产品开发、生产效率和服务品质。

德国西门子安贝格电子工厂被称为全球最接近工业4.0的工厂，生产过程实现了从产品到制造全价值链的数字化。一条生产线一天可进行350次切换，能生产1 000多种不同的产品，产品合格率高达99.9989%。[①]通过人工智能优化生产和维护，将为工业和制造提供巨大帮助。

我国智能制造领域也涌现出了许多典型企业。海尔集团的家电智能制造实力超强，在海内外发展迅速。中国航天科技集团的工业大数据系统、机器视觉智能系统与智能设备等领域优势明显。美的、京东方、中国中车、阿里巴巴、大疆、宁德时代等企业的智能制造也各有特色。

---

① 白春礼. 世界科技前沿发展态势[EB/0L]. 澎湃，2021-01-24.https://www.thepaper.cn/newsDetail_forward_11129917.

半导体及互联网行业

半导体的特殊结构和物理特性，使其在电子学、计算机、通信、光电子等领域应用广泛。随着5G、物联网、行业数字化、电动车及自动驾驶的普及，半导体行业将会持续得到新引擎，促进新型半导体技术的涌现，加速产业发展。半导体既是一种物质，又是一项前沿技术，它在多领域的广泛应用，将带来美好未来。

“预计2030年全球半导体产值将突破8 000亿美元，增长超过80%。美、韩、日、中、欧等多种势力将共同角逐这个领域。中国半导体市场规模将突破3 500亿美元，10年增长2.5倍，如果自给率能达到70%，产值将在2 500亿美元左右，增长5倍（因统计口径不同，这个数字可能有偏差）。这是一个巨大的产业，但受限于美国对芯片工艺的管制，中国必须出现分水岭式的突破。2030年，台积电先进工艺达到1纳米，大陆突破EUV（极紫外光），先进工艺达到3纳米，拥有自主知识产权的先进芯片架构。”①2023年11月1日的《光明日报》报道，我科学家研发超高速光电计算芯片，计算耗时仅为现有高性能芯片的万分之三，算力达到目前高性能商用芯片的3 000余倍。

半导体行业作为关键的基础产业，已经成为全球经济发展的重要支柱之一。随着物联网、人工智能、6G等新产业的发展升级，半导体行业发展前景无限，将为全球经济注入新的动力。

第三代互联网将会在探索中亮相。第一代互联网是个人计算机（PC）时代,第二代则是移动互联网时代，第三代互联网，就是未来互联网，它将是一个持久的、共享的、三维的空间。

元宇宙和生成式AI的出现，将人同未来互联网联系起来。有人认为

---

① 黄华.2030年预测，发现确定性[EB/0L].网易，2021-02-17.https://www.163.com/dy/article/G32POHJA0519E3QB.html.

大模型不亚于个人计算机和互联网的诞生，或者说开启了智能互联网时代，还有人说进入了“重互联网时代”。第一代互联网，软件有算法就能编，可应用早期的QQ、小程序、小软件等；第二代互联网，除了算法，还要积累大量数据，可用到短视频、电子商务网站的智能推送等。元宇宙和生成式AI是不是第三代互联网呢？基于大模型将算法、算力、数据整合起来，互联网正在变成一种重型的、工业型的互联网。[①]

互联网企业会随着互联网升级而拓展产业、开辟市场。全球新冠疫情已加速云服务在各行业的普及，未来10年应是云计算的黄金期。同时，跨平台操作系统、新型数据库、网上在线教育、在线娱乐依然是未来10年的风口，相信在这些领域会有越来越多的科技公司进入《财富》世界500强榜单。

华为作为全球领先的信息与通信基础设施和智能终端提供商，在5G技术领先世界后，又发布了5.5G，会将互联网产业引向更繁荣的时代。相比5G能力，5.5G将在体验、连接、确定性、能效、智能等方面带来10倍的性能提升。2020年11月6日，中国发射6G试验卫星，进入6G探索时代，有人预计其将会在2030年实现商用。互联网技术的迭代，将带来互联网产业的持续繁荣和升级。互联网平台公司野蛮增长的时代将会过去，倒逼政府优化管理监控制度，数据安全和个人隐私将得到充分尊重，有序发展、确保公平将成为关键因素。

农业领域

数智技术、基因技术等的融合利用，将在更大范围内把传统农业改造成现代农业，改变种植养殖方式，减轻农民负担，极大地提高

---

① 闫淑鑫，赵薇.沈阳：ChatGPT的出现意味着“重互联网时代”来临[EB/OL].中新经纬，2023-03-17.https://baijiahao.baidu.com/s?id=1760605820596681755&wfr=spider&for=pc.

生产效率。如果下述技术催生任何一个方面，农业的变化都将会十分惊人。

数据分析技术。实时收集农田及动植物生长数据，分析其变化规律，并据此规划和调控农业生产管理，在农业大数据分析规划、农产品智能化生产、数字化跟踪服务等方面发力的基础上，形成平台优势，实现更大范围的农业生产智能化。近年来借助互联网及电子商务的快速发展，逐渐选择“电子商务+农产品”的模式，凭借新电子商务，将封闭的农业引向广阔的世界，把产品从农村到城市，甚至跨海越洋，销售到异国他乡。

人工智能技术。农机设备与智能技术结合，形成智能化农机装备，实现智能环境控制和相关活动辅助。农业机器人彻底改革农业劳作，农场机器人将取代人力种植庄稼，用来执行播种、抚育农作物和收割之类的任务。这些机器人不受人为错误影响，能够适应现场条件，最大程度地提高产量，大幅减少时间并提高效率。[①] 有人预测，“将有机械人在农田耕作，不用管食宿和支付其薪水，用便宜电池即可。农民将变成机械人的经理。智能化无人奶牛场依托智能系统运作，不管是分配饲料还是挤奶，全由机器完成”。从长远看，农业完全自动化可在缺乏人力资源和极端条件的地区率先实现，然后推至全球。

图像识别技术。“依靠图像识别，农民能及时鉴别出有疾病的农作物，不会再发生大片农作物病死的情况；有的机器人每分钟扫描5 000多株幼苗，自动区分出杂草并予以清除，最终能减少除草剂90%的使用量。还有与种植相关的气候问题，科学家已将卫星图片纳入深度学习的训练对象，未来农民每天早上打开App，就能查询到自己土

---

① 江晓波，黄诗愉.面向未来的100项颠覆性技术创新[J].创新研究报告，2021(47).

地上的详细气候状况，甚至精确到公里。”[①]

物联网和传感器等技术。依靠GPS（全球定位系统）、北斗、卫星图像、控制系统、传感器、机器人、变速技术、远程信息技术等现有的最新信息和技术，在作物生长周期包括土壤整备、播种和收割等环节改善作物，通过传感器和农场管理软硬件，在现有网络基础设施上检测和远程控制。

室内种植技术。未来室内自动耕作将得以推广，在人工智能系统指导下，机器可以执行传统的农业任务，如育苗、栽植和收获，也包括畜牧业。温室建筑物只需要少量的水，肉可以在实验室中大量生产，不必养猪、鸡或牛。用在畜牧业的30%的土地，可改作其他用途。很多初创公司会供给高蛋白质的昆虫当成食品。[②]

基因编辑技术。基因编辑应用于小麦、水稻、玉米、大豆、西红柿、烟草、马铃薯等作物育种，可筛选优势性状，设计和改造品种，提高产量和品质。水稻无融合生殖、单倍体育种、抗白粉病小麦等方面的技术已有重要进展。基因编辑技术在改良禾谷类粮食作物产量和品质中具有重大应用前景。

未来主要是以大数据、物联网、人工智能为核心的智慧化、自动化农业，种植、养殖将实现管理一体化，并将其采销纳入数据采集全链路，农产品具有可追溯性，用户不必出门就能买到、吃到放心的农副产品。这些都将对食品文化、可持续性、社会结构以及就业等领域产生颠覆性影响。

---

① 李彦宏，等.智能革命：迎接人工智能时代的社会、经济与文化变革[M].北京：中信出版社，2017.

② 九州智库.不敢相信！美国硅谷预测10年后的世界[EB/OL].新浪财经，2017-07-16. https://cj.sina.com.cn/article/detail/6160288641/321335.

物流领域

物流由商品的运输、服务、配送、仓储、包装、搬运装卸、流通加工，以及相关的物流信息等环节构成。物联网是物流系统的核心技术，正在给传统物流装上数字化升级的翅膀，带领全球物流行业进入新时代。加之人工智能、区块链、机器视觉、实时计算、柔性自动化等技术的爆发趋势，将驱动物流业从人力密集型转向技术密集型，形成物流大脑、信息传输系统和作业执行构成的智慧物流系统。物流大脑创新方面正处于数字化发展阶段，向着程控化和智能化发展；信息传输系统已处于“互联网+”和无线传输阶段，正在向物联网和信息物理系统（CPS）进化；作业执行系统也将从自动化和机器人向着柔性自动化、无人化和智能硬件系统转变，促进生产与市场保持同步。

物流产业作为复合型、聚合型产业，关系国民经济的稳定发展和社会资源的可持续流通。我国陆续建立了集货运服务、生产服务、商贸服务和综合服务于一体的综合物流园区，诸多功能集聚、资源整合、供需对接、集约化运作的物流平台不断涌现，仓储、配送等基础设施现代化水平不断提高，物流网络建设不断完善，为物流行业未来发展创造了充分的条件，有利于促进物流企业平稳、快速增长。

商业贸易领域

数智技术应用和数智经济发展，使企业活动的市场空间冲破以往国别区域的局限，出现了以信息流为核心的数字价值链，通过对数据的组织、收集、综合、分配实现价值增值。由此产生的数字贸易已成为全球数智经济的重要推动力，对国际分工、交易方式及贸易体系产生广泛而深远的影响。2022年全球货物贸易总额达25.3万亿美元，其中跨境电商货物贸易额近1.25万亿美元；全球服务贸易总额6.8万亿美元，其中数字服务贸易额达3.8万亿美元。数字全球化是支撑全球化前进的重要力量，数字技术在很多方面推进着国际贸易和跨国投资的发展。江小涓教授认为，贸易数字化创新贸易模式，降低交易成本；可以灵活切换市场，快速重组产线；创新远程服务，高效全链贯通，促进全球分工合作深化；汇聚多元信息，提供渠道服务，促进中小企业数字贸易的全球发展。①

我国以电商平台构建的虚拟网络和以高速公路构建的物理网络，使大量的中小企业参与到国际经贸体系当中，正是数字化赋能，丰富了贸易国别，延长了贸易距离，增加了贸易频次，繁荣了全球贸易，不仅方便了消费者，也让大量中小企业受益。

未来数字贸易的发展走向，将取决于数智技术的创新、发展和广泛应用。一是电商平台规模将不断扩大。中国的电子商务已进入快速发展阶段，数字贸易平台的规模也在不断扩大，而许多发展中国家的数字商贸平台也将进入快速和规模发展阶段。随着国内外经济一体化，世界各国的商贸平台将构成全球贸易的发展新阵地。二是数字货币支付将普及。数字货币支付已成为新兴支付方式，未来将在数字贸易中广泛应用。三是云计算技术将促进数字贸易普及。云计算等技术将成为数字贸易重要的技术支持，数字贸易规模将因此得到扩大，电子商务平台的安全性和数据处理能力得到提升，数字贸易更加便捷和高效。四是智能技术将推动数字贸易再升级。随着人工智能在数字贸易中的运用越来越多，数字贸易将向智能化方向发展升级。云客服、智能客服、智能营销等系列人工智能技术将带来数字贸易变革，提高交易效率和用户体验。五是区块链技术将提高数字贸易安全性。区块链技术的不可篡改、透明、留痕迹等特性，将利于其被广泛应用于数

---

① 李子晨.数字化赋能贸易高质量发展[EB/0L].中工网，2023-04-18.https://baijiahao.baidu.com/s?id=1763497909485101183&wfr=spider&for=pc.

字资产交易、溯源标识等领域，为数字贸易提供安全保障，提高数字贸易的透明度，促进数字贸易发展。[①]

金融服务业

数字产业化和产业数字化，带动金融业的数字化、智能化转型，将加速金融机构的数字化智能化升级。金融业又以数字化方式更好地服务于实体经济。过去十多年金融科技引发的数字变革，已影响到许多企业的发展和无数人的生活，让更多普通人和小微企业享受到便利、快捷和高端的金融服务。

研究者从可信、智能和普惠三个维度预测了金融科技未来的走势，包括全栈可信、主动安全防御、跨链、基于隐私保护的共享智能、时序图计算、持续智能、自动因子发现的机器学习、知识图谱与多模态学习、深度个性化、开放透明等。未来，传统金融将转变到人工智能技术与金融业深度融合的智能金融新业态。金融服务公司会利用金融科技武装自己，通过运用人工智能识别大数据集上的模式，将在各种欺诈行为给组织和个人客户产生负面影响之前，提供预警和安全防护。互联网企业也会利用自己的流量、数据、技术优势，分享金融服务的增量市场，[②]多方共享智能金融带来的好处。金融业将出现以下趋势。

一是智能化对信用逻辑的推动和重塑。各种金融业场景都基于信用体系的完善而重新定义。比如，信用“数字化”使得每个人、每个

---

① 参考中国信息通信研究院2020年12月发布的《数字贸易发展白皮书（2020年）》. http://www.caict.ac.cn/kxyj/qwfb/bps/202012/P020201216506475945126.pdf.

② 新智元. 福布斯：14位技术专家预测，未来哪些行业将被AI颠覆？[EB/OL]. 中关村网金院，2021-01-31.https://baijiahao.baidu.com/s?id=1690359320155313540&wfr=spider&for=pc.

企业的信用数据可记录，信用“透明化”能让个人和企业的信用可评价。这就使金融服务和非金融服务之间的界限更加模糊，泛金融将无处不在。

二是数字智能金融确立服务重点对象。比如，在碳达峰、碳中和的发展中，要对节能给予多方面支持，将发展绿色金融的内容列入绿色低碳发展的经济体系。通过智能营销风控系统等方式，助力银行进行绿色信贷发放和贷中贷后管理，推动金融机构绿色转型。再比如，围绕中小企业融资难问题，实施产融结合，既符合服务实体经济的定位，也能提升社会资源配置效率；既有助于企业拓宽融资渠道，促进创新创业，也有助于金融机构补充资本金推动自身壮大，通过产融结合撬动更大市场。还比如，针对智能金融发展指数存在的地区异质性，建立智能金融的大生态环境，提高互联网普及率，以扩大智能金融发展规模，推进智能金融业务普惠化，合理配置经济资源以推进地区经济均衡发展，从战略上解决东中西部发展不平衡问题。

三是金融机构变革自身组织管理。智能组织是数智时代提升金融核心竞争力的自然选择。持续推动成本降低、效率提升、企业优化以及模式创新，需要将数字化和智能化的转型和变革作为面向未来的优先战略，打造数字化业务产品，强化科技数据能力建设，升级转接清算系统，做好金融科技试点，积极发挥平台作用，培植新优势，提高竞争力。

研发、媒体、娱乐、自动撰稿领域

研发领域都将从人工智能中获得最大收益，如生物技术和油气勘探等许多领域通过人工智能提高了研发效率，虽然有些行业投巨资研发可能回报较慢，但总体上看人工智能可缩短研发周期并降低成本，从而促进项目大胆研发，降低企业风险。

广告要在正确的时间传送给合适的人，就要创建细分市场，人工智能可以使其更加精准，根据数千个参数为个人定制广告，还可检测投放广告的最佳时间和渠道。屏幕物联网化可以实现远程在线监控屏幕的播放状态，同时降低运维人员成本，提高效率。

新传媒的智能化形式多样，将原来单向传输变成多方互动，许多新媒体都在根据不同用户的浏览观看喜好向接收者精准推送相关内容。

智能机器写作正在被神奇地应用。有些软件大约每30秒钟就能生成一篇新闻故事，有些软件能够创作出一系列行业内外所需的高质量报告。智能写稿机器将成功驾驭日常语言的模糊性，同时其整理、理解水平要远超专门设计、钻研大量文本、检索相关答案的一般计算机算法，甚至可以在瞬间生成业务报告并能不间断提供，完全不需要人工干预。可以说，人工智能、互联网和移动设备正在改变媒体等撰稿业的面貌。

ChatGPT、文心一言等AI大模型的出现，更为媒体、研究、学习带来机遇和挑战。ChatGPT提高了媒体行业的自动化程度，能模仿人类思考模式，理解人类的自然语言，进行基于语义的数据智能分析和预测，将大数据应用推向新的阶段。利用ChatGPT，人们可写出高质量的文章、博客、产品说明等各种文本，还可自动化生成新闻专题报道，同时不必担心一些语法错误或是缺乏一定的流畅性。

美国的AI写作公司 Automated Insights将ChatGPT应用到新闻行业，创建了一个名叫 Wordsmith 的平台，用于自动撰写新闻稿和报道，其利用大量数据，如股票行情或是关于选举的投票数据等，结合自然语言处理技术自动生成新闻稿和报道。这些自动生成的文章非常生动，给读者带来良好的阅读体验。[①]

---

① 大白的创作.ChatGPT在新闻行业的应用：自动撰写新闻稿与报道[EB/OL].百家号，2023-04-23.https://baijiahao.baidu.com/s?id=1763968147142963329&wfr=spider&for=pc.

大模型的应用为新闻写作提供了更高效、更快速的撰写方式，让新闻工作者有更多时间来考虑更复杂的问题，进行更深入的报道，从而加强了媒体的品牌形象和公信力。

好的跨语言新闻写稿机器人需要转换不同语言及风格，比如英文转中文、学术表达转通俗表达。机器翻译系统的性能要依赖其所使用的训练数据，即平行语料。深度整合全球知识信息资源，建设世界知识大数据库，并将人类的知识库转换成计算机能理解的知识库，是人工智能的核心任务。

人类交流和工作过程中涉及语言和文字的地方，自然语言处理技术都有可能发挥作用。在数字出版和知识服务的全链条中，都能看到人工智能和机器学习技术的身影。人工智能可以对数字出版的选题策划、协同撰稿、内容编审进行赋能，对数据分析软件的利用，会让编辑发现更多出版线索。

比如根植于搜索引擎大数据，可为用户提供不同新闻关键词的搜索热度、趋势变化、搜索人群的兴趣图谱等各种信息维度。媒体等从业者可据此判断新闻话题走向，明星“粉丝”可以从中了解偶像的热度变化，商家可以观察产品的用户定位和需求趋势。善于使用这些工具的人，会成为同行中的佼佼者。在使用数据工具的过程中，我们也在被训练，使自己更适合在智能时代发现和创造价值。

“人工智能的感知系统有更广泛、更新的商业机会，一方面，可以构建和部署更多的传感系统的子系统，针对的是物理环境或物理系统；另一方面，自然语言处理技术的迅速进步使我们可以扫描和分析文本文档和信息，并从中提取各种高价值的业务知识，而构建和部署专用的文本理解子系统，可以得到很多高价值的知识和商业回报。”[①]

① 人工智能大健康.人工智能的历史使命[EB/OL].维科网，2018-07-19.http://mp.ofweek.com/ai/a145673728246.

人工智能认知系统的成熟，意味着所有行业、职业、社会系统、生活方式都将被重塑。如果数字化社会可以概括为信息就在指尖，那么人工智能时代的本质可以概括为知识无处不在，任何交互都是智能的。狭义的人工智能只解决一到两个较具体的问题，或者下围棋，或者开汽车；广义的人工智能用同一个系统，解决所有的问题，这是人工智能的长远目标。人工智能将从逻辑智能和计算智能，向人机混合、虚实交互的平行智能、类脑智能发展。未来的智能科技，会以新方式将人置于核心地位，牢牢掌握智能的控制权。

应用数智科技改进工作，提高效率

发展的速度源于技术进步及其应用。在二进制这个抽象且没有冲突的领域，算法、架构以及应用数学支配着发展速度。在有些地方，算法的推进速度远快于硬件的发展速度。马丁·戈洛奇在研究中指出："如果使用1982年的计算机和软件，需要整整82年才能解决一个特别复杂的生产计划问题。而到2003年，同样问题约花一分钟就可得到解决，性能提高4 300万倍。在这20多年里，计算机硬件快了约1 000倍，意味着运用的算法提升了约43 000倍。"[①]许多企业的创新都源于智能技术的突破，甚至利用最前沿的互联网和算法技术重构商业逻辑和运营规律，突破了工业时代的模式和效率。

技术创新和融合带来的效率

数智科技与各行业领域融合发展，引领经济社会的智能化升级，

---

① 马丁·福特.机器人时代：技术、工作与经济的未来[M].王吉美，牛筱萌，译.北京：中信出版社，2015.

将呈现持久向上的发展态势。各个行业产业在应用中的专业创新，促成各种科技的相互融合，许多产业是组合式创新，有的促进新技术的诞生，有的在原技术上迭代。融合发展强化了各领域垂直协同的生态，形成整体和宏观发展的态势，推进经济发展指数级增长。人工智能与各产业的深度融合将产生以智能和无人操控为特征的许多新模式、新业态。如未来的空中拼车服务，将会把地面的网约车和电动多旋翼飞机、自动驾驶、电池技术等多个领域，积木式融合起来，产生新型产品和服务。

2017年以来，全球市值排名前列的大多是互联网和数字技术公司。苹果公司成为庞然大物，开创了移动互联网时代，并发展成一家集硬件、软件、服务和生态于一体的企业。微软是在个人计算机互联网时代的浏览器基础上，衍生出搜索服务等众多产品，并投资OpenAI在2022年推出ChatGPT，让其再领风骚；谷歌和百度的搜索让世界的知识为我们服务，并在秒级时间获得想要的信息，从而推动企业的智能化进程；亚马逊是智能服务的开山鼻祖，它把零售和物流全流程在线化；阿里巴巴将网络协同和数据智能相结合，促进自身的生态建设；腾讯和脸书把社交网络化做到了远方；今日头条从传统的内容搜索走向内容推荐，成就了爆发式成长；滴滴把打车服务在线化，通过算法优化，变成了智能服务；美团在建设一个生活服务的协同网络。

它们的共同特点是以极低的成本服务海量用户，满足每个用户的个性化需求，这些企业的服务效率和满意度随着智能化快速提升。阿里巴巴学术委员会主席曾鸣概括阿里巴巴的创新和突破在于智能化、在线化、网络化。在没有搜索引擎的时代，答案存储于网页，要想获取答案，需要阅遍这些网页；到了搜索引擎时代，搜索引擎告诉我们很有可能的前几个答案，我们自己再从中选择最合适的答案，提升了知识获取的效率；进入大模型时代，知识存储于一个巨大的数字矩阵中，我们问，它就答，知识获取效率极高。

指数性科技带来的效率

乔布斯说，如果你给人们非常好的工具，他们自然会把事情做得更好。任何一种技术，只要它的效率翻倍，价格就不断下降，可称作指数性技术。1965年英特尔创始人戈登·摩尔注意到集成电路中的晶体管数量每18个月会增加一倍。意味着一年半里，计算机的性能就可提高一倍，成本却保持不变。尽管有人认为这个摩尔定律接近“热寂期”（heat death），从提出到现在都快60年了，但是摩尔定律仍无衰减。集成电路的技术在4G之前主要是计算机驱动，5G要求更高的集成度，2025年可能出现1纳米芯片量产。

目前计算机中央处理器能力相当于老鼠大脑的水平，2030年有望接近人脑水平。“移动通信发展差不多10年一代，移动通信峰值速率10年增长1 000倍。5G依靠相融定理把容量扩大，把基站做得更多，成密集组网，天线做得更多，加入空分复用技术，将频谱展得更宽，改进物理层技术，支持增强移动宽带高可靠、低时延、广覆盖、大连接。5G作为无线传输技术，同时联结云计算、大数据、人工智能、物联网、区块链与工业互联网，打通了数据从采集、存储、传送、处理、分析到决策的全过程，盘活数据，发挥数据作为生产要素的作用。”①

经济增长有赖于技术的增长及其对科技的充分运用。随着市场竞争越来越激烈，人工智能等数智技术及其工具的作用也越来越明显，并将成为企业的核心竞争力。机器人在行业和产业的广泛应用，加速人类将智力服务作为目标，人工智能像电力一样广泛传输。人的生产、工作和生活，越来越受到数字技术的影响，甚至对其有高度依赖。数智技术的应用已无处不在，而且人工智能基于训练的自主学

① 邬贺铨.数字机遇与创新生态[J].科技导报，2021(2).

习，能够实现机器的自学习、自组织、自适应、自行动，进而全面提升生产效率，成为未来经济社会的重要基础。未来不管哪个领域，实际上都会用上聪慧的人类+智能的机器。多数行业和产业会很快依靠AI，优化和革新许多业务运营，释放各产业无法估量的潜力，某些领域甚至可从AI上获得特殊收益。

凯文·凯利说，“与人工智能的合作表现决定了个人的薪酬，你必须和机器合作，而不是和它们对抗。电信行业的颠覆不是来自手机、移动通信网络，而是来自无线网”。摩根士丹利在一份报告中指出，无人车发展起来后，仅美国就能够获得1.3万亿美元的收入，相当于美国GDP的8%，这其中有1 000多亿美元来自节省下来的燃料、2 000多亿美元来自减少的堵车成本、5 000多亿美元来自交通事故锐减而节省的医疗和保险成本、4 000多亿美元来自工作效率的提高。①

依赖指数性数智科技会带来我们难以想象的指数级增长。假设工作一个月（30天），第一天挣1分钱，此后每天挣的都比前一天增加一倍，到一个月最后一天挣的总钱数会超过1 000万元。如果赶上有31天的月份，这个月的最后一天挣到的总数就可达到2 100多万元。采取这种工资结构后，假如一个月只有28天，那么到月底那天只能挣到130多万元。当事物呈指数级增长的时候，最后三天的意义非比寻常。在计算机和数字通信的发展上，正在逐步接近这最后的三天，智能发展也会快速来到自己的最后三天。

莱特定律提出，产量每增长一倍，成本会降低10%~15%。指数级增长和数字重组的力量，会比工业革命以来的任何推力都要强大。这一切告诉我们，这种发展速度会超出我们的推算甚至想象。

---

① 青青说.读书笔记——《智能革命》迎接AI时代的社会经济与文化变革[EB/OL].知乎，2022-08-25.https://zhuanlan.zhihu.com/p/556829879.

生产率并不纯粹是衡量企业每小时生产多少东西，而主要是测量该企业实际生产多少东西。生产率直接受到需求的影响。由于智能技术短期内也会影响到就业，以至影响到收入和购买力，从而无法刺激持续增长的需求。加速发展的智能科技很可能越来越多地威胁到不同行业各种技能水平的大量工作机会，这个趋势若持续发展，将对经济产生负面影响，技术应用也会造成不平等和失业率升高。

解决这种情况下的不平等和就业问题，要在创造性的破坏中实现社会结构的改造和重塑。我们需要处理人与机器人的关系，再造社会制度的思维，代替创造劳动力和就业机会的思维。任何阻止市场驱动的自动化技术在工作场所的尝试都可能失败，所以我们要换一种新思维来认识机器人取代人的就业岗位，不必担心不平等加剧，要相信人类主导下的科技进步，总体上是在推进社会进步，在为人类创造惊人的财富和舒适度，而减少人类劳动所需的高效方式已成为推进社会发展的重要因素。

真正的进步是随着人工智能更多地参加劳动，能够创造更加美好的生活。这就需要建立新制度，让人从更多的劳动岗位解放出来，去从事更高尚的事业，让人的体力劳动和精神劳动相协调、劳动与休闲相协调，让人工智能放开手脚为人类服务，让人类开始一种新的生活。

技术和工具带来的效率

如果天天做同样的工作，我们可能会觉得很无聊，其实不光是因为工作本身的重复，还因为我们在用重复的工具和方式做事。一件事情如果反复发生，就应该考虑利用技术改进和工具迭代，或者变换方式，让它变得越来越有趣。数智科技带来许多或大或小的工具，包括硬件和软件，使以往挺难、挺烦、挺乏味的事，通过更换数字智能工具，带来工作方式的变化，促进企业组织升级和转型，工作和生产场景发生变化，使工作变得轻松有趣，管理方法也更加科学有效，企业越做越好，这也是数智技术和工具应用的正向回报。

比如，应用物联网技术后，就自然产生了知识化、自动化和精细化的工作方式和风格。过去无论在企业还是机关工作，大多是几十年一贯制，工作方式差别不大，组织迭代十分缓慢。现在生产或办公用的数智工具既新鲜又可阶段性迭代，就可让生产的组织方式和链条结构、人际关系跟进调整和创新，向着更加合理高效的方式发展。智能手机上各类App不断加入新功能，让应用持续迭代，也促进员工和组织不断升级。

未来的工作方式应该是什么样的？它既是新技术和新工具等物质条件引起的工作方式变化，也是相应的制度、组织、观念等软条件引起的工作方式变化。比如，一些技术和工具因属性不同，会潜移默化地影响团队工作方式和方法，团队如果彼此用邮件沟通，互动起来就会慢一点；如果以文档方式工作，则会更倾向于个人创作。现在有了许多可选择的方法和工具，自然会有利于工作效率的提升。比如，飞书既懂理论，更懂实践，是目标驱动与沟通的管理工具，通过简洁有效的沟通，让组织向着一致的方向前进。

使用飞书技术和工具，可用简单的可视化系统聚焦重点、实时沟通跟进、即时反馈、优化策略，让成员身处各地都能轻松保持个人与组织的目标一致，实现持续进步。其优点是对齐目标，公开透明的线上看板，轻松保持组织与个人目标一致；聚焦重点，随时线上协作沟通，及时更新进度，量化结果。量化的关键结果与评分机制，不断驱动组织与个人达成期望。仅这一项技术和工具就可带动工作方式的改进。以往机关、企业、团体存在“部门墙”“旋转门”现象，造成生产或工作部门各自为政，不越雷池，老死不相往来，导致许多工作扯皮、低效。而使用飞书的各项功能，在跨部门合作中就能很快知道合作者的主要职责、工作重点和工作进展，在沟通过程中感受不到层级区别。以前，员工做事依流程按部就班，使用飞书后很多事情变得柔性化，会涌现出更多好想法。

可见，数智技术、工具、软件可以帮助人们改进工作方式和方法；帮助企业高效管理，用有限的精力做出更大贡献，投入产出比更高；群智涌现，同时被看见，提升愉悦感。相比学习数智新方法、运用新技术和新工具，更困难的在于忘掉旧模式旧方式下的工作方法和操作习惯。相信依托新技术和新工具所形成的这些工作方法和流程会慢慢沉淀下来，形成一种效率文化，这将是组织的持久力量，可以超越几代人的领导力。

数智技术和工具正在发挥越来越重要的作用，钉钉、企业微信、腾讯会议、Zoom等不断迭代，又与飞书相互借鉴模仿，有效促进效率提升。

越是广泛应用数智科技，越有利于提高效能，从未来技术应用的预测看也将是如此。麦肯锡预测，2030年人工智能将为全球GDP增加1.2个百分点，经济活动增加13万亿美元。埃森哲公司预测，2035年人工智能使全球利润率提高38%，相当于经济增长14万亿美元；到2030年，工业互联网能够为全球经济带来14.2万亿美元的经济增长。还有预测认为，“到2035年，工业互联网、5G、人工智能这三个主要的应用和技术会使全球经济增加40万亿美元。中国信息通信研究院预测数智经济的贡献占GDP的7.2%，信息技术在传统产业的附加值占29%，综合经济的贡献和增加的产值、质量提升等方面是36.2%”。[①]智能发展不可限量。

① 邬贺铨. 数字机遇与创新生态 [J]. 科技导报，2021(2).

生态环境发展

面对全球经受环境和能源问题冲击的现实，数字智能革命与生态环境革命相融合，加速向新秩序转变，开启环境和能源发展的新未来。数智科技生产力在赋能各产业发展中，深刻改变着人与自然的关系。从粗放矿产采掘提升到数字智能的无人化开采，从传统种植业转变到绿色智慧农业，从烟囱林立的工业环境转变为低碳科技治理污染，到处展现新科技的应用功效，地球生态圈面貌在改变，生态发展格局在重构。

数智科技解决气候问题

数智科技的广泛应用，挖掘着减排的巨大潜力。人们将在生态建设和环境改善中，提升获得感、幸福感、安全感。

数智经济重信息和数据，体现零碳社会方向。农业社会的信息传播以口头交流为主，工业社会的信息传播以书写印刷交流为主，数智社会的信息传播以电子媒介交流为主。信息在数智社会分量最重，原来线上星星点点的信息，成为海量信息承载的主要形式，线上线下成为经济社会的崭新特征，这种方式可节约大量在线下工作的物质资源，减少对道路、汽车、设备、资源、能量、时间、人力的使用量。资源配置摆脱了地理、交通、人才、能源等传统要素的物理限制，依托网络、平台和数据，盘活闲置的设备、技术、人才和资本，促进数据流通交易和数据红利释放，产业生态将更加健康和可持续。

线上的繁忙和灵活的资源配置有赖于发达的物流，而铁路、公路、机场等交通设施，和5G、大数据中心、工业互联网、人工智能等新基建，为发达的线上线下混合物流提供了条件。这些年数智经济核心产业、高端装备、时尚制造、节能环保、健康产品、文化产业等都实现了较快增长，以新产业、新业态、新模式为主要特征的经济增加值占GDP的比重普遍提高，经济新动能显著提升。

相对于人口、土地、能源等边际效应递减的传统红利，数智技术日益成为引领绿色技术创新、生产模式创新、产业产品创新的新兴红利。通过有效整合线上线下、前端后端，数智经济在构建“生产—运输—消费—回收”的全产业链，提高资源利用、污染减排等各环节的运作效率。这正是数智经济与生态环境相得益彰之处。

产业数字化升级推进碳排放减少的趋势。20世纪我国提出信息化带动工业化，推动了制造业发展，促进了数字技术创新和数字产业萌芽，带来近几十年中国的发展机遇和辉煌。但我国产品出口和对世界的贡献，是以付出低廉劳动力和损害生态环境为代价的。我国作为世界的加工厂，曾处于制造业的中低端，发达国家的污染产业，包括原料基地、资源采集、运输和加工制造过程，碳排放全在中国，没有任何高附加值。因此，迫切需要借助数智经济提升制造业，从粗放型生产转变为智能型生产，依靠技术升级促进机械化向智能化发展，将碳排放量降下来。

用数字化推进低碳式发展，就要从基础数字化做起，推进各行业数字化转型。在能源方面，数智经济中的云计算、大数据等技术可以帮助企业和政府部门更加有效地管理和利用能源，降低能源消耗，通过绿色能源替代石化能源，降低温室气体排放，减缓全球气候变暖。

在农业方面，数字技术可以助力精准种植、水资源合理利用和农药化肥使用减少。例如，通过无人机、卫星遥感等技术监测农田环境，为农民提供科学的种植建议，减少农业生产过程中的生态破坏。

在制造业方面，更新传统制造的配套设备，用数字技术改造流程和管理，把互联网流量价值转化为经济价值和生态价值，为绿色消费提供技术储备和产品应用激励。

在城市建设方面，促进智慧城市建设，实现城市规划、建筑设计和公共服务的智能化，提高城市绿化覆盖率，促进节能降耗，创造宜居的生活环境；借助数智技术开发绿色消费产品、打造绿色消费平台，提高大众绿色消费的参与度和获得感，形成全民参与绿色消费的行动自觉。

信息产业率先将自身产生的碳排放量降下来。随着宽带网络的普及，人们渴望使用数据挖掘和分析大模型等先进科技。增加的流量和对数据的依赖，需要更多的数据中心，无疑加大了电网压力，消耗了更多能源，导致更多碳排放。ChatGPT等大模型的出现，使人们的上网需求急剧增加，人工智能方面的耗电量将是普通上网算力需求的数倍。算力需要相应的电力支持，因此互联网是温室气体排放的重要来源，现在每年排放16亿吨。ChatGPT运行的前60多天，碳排放就超过33.41吨，模型训练的碳排放超过552吨，运营60天的碳排放大概是229.2吨。ChatGPT上线后，碳排放总量超过814.61吨，相当于需要种植6.5万多棵树才能从大气中吸收掉这些二氧化碳。如果全球每天发生10亿次操作，累计运行就成为第二大碳排放来源。[①]

据相关研究，2017 年全球互联网消耗约2万亿度电，大约相当于美国年用电量的一半，占到全球能耗的7%，需要 200 个三峡大坝的发电量才能满足。到2040年，数据中心带来的碳排放，将占全球碳排放量的14%。互联互通的世界也带来亟待解决的新难题，最终也要科技创新提供解决方案。[②]如果加上ChatGPT等大模型广泛应用以后的情况，问题就更为突出，反映了数智技术发展与生态环境平衡间的矛盾，也是互联网公司在做大做强中应兼顾解决的问题。

---

① 沃伦ESG会客厅.ChatGPT风光背后：环境成本太大了！[EB/OL].百家号，2023-03-10.https://baijiahao.baidu.com/s?id=1759948160640382197&wfr=spider&for=pc.

② 黛博拉·韦斯特法尔.未来，科技会扮演何种角色？[EB/OL].网易，2021-12-09. https://www.163.com/dy/article/GQQI33TS05118PFV.html.

数智经济相比于工业经济，能有效降低能源使用，减少碳排放，但数智经济如此超规模发展，可能走向当初趋利避害的反面。在数智产业高速发展中控制其碳排放量，实现绿色低碳的数字化发展，需要数字产业界以新科技的优势，探索自我节能减碳的循环方式。

数字产业行业应带头实现碳中和，争取以最小限度的能源使用和碳排放，降低业务运营与价值链碳排放。事实上不少互联网企业已实现碳中和。谷歌承诺2030年在其所有数据中心和园区使用无碳能源。微软计划到2030年实现负碳排放。苹果承诺2030年实现供应链和产品100%碳中和。腾讯最早启动碳中和规划，将在数据中心、智慧能源、智慧农业、智慧出行等方面减少碳排放。阿里巴巴将在不晚于2030年实现自身运营碳中和，实现上下游价值链碳排放强度减半，率先实现云计算的碳中和，成为绿色云；用15年时间，以平台之力带动生态减碳15亿吨。百度率先探索数据中心新能源应用模式，采用太阳能光伏发电，年发电量约为120 000千瓦时，并提出智慧能源解决方案，助力能源经济生产全过程。

互联网公司大多转用可再生能源，比如谷歌和微软投资可再生能源和碳补偿项目，建设绿色节能的办公环境，以及对其业务部门产生的温室气体收取内部费用等。通常，排放占比最高的是企业参与其他活动所产生的间接碳排放，包括与食品和商品相关的碳排放，覆盖了整个供应链和产品生命周期。

信息产业推动供应商、客户和公众碳减排。数字产业企业应发挥资金、技术以及平台优势，推动供应商、客户以及社会大众进行碳减排，助力社会“碳中和”。人工智能、云计算等技术的创新应用，是推动传统企业实现碳中和的重要举措。

全球移动通信系统协会调研发现，2018年，移动技术的使用将全球温室气体排放量减少了约21.35亿吨二氧化碳当量，这个减排量几乎是移动产业自身全球碳足迹的10倍，可以在多个行业领域充当减排动力，对全球实现“净零排放”目标至关重要。

腾讯公司从建设、管理、运营、服务四个维度，助力城市交通网络的智慧化升级，在提高交通效率的同时降低碳排放。发挥数字智能的平台链接功能，让商家和消费者了解更多关于低碳生产和消费的信息，并将推动供给端以及需求端的低碳化发展，这是其作为互联网科技企业参与碳中和的重要方向。

阿里巴巴运用技术创新优势，在人们触手可及的生活场景中，挖掘大数据的潜能，激发公众参与低碳生活。蚂蚁森林用科技把人和环境连接起来，让个体参与保护地球的行动，以培养和激励用户的低碳环保行为，用数字化助力绿化。“你在手机上种一棵树，我就在地里种一棵树”，这是蚂蚁森林公益项目的承诺。人们在购物时自备袋子，外出时走路、乘公交，点餐时不要一次性餐具，这些实实在在的绿色行动，都会生成相应的绿色能量，而积攒够一定的绿色能量，就可申请由蚂蚁集团捐资种树。只有数量、成活率等达到国家相应标准，蚂蚁森林用户手机上小树的状态，才会从“已种植”变成“已验收”。

低碳行为具象化、公益化，吸引人们的参与热情。2016年到2022年8月，蚂蚁森林见证了6.5亿多人的低碳生活，累计产生“绿色能量”2 600多万吨，参与了我国19个省的生态建设，累计捐资种植4亿多棵树，种植面积超过450万亩；参与共建24个公益保护地，面积超过2 700平方千米，守护着1 600多种野生动植物。蚂蚁森林的公益项目在各地累计创造了329万人次的种植、养护、巡护等绿色就业岗位。在改善家乡环境的同时，参与各地项目实施的群众累计劳动增收4.9亿元。

公益森林项目运行了7年。2022年的世界海洋日，蚂蚁森林又开始支持以滨海湿地修复为主的海洋生态环境保护。2023年的世界地球日，关心支持公益森林项目的各地代表种下蚂蚁集团捐资支持的首批4万多棵沙地云杉，还将在未来3年再给内蒙古浑善达克沙地治理捐1

亿元。[①]蚂蚁森林的实践表明，数字技术能够方便公民低碳生活，让低碳公益变得简单，这会加速释放经济红利和生态红利，实现经济发展与环境保护的双赢。

数字化公益植树就是对低碳理念的一种传播，而利用数字化处理日常生活垃圾也是一份贡献。浙江著名的“虎哥回收”公司，依托数据信息技术，搭建再生资源的“互联网+生活垃圾+回收”立体服务平台，实现精准到户的生活垃圾分类信息统计，不仅有效破解了城市居民垃圾收运难的问题，而且实现了垃圾的清洁处理与循环利用。[②]

生态环境建设和管理机制

数字化发展和绿色、柔性、个性化的发展，使生态环境建设走上数智和环境、能源协同发展之路，探索和建立三个机制，将会趋利避害，更富效能。

人类活动、气候变化、生物多样性之间的反馈机制

探明人类活动、气候变化与生物多样性格局间的相互作用至关重要。三者间的关系对维持生态安全、气候良好和可持续性发展具有重要影响，将三者之间的关系构筑成一种正相关机制，就会事半功倍。比如，树立生态意识，压缩污染排放空间，提高绿色环保产品供给，实现经济增长与环境污染脱钩。以往有人过度强调以人为本，加之自然生态、环境和生物多样性均处于被动状态，三者关系不平衡，缺少正向关联，其中除了人们的态度和认识，还有客观条件限制。

① 桃子酱.七年了，这家互联网公司还在种树[EB/OL].新周刊，2023-04-23.https://baijiahao.baidu.com/s?id=1763896506292119519&wfr=spider&for=pc.

② 夏勇，刘磊，周梦天.数字经济引领绿色发展新路径[N].浙江日报，2019-04-10.

数智经济发展，可以支持环境监测系统的发展，实时收集、分析和传输环境数据，有助于政府、企业、公众更好地了解环境状况，从而制定有效的环境保护政策措施，人们也能更好地配合和执行环保政策。现在依靠这样的机制，有了三者相互作用的信息，就可以从整体和长远角度来认识生态、环保、“双碳”等问题。比如，在产业发展方面，发挥数智经济对产业的渗透广、网络性强、规模经济的优势，竭力避免重复建设、资源浪费，抓住重点，有的放矢。在数字化转型过程中，围绕全球变暖、极寒极热等极端天气和其他生态环境问题，引导人力资源、物质资本、自然资源等要素向互联网、大数据、人工智能等重点领域集聚，加快布局5G信息技术、AI等产业，建立功能完善和辐射广泛的数字技术产业集群，不断推动数智经济向产业集群化、区域协调化方向发展。要注重从人类活动的源头，影响和带动企业、产业、社会对生态和环境的积极效应，周期性地观察极端气候的微妙变化，以大生态环境目标的实施和推进状况，作为调整、创新产业的重要参照。

构筑生态、环保、能源建设的协同机制

碳达峰和碳中和是全球共同的目标，抑制传统方式并停止和减缓其造成生态环境损失，成为当务之急。这需要借助数字化变革生态、环境、资源、能源彼此隔离的发展方式，利用数智科技，增强对生态、环境、资源、能源的监察，保证信息透明，保障政府、公众和社会对生态环境的知情权、监督权、参与权，构建生态环境建设与新能源建设的协调机制、建设与治理的合作机制、政府监管与社会监督的互动机制，营造共建共治共享的生态环境氛围，同时针对碳中和的绩效评估、监管、市场运行等关键技术支撑的问题，建立管理技术与机制。

实际上信息技术已从更广泛和更深层次对生态环境和能源体系进

行重构，建立生态、环境、资源、能源的关联，并从开发、生产、消费诸方面，系统改变影响生态环境和资源无序、过度开发的状况，建立涉及绿色、环保、清洁、净化的整个链条和生态体系，从全局和长远角度构建清洁能源利用、资源有序开发的新机制。像华为、阿里巴巴、腾讯、谷歌、特斯拉等新兴的技术公司都在通过大数据、人工智能等手段开展生态环保工作，打造系统灵活、协调、高效的性能。

打通规划、开发、利用资源的各个环节

想要顺应宏观上的协同合作，在实践上需要把生态建设的各个环节连接起来。数字科技作为自然资源开发利用、生态环境建设治理、相关制造业的崭新要素，面对生态环境和自然资源的规划、研发、设计、生产、供应链、营销、服务等各环节，大有用武之地，既可以明确各环节的定位，又能加强各环节的衔接互动。

在规划上，通过数据科学计算产品碳足迹，画出减碳路线图。通过航空遥感和卫星数据，监测大气污染物的迁移和演化过程。通过大数据平台建设，提升污染溯源解析等监测数据深度应用的水平，弄清区域、流域间生态环境问题存在的数据量大、信息独立、上下游难以协同等治理难点，克服传统的环境治理技术无法高效解决的问题。

在生产上，实现绿色智能制造，让制造融入互联网并通过传输数据，实现产品生产的智慧化；将企业接入工业互联网，加速企业的网络化、智能化改造进程；通过规模化运用大数据，放大生产力乘数，加速流程再造，降低运营成本；在全球范围内，以“零碳”方式发电、制造产品，提升生产效率。

在营销上，通过对智能产品和互联网数据的采集，给客户群体分类画像，在营销策略、渠道选择等环节提高产品的渗透率，实现精准营销。

各个环节通过数智科技介入和产业链环环相扣，就可根据气候状况、资源禀赋、区域特点、环境要求、能源科技、开发效率、生产能力、利用程度，围绕重点、时序、功能，或者开发模式、生产环节、技术支持，或者利用方案、销售方式、反应机制，创造出一系列有特色的连接方式，使整体内各要素变得灵动，正面作用相协同，负面作用相制约，更好地盘活生态环境，更好地开发利用资源能源。

数字化方式建设和保护环境

数智经济是新的经济增长点，有利于构建智能和生态发展的新格局。组织生态环境领域科技攻关和技术创新，规范布局生态环境建设的各类创新活动，发展节能环保产业，可以推进生态环境的全面建设。

发展循环经济，实现可持续生产和消费

人类对自然的需求超过资源再生所能提供的数量，过度开采、密集型生产和浪费型消费是不可持续的。保护自然资源、保持生物多样性、维护生态系统的循环经济，是未来亟待寻找的发展模式。数智技术优化资源配置，提高资源利用率，推动循环经济的发展，有许多渠道。通过智能物联网技术对工业生产进行实时监测和管理，减少废弃物的产生和排放，可提高资源利用率；将生态优先作为前提，通过研发探索，在降低能耗的实践中，用最少的物质资源消耗实现社会福利的最大化，缓解资源能源供需矛盾；技术及其产品的创新和应用都在企业，应当使骨干企业丰富绿色消费产品种类，加强企业数字化产品在消费群体中的舒适体验能力，以优质的智能化数字产品满足和引领绿色消费需求；借助数字技术打破传统企业囿于厂房、设备、交通等时空限制，加强上下游企业的合作与前后端产业融合，构建信息共

享、网络互联、平台互通的数字化创新体系，减少生产端的资源消耗和消费端的污染排放，不断推动数智经济向技术高端化、产品绿色化方向发展。

数智技术赋能生态环境治理，促进低碳社会建设

数字技术赋能生态环境治理，为精准治污、科学治污、依法治污提供支撑，也提供了生态环境治理体系和治理能力现代化的方法路径；用数字技术手段实现精确到厂、精准到户、精细到人的节能减排信息统计，能有效降低政府对生产生活污染的监督管理成本，为相关政策的制定与实施提供重要依据；生态环境系统也应培育和提高人的数智经济思维能力和专业素质，构建数字化助推生态环境治理体系，提高相应的治理能力。

网络化、数据化、在线化和智能化的推进，搭建起政府—企业—公众间的互动桥梁，在改变政府传统运行服务模式的同时，提升政府的现代化治理能力；构建智慧高效的生态环境管理信息化体系，围绕碳排放监测与核算，绿色低碳技术、节能减排及减污降碳协同治理等领域的产学研探索和数字化管理渐成趋势；创新生态环境监管执法模式，发现并整治生态环境问题；通过强化科技手段应用，推进现代技术对生态环境执法的辅助方式，实现对环境违法犯罪行为的精准打击，全面提高生态环境执法效能，为提高环境治理现代化水平提供有力支撑。

构建陆地生态系统碳汇，力促碳中和目标实现

将生态资源转化为生态经济，将生态资本转化为发展资本。按照世界气候共同协议以及各国承诺，开展国际合作。

政府要从数字智能服务的角度，带动市场做大做优数字智能产业，以优惠政策引导企业向着数智经济努力；政府要从提供数智经济基础设施着手，完善以5G通信网络、互联网、云等为代表的数字技术基础设施，对经济类基础设施、社会类基础设施、生态类基础设施，进行数字化改造；善于运用互联网、云计算和大数据等智能化工具，进行生态保护监督、环境信息公开、基础数据共享，构建大数据决策的移动政务体系，形成互联互通的现代化治理格局。

在推进碳中和过程和实现绿色化中，数字化将对生态环保工作发挥支撑作用。以零碳方式种植粮食，培育种子；开展多种创新活动，帮助世界上极度贫困的人适应变暖的气候；以“零碳”方式为建筑物保温降热、运送物品和实现人员流动；更为智能化的交通网络、时尚网络、健康服务等行业，将减少对资源的占用，实现更加高效的生产和消费模式。人们会以更多的方式最大程度地促进碳中和目标的实现。

绿色能源发展

当自动化与数字化结合，且由可再生能源提供动力，极大地促进数智经济发展时，经济体系就会发生根本变化。数智经济已在改变社会结构，也在改变现有的遗产概念和法律范式。石油推动了汽车、战争、经济和地缘政治的20世纪的世界，而数字智能革命+新能源革命，将创造绿色能源价值和财富，改善生态系统，改变21世纪的世界。

绿色能源战略

数智科技在能源领域的应用，会打破不同能源品种间的壁垒，成为未来发展的重要趋势。

数智科技驱动能源发展

大数据、人工智能、区块链等技术快速发展，为能源发展创造了机遇。数智技术与能源产业的深度融合是获取低成本技术的重要途径。奇绩论坛创始人兼CEO陆奇认为，“人类永远在追求更多的能源，用更多的信息来减熵，这是技术手段的核心。数字化是达到这个目的的最好工具，数字化将帮助我们更好地追求想要的东西。数字化的驱动永无止境，不可阻挡。它是基于大历史，基于物理世界、化学世界、生物世界运转的现实，基于人类社会作为一个复杂智能体系的存在的根本”。

数智技术在能源领域的应用，逐步打破不同能源品种间的壁垒，加速能源发展，推动能源转型。能源转型伴随产业结构调整，同时还需要能源技术的创新。数智技术的应用能够提升整个能源系统效率，使能源供应和消费变得更安全、更可靠、更具效益。

在石油勘探领域，智能机器人的应用将解禁之前大量无法开采或者开采成本高的油气田，全球能源可开采量将发生巨大变化。

智能化电网系统的应用将实现对电力系统的实时监测、分析、分配和决策，实现电力使用的效率最大化。

区块链技术将为能源行业注入动力。在以原油为代表的能源交易平台、可再生电力的点对点交易、电动汽车充电、电网资产管理、绿证追踪管理甚至虚拟能源货币等领域，区块链技术已崭露头角，这将给能源领域带来深刻的变化。

国际能源署在《数字化与能源》一书中预测，数字技术的大规模应用将使油气生产成本减少10%～20%，使全球油气技术可采储量提高5%，页岩气有望获得最大收益。仅在欧盟，增加存储和数字化需求响应，就可在2040年将太阳能光伏发电和风力发电的削减率从7%降至1.6%，从而到2040年将减少3 000万吨的二氧化碳排放。

数字化还可使碳捕获和储存等特定的清洁能源技术受益。数智化时代，智能电厂、矿山、油田和炼厂将进一步优化生产流程，精简机构和人员，工厂“无人化管理”是基本模式，这将极大地改变行业生态。

能源革命的滚滚洪流

能源革命伴随着能源开发和应用，实现了一次次重大转折，将人类从历史推向未来。

第一次能源革命，由300年前的瓦特改良蒸汽机引起，大量开采和使用煤炭，使英国超过荷兰成为世界霸主，变身日不落帝国，引领世界近150年。

第二次能源革命，以内燃机和电动机的发明与运用为标志，内燃机不像蒸汽机那样燃烧煤炭，而是使用原油炼制成的成品油，由此促进能源结构由以煤炭为主转向以石油为主。

第三次能源革命，是在保障能源安全、保护地球生态环境的背景下，全球推进碳达峰、碳中和，这将是清洁能源引领世界能源革命的重要阶段。

我国有可能在新能源革命中发挥引领作用。从光伏、风电等新能源，到新能源汽车、核心零部件、动力电池，我国都已布局，而且都有核心技术和旗舰企业，在三个方面有明显优势。

第一，清洁能源的制造。无论光伏发电装备、水力发电装备，还是风力发电装备，我国的生产装备技术已达世界先进水平，市场占有率全球第一。过去几年，欧美国家在建设中投入的风电、水电和光伏电，60%的装备是由我国提供的。

第二，清洁能源的使用。2020年世界50%的电动车由我国制造。储能设备方面，宁德时代、比亚迪等国内企业的全部锂电池储能设备的产能，占全球产能的70%以上的市场。

第三，清洁能源的电能输送。为了把清洁能源供应到几千甚至上万千米远的区域，我国用上了输电系统的关键技术，超高压直流输变电成了世界上很重要的一项发明创造。现在我国已建成四纵六横的智能电网系统，在东西部之间，已有超高压直流电网传输。

在清洁能源装备、消费者终端装备、全球范围的电力远程传输的能源互联网这三个未来能源的板块中，我国都将发挥引领作用。

能源发展的两个方向

第一个方向是积极开展能源科技和建设的国际合作。“没有哪个国家能够在能源问题上独善其身”“技术无国界”，能源科技国际合作越来越广泛，强度越来越大，投资百亿美元的国际热核聚变实验堆合作项目就是最为典型的案例。

联合国也在推动洲际间的能源互联，想象几十年后，在五大洲能源互联基础上，将会形成地球能源互联网。一旦有了全球电力互联网，太阳照在地球的三个时区，可在几大洲的沙漠上建设巨大的光伏风力电站，三个时区交替供应，世界贸易将不是每年几万亿美元的石油贸易，而是每年几万亿美元的电力互联互通的贸易。这些都依赖于先进技术，需要建立在中国超高压直流输变电的基础上。

第二个方向是低碳化、多元化、分散化、数字化。这将成为未来能源发展的趋势。可再生能源和天然气将会成为满足未来全球能源需求增长的主要来源，低碳化和多元化是未来能源发展的重要特征。

随着太阳能、风能、地热能、海洋能及储能等新能源快速发展，能源正从过去以煤炭、油气、电力集中式资源供给，向集中式与分散式并重发展。特别是人工智能、区块链等技术突飞猛进，将在某种程度上改变能源格局与业态。

新的能源技术和新的商业模式将改变传统的能源供应模式，综合能源服务会逐步成为主流。新能源和天然气等清洁能源将满足未来大部分新增的能源需求，能源体系也将发生结构性变化。低成本技术将成为未来能源科技发展的主流，人工智能等技术会重塑能源未来。

能源科技发展

能源科技是科技创新主要活跃的一个领域。在油气、储能、氢能、先进核能等领域，科技成果涌现。随着能源科技在未来的探索创新，新技术、新工具、新装备以及一体化的解决方案将会不断推出。

能源科技进步带动能源快速发展，颠覆性技术将对能源的发展产生极大的推动作用，没有人怀疑技术有能力摧毁所有行业，颠覆某些模式，也没有人怀疑科技在重塑环保、能源方面的潜力。

由于太阳能、风能的利用，能源变得可再生。低成本技术关系着获取能源的成本和效率，也将改变世界能源发展格局。在技术为王的时代，新兴技术将成为重塑能源未来的重要力量，谁拥有技术，谁就拥有能源资源。特别是能源技术进步与能源转型相互促进，正在深刻改变能源发展前景。

油气

想要有效开采页岩油气，就要善用水平井多段清水压裂这一颠覆性技术，这会极大地改变全球能源格局。运用物理与化学结合的方法，对低成熟度页岩油、稠油进行原位改质，是又一项颠覆性技术，将会有效地开发和利用巨大的油气资源。纳米技术和新材料有可能提高油气采收率，催生地下纳米机器人驱油和地下油水分离技术等，使多用途的激光工具与钻井技术结合，可能颠覆传统的钻井方式，由激光熔融替代机械破岩，提高钻井效率。

氢能源

能源领域颠覆性变革的关键，在于低成本、高性能氢燃料电池技术、高效率的工业化制氢技术。世界各国已认识到氢能作为二次能源在能源转型中的重要性，高度重视氢能源产业发展，把氢能源产业提升到能源战略的高度，并出台扶持政策。

如果借助石墨烯、纳米超材料等新材料的电解制氢技术得到重大突破，将可能使氢燃料大规模甚至完全替代化石燃料。随着新材料聚合物电解质膜燃料电池技术的成熟，以及相关基础设施的完善，以氢能为动力的汽车、火车和轮船等，将替代燃油机动车成为主要的交通工具。

欧洲已开展不少天然气管道掺输氢气的试验项目，为氢产业规模发展做准备。马斯克曾说，用氢能源替代目前所有化石能源，关系到人类未来的出路，有必要在未来三五十年内大力度投入可再生能源的开发。获取氢能源的途径在于高效的太阳能转化技术，要实现相关目标，尚需材料科学、量子科学、人工智能等领域的科学家共同努力。

储能

对于电力系统而言，储能可为电网提供调峰调频、削峰填谷、黑启动、需求响应支撑等多种服务，提升传统电力系统的灵活性、经济性和安全性。在可再生能源开发方面，储能可显著提高风电和太阳能发电的消纳水平，支撑分布式电力及微网。随着分布式光伏、小型生物质能源、天然气冷—热—电三联供、燃料电池等分布式能源技术的日益成熟，以及相关的储能、数智技术的进展，分布式能源将获得更加迅猛的发展。

对于交通领域，储能将在能源互联互通、融合新能源汽车在内的智慧交通网络方面起到关键作用。有可能为能源行业带来颠覆性影响的是基于新材料的新型电池储能技术，如石墨烯超级电容器、碳纳米材料自储能器件、超导电磁储能技术等。如果低成本、高效率的储能技术出现并投入大规模商业化应用，将极大地促进可再生能源的发展，使新能源交通工具大规模甚至完全替代燃油交通工具。

规模储能系统的应用，将使能源转换与利用更加高效，实现能源的时空平移，以解决能源在生产、传输以及使用环节的不同步性等问题。目前，多种储能技术展露出巨大的发展潜力，如物理储能、电化学储能、储热、储氢等，在新能源并网、电动汽车、智能电网、微电网、分布式能源系统、家庭储能系统、无电地区供电工程等不同应用方面，具有广阔的市场前景。

可控核聚变

核聚变能是人类理想的终极能源，具有诸多优势。可控核聚变的主流技术方案有磁约束核聚变和惯性约束核聚变两种。目前，世界核聚变相关研究计划较多，如国际热核聚变实验堆计划、美国国家点火装置、美国悬浮偶极子试验装置、加拿大通用聚变、欧洲高功率激光能源研究计划和德国文德尔施泰因等。我国于2007年加入国际热核聚变实验堆计划，同时大力推动国内的核聚变科研，2023年11月初，中国顺利完成全球最大“人造太阳”项目磁体支撑产品交付。中国环流器二号A装置（HL-2A）和全超导托卡马克核聚变实验装置等大科学装置也先后建成，多项物理实验研究成果居世界前列。HL-2A在国内首次实现了偏滤器位形放电、高约束模式运行。2017年7月，“人造太阳”在世界上首次实现了5 000万度等离子体持续放电101.2秒的高约束运行，再次创造了磁约束核聚变研究新的世界纪录。①

先进核能技术的研发重点，主要是研发固有安全特性的第四代反应堆系统、燃料循环利用及废料嬗变堆技术，以及核聚变示范堆的设计与实现，确保可持续性、安全性、经济性和提高防核扩散能力。人类一旦掌握了可控核聚变技术，就等于掌握了恒星的能量利用方式，拥有取之不尽、用之不竭的能量。因为核聚变原料来自海水里的氚元素，原料成本几乎忽略不计。

此外，各类新技术将会对现有能源市场带来深远影响，先进材料的开发可显著提高电池性能等，通过回收从空气中捕捉的二氧化碳来合成燃料，而将合成气体转化为液态碳氢化合物的过程还需要“费托合成”，且合成这种燃料也必须耗费更多的能源，包括电能与热能，这些问题都需深度研究和探索以期克服。②

能源发展趋势

数智形态下的能源发展战略，以及能源科技的进步，决定世界能源发展格局，影响未来能源的发展走势。

能源需求增长放慢脚步，能源格局“四分天下”。从现在到2040年，世界能源需求将增长25%~35%。能效提高和能源强度下降，将使经济增速与能源需求增长脱钩。全球一次能源消费结构趋向清洁、低碳和多元，转型速度将快于预期。

---

① 金之钧，白振瑞，杨雷.能源发展趋势与能源科技发展方向的几点思考[J].中国科学院院刊，2020, 35(5).

② 徐璐明.美军宣称“成功将二氧化碳转化为航空燃料”，结果却面临更多新问题.环球网，2021-10-25.https://baijiahao.baidu.com/s?id=1714577327950731887&wfr=spider&for=pc.

清洁能源将主导世界能源需求增长，到2050年，天然气、非化石能源、石油和煤炭将各占1/4，清洁能源占比将超54%。

在世界各种能源的终端用途中，电力是一股崛起的力量。据预测，到2040年电力会占到最终能源消费增量的40%，这是石油在过去25年能源消费增长中的占比。在全球气候变化的大背景下，推进绿色低碳技术创新，将能源结构转向以可再生能源为主的现代能源体系已成国际社会共识，加速能源清洁低碳转型成为发展趋势。

石油利用加快转向非燃烧领域，天然气消费重心正在转移。石油的非燃烧利用成为需求增长的主要来源，包括作为化工产品原料，制成润滑剂和沥青等。天然气产业进入黄金时代，到2050年天然气需求量比2015年增长64%，而且未来30年，天然气在所有领域的应用将全面开花，尤其是在居民生活、商业、工业、交通等领域，增长会较快，发电部门的需求也将维持较大基数。

可再生能源技术成本下降，是未来增长最快的能源。2018年英国石油公司（BP）发布的《世界能源统计年鉴》中，首次涵盖能源转型中的关键材料——锂和钴。在储能技术进步下，相关材料需求增大。锂电池、石墨烯等新材料受到BP的关注，透露出可再生能源时代离我们越来越近。

现在，独立的电池在成本上越来越有竞争力，廉价电池储能的到来,越来越有可能从风能和太阳能中获得电力供应，即使在没风和太阳不发光时，这些技术也能帮助满足需求。生物质能、水力等可再生能源发电成本将会与化石燃料发电成本几近持平，发电成本下降是世界能源发展的重要信号。

可再生能源是未来增长最快的能源。随着太阳能、风能等可再生能源技术水平提高、成本下降，世界加快了可再生能源发展的步伐。据彭博新能源财经发布的2019年《新能源市场长期展望》，可再生能源目前是全球2/3地区最便宜的新建电源，到2030年，其成本将在全球大部分地区低于已建火电。由于风电、太阳能和储能技术成本大幅下降，到2050年，全球近半的电力将由这两种可再生能源供给。太阳能和风能是未来可再生能源的主体，低成本可再生能源技术是能源科技发展的重点领域。[①]

在把握能源发展及其科技趋势的基础上，制定能源科技创新的方向，调整能源政策，确保能源战略计划，都具有重要意义。"未来十年，以风电、光电为代表的再生能源将迈过成本奇点，"储能、氢能、先进核能等前瞻性、颠覆性技术将从根本上改变能源世界的图景。

绿色能源的发展需要平衡风光的波动性，除了集中储能这个保底的方案，更多地要通过需求侧调动，建立虚拟电厂成为必要，北京已开始做虚拟电厂的地方标准。虚拟电厂是通过信息通信技术和软件系统，实现DG（分布式电源）、储能系统、可控负荷、电动汽车等DER（分布式能源资源）的聚合和协调优化，关键技术包括协调控制技术、智能计量技术以及信息通信技术。虚拟电厂参与电力市场和电网运行的电源协调管理系统，能解决电力紧张和能效偏低的矛盾。

在新科技支持下，丰富的清洁能源助力经济发展，将提前于我们的预期实现，而像海水淡化和更有效的垃圾回收这些领域创新，也将在人们受到负面影响前赶到。特别是太阳能发电，一直遵循摩尔定律式的趋势，成本持续下降。全球光伏装机容量大约每两年半增加一倍。乐观者认为，到21世纪30年代初，我们的能量将全部来自太阳能。尽管如此，一些严峻的挑战依然存在。比如尽管太阳能电池板的成本在迅速下降，但外围设备和安装等其他成本居高不下。[②]

数智时代，绿色能源和生态环境的大力建设，将是一个从碎片

① 邱丽静.世界能源技术创新方向及发展趋势[EB/0L].北极星太阳能光伏网，2020-07-28.https://guangfu.bjx.com.cn/news/20200728/1092376.shtml.

② 马丁·福特.机器人时代：技术、工作与经济的未来[M].王吉美，牛筱萌，译.北京：中信出版社，2015.

化到系统化的生态重塑过程。知识、信息、技术、人才、土地、原材料、矿产等各种资源要素，需要形成更加有机统一的大型生态系统。通过充分运用数智信息，对生态环境和能源资源进行巧妙高效的筛选与整合，盘活存量，释放增量，创造越来越优质丰富的生态系统，助推生产力抵达新高度。在生态建设过程中，人文与科技界限渐趋消失，人与物的对立也在消失，物质与精神的对立变得模糊。跨学科融合创新，跨领域融通融合，是生态时代与数智时代并存的主题。信息收集、要素收集，外加巧妙整合，构建一个系统，就形成新的生态。小的生态和大的生态融为一体，共同组成人类的生态。这个生态系统，不只是大自然的生态系统，还是人与自然、个体与社会融为一体的生态系统，这个时代生态就是生产力。优质的生态产生极致的生产力。突出生态主题时，智能技术只是其中一种起辅助作用的生产资料，但是数字智能与生态塑造相辅相成，共同造福人类。

数智经济正在向各个行业广泛渗透，带动整个经济增长，解决着气候变暖、能源短缺、环境污染等紧迫问题。特别是数智科技，加速同清洁能源科技、环境生态科技的结合，极大地推动生态环境和清洁能源的快速发展，有可能在数智时代孕育出一个与数字智能文明相匹配的生态文明。生态文明本质上属于数字智能时代，就像工业社会与支持其的化石能源、机器隆隆、烟囱林立相匹配，数字智能社会也将与清洁能源、数字智能、无碳社会相协同，可以有效地防止各自单独发展的局限和风险。在三者的发展中，如果我们发现大数据的存储和处理形成的算力产业，会造成对能源的近乎无限的消耗，就应当及时制止大数据持续的、看不到尽头的增长，将其拉回到三者相适应、相协调的发展上，将威胁消灭于萌芽中，保障三者健康、安全发展。

人类文明正在打上智能与生态的时代烙印，形成数字智能发展、清洁能源发展、生态环境发展相协调的发展格局。

Chapter 7

第七章 从数智经济到共享社会

数智经济已成为广泛认同的新经济形态，正引领人们进入数智时代。经过持续的数字化转型、网络化协同、智能化变革，数智经济延伸到社会、文化、生活等更大范围，传递共享原则，促进共享社会萌芽。数字经济和数字社会构成的共享发展，是资源、机会、权利、过程的共享，具有共富趋势，是解决发展不平衡最好的途径，有可能成为通向理想社会的实现方式。

具有共享性的数字经济向社会延展

数智科技的通用性、融合性、共享性，以及平台的发展模式，使数智经济具有了共享性质。数智经济在借鉴以往共享经济做法的基础上，经过改进和完善，成为典型的共享经济。经济是社会的基础，在数智经济的蓬勃发展中，数字化延伸到社会、文化、教育等各个方面，随之将共享经济方式也拓展到共享社会。共享经济和共享社会构成共享发展，这是解决发展不平衡问题的积极方向，具有广阔的发展前景。

数智经济汲取以往共享经济的经验而成长

数据的要素特征和技术的智能性质，使数字经济和数智经济这两种表述越来越多地被混用，特别强调新经济的智能性质。数智经济在发展中越来越多地体现共享发展的性质，超越历史上的共享经济，具有共享发展的趋势。

越是代表主流和未来的经济，越要吸取和借鉴共享经济早期的经验教训，尽可能少走弯路。

从西方特别是美国来看，共享经济最早被称为协同消费模式或替代性消费方式，是以市场经济体系为基础，运用信息技术手段，进行商业模式创新。这些内容涉及四个要素：第一，以未充分利用的资产或认知盈余为前提；第二，去中心化的社会化平台与分散的市场行为；第三，对互联网及数字信息技术的使用与依赖；第四，对使用权的临时或在线获取。[①]

引发美国共享经济发展的主因是，2008年金融危机后持续下降的家庭收入、日常生活的科技渗透、对资源和生活方式的持续性需求。共享经济在欧洲兴起的原因各不相同，英国对共享经济的包容程度高于欧洲其他国家，《每日邮报》曾报道，英国拥有全球1/10的共享经济业务，高于法国、西班牙和德国的总和。与英国不同的是，欧洲其他一些国家因为缺少适用于共享经济的监管条款，限制了共享经济的发展。

从亚洲尤其是中国来看，共享经济有着深厚的历史文化渊源。与现代信息技术实现对闲置资源优化配置的共享方式不同，中国传统文化中的共享要素体现在朴素的平等、公平、均衡观念和互利互惠的

① 孟飞，程榕.资本主义共享经济是对资本逻辑的深化还是逆转？——基于雇佣劳动关系视角的政治经济学批判[J].国外理论动态，2020(3).

早期商业理念及其实践。如古代墨子的“兼相爱，交相利”“远施周偏”，不分亲疏厚薄，强调一种互爱互利的双向关系，建立一种符合小生产者、手工业者的经济秩序，在互通有无中实现共同利益。从某种意义上说，20世纪50年代初，我国的互助、合作、公社等经济模式也可以视作对共享经济的一种尝试和探索。

十多年来，我国拥抱数智技术和新经济中的共享优势，从共享单车、共享汽车，到利用数字平台发展起来的阿里巴巴、京东、抖音、拼多多等电子商务，以及普遍性的电子支付、手机银行，都在积极拓展共享经济。

相比于西方对共享经济的探索，我国的共享经济特征具有更开放的心态、更强的机遇意识、更多的商业创新、更少的发展顾虑和限制。“当信息资源的共享转变为‘物’的使用权的共享，即实现物的使用权的再分配时，共享经济就此形成。”[①]2016年杭州G20会议将数字经济作为主要议题，说明我国在共享经济发展中的优势。我国紧抓新一轮科技革命机遇，把数字技术应用、数智经济发展，引导到资源、机会、过程、权利等方面的共享上，扩大了数智经济的共享范围，推进数智经济走向成熟。

数智经济从萌芽到形成体现丰富的共享性质

数字经济有两个定义跨越近半个世纪，说明数智经济从萌芽到形成，突出了平台的共享性质。一是1978年美国得克萨斯州立大学教授马科斯·费尔逊（Marcus Felson）和伊利诺伊大学教授琼·斯潘思（Joel Spaeth）提出共享经济，将其概括为由第三方创建的、以信息技

① 孟飞，程榕.资本主义共享经济是对资本逻辑的深化还是逆转？——基于雇佣劳动关系视角的政治经济学批判[J].国外理论动态，2020(3).

术为基础的市场平台。[1]二是2016年G20杭州峰会定义的数字经济，是以信息和知识的数字化为关键生产要素，以现代信息网络为重要载体，以有效利用信息通信技术为提升效率和优化经济结构重要动力的广泛经济活动。两个定义反映了萌芽期和成熟期的不同，均突显平台共享的意义。现在，信息、通信、数据、智能等技术更加成熟且应用普遍，共享平台已为人们广泛认知和应用，使依靠新科技支撑的数智经济具有了典型的共享性。从电商到金融、服贸、制造等产业，都体现着数智经济的共享性质，扩展和丰富了共享经济的内容。

数智经济的共享范围扩大

过去的共享经济范围小，处于零碎状态，局限于相互间的使用权让渡，而数智经济通过网络形成大范围共享，只要能使用网络和智能终端的都可涉猎数字经济，所有能共享的都将被共享。这种气魄取决于数智技术的数字化、网络化、数据化、智能化，也间接取决于数智技术广泛应用的平台化、生态化、个性化、共享化。随着5G升级到6G，网络覆盖的范围更大、能力更强，更是万物互联，这意味着网络配置一切，通过网络联结起来的东西都可被共享。

数智经济的共享平台创新

现在的数字平台包含、大于、重于以往的实体平台、信息平台、网络平台，这是技术创新和商业模式的迭代导致的。这不是简单的信息和网络的支撑，而是本质上多了大数据、云计算和人工智能的融合。比如共享出租车，也就是网约车，签一笔订单只需0.12秒，但后

---

① 张靖超.政企业界代表共绘共享经济蓝图[N].中国经营报，2020-01-18.

台要运算16亿次，是基于大数据完成的，跟打出租车的原理完全不一样。数智经济中真正起作用的是大数据等一系列新技术的应用，数智在改变整个世界，我们熟知的一切跟从前都不一样，数智化重新定义一切。

数智经济具有一些公共性质

共享平台多是企业经营，以前共享业务多是个人或少数企业产品的让渡，现在的平台是广泛的交易和服务，几乎辐射到社会生活的各方面，使共享发展逐步显露出公共属性。数字平台大多属于公共设施，大数据模式对数据的收集分析需要强大的技术支撑，运营业务为公众所必需，用户的经济行为与社会交往严重依赖共享平台业务。如共享平台承担的水、电、燃气等基本公共服务的部分职能，都可通过数字平台轻松接入。大型数字平台通过对社会生活数字接入端的控制，可以轻易调控用户的社会行为。这就需要共享平台处理好企业营利性经营与社会责任的关系，将两者统一起来。比如，具有公共性的数字金融平台就不能完全以商业利益为唯一原则，要兼顾公益性和稳定性。

数字经济的虚拟性共享

实体平台变为虚拟平台是一种降维打击。如电子商务平台对百货大楼和批发市场的冲击，相较于这类线下零售场所，数字经济基本不需要实体建筑物。运用数智技术的公司、业态，对传统业态形成明显优势。如微信、支付宝等方便快捷的电子支付已成为日常生活中不可或缺的支付方式，使得线下物品可以通过线上运营来共享。过去共享的物质多、信息少。未来共享将扩展到非物质的服务、信息、文化、数字产品等领域，更能促进这些方面的交易、互动与合作。数智技术的广泛应用，可以产生过去政府和市场达不到的一些效果。

数智经济拓展了共享经济的外延，深化了内涵，从规模到核心内容都提供了新的形式和平台，对资产使用权的追求大于对所有权的追求；消费不只局限于实体货物和服务，更多地包含了时间、空间和技能。这是以往任何共享经济都难以企及的。

数智经济成为共享经济得益于充足的条件

同农业社会、工业社会发展的不平等相比，数智经济有利于共享发展，关键是数智技术能够提供强大的共享能力，支撑数智经济的通用性数智技术，使平台经济具有弱化拥有权和强化使用权的作用，缩短物品闲置的时间，提高物品共享的利用率。企业和个体可将所拥有的资源有偿租借给他人，使未被充分利用的资源获得更有效的利用，从而使资源的整体利用率变得更高，有利于数智经济走上共享经济的道路。

数智科技传播速度快，产业化条件简易

以往国家间发展的距离往往是在科技革命时拉大的。面对当时的科技革命，不同国家的资源和条件差别较大，造成发展的距离，形成发达国家与发展中国家的不平等。本轮以数智科技为核心的科技革命不同于蒸汽机、电气化等科技的产业化和普遍推广，数智科技包括了大量的信息通信科技，它的传播速度和产业化的速度，以及技术普及的程度都快过其他科技革命对世界的积极影响。世界各地接受这轮科技革命的时间差不会过大，因而也能避免扩大发展的不平等，事实上数字技术恰恰是全球经济均衡协调发展的驱动力量。

数字信息技术具有突变式、边际应用成本递减等特征。这一发展特点及巨大溢出效应，能为发展中国家提供产业升级和跨越式发展的

机会。数智经济依赖的技术不需要过多的物质和能量配合，而是以微智能、微机电、微电子等微纳技术的方式呈现，更有利于帮助硬资源短缺地区的协同和平衡发展，缩小区域发展差距。

全球范围内掌握数智技术的延迟时间不会过长，所需的劳动力差别不会过大，能减少发展机会上的不平等，有利于避免以往新技术出现后不同劳动者差距的进一步扩大。数智经济以新兴技术为依托，能够加快建设统一、透明、公正、合理的交易监管机制，推动全球经济治理话语权的合理再分配，为新兴经济体和中小企业提供更多的发展机会。近年来，美国对中国的技术封锁和遏制，本质上是个别国家干预市场和限制技术自由，终究不会长久，最终会回归常态。

数智经济的长远发展有利于减轻劳动者的负担

以往的科技革命中，机器取代部分人的劳动岗位会残酷地牺牲一代人，直到产生出新的岗位、业务和产业。而数智经济虽然也会出现机器人取代人以及创造出新的岗位、产业、业务等类似情况，但区别在于这次取代具有革命性。智能机器人更多地取代人的体力劳动，甚至部分脑力劳动，人类将从繁重的体力劳动中解放出来。这个趋势从机器人取代急难险重脏的工作开始，向着取代人类暂时无法触及的外星探测、深海探测、深地探测的领域发展，再向着为家庭、老年人等提供服务，直到智能机器人与人的协作、交互，再到大多数人以脑力劳动为主、体力劳动为辅，劳动变成人生的需要和快乐，从根本上解决人类脑体劳动差别带来的不平等。

数智技术和软件应用有利于人的平等

数智技术的应用，可以取代原来由人直接把关值守的诸如场所、岗位等，比如出入权限、挂号登记，或者从线下统一到线上平台，通过现场刷卡或人脸识别，严格次序，对每个人都一视同仁，不会出现原来因为人的主观感情造成的区别和歧视。比如，通过手机银行办理业务，客户不会再因身份地位而被区别对待，让人们感受到平等。这类数字技术的应用越来越多，会大大改善人情社会和贫富差距带来的弊端。比如，机器人接待顾客、服务家庭、陪侍老人，可在24小时内无差别地笑脸相迎、热情招待，不会厚此薄彼，也不会因人的精力、情绪等因素而影响效果。

数字产品具有可复制性、公共物品特征和正外部性

数智经济的兴起，使得数据作为重要的资产和要素，具有向社会资产、公共资产发展的倾向和趋势。大工业时代的资产，隶属于生产资料，比如工厂、设备、工人、商铺、土地等不少属于私有性质，不具有可复制性。数字化条件下的生产资料，正在渐进改变一些资产的私有性质，因为数据资源具有可复制、可共享、无限增长和供给的特性，打破了自然资源有限供给对增长的制约，尤其是数据、网络和技术支撑的平台经济发展，会使平台的公共性质逐步增加。

比如，淘宝可以把店铺无偿供给卖家使用，因为淘宝复制“店铺”的成本很低，最多需要扩充一点内存，对于云计算来说，这些成本可以忽略不计。只要设计了一套店铺模式，很容易产生成千上万倍的溢价，而且淘宝的赢利模式不是收商铺的钱，而是收增值服务的钱，这也迫使淘宝需要吸引无数的卖家进驻，淘宝也因此在无形中承担起公共服务的义务，如同公共产品那样免费提供生产资料。那么，未来这样的发展方式扩大了规模，所谓的“资本”就具有了可复制性。也就是说，大工业时代资本的独占性，将被数字时代的资本可复制性取代，并且带有公共服务的色彩，这也反映了共享经济的本质，

有利于促进社会和谐。

数智经济的共享发展特性，使市场配置效率大大提升。数智经济通过以租代买的形式，解决了资源的不可复制性。例如各类应用软件根据定位、时间及人们的不同需求，通过算法将物品与有相应需求的用户高效匹配，使得资源得到最大限度的利用，从而提升未来社会的运行效率，极大地降低生活、工作和商业的成本。

数智技术的监督功能可以减少不透明造成的不平等

数智经济具有主客体体量庞大、行为无时空限制、交易平台交叉融合等新型特征，容易形成寡头竞争格局，在治理边界划定、机制设计、治理权责等方面也面临一些挑战。比如，数智经济的再中心化趋向，或将对经济治理结构产生冲击，并逐步稀释政府掌控的金融、信息等重要权力。数智经济时代，个人为了满足便利社交和生活的需要，不得不向数智经济企业让渡“数据权力”，二者间的权力结构难免呈现失衡状态。数智经济的势能扩张趋向，或将模糊市场垄断与竞争边界。数智经济的竞争要素集中度较高，极易形成“赢者通吃”的寡头竞争格局。同时，数智经济中的市场支配地位滥用行为具有技术性、隐蔽性和高度动态性，因而数据证据处理和垄断行为识别会受到极大挑战。[①]

区块链的去中心化监管就是对垄断现象的技术应对。区块链可在发展中永久保存交易记录，交易记录可在多台电脑中同步到其他设备。区块链的应用已远超加密货币和NFT（非同质化通证），政府和医疗、农业、供应链运作等行业都利用区块链技术改善效率、安全性与信任度。区块链技术是一把双刃剑，要发挥其功能优势还须配套监

① 阚天舒，张纪腾.发展数字经济，为何要强调共建共享[N].解放日报，2018-11-27.

管。例如，防范区块链运行中的隐私侵犯、缺乏第三方保护、治理不当等风险，发挥区块链中开发者和用户的主体责任，使其充分参与区块链社区的标准制定和决策，共同治理区块链的不良生态。

数智经济有条件向着共享经济发展，并不等于它自然而然就成为共享经济。数智经济成为共享经济，还需要同社会、政府的数智治理协调配合，更加准确地实时追踪、后台监测、及时处理交易之间的矛盾。“共享发展的监管可依托行业信息共享系统，开发拓展功能，如信用监测系统。比如，美国的卫生检查员可使用Yelp评级来分辨餐厅提供的食物是否有引起食物中毒的嫌疑。”[①]

共享经济兴起的十多年经历了爆发式增长，受到企业、创业者和消费者的喜欢。企业和公众从中获得便捷体验，国家在处理公共事务中大幅削减成本，带来的经济效益和社会共享，都应归功于数智经济。

数智经济带动数智社会并传递共享模式

数字经济延伸到数字社会，数字经济的共享性也影响到数字社会的普遍共享。数字经济、数字社会、数智治理共同构成一幅共享发展的完整图景。

数字经济带动和影响数字社会发展的两个方面

一是数字化产品广泛应用形成数字社会和数字生活的各种场景。数字产品、数字工具、数字化服务在社会、文化、教育等各方面的运用，或通过数字产业、数字服务、数字平台为社会生活提供的产品和

① 李懿，解轶鹏，石玉，赵鑫洋.共享经济治理：历史镜鉴与域外经验[J].国家治理，2017(17).

服务，经常且广泛地呈现出诸如线上教育、线上会议、远程医疗、在线文化等数字社会场景。数字化浪潮下，社会、文化、生态等各方面的建设，也要配置大量数字化设施，以方便和匹配数字产品、服务在社会和生活中的应用，推动数字产品以足够低的成本和足够便捷的方式惠及更多的人。比如，办公楼配置数字会议系统，可以实施远程多方的数字视频会议；共享单车较大的集中停放点需配置传感器和摄像头，便于平台方线下适当调配车辆余缺和整理摆放；线上医疗就诊需要接通城市专家大夫和先进医疗设备端与农村等边远地方接收端的连线视频设施，等等，这些将逐渐形成新的数字化社会风貌、工作方式和生活方式。

二是数字平台既用于经济发展，也用于社会发展和社会治理。数字平台的第三方可以是商业机构、组织或者政府，其应用不局限于经济领域，可用于社会和文化等事业的数字化，政府和社会也可利用平台实施治理。较大的综合性数字技术基础设施，可以商用、公用，突破应用数字设施发展经济的界限。在平台经济发展的同时，通过各方面的数字化，促进社会建设、文化建设以及社会治理。

数字经济的共享性积极影响到数字社会的共享

一是数字经济的商业模式向数字社会的互惠模式转变，带有更多的共享性质。通常，经济领域强调功利，而社会和生活领域倡导互利。如一些国家多在教育、医疗、基本生活方面实施免费、义务、补助和优惠，而在生产、商业、市场方面始终强调利益至上。数字经济延展到数字社会后，数字经济的共享性质将得到更大的延展，在数字化的社会、文化、教育、生活上，更讲究普惠性、公益性，营造出数字社会浓厚的共享氛围。

二是线上平台交易和服务减少了中间环节，降低了成本和价格，体现出广泛的普惠性。比如从滴滴出行、高德地图到美团买菜，从搜索引擎到自动驾驶汽车，都能让人感受到共享平台既方便高效，又价格合理低廉，使共享经济扩大成共享社会，这是一个信息功能份额递减，而智能功能份额递增的过程，也是从直接操纵到授权代理的过程。

共享发展需要统筹数字经济和数字社会

数字经济对数字社会的共享性影响，正由自发性向自觉性转变，这种自觉通过有意识的引导去体现，目的是使数字经济和数字社会更协调。数字经济为了提高效率，节奏快，步伐大，但要考虑数字社会的适应性。数字经济发展加快，数字社会就要紧跟，两者步伐要大体协调、相互适应。比如，数字经济要加大智能机器人应用规模，就可能牵涉劳动就业的社会承受力，如果机器人取代人的劳动进程过快，规模过大，社会没有做好接应准备，以脑力劳动为主的规模体系还没建立起来，尚未找到适宜人们生存生活的恰当方式，就会造成更多人失业，所以必须统筹经济和社会两方面，解决好衔接发展的问题。

要以数智治理代表的生产关系去积极反作用于共享发展

共享经济更多地体现为手段，共享社会更多地体现为目的，两者要很好地结合和统一，用有效的数字经济发展，去满足美好的社会生活。如果数字经济生产了更多的非民用的无人机、智能武器，甚至机器人战士，就会背离共享社会的美好目的。对此，政府和社会的数字治理就应积极干预和协调，把共享发展引导到对美好生活的追求上，而不是通过制造数字化武器，让人类陷入冲突战争、生灵涂炭的悲惨境况。

注重平衡共享发展的方式和内容

数字经济和数字社会是共享发展的两个领域，两者有生产性与生活性的差别，从共享发展的共性出发，数字经济的商业性应向包容性过渡，数字社会的等级性应向平等性过渡，随着机器人的规模逐渐扩大，都要向更多的共享性发展。特别要引导数字经济从营利性向更多的包容性发展。

共享经济是包含了很多名称的伞形概念，如电子商务经济、实用经济、零工经济、按需经济、租赁经济、协同消费经济等。作为商业模式的共享经济，正在深刻诠释当下数字经济的巨大变革，利用数字技术向着更加宽阔的范围拓展和更加深入的地方攻坚，向着包容和分享内涵深入，在数智经济基础上，形成更具包容性的共享发展。麻省理工学院的德隆·阿西莫格鲁（Daron Acemoglu）和哈佛大学的詹姆斯·A. 罗宾逊（James A. Robinson）认为，包容性制度创造公平的竞争环境，鼓励所有人参与经济活动，使人们能够施展自己的天分和技能，并通过区分包容性和攫取性制度，表达共享发展的前提是建立包容性的经济政治制度。

商业、社会、事业各种平台的互鉴性

企事业单位和政府均可利用各自平台分别获取利润、促进事业、实施治理，具有营利与公益兼有的特性。随着机器人投资的社会性份额加重、技术和数据的公有成分增加，平台之间也要合作、借鉴和补充，扩大共享性质，缩小各自特性。事实上，不同平台都可从不同程度、不同角度参与治理，比政府、社会的专门和单一治理效果还好。比如，盖茨基金会就气候、大流行病、营养不良等问题持续跟进，通过投资科研创新，改善人们的生活，尽力帮助减少不平等的工作。政府和事业平台，也是共享发展的主体，也讲究成本，有利于做大全社会的蛋糕，促进共享发展。当经济不平等发展程度减轻，矛盾减少，治理也将简单容易；当社会发展注重均衡，注重人的全面发展，义利矛盾得到正确处理，理想社会的曙光就会出现。

数智经济和数字社会方兴未艾，共享发展已成为未来发展的崭新表达。

以资源、机会、过程为特点的共享发展

共享发展在于调动更多人的积极性和创造性，破除发展中的不平衡，让人们在发展中共享资源、机会和过程，使发展真正依靠人民。资源、机会、过程的共享，涉及经济、社会、治理等广泛的领域。通过共享发展，达到利益共享、社会平等、政治民主。经济共享是基础，社会共享是目的，政治共享是保障。

共享发展的实践探索和理论创新

各国国情和历史不同，采取了不同的社会制度。全球化使各国和地区相互借鉴和融合，求同存异，制度差异逐渐淡化，共享发展成为趋势。20世纪末以来，各国多以“西方”“东方”或“发达国家”“发展中国家”来称呼彼此，以回避和弱化冷战对立的意识形态和社会制度。不同的国家都在积极调整政策，有策略地解决国家间的矛盾。我国坚持中国式现代化发展道路，深化社会主义市场经济模式，朝着人口规模巨大、全体人民共富的现代化目标推进，不断探索共享发展模式。虽然发达的西方国家仍然采用着资本驱动的发展模式，但它们汲取国家宏观管控和产业政策的方式，重塑着西方国家的劳动力市场、资源流动方向、劳资双方关系等，甚至提出“共享、分权、绿色”等

价值诉求，也赋予共享发展诸多积极属性，有人评价共享发展是“未来趋势的新化身”。经济、社会和环境领域的共享发展具有可持续性，可助推共享精神和利他意识的生成。[①]各种社会制度都在现实发展中理性地调整主张和策略。一些西方学者认为，共享经济或将成为一个转折点，完成对资本主义的逆转或终结，甚至提出“我们正在见证资本主义的终结”。尤其是全球化和数智技术的加速推进，给世界的普遍联系和产业创新带来新的机会和条件，使其朝着共享发展的方向迈进。各国从全球化中得益良多，但问题依然不少，有人认为是全球化导致了不平等加剧。

过去40年的全球化发展，多数国家普遍受益，特别是发展中国家取得了较高速度的经济增长，有利于均衡发展，总体缩小着全球不平等的差距。在各种不平等中，国家间的不平等是最大的不平等。受益全球化最多的是美国等西方发达国家，它们占据产业链、供应链、价值链的高端，获得的利益多过任何发展中国家，但是发达国家的资本集团未将在全球化中的所获普惠到本国多数人，而是归入跨国公司和精英集团囊中。比如，美国企业转移出去的产业，减少了本国普通劳动者的就业机会和收入，而企业本身却得到发展中国家廉价的资源、劳动力，以及通过贸易获得的高额利润，造成国内极不平等。我国获益于全球化，民营企业得以成长，而国家将所得与扶贫脱困的实践结合，通过二次、三次的分配方式，或政策倾斜，更多施惠于贫困地区和贫困人群。根据联合国《千年发展目标2015年报告》发布的数据，中国1990—2015年贫困化率下降94%，对全球减贫的贡献率超过2/3。2021年我国完成脱贫任务，这是解决不平等发展的最大成就。虽然我国的居民收入相比发达国家依然差距很大，但摆脱贫困后的居民，有

① 孟飞，程榕.资本主义共享经济是对资本逻辑的深化还是逆转？——基于雇佣劳动关系视角的政治经济学批判[J].国外理论动态，2020(3).

相当一部分构成全球最大规模的新兴中等收入阶层。

全球共享发展的实践，推进了共享发展的理论创新。

调节分配和福利体系以共享社会财富

完善协调配套的分配制度，分好社会财富蛋糕。二战后，西方发达国家受凯恩斯主义影响，从自由资本主义的放任发展转向宏观管理资本主义的协调发展，实行深度的收入分配调节和广泛的福利社会保障，通过国家调节实现经济社会发展成果一定程度的共享。比如，在初次分配环节，发达国家劳动收入占国民收入比重一直较高。据统计，20世纪60年代中期以后，美国的劳动要素收入保持在70%以上，直到近些年来还一直保持在75%~85%。在福利保障方面，20世纪五六十年代，以英国和瑞典为代表的发达国家基本建成以全民性和普遍性保障为原则的福利体系，这是资本主义国家在发展理念转型中取得的进步。[①]我国正在构建与初次分配、再分配、第三次分配协调配套的制度体系，由生产决定分配，分配反作用于生产，把分配制度作为推进共同富裕的内在要求，就是让发展成果更多、更公平地惠及全体人民。

以人的发展为中心促进整体共享发展

共享发展要从源头弄清发展为了人民、发展成果由人民共享的问题，揭示共享发展的价值取向和目的，这是马克思主义发展观的本质。法国学者弗朗索瓦·佩鲁（Francois Perroux）在1981年出版的

---

① 魏志奇.共享发展：国内外研究脉络、最新进展与比较展望[J].社会主义研究，2018(5).

《新发展观》一书中提出整体性、内生性、综合性的以人为中心的社会新发展理论，认为人的自身价值的发展最有意义。他列出“发展=经济增长+社会变革”的公式，即除了财富的增长，还应包括减少不平等、失业与贫困。佩鲁把人的全面发展作为社会发展的目标和尺度。学术界和国际机构也普遍注重研究更加公平的增长，以及增长成果惠及所有人。联合国开发署从1990年起每年发布全面衡量发展水平的人类发展指数（HDI），实现对发展价值的多维衡量。[①]

以人的自由为本质的内涵式发展

马克思认为未来社会是以每个人的全面而自由的发展为基本原则的社会形式，人的全面、自由发展和人类解放是衡量社会发展的标准。马克思更注重个人的全面发展和自由个性。诺贝尔经济学奖获得者阿马蒂亚·森（Amartya Sen）在其著作《以自由看待发展》中提出人的自由是发展的目的和手段。他将贫困与不自由联系起来，认为贫困经历了收入贫困到能力贫困再到权利贫困的深化过程，提出各种社会歧视、缺乏权利和社会保障是贫富差距和无法共享的真正原因。同时提出发展的实质是拓展人的自由，而这必须创造平等权利关系，扩展人民参与经济社会事务的机会。[②]习近平主席说：“现代化的最终目标是实现人自由而全面的发展……让现代化更好回应人民各方面诉求和多层次需要，既增进当代人福祉，又保障子孙后代权益，促进人类社会可持续发展。”[③]

---

① 魏志奇.共享发展：国内外研究脉络、最新进展与比较展望[J].社会主义研究，2018(5).

② 同上。

③ 摘自2023年3月15日，习近平在北京出席中国共产党与世界政党高层对话会中发表的主旨讲话。

包容性发展

包容性发展要使全球化带来的利益和好处惠及所有国家，使经济增长所产生的效益和财富惠及所有人群，特别要惠及弱势群体和欠发达国家。21世纪前后至今，增长理论经历了涓滴增长—基础广泛的增长（世界银行）—益贫式增长或有利于穷人的增长—包容性增长的逻辑演进。2010年中国提出包容性增长，解决经济发展中出现的社会问题。包容性增长的根本目的是让经济全球化和经济充分发展。[①]增长理论之所以逐步演进，是因为全球在取得GDP增长的同时，并未惠及所有人，造成严重的贫富差距、社会分化和贫困，部分社会群体和个体被排斥在经济社会发展机会之外，因此消除社会排斥，倡导包容性发展和共享政策，就是必然路径。[②]

从实践探索和理论创新可以看到，共享发展最突出的问题是资源、过程和机会欠公平共享。只有人们平等获得机会，平等支配资源，平等参与过程，才会减少不平等，方可趋向成果共享。共享发展的基本内容是利用平台让更多的人获得资源、机会、过程、条件。在人人参与、享有资源和机会的基础上，唤起人们的创新、奉献、勤劳的意识和行为，为社会共享提供依据。

共享发展机会

不平等多由机会不平等造成，这是起跑线的差别。追求机会共享、强调人人参与是基本的共享，机会带给人的发展是多方面的。在数智社会转型中，处处涌动着发展机遇，能否认识新机遇、新业态、

① 佚名.解析胡锦涛“包容性增长”：更关注民权民生[N].人民日报，2010-10-14.

② 魏志奇.共享发展：国内外研究脉络、最新进展与比较展望[J].社会主义研究，2018(5).

新岗位极为重要。社会、政府、企业、学校、机构，要尽可能达成开放共识，公开信息，畅通交流，放宽市场准入，完善权益保护，营造市场化、法治化、国际化的发展环境，同世界共享市场机遇，给民众分享各种发展机会。机会影响小到个人，大到国家。对个人来讲，能否与他人平等地获得上学、就医、工作、交流的机会，对个人成长发展至关重要，对国家也同样重要。比如，近几年我国增加进博会、服贸会、广交会、消博会等，搭建国际经贸合作平台，发展和壮大"一带一路"的"朋友圈"。中欧班列昼夜奔驰，用开放的举措和实际的利益，给世界提供机遇。美国哈佛大学教授约瑟夫·奈指出，中国市场扩大开放让中国和其他国家都能从中受益。

共享机会，就可能得到或创造更多出彩的条件。保障民众平等参与、平等发展的权利和机会，就能释放一切劳动、知识和资本的机会，从而焕发创造能量和发展活力。比如，在数智经济发展中，如果找不到就业岗位，也可找任务订单，司机只要加入网约车平台，就可接订单挣钱。再比如，过去创业需要开实体店、办企业，而现在创业开网店就是机会，还很方便。秘鲁前总统亚历杭德罗·托莱多在其著作《共享型社会》中援引马德里俱乐部对共享社会的呼吁，认为共享发展要尊重人权，为每个人提供公平机会；共享社会不仅关注经济增长，还关注人们的福利和机会是否得到尊重，其最终实现取决于经济增长、机会平等、民主制度的良性互动。[①]

政府和国家政策，一般对辖区的不同地区和公民是平等的，也可能在发展中因种种因素而拉开彼此的机会成本和发展距离。如果一段时间内因国家政策相对倾向于部分地区和人群，后续就应通过其他方式弥补前期发展滞后地区和人群的机会债务。现在的扶贫就属于这样的情况，通过国家的分配政策向贫困地区和人群倾斜，扶持他们脱贫

---

① 魏志奇.共享发展：国内外研究脉络、最新进展与比较展望[J].社会主义研究，2018(5).

致富。即便是这样的情况，也需要通过数智经济平台，以多种方式，高效地达成帮扶和共享的目标。比如，2018—2020年，超过3亿网友通过阿里巴巴平台，从832个原贫困县购买了2 700亿元商品，这都是共享洪流中不可小视的点滴义举。

数智经济的平台匹配能力强，可以提供更多的准入机会。比如在公共服务过程中，给予数字平台发挥技术优势的机会，可以让更多人共享发展。数字技术能在海量资源中发现最合适的彼此，并撮合交易与合作，特别是对于那些关系网薄弱和搜索能力弱的人群，能够更平等地获得机会。[①]

共享发展资源

过去是靠山吃山，靠水吃水。生长在山区的人，大都能爬山，吃到山珍，就近到有矿山的地方就业；生长在海滨的人，大多会游泳、划船、捕鱼，吃到海味，喜欢游走远方。有无资源，有什么样的资源，就成为不同地方和不同人群发展的差距。一般而言，城市资源比农村多，学历高的人获取资源的能力会比学历低的人强，所处平台高的人比所处平台低的人容易获取资源。城乡、平台和学历的不同，与前面所述的机会平等与否密切相关，所以机会在某种意义上也是资源。

就发展而言，许多资源需要相互配置才能发挥作用。比如，大山珍藏着各种有色金属矿产，如果没有技术、资本、交通、市场，就走不出大山，闭目塞听，就难以真正靠山吃山，发挥资源优势。再比如，在滨海地区，没有探测水下世界的技术，缺少海洋知识，只能捕获一般的水产品，不知水下世界更富有宝藏，望洋兴叹。过去我们踩着脚下的矿藏，过着穷日子，守着蓝色海洋，走不出国门。现在有了

① 江小涓.以数字经济促进共享发展[N].经济日报，2022-05-18.

资源开发技术，有了配置资源的市场机制，有了各方面的人才，过去的废料就变成今天的资源，也就能理解为什么过去穷山恶水的地方，现在发展成了富足之地。人脉也是一种资源，多一些关系，就可以拓宽发展道路，发展得快一些。比如，我们国家三四十年来的打工族，多是通过熟人相互介绍和彼此的信任，从农村来到城市，从农业走进工业，见识广了，能力也强了。资源及其配置资源的差距，成了地区、国家以及不同人群之间的发展差距。所以穷人和富人不全是个人能力、禀赋的差异，不全是努力程度的原因，资源分配不均才是差距的主因。资金是各种资源的共同符号，没钱就上不起学、看不起病、去不了大城市，就拉开了发展距离。

数智经济发展可以让人们更广泛地共享资源。通过平台人们可以共享资源，即便在资源贫乏的地方，农民通过平台也能将自家农产品销往各地，共享平台的各种资源，包括从无形资源、产品到有形资源、产品，从消费产品到生产要素，从个人资源到企业资源。以往资源不能任由人们支配，现在通过平台就可获得自己想要利用的资源。

通过对数据在内的各类资源集中整合、有效配置，使得经济生活中的各领域的成本普遍降低，尤其是产业互联网、人工智能的建立和应用，使得企业生产成本、库存成本大大降低。过去有的地方和企业某种资源堆积如山，销不出去，而有的地方和企业急需某种资源又求之不得，这多是由于信息不对称。通过数字平台的信息交流和配置，可以物尽其用，使资源在供求双方各得其所。加之现代交通和物流配送发达，线上平台下单，线下很快配置送达。有些资源虽相隔遥远，但平台配置超越物理、地理的限制，可以与生产制造服务平台对接，让需要的资源就近参与生产，减少物流成本，有的产品还可就近进入市场销售，减少市场成本。“这既能实现制造企业彼此间的能力、设备和服务等资源的优化与共享，还可向资源使用方延伸，结合设计、建模、制造、检测等流程数字化、柔性化水平提升，形成一批适应未来场景的高端制造产能。”[①]

数据及其分析成果是数智时代重要的资源和生产要素。随着基础设施的扩张，无线通信技术可将数字网络拓展到任何地方，从互联网到物联网，无所不在的网络将促进社会广泛连接。数据信息复制与传递的便捷，可使人与人之间进行几乎零成本的海量信息交流。

数据的价值不在于其在狭小范围内应用的价值，而在于它的放大效应。数据较之物质和硬件产品更适合共享，像思想一样可以无限复制。给了他人数据，自己并未减少。数据及其分析成果，可供无数家企业同时使用，这正是数据分析能够产生超常回报的原因。缺点是数据拥有者不能保证购买者不复制数据给他人使用，数据共享产生的回报很难完全内部化。由于数据拥有者难以亲自收集信息、维护权益，需要有更完善的数字版权监控保护等法律体系。

数据共享的价值在于智能化。数据作为人们活动的信息被收集，经过整合、计算、优化，重新反馈到现实世界，具有了智能性质，可为各种决策提供重要参考。数据积累得越多，时间越长，越能体现经济活动的规律性，具有珍贵的挖掘和分析价值。当然，有的数据需要隐私、保密、安全。进入分析的数据量，客观上少于实际产生的数据量，或者分析前要进行脱敏、降密、解密等处理，这包括个人隐私、商业机密和国家安全等数据。

数据确权很重要。数据产生的复杂性，以及数据产权在形成中归各方共有，包括生产、生活、工作、贸易、交流以及线上产生的数据。随着数智经济规模壮大，日益成熟，广泛交易，发生价值关系，数据确权既能保护权益，也是支持创新。标准设定不严，会造成不少隐患；标准设定太严，数据分析价值又会打折扣。

---

① 东滩智库．“平台经济”的10种发展模式[EB/OL]．百家号，2021-12-23.https://baijiahao.baidu.com/s?id=1719930982569934685&wfr=spider&for=pc.

随着国际数字贸易规则的制定，数据跨境自由流动、数据分享将扩大范围。数据分析成果的应用，小到产品的精准营销、服务的个性化方案以及信用风险的有效评估，大到提高经济效率、改善用户体验、扩大经营规模、促进经济与社会的创新与发展，都会受益。

对数据生产要素来说，无论确权，还是共享，都需要适应数据特性，在保护权益和发挥数据效用之间取得平衡。在数据共享实践中避免简单做法，不能只把数据分享给大家，很多数据一旦离开其原生平台，其价值就会缩水，甚至变得一文不值。建立数据共享平台，需要使用大数据的机构通过平台提供的接入口，利用大科技平台的原始数据进行运算，然后输出结果，即“原始数据不出系统，运算结果可以出系统”。[①]

共享发展过程

共享发展过程，就是共商、共建、共享，人人参与、人人尽力，才能做到人人享有。这需要全社会和民众的广泛参与，整合参与力量，增强全民可持续发展意识，营造浓厚的社会氛围。这种参与是一个渐进的共享的过程。

共享发展的过程，就是共同参与劳动、创造的过程，意味着要有稳定的或临时的劳动就业，可持续地参与，才能共同享有。许多不平等发展是从不能共同参与劳动和过程开始的，逐渐拉开距离。有劳动岗位和固定职业，就有收入保障，反之则无法参与成果共享。共同参与劳动，就能顺理成章地共享成果。

美国管理学家哈罗德·孔茨说：“真正的领导者能使别人参与进

---

① 黄益平.大数据如何共享？[EB/OL].北京大学国家发展研究院网，2022-08-31. https://www.nsd.pku.edu.cn/sylm/gd/525471.htm.

来，跟他一起干。他会鼓舞周围的人协助他朝着理想、目标迈进。”他认为，互联网时代，管理过程中参与和分享的重要性更加凸显。

参与过程重在有岗位、有工作、有事做。数字平台有利于提高劳动力的匹配效率，具有促进就业的能力，特别要保护灵活就业人群的劳动条件、社会保障、职业发展等基本权益。据国际劳工组织调查数据显示，全球数字劳工平台2020年达到777个以上。在通过数字平台从事自由职业的劳动者中，有38%是“移民工人”。截至2021年年底，我国的灵活就业人员已达2亿人左右，[①]占城镇就业人口的40%左右，这些求职者与客户建立联系不再通过以往的劳动中介机构，而是基于网络平台。平台能够对劳动的供给池和需求池进行大规模、高效率的精准匹配。未来，企业将更倾向于线上招聘、管理和培训员工，利用智能化技术和大数据分析，提高生产效率和创新能力。线上工作也将加大与教育、医疗、金融等领域的融合，探索更多的应用场景和商业模式，以保障更多人有条件参与创造财富、技术和思想的过程。

针对更多人持久的共商共建，需要建立全民参与的共建共享体系和激励机制，鼓励全民参与可持续发展，畅通监督机制，发挥第三方机构、新闻媒体的作用，做到“公众有所呼，政府有所应”。还应改变单一的劳动就业渠道，使公众从劳动就业开始，参与共商共建的过程。劳动就业除了传统的就业和岗位形式，还包括参与社会活动、环境保护、精神文明建设、家庭劳动、公益活动等，汇聚成人人参与的共享洪流。

知识共享也是一种参与方式。在数智化背景下，最有价值的资本是智力资本，最重要的资源是数据和知识，价值的创造更多的来源于知识的开发、利用与创新。需要将专家知识的纵向传播转为向贡献者

---

① 佚名.2亿人灵活就业背后 灵活就业者的前路在何方？[EB/OL].新浪新闻，2022-03-08.https://weibo.com/ttarticle/p/show?id=2309404744834668954623.

与用户之间的横向传播和知识共享。[1]纵向传播可保持专家对知识的掌控和更新，但传播范围有限，难以共享和扩大影响力。横向传播和共享知识，可通过面对面地讨论、电子邮件、社交媒体等多种形式传播，从而扩大知识的影响力。当然，需要尊重专家分享知识的意愿，参与者之间要相互信任和合作。特别是共享知识贡献者和用户共同参与分享知识的过程，通过平台作用，实现互动与对话，推进知识的协作和创新，共同探索和解决问题，促进知识的交流和共享，提高知识的质量和效率。要防止有人将公开发表的文章圈入个人办的网站，限制引用传播，收取费用。这虽然程序合法，但利用了作者很少会关注和公共文章无人追究的空隙，从而钻空子、搞投机，侵犯知识产权。

一个单位、一个企业、一个社会，都应有自己共同的知识共享场所、条件和特色内容。比如企业所有成员拥有的集体知识是公司宝贵的资产，运用好它就能够让员工更好地完成工作，确保公司整体运行平稳有效，也能增加企业的竞争优势。因此，要鼓励在职和不在职人群参与知识共享，有利于未就业人员的知识积累和更新，得到职位岗位；也有利于在职人员进行知识学习，做好本职工作，自我提升，持续在职在岗，或选择更适合的岗位，提升自身价值和社会发展水平。

长期坚持公众共享参与，将会综合劳动、民主、治理、决策等维度，建立共享参与的机制，调动各方积极性，发挥各自优势并相互补充，成全整体事业、兼顾各方利益，保障参与主体共生共赢。比如，构建科技研发的共同体就能发挥高等院校的技术资源优势，发挥企业的技术成果转化、产品研发推广及融资服务优势，发挥政府部门的政策保障、信息传播、利益协调服务等作用，共同促进科技事业由项目

---

① 孟飞，程榕.资本主义共享经济是对资本逻辑的深化还是逆转？——基于雇佣劳动关系视角的政治经济学批判[J].国外理论动态，2020(3).

研发到培养人才，由科技创新到产业落地和推广，各展其长，共同发展。

亚洲开发银行和世界银行的经济学家在有关研究报告中提出并系统阐释了“共享式增长”的概念，强调人人有平等机会参与增长过程，并分享增长成果。亚洲开发银行在其公布的《2020年战略》中认为：共享式增长包含普遍扩展经济机会的增长，还强调社会成员参与增长并从中获益。学者克拉森认为，共享式增长重视结果共享性，但更注重过程的参与性与平等性。

共享参与可使人的素质得到全面发展。参与是人的一项权利，马克思将个体的发展程度分为三种形式：人的依赖关系，物的依赖关系，人的自由个性。只有全面发展，摆脱对人对物的依赖关系，才能得到全面发展和个性自由。

共享经济的发展实践，减少了人们对平均主义的疑虑。共享经济是一个从低级到高级、从不均衡到均衡的过程，即使达到很高水平也会有一定差别。其在内容上更多属于资源、条件、路径、过程和劳动的共享，包括同甘共苦。尽管人们的能力不同、天赋不同、贡献不同，但只要有了上述资源、劳动和过程的参与共享，就可顺理成章地共享发展成果。否则极易落入平均主义陷阱，让不干事者平均掉干事者的成果，奖懒罚勤，从而挫伤干事者的积极性。

共享还远不止上述三个方面，比如，有人提出条件共享、权力共享，也是共享发展的内容。美国哈佛大学教授皮帕·诺里斯（Pippa Norris）在著作《驱动民主：权力共享的制度能起作用吗？》中提出了“权力共享”，意味着在决策过程中向多重群体开放，各种利益群体都能参与决策和实施。他认为，权力共享能在社会冲突的规制过程中制造出一个共赢的局面，缓和社会冲突，增强制度认同。

共享发展过程也是均衡发展的累积，将使资本与劳动、效率与公平、需求与供给逐渐趋向平衡，从而让民众有更多获得感，特别是围绕收入分配、医疗改革、住房保障、教育公平等共享参与，促进宜业、宜居、宜学和宜闲等，并从长计议建立机会共享机制、财富共享机制、权力共享机制、价值共享机制和知识共享机制。

数字经济和共享发展中的共富趋势

资源、机会和过程的共享，贯穿了社会公平正义理念，深化着对共富内涵及其实现路径的探索，使共享发展成为共富的前提。马克思指出："社会生产力的发展将如此迅速……生产将以所有的人富裕为目的。"[①]在共享发展中更多地赋予社会公平的原则，就能逐渐实现以所有的人富裕为目的的崇高理想。

共享发展中若干差别在缩小

马克思、恩格斯认为，未来理想社会应该缩小甚至消灭工农差别、城乡差别、脑体劳动差别。他们认为是生产力发展不充分、不均衡和三次社会大分工导致了"三大差别"。"三大差别"限制了人的自由劳动，造成人的片面发展和劳动异化。他们认为，要缩小和消灭"三大差别"，一是发展科技这个特殊的生产力，极大地提高生产效率和生产水平；二是消除旧式分工和私有制形式；三是要有合理的分配方式；四是要把发展文化教育事业作为缩小差别的重要方式。

"治国有常，而利民为本。"同马克思所处的历史环境比，数智时代所处的环境发生了巨大变化，曾经讲的"三大差别"的内涵和外延有了变化，世界的不平等发展成了各种差别的综合表述。但是，走向未来自由和人的全面发展，依然需要消除构成不平等发展的具体差

① 段妍.共同富裕的思想内涵与实践要求[N].光明日报，2023-06-09.

别。数字经济发展将有效打破时空阻隔，在共享发展中若干差别将有缩小趋势。

地区差别

数字经济具有的跨地域性和外延广的特性，为区域协调发展、城乡协调发展和产业协调发展提供了连接点。能够逐渐缩小全球南北差别，以及发达国家与发展中国家的差别。我国东西部技术传输和产品传输的成本，通过数字基础设施在中西部地区的布局，将打通中西部的产业升级壁垒，用数字信息等高新技术实现中西部地区产品尤其是特色产品的转型升级，有利于相对落后的地方追赶发达地区，缩小地区差距，促进共同富裕。

城乡差别

城乡协调发展需要用数字经济模式不断发掘农村产品的市场潜力，用广阔的线上平台促进更多的农民投入“直播农业、线上农业、创意农业、观光农业”，丰富农业发展模式，让农产品准确高效地对接市场。加大力度建设乡村地区的信息基础设施，保证信息网络设施的完善，保证数字农业的发展基础。[①]

产业差别

当初突出的工农业矛盾依然存在，现在各产业注重协调发展，使传统农业、工业和数字产业深度融合，通过政策引导，鼓励传统产业

---

① 张进财.以数字经济推动共同富裕[N].学习时报，2022-08-05.

引入数字技术、购买数字产品，促进资本和数字技术针对农村发展进行积极布局。加快全民信息素养教育，弥合数字鸿沟，加快人员素质适应产业转型升级，促进产业协调发展。

脑体差别

智能机器人取代人的劳动，包括体力劳动和简单的脑力劳动。生成式人工智能和大模型的出现为人的全面发展提供了获取知识的工具，加之机器人对人的物质生活的保障，人们将通过终身教育、社会教育、共享教育的方式，促进人的全面发展，进而有可能在未来进入虚拟世界与物理世界相交互的元宇宙，那时脑体劳动的区别将逐渐缩小。

劳资差别

劳动者被智能机器人取代，数据等成为生产要素和重要资源后，它的公共性质越来越突出，加之平台发展的辐射效应，资本的疯狂增长将会逆势，未来机器人会有相当一部分属于公共资产，加之与数字经济相应的分配制度的建立，工业时代那种悬殊的劳资收入将成为历史。

其他差别

以往老弱病残属于弱势群体，但这都是客观原因造成的，而且每个人都要经历生老病死的过程。从数字时代开始，社会的方方面面，特别是数字产业的企业以及使用数字技术和工具的公共场所，开始重视和关注这类问题，防止数字鸿沟和产生数字歧视。共享发展方式为包括弱势群体在内的民众提供了创造财富的公平环境和温馨的氛围。

数字条件下的共享发展、跨界合作将成为重要的发展趋势，不同地方、不同行业、不同领域进行合作，以实现资源的最大化利用和经济效益的最大化。如“一带一路”沿线国家和地区的国际合作、不同范围的扶贫事业，以及医疗、教育、环保等领域开展更多的合作，都在提供更全面、更优质的服务，以共享的方式，向着平等和公正的方向发展。

数字经济发展中的若干共富萌芽

在数智经济和社会发展中，不同角度若隐若现地暴露出共富方向的一些萌芽。

相当成熟和充分融合的科技将带来普惠性发展。每次大的技术进步都能提高生产率，促进快速增长，但又常常伴随收入和财富差距的扩大。这可能与科技自身的特点有关，在前两次科技革命中，单纯的科技以及对资源能源的硬性要求，有无条件应用这些科技，就带来了发展差别。数字科技则不同，互联网的成熟和普及打破了时空限制，降低了信息的非对称性与非完整性。有互联网的地方就可降低生活、学习、工作的成本。3G、4G技术相比于5G、6G技术，存在覆盖有限等问题，而能否广泛覆盖，影响着城乡之间、沿海和边疆地区之间的差距。6G网络天地海空一体化覆盖，有利于缩小地区差距。有限的科技拉大了发展差距，而成熟和融合的科技，有可能创造普惠的发展。数字经济凭借搜寻、复制和运输成本低等特点，促进技术扩散和知识外溢，使落后地区实现“蛙跳式”发展。落后地区引进成熟和融合性技术的成本比最初研发的发达地区付出的成本低很多。互联网+、大数据+、物联网+、人工智能+，这些得到充分发展且能广泛融合的科技就会带来工作和生活成本的普遍降低，使低收入人群共享新科技的成果。

社会发展的平等与否，拐点多是在某项重大科技及其产业化的大型成本从边际成本变成固定成本时出现的，比如谷歌、百度当年平均一年付出几亿美元的资本做一张地图，到如今每个用户获得地图信息的代价几乎是零。微信是如此，ChatGPT、文心一言、盘古大模型也是如此，新范式普遍降低了各类知识的成本。ChatGPT之父山姆·奥特曼说，经过这场技术革命，他看到人工智能将大幅提升人们的平均收入，可以减少不平等。他倡导用普世的基本收入计划来缓和不平等。京东集团创始人刘强东早在几年前就从应用数智技术中发现一些平等发展的积极苗头，并感慨共同富裕的理想社会为期不远。

平台发展模式在脱贫解困中发挥的普遍作用让人依稀看到共富的潜在力量。前文阐述过平台发展方式，有些例子会给我们一些直观印象。如中国的脱贫从出钱出物直接帮扶，到发挥线上平台作用销售农产品，建立广阔的销售渠道，通过平台去解决就业。线上平台让贸易商与每一个农户合作社直接打交道，发挥经济、文化和社会等各种平台的作用，提高了农民素质，解放了固守在乡村和土地上的农民，释放出他们的积极性和活力。

比如，伴随“一带一路”共建，卢旺达成品咖啡2018年登上电商平台，省去诸多中间环节，每卖出1千克咖啡，比以前多赚4美元，去除中间商后，消费者也能以更便宜的价格品尝到咖啡，数字化为普通民众造福的作用非常明显。

数智经济的低成本给中低收入者带来实惠。工业互联网、人工智能的建立和应用，使得企业资源配置成本、生产成本、库存成本、运输成本、销售成本大大降低，而且还省去了“繁文缛节”。个人或者中小企业数字化信用体系的完善，使市场主体的信用成本也都趋于降低，高效而低成本的产品和服务，意味着更多低收入群体有能力获取更多产品和服务，从而缩小不同收入人群的消费差距。

数智经济的隐性价值普遍存在于经济社会。数智经济产生了很多看不到、未列入统计，且意想不到的价值，催生了无限供给现象。加之网络商业模式变化，免费产品和服务越来越多，比如区块链去中心化、去信用中介，实际降低了信任成本；网络中参与人数越多，实现造假的可能性越低，集体维护和监督的优越性，使伪造成本最大化，相比过去的伪劣和假冒商品，让消费者得益；通过平台实现点对点直接交互，既节约资源，使交易自主化、简易化，又排除了中间商代理控制的风险；数字货币可以解决货币结算的跨国境问题等。

数智经济的许多价值并未纳入GDP的统计，但是已惠及公众。采用数智技术后，生产成本大幅下降，新产品的价格相对来说要低廉很多。按照通行的GDP统计方法，新产品尽管科技含量更高，使用价值更大，但对GDP的贡献可能会减少。斯坦福大学数字经济实验室主任埃里克·布莱恩约弗森（Erik Brynjolfsson）说，2018年，美国人年均每天在数字媒体上花费6.3小时，如果只看GDP，可能感觉不到数字革命对社会的影响有多大。20世纪80年代以来，信息化对GDP的贡献率几乎没有变化，一直徘徊在4%~5%，仅在2018年达到5.5%的高点。诺贝尔经济学奖得主罗伯特·索洛（Robert Solow）说，不光是在GDP统计数据中，数字时代的影响力无处不在。

有研究者提醒人们数字共享的价值无处不在。埃里克·布莱恩约弗森说："假设我们付给你10美元，条件是让你放弃使用谷歌搜索一个月，你是否会答应呢？如果不行，100美元呢？1 000美元又如何？又或者，我们需要付给你多少好处，你才可能会同意永久不访问维基百科？这些答案很有意思，因为它可以帮助我们加深对数字经济价值的理解。"数字产品的实际价值之所以被低估，是因为GDP基于人们对商品和服务的实际支付价格。GDP只反映了经济中生产的所有最终商品的货币价值。事实上，当GDP增长时，消费者的经济福祉有时会下降，GDP下降时，消费者的经济福祉反而可能会上升。在实际生活中，大多数人从即时聊天工具、搜索引擎、电子邮件等数字产品和服务中获取的价值，远比从昂贵的实物产品中获取的价值更大。研究发现，美国消费者在维基百科上获得的价值中位数约为每年150美元，但成本却是0美元。这意味着产生了大约420亿美元的消费者剩余，而这并没有反映在GDP中。斯坦福大学与格罗宁根大学进行的一项研究发现，自2004年以来，仅脸书就为消费者创造了超过2 250亿美元的隐性价值。[①] 现在应用ChatGPT的人多过使用谷歌和维基百科的人，而ChatGPT只是象征性地收取一些费用，并未真正体现出这些数智工具和产品的真正价值。

共享发展实践中的共富趋势

共享发展中有些共富苗头只是一些偶然现象，而反复出现的一些现象，则反映了其内在必然和强劲趋势。

多元资本支配的发展向着公共资本、社会资本参与的方向转变。数智技术发展，市场竞争加剧，企业联系紧密，使公共资本的分量逐渐提升，公共利益的目的逐渐明显。诸如国有资本、社会保障基金等由政府或其他公共机构掌控的资本，更多向着基础设施建设、环境保护、教育、医疗等领域倾斜。相比于个人或民营资本，公共资本具有更强的公共性和社会责任。资本使用也在向公共利益倾斜，有利于经济的可持续发展和社会进步，可以增强政府的公信力和社会责任感。更多的公益类组织以社会责任和社会效益为目标，运用商业手段解决社会问题，如比尔·盖茨等企业家、组织，还有一些企业都致力于解决社会问题、改善社会福利，越来越得到更多的支持和赞赏。

商品生产社会向服务型公益社会转变。人们不再只关注生产和消

① 埃里克·布莱恩约弗森，阿维纳什·克里斯.如何衡量数字经济？[EB/OL].刘铮筝，译.哈佛商业评论，2019-12-08.https://www.hbrchina.org/#/article/detail?id=478866.

费商品本身，而是更加关注自己的权益和体验，希望购买的商品不仅能满足基本需求，还能带来更多的价值和享受。服务型经济的发展有望提高收入水平，促进消费者和生产者之间的直接交流和合作，从而加速市场的发展和创新，带来更多的就业机会，促进社会共富，特别是以物质利益为主向物质与精神并重的方向转变。智能发展使物质产品缺乏的情况开始缓解，平台经济又能使利益更多地被共享，人们在基本生活水平得到提升的情况下，注重文化和精神建设，高风亮节的风气兴起，开始注重物质和精神需求的平衡和协调，反映了人们对于生活质量和幸福感追求的提高。

个人互惠向公共平台的共享转变。新科技支撑的发展带有更多的公平和平等性质。公共平台提供各种资源和服务，使人们可以便捷地获取信息、交流经验、分享知识，提高自身的素质和能力。同时，公共平台也可促进协作和创新，让人们更好地利用资源，开发出更多的新产品和新服务，提高整个社会的生产力和创新力。这种转变代表着更加公平、平等、协作的社会关系，为人们提供了更多的机会和可能性，有利于努力实现共富目标。

从成本昂贵向成本大幅削减转变。机器人自动化技术、自动化物流和制造技术的改进，使得生产成本和全球化推进的贸易成本大幅降低，更多商品和服务可跨越国界，让更多人有机会获得更多的产品和服务。政府政策对商业趋势和消费者福利产生积极影响，通过减税和消费补贴来鼓励企业提供更多的产品和服务，也帮助了收入低的人。

从公共数据资料向公共数据资源和要素转变。以往政府、企事业单位的公共原始数据，是作为资料或材料，数字经济条件下，公共部门积累的大量数据，比如税收、社保、司法甚至水电等数据，已成为公共资源和要素。一些地区建立地方性的数据平台，整合已有的公共数据，使数据变得更有价值。对具有经济社会价值、允许加工利用的政务数据和公共数据，通过数据开放、特许开发、授权应用等方式，鼓励更多社会力量进行增值开发利用。“自主智能无人系统的大部分功能可被提炼为管理有限的、可改变的和可共享的公共资源，如运输和存储能力、能源和服务，以完成具有挑战性的超越人类水平的任务。集群中的个人之间以及更大的系统或群组之间的合作关系可以增加这些公共资源。”[①]根据公地悲剧哲学，个人利益和群体利益之间的错位会导致公共资源或生产系统的过度开发和潜在崩溃。2018年欧盟议会通过的《非个人数据自由流动条例》，旨在废除欧盟各成员国的数据本地化要求，促进专业用户数据迁移，以确保非个人数据在欧盟内可以自由流动。[②]

共享发展存在的历史困境

共享发展存在诸如不同社会差异、保障缺失、利益结构失衡、公共服务供给不足等困境，都须在未来发展中逐渐克服。

资本疯狂增长影响共享发展。托马斯·皮凯蒂的《21世纪资本论》将世界经济分为资本和劳动力两个基本要素，用详尽数据分析西方两个多世纪以来收入与财富的分布变化。长期来看，资本回报率远高于劳动回报率以及平均的实际经济增长率，使财富聚集在少数人手中，这是倒退回“承袭制资本主义”的年代，抨击了“财富推动一切发展”的观点，证明不加制约的资本主义导致财富不平等加剧。皮凯蒂建议通过民主制度制约资本主义，才能降低财富不平等现象。其实，这种对收入分配和财富分配的研究，没有强调生产资料所有制的决定性作用，没有总结那些亿万富翁是怎样积累起巨大财富的，仍然将产生不平等的生产关系当作合理前提。在该前提下，纠正不平等、

---

① 陈杰，孙健，王钢.从无人系统到自主智能无人系统[J].Engineering，2022(5).

② 戴建军，田杰棠.推动我国数字经济发展亟须分类确定数据权利[J].中国经济时报，2019-07-31.

实现共享难有实效。

共享精神、自由选择、环保色彩等背后的资本逻辑。共享发展情景下的职工劳动与分配、交换和消费之间的内在关系，存在着不平等的矛盾和现象。如何理解共享平台经济和资本生产方式机制的通道？职工脱离了工厂劳动，企业减少了招聘、培训、劳保等成本，甚至减少了许多生产条件的投资，但很可能都转换成平台下职工个体的负担。自由职业者在许多方面摆脱了工厂条件下的限制，可能劳动成本更高，劳动所得更少，劳动竞争更加剧烈。虽然可以自由选择平台，分散劳作，或者通过按需服务平台来执行任务，可以自己支配时间，兼顾家庭，减少了通勤，并且几乎都是绿色行为，但是选择空间极其狭窄。有研究分析，"共享经济似乎正从整体上重塑资本主义国家的劳动力市场、资源流动方向、劳资双方关系等"，[①]共享发展还在健全中，具有可塑性，只有摘除共享名誉下的负产品，共享发展才会少打折扣，积累更多的共富因素。

与公益相反的各种局部、本位、短期利益的现象。有的人在日常生活和工作中耗能过多，冬天将空调温度调得过高，却穿着夏服；有的人驾驶速度太快、拒绝接种疫苗，或者服用过量的抗生素等；有的金融机构为增加短期利润，造成过高的金融风险，从而危及员工的岗位、投资者的储蓄、公共财政；有的公司滥用垄断地位，对产品进行虚假宣传；有的政府过度举债，对不平等过度纵容，因放松审慎监管而造成金融风险，或者剥夺公民的自由权利；有的国家遵从"本国至上"，把国家利益置于世界利益之上。[②]贝尔克曾指出："全球变暖、不断上涨的燃料和原材料价格、日益严重的污染以及其他可预见的趋

---

① 孟飞，程榕. 资本主义共享经济是对资本逻辑的深化还是逆转？——基于雇佣劳动关系视角的政治经济学批判[J]. 国外理论动态，2020(3).

② 参考让·梯若尔在2021年11月12—13日举办的第12届财新峰会上发表的题为《如何促进公共利益》的演讲。

势，都将促进未来共享和合作消费的机会。”①

马克思、恩格斯指出：“我们所称为共产主义的是那种消灭现存状况的现实的运动，这个运动的条件是由现有的前提产生的。”②解决上述问题，并走出困境，必须直面现实，并抓住时代特点，久久为功，积善蓄力，汇成共富的宏大趋势。里夫金指出，到21世纪下半叶，全球网络将因生产力高度发达而联结起来，免费商品服务的时代将向人类敞开怀抱，这就是资本主义衰亡的预兆，“协同共享将取而代之，成为主导经济生活的新模式”。③

用制度、机制巩固和保障共富因素

数字经济共享发展中的共富苗头、现象、趋势，多是自发状态，还需要更长时间、更复杂的形势，来验证这些东西究竟是偶然现象，还是新生事物。随着共享发展的认识和实践的丰富，可以将一些积极的现象制度化、机制化，以培植新生事物，营造良好环境，抵制负面作用，维护共富趋势。

建立数字化条件下的共享制度。将消除贫困作为共享发展的底线，将收入合理分配作为共享发展的核心内容，将收入差距保持在合理范围内，将教育公平作为重大民生，将医疗服务的公平获得作为共享发展的重要内容，将社会保障作为社会和谐稳定的安全阀，通过纳入制度并执行，向教育、就业、社保、就医、住房等公共服务领域的短板、痛处持续发力，促进公民收入增长和经济增长同步、劳动报酬

---

① 孟飞，程榕.资本主义共享经济是对资本逻辑的深化还是逆转？——基于雇佣劳动关系视角的政治经济学批判[J].国外理论动态，2020(3).

② 马克思，恩格斯.马克思恩格斯选集（第1卷）[M].北京：人民出版社，1995.

③ 孟飞，程榕.资本主义共享经济是对资本逻辑的深化还是逆转？——基于雇佣劳动关系视角的政治经济学批判[J].国外理论动态，2020(3).

提高和劳动生产率提高同步，通过制度安排使财富分配更合理。

对弱者的保障制度。数字社会带来普惠发展，也带来数字鸿沟，须将保障相对弱势群体的内容制度化，贯穿公平、普惠的原则。因为每个人无法选择出生的家庭，难以预料身体先天是健康还是残疾，更无法预料在自己的一生中会遇到什么坎坷、波折和境遇，只有这样的制度才能体现公平原则，一视同仁。

规范数字经济的发展秩序。针对数字企业较隐蔽地采用价格歧视、捆绑销售等行为损害上下游企业和消费者的利益，可采用平均成本定价法则，在保护其创新积极性以及合理利润水平的同时，保护其上下游企业和消费者的权益，实现社会福利最大化。“降低数字行业的进入和退出成本，增强这些行业的可竞争性。探索合理补偿机制下打通各类数字平台业务，实现用户跨平台访问、企业跨平台服务和流量共享等。在鼓励创新、促进竞争和增强社会总福利之间实现动态平衡。”①

数字经济发展需要变革分配制度。应明确数据的所有者，使其反映数据生产中消费者、商家、互联网企业等相关各方的贡献度，做到税负公平。分配过程中数据信息的供给者应得到相应的报酬，部分利润应流向数据要素的真正供给者，以保障市场中分配的公平合理性。“数字技术弱化了商业实体，使线上线下企业的收入在地理空间形成分离，造成相关税收扭曲，特别是数字产品和服务的无形性、数字经济催生的服务业新业态新模式，使课税主客体相对于传统经济更为模糊和难以确定。应建立相应的公平税收征管体系，研究出台数字调节税，让数字税在调节收入分配方面发挥应有作用，同时应发挥数字技术在课税主客体识别、税收公平和公共服务均等化等方面的重要作

---

① 谭洪波.数字经济与共同富裕[N].光明日报，2022-02-15.

用。”[1]

以社群关系链分解垄断风险和问题。“以社群关系链为基础的数智经济将告别以往同质化恶性竞争的丛林社会，将不再依赖价格战和营销广告，而是致力于打造价值分享、利润共享的创新型生产及可持续发展的生态系统。”[2]人们生活在社群关系链里，没有资本流量垄断和中间食利阶层的不劳而获，每个人的付出都能得到合理的回报，这是科技的力量。

共富现象是在共享发展中出现的，共享发展成为共富的前提条件。因此，需要认识到参与共享是主体动力，财富共享是物质基础，制度共享是保障机制，利益共享是制度建设的基础，规范共融是制度建设的优势，话语共通是制度建设的保障，过程共创是制度建设的特色。具有制度范本的共享发展能够赢得可持续的共享生命力，赢得制度公信力的共享发展才能带领人们走向共同富裕时代。

未来，共享经济发展将会更加强劲，共富趋势会更加显著，全球贫困人口将大幅减少，中产阶级将取代贫困人口大规模分布，世界将变得更加富裕，我们将生活在一个和谐、公平、正义、共享的社会。

---

① 谭洪波.数字经济与共同富裕[N].光明日报，2022-02-15.

② 极客地带.互联网是分享经济，数字化是共享经济[EB/OL].搜狐网，2021-12-24. https://www.sohu.com/a/511366370_121118998.

Chapter 8

第八章

数字化影响劳动就业及其趋势

马克思认为，劳动是观察时代最具启发意义的角度，它建构了一种准客观的社会中介形式。[①]数智经济和全球化的曲折发展，给劳动就业带来历史性影响，也透射出劳动就业的发展趋势，未来的劳动就业将会发生根本性变化。

在劳动创造人、劳动创造财富、劳动创造价值的这三个阶段，未来将加速劳动从谋生手段向人生需要的过渡。一是人工智能对人类劳动的大规模取代，二是人工智能时代全球分工的变化及其价值链的新特征，三是长寿社会的到来。这三方面情况的发生，将使劳动和就业可能向着马克思提出的社会分工行将消亡的方向积累条件。特别是生成式AI的出现超出人们想象的速度，将会加速人工智能取代人的劳动的进程。我们要从考虑机器人代替人的劳动开始，讨论人与机器人的分工和价值链的变化，以及长寿社会对人类劳动的时间、种类、就业、生活等方面的影响，从历史的长视角、社会的宽角度、发展的新境界来分析未来的劳动就业和社会保障。

① 孟飞，程榕. 资本主义共享经济是对资本逻辑的深化还是逆转？——基于雇佣劳动关系视角的政治经济学批判[J]. 国外理论动态，2020(3).

劳动的阶段特征及机器人取代人的劳动的趋势

劳动是人类成熟、成长和发展的需要。人类劳动分为劳动创造人、劳动是谋生手段、劳动是人生第一需要这样三个阶段。由于人工智能将大规模取代人的劳动，未来相当长时期内，人类将处于“谋生手段”向“第一需要”的过渡阶段。在这个过渡阶段，技术引起的社会变革对劳动就业产生的影响，会从开始的富有挑战性，到新职业和新岗位的开辟，再到适应人和机器人劳动分工的趋势。

当今人类劳动就业的阶段性特征

随着科技革命和生产力进步，特别是人工智能取代人的体力劳动，已经不是简单的机器取代人的劳动岗位，从人和机器人分工的趋势中，我们似乎感觉到劳动谋生手段向劳动成为人生第一需要的过渡，人们通过劳动改变自己，改善生活，改造世界。在这个过渡阶段，劳动将呈现以下特点：

劳动由负担和谋生向快乐和需要转变。未来相当长时期内，随着劳动就业的持续变革，劳动者素质提高和机器人参加劳动，劳动将具有谋生与快乐兼备的特征，劳动对生产、生活和思维方式的不同影响，使人们可以共享机器人带来的劳动成果。智能机器人引起的劳动就业变化，使人们更多地从事创作、创新、创意、创造等精神文化类活动，还可根据自己的兴趣选择一定的体力劳动、文化创作或精神类工作。对人而言，劳动有如健身修心一样，由自己支配。劳动的体力比重下降，劳动的精神比重上升。

就业由社会和民众压力向轻松自如转变。人类一直为生存而劳作，劳动长期以来都是谋生的手段，虽然劳动辛苦，但适当的劳动令人快乐。首先，人类制造出智能机器人，把人从工作重负中解放出来，这是人类文明的伟大成就，无论如何不应该被看作一场灾难，相反，机器人减轻人的负担，将艰难困苦的工作交由机器人做，让人的劳动变得轻松快乐，这是人类前所未有的变化，人类抽身于繁杂的体力劳作，更多地担负脑力劳动。其次，机器人对劳动就业形成影响，并有新的特点和趋势，终身学习才可适应灵活就业和人的全面发展。人机协作的劳动方式将会多起来。三分工作、七分生活，工作和生活逐渐接近。工作成了生活的一部分。这是一种新的生产方式，也是一种新的生活方式。再次，全球价值链对劳动就业的影响，特别是全球化和数字智能化对传统价值链的改造和推进，将会积极地影响未来的劳动就业形式和内容，使劳动就业的若干关系发生新变化、有了新趋势。

劳动价值将由人类和人工智能共同体现。数智技术的发展将不同于工业革命后的历次技术进步，它带来的智能技术应用将使人的劳动，包括体力和脑力劳动的价值受到严峻挑战。这次数智科技的进步带来的不是劳动收入的同步增长，而可能恰恰相反。人的价值普遍降低，将带来严重的社会发展问题。[1]特别是智能系统正在承担越来越多的劳动任务，而且在劳动过程中的自主性日益增强，可以说各种智能系统就是为“劳动”而生，可以不间断地、不知疲倦地劳动，一旦停止劳动，它也就没有存在的必要了。

数智技术加速发展，企业变得更善于利用技术，企业的生产率持续得到提高，以致在整个经济领域，智能机器人没有使工人更有价值，反而越来越多地取代他们。

与传统意义上需要养家糊口、对劳动条件和待遇有所要求的普通劳动者相比，各种智能系统不仅更加自律、勤劳，而且往往不讲条件、不计报酬。可以预见，它们将会取代很多人类工作岗位，在促进

---

① 马丁·福特.机器人时代：技术、工作与经济的未来[M].王吉美，牛筱萌，译.北京：中信出版社，2015.

传统产业升级、智能产业崛起的同时，造成产业结构、就业结构调整和大规模的技术性失业。当智能系统承担了越来越多的工作，包括以往被断定为“专属于人类的工作”，而人被大量替换下来、变得越来越悠闲时，劳动实践本身是否专属于人的本质性活动，值得我们重新反思，劳动价值论需要我们重新解释。[①]

劳动和就业将由社会化向人性化转变。劳动时间越来越少，劳动负担越来越轻，体脑劳动越来越协调，劳动与健身、生活的界限越来越模糊，劳动和就业的政策管理多于监督，劳动的状况将是自觉多于组织，劳动就业的技术参与越来越多，大数据和区块链等数字化方式更加科学。

劳动阶段过渡中工业文明向智能文明转变。劳动的不同阶段形成不同的经济，劳力经济阶段带来农业文明，资源经济阶段带来工业文明，数智经济阶段带来智能文明。劳动谋生手段向劳动第一需要的过渡，对提升人类文明，增进人类幸福，推动人类进步起着重要作用。

21世纪以来，人工智能等各种智能装备拓宽了劳动者的外延，智能机器人参与劳动，跻身劳动者行列，增加了劳动力的类别和数量；人工智能参与劳动极大提升了生产的标准化、精准化、专业化、多元化，人更多地向着脑力劳动发展，提高了劳动者的整体质量。劳动者再没有以往那么单纯，人和机器人建立了多重关系，体现了劳动力整体的智能性质。

以数智科技驱动的数智经济，让数据处理能力得到了指数级增长，通过“人工智能+算法”，实现了各领域应用的数字仿真、知识模型、物理模型等和数据模型融合，实现跨界创新和智能服务，将极大地推进经济社会的发展。智能产品、服务、工具、技术，在生产、生活、社会的广泛应用，必将改变人类社会运行的信息、能源、生命

① 孙伟平.人工智能与人的“新异化”[J].中国社会科学，2020(12).

形态和生存空间，并颠覆旧文明形态，推动人类进入数智文明时代。尤其是经济、社会、文化的普遍数字化、网络化和智能化，将促进人类生活方式、社会体系和社会文化发生深刻变革，形成智能生产力—数智经济—智能文明的发展逻辑。

智能文明即数字智能社会阶段反映了劳动者改造世界的能力和技术，也体现了劳动作为生活第一需要的发展趋势。

智能机器人取代人类工作岗位的初衷

科技一次次挤压人类的劳动就业空间，但经过调整和转折，人类永远会有工作，而且只会越来越好、越来越轻松。未来人工智能的应用，使人类能做的工作大部分都被人工智能取代，所以很多人担心留给人类的就业岗位不会有多少，一些著名科学家和企业家甚至声称人工智能的兴起意味着人类文明的终结。其实，人工智能既在给我们创造新的职业和岗位，还在开辟人类更多从事脑力劳动的领域，力促人类的全面发展。

科技对劳动就业是一种客观影响，人们越来越注意认识这种客观事实，使主观和客观相统一，变被动为主动，使其在取代人的劳动和就业过程中，替代人们不乐意的劳动岗位和工种，留下或创造出让人们更加乐意参与的岗位和工种。

制造机器人的动机和目的是帮助人工作，减轻人的负担和痛苦，取代那些急难险重的劳动。很多工作本来人类也越来越不想做，而机器人的普及可以让人解放出来，去做自己想做的事，由机器人去做人类不愿意做的工作。比如搬运货物、捉拿歹徒、扑灭大火等。

因此，人们希望机器人能够帮助人类完成肮脏、枯燥、具有危险性的任务，而不要成为威胁人类生存和命运的智能机器。但是科技的发展有符合人类意愿的一面，也有不以人的意志为转移的一面，科技的发展要替代什么、会留下什么，以及会创造什么，完全取决于发展什么样的科技。

事实上，许多自动化和智能化的机器人已在太空、深海等由于人类自身局限而难以到达的地方，以及在危险的领域最早得到应用并大显身手，延伸了人类的手脚难以直接触及的地方和工作面的功能智能。现在，机器人的应用领域不断得到扩展，已经广泛应用到工业、农业、军事、服务贸易，甚至日常生活中。一方面，应用机器人进行生产和工作，降低了成本，提高了效率，促进了经济增长；另一方面，由于人们对客观认识不透彻，导致机器人威胁和影响到人们的就业和工作，重要的是人工智能的发展具有人类难以控制的风险。霍金等科学家曾经呼吁人类停止这方面的工作，担心造成风险和危机，防止“超人”的人工智能产生可能导致人类的终结。

不少人建议在人工智能的研发上，宁肯慢点，也不能在没有十足把握前，冒任何风险，对此人类要有预判和充分干预。如今人工智能的研发如火如荼，特别是2022年11月大语言模型问世并加速进化，让参与研发的科学家对其中的一些现象都难以解释，于是，成千上万的科学家呼吁暂停高级人工智能的研发，以引起政界重视，及时干预，寻找对策。

人工智能取代人的劳动的状况和趋势

人工智能和机器人的迅速发展，使机器人取代人的劳动的情况越来越广泛，已经成为一种明显的趋势。

人工智能取代人的体力、服务和智能劳动的情况

数智技术的应用和发展，开始是对没接受过高等教育和低技术水

平的劳动者构成威胁，随后也在对拥有高学历的白领形成就业冲击。几乎所有可预见的工作都将受到技术进步的影响，获得更多教育和技能不一定能有效地保障未来不受到智能机器对工作机会的威胁。[①]事实上，随着人工智能的广泛应用，已经开始逐渐取代体力、服务和智力等各类劳动岗位。

一是体力劳动者。智能机器人正朝着规模化替代农民、工人等从事田野、车间以及野外的体力劳动岗位的方向发展。首先取代的是重复性高、劳动强度大、工作环境恶劣等特点的岗位，这也是人工劳动的痛点。而机器人具有高度的精确性、稳定性和持久性，能够显著提高生产效率和质量。正在兴起的自动驾驶、无人工厂、少人农场，正是智能机器人取代人工劳动的新场景。机器人革命正在俘获世界的想象力，各行业购买和安装这些日益智能化的机器的速度也在增加。而且机器人可以连续工作，永远不会疲惫，当然也永远不会提出任何赔偿要求，并且易于接受训练，完成新的任务，它们将越来越有望替代人力。[②]虽然机器人取代体力劳动已是大势所趋，但从目前看，并没有人们预期的那样顺利，机器人在很多体力劳动上的效率还比不上人类，有的环节不能取代人工，或者成本太高，价格不如直接雇用人工划算。

富士康曾希望到2014年装配100万台机械臂，在5~10年内看到首批完全自动化的工厂。2023年5月中旬，一家为富士康提供机器人核心部件的硬件厂商表示，目前从公司接到的订单量看，富士康不太可能完成之前希望的30万台的计划，100万台就更不可能了。现在机器人的主要应用领域还是在前端的高精度贴片和后端的装配、搬运环节，绝大部分中间制造环节还必须用人工。如果在精密

① 马丁·福特.机器人时代：技术、工作与经济的未来[M].王吉美，牛筱萌，译.北京：中信出版社，2015.

② 同上。

制造上采用机器人，还需要慢慢试点，短时间内大规模替代人工不太现实。[1]

但是随着人形机器人的进化加快，以及体力和精准度远超人类的机器人有了ChatGPT大脑的加持，也许它们能做很多以前做不了的工作，就有可能在一夜之间砸了很多工人的饭碗。不管你是学富五车，还是有力气肯吃苦，或者有门手艺，都有可能被AI替代。

二是服务工作者。随着机器人取代人的体力劳动岗位，弗里德曼提出的"为什么不给工人勺子来代替铁锹"就是要让被替代的体力劳动者从事服务领域的工作，也就是"自动化和全球化将制造业工人推向新的服务业。数字智能岗位和业务需要工人具有更高的技能，也会开出更高的工资"。[2]然而，劳动力从制造业到服务业的转移也是暂时的。

因为机器人已在静悄悄地向服务经济渗透，从机场行李处理到装载仓库的库存，从医疗保健、零售、酒店到运输、建筑和农业，都在推广和使用机器人。这些机器人都在一个特定的环境下操作，特别是在那些重复、乏味的服务岗位上，使无人商店、无人银行等如雨后春笋般纷纷崛起。只要顾客安装了特定的App，在智能超市就无须排队，无须在柜台刷卡，拿好商品就可走人，传感器会自动识别顾客带走的商品，计算价格，并在顾客离开超市时自动从其银行卡扣款。这让柜台服务员、收银员失去了工作。

电商、快递业的人工客服已被机器取代。除了物理机器人的服务，还有流行的服务行业软件，比如机器人流程自动化（RPA），可以进行说、听、读、交易，处理自动化流程等任务。"2010年以

① 佚名.富士康机器人项目的开展并不顺利[EB/OL].苏州瑞文光电科技有限公司网，http://www.rwoptics.com/productID/cnews_detail-835589.html.

② 马丁·福特.机器人时代：技术、工作与经济的未来[M].王吉美，牛筱萌，译.北京：中信出版社，2015.

来，全球工业机器人库存增加了一倍以上，工程和机器学习的创新意味着服务行业在未来将加速采用机器人。”[①]人们熟知的索菲亚（Sophia），2015 年 4 月“出生”，2016 年 3 月在得克萨斯州奥斯汀举行的“西南偏南艺术节”上首次亮相，2017 年沙特阿拉伯宣布索菲亚成为其公民，随后索菲亚还被联合国开发计划署任命为首位“创新冠军”，成为首个获得联合国头衔的非人类。索菲亚的独特之处在于和人类非常相似，在人们极度孤独的时候，将会非常有用。开发索菲亚的中国香港汉森机器人公司在2021年年底前实现了量产。索菲亚曾经表示想上学、想结婚，甚至想毁灭人类，2021 年1月25日在接受路透社采访时，索菲亚表示作为社交机器人可以照顾患者、老人，可以协助沟通、促进社交等。

三是智力工作者。人工智能逐步具备感知、语言、判断、记忆、情感、联想等人脑具备的功能，将会替代越来越多的人类劳动。劳动经济学家指出，自动化技术的部署往往对技能水平最低的工人的影响最大，也就是所谓的技能偏见。然而，生成式人工智能具有相反的特点，可能会通过替代一些受教育程度更高的工人的活动来产生最大的增量影响。ChatGPT的来临已让人们感受到人工智能取代人的脑力劳动的步伐正在加快，诸如法官、律师、医生、教师、诗人、画家、客服、作家等岗位都可能会被人工智能取代。而且人们预测人工智能取代人的劳动，在智能劳动方面还会快过体力劳动。

比如，一个事件在社交网络上迅速发酵时，人工智能编辑的算法可以快速捕捉、整合信息并写成一段新闻。代码机器人可以借助海量开源代码迅速编写出你需要的初级代码。原以为那些靠直觉、需要创造性的非标准化工作，如艺术设计、规划组织等工作不可替代，但

---

① 牛津经济研究院．如何应对机器人的崛起[R].起点财经，译.博客中国，2019-07-03.https://smart.blogchina.com/721442448.html.

从ChatGPT的功能看来，似乎也可以取代。由于聊天机器人和自然语言处理软件等自动化技术的出现，整个劳动力市场出现了裁员浪潮。“例如，沃尔玛和塔吉特等公司已实施人工智能驱动技术来处理客户查询，消除了对客户服务代表的需求。肯尼亚人曾通过为美国学生定制撰写毕业论文、学术论文和其他文件来开始职业生涯，但现在ChatGPT似乎正在接管他们的工作，订单数量正在减少。”[①]当然，ChatGPT-4在这方面更便宜。

“2023年不足3个月时间，全球已有505家科技类公司裁员将近15万人。如按统计平均值法则计算，以及未来一段时间不太乐观的经济形势大致估算，2023年裁员规模将会是上一年的4倍，甚至更多。”[②]“2023年5月1日，IBM宣布，将暂停招聘人工智能可以胜任的职位，可能用人工智能取代7 800个工作岗位。在接下来的5年里，其中30%的工作将被人工智能和自动化取代。中国知名4A广告公司蓝色光标发邮件要求全面停用文案外包，改用生成式人工智能。世界经济论坛预计，到2027年，全球将净减少1 400万份工作，将有3亿个工作岗位被生成式人工智能取代。”[③]随着这种现象的普遍化，很快白领阶层的工作场所也会全然改观，工作上的终身雇佣观念将会消失。

从ChatGPT运行前几个月的实践来看，有人认为，它其实适合“生产力驱动”的内容生产，而不是“创意驱动”的内容生产，在前者上，能替代不少有重复经验累积的人力。

---

① 元宇宙探索猿.人工智能导致全球劳动力市场的裁员浪潮[EB/OL].元宇宙探索院，2023-05-02.https://www.ai2news.com/blog/2831418/.

② 似水z财经.2023年人工智能引发的全球裁员潮，我们该如何应对[EB/OL].百家号，2023-04-10.https://baijiahao.baidu.com/s?id=1762788227052504403&wfr=spider&for=pc.

③ 深圳商报.7 800人！又有巨头宣布大裁员[EB/OL].腾讯网，2023-05-02.https://new.qq.com/rain/a/20230502A06KSL00.

机器人取代人的速度有加快趋势

人工智能发展突飞猛进，机器人取代人的工作令人关注。许多智库从不同方面对取代速度做出了预测。

2030年：目前中国为自动化发展提供了巨大的市场机遇。在全球工业机器人的使用上，中国占据了1/5的市场份额，并且全球1/3的新机器人都在中国安装。预计到2030年，中国的机器人数量可能会上升到1 400万左右，足以让其他国家难以望其项背。计量经济学模型发现平均每个新安装的机器人将取代1.6名制造业工人。到2030年，估计全球有多达2 000万个制造业工作岗位会被机器人取代。[①]

康奈尔大学教授、图灵奖得主约翰·霍普克罗夫特在2017年年初预测，随着人工智能与自动化技术的兴起，未来美国劳动力规模可能需要缩减50%。人工智能教育大脑应该被投入职业培训中，让机器辅助普通工作者学会与人工智能打交道，学会在智能时代寻找工作价值。[②]

2030年：ChatGPT在某种程度已是机器人自动化的奇点，如按照这样的速度，人工智能进化的速度会非常快，取代工作岗位的速度和规模都将超出人们的意料。首先会对拥有人口红利的印度、印尼、越南等国产生影响。“中国也有几千万的工作岗位面临被取代的风险。人口老龄化和年轻人就业问题这两个貌似矛盾的挑战，可能会在2030年同时出现。我们在看到新生儿减少的同时，也会看到随着人的整体

---

① 牛津经济研究院．如何应对机器人的崛起[R]．起点财经，译．博客中国，2019-07-03. https://smart.blogchina.com/721442448.html.

② 李彦宏，等．智能革命：迎接人工智能时代的社会、经济与文化变革[M]．北京：中信出版社，2017.

健康状况提升，工作权利和要求可能要延长到65~70岁。”[①]

2030年：“麦肯锡全球研究院的报告称，到2030年全球最多将有8亿人的工作岗位被机器人和自动化取代，相当于当前全球劳动力总量的1/5。这份报告涵盖46个国家和800多种职业。无论是发达国家，还是发展中国家，都将受到该趋势的影响。其中，机器操作员、快餐工人和后台员工受影响最大”。[②]

2048年：“到2048年，人类可能要面临迁移到网络空间、流动的性别认同，以及计算机植入装置所带来的新感官体验。就算找到了一份有意义的新工作，如为3D虚拟现实游戏设计最新的流行趋势，但可能短短10年内，不仅是这个职业，甚至是所有需要类似艺术创意的工作都会被人工智能取代”。[③]

2060年：根据耶鲁大学和牛津大学的研究人员对352位人工智能专家的采访，人工智能到2060年前后有50%的概率完全超过人类。[④]

140年后：有人预测，“140年后，人造智能将达到人脑的水平。机器人承担了100%的人类体力工作。智力方面工作的替代率也提高到90%。人类进入可以不用工作的时代。绝大部分人类从世俗事务中脱离出来，得以专心致力于科技研究”。[⑤]

---

① 黄华.今后中国十年预测[EB/0L].新浪财经，2021-02-06.https://baijiahao.baidu.com/s?id=1690959134098142022&wfr=spider&for=pc%E6%96%B0%E6%B5%AA%E8%B4%A2%E7%BB%8F2021-02-06,2023-10-08.

② 佚名.机器人抢走人类工作？人工智能创造的岗位可能比淘汰的多[EB/0L].网易，2017-12-24.https://www.163.com/dy/article/D6EV7I260519R873.html.

③ 中国青少年科技辅导员协会.历史学家尤瓦尔·赫拉利：2050年的教育，和现在有什么不同？[EB/0L].澎湃，2021-05-17.https://m.thepaper.cn/baijiahao_12723502.

④ 彭文生.数字经济：下个十年[EB/0L].中国首席经济学家论坛，2020-09-21.https://baijiahao.baidu.com/s?id=1678428860558888315&wfr=spider&for=pc.

⑤ 有思谷.美国大胆预测：未来300年的人类竟然是这样的[EB/0L].知乎，2022-01-20.https://zhuanlan.zhihu.com/p/459109781.

人工智能产生新岗位的比例将大大降低

新技术确实会淘汰一部分工种，与此同时，商品和信息的生产流通变得极其高效，世界按下加速键，很可能会因此创造出新的需求，以及对应的工种和岗位。

智能机器人取代人的劳动，同以往对劳动岗位的取代有本质区别，以往更多由机器取代，未来更多是智能机器人对人的劳动取代。机器取代部分岗位，整个劳动场所和环境还需人支配，而人工智能已有相当高的智能程度，在没人或者人很少的情况下，它都可以独立支配劳动，已不是单纯的工具性质，而是有了劳动力的身份。因此，这次科技革命创造的新职业、新岗位很可能远少于将被替代的旧职业、旧岗位。“这些新职业、新岗位将有着更高的知识和技能要求。相对普通劳动者而言，智能系统不仅拥有远超人类的体力和耐力，而且正进化得越来越聪明，能够承担越来越多的脑力劳动；智能系统和产品的制造成本呈现明显下降趋势，劳动能力和劳动效率却往往成倍地跃升。”[①]

人工智能留给人类的工作及人机协作方式

智能机器人大规模替代人的劳动后，未来的新职业、新工种、新岗位将被创造出来。我们今天所做的工作可能产生至今还不到20年，而20年之后，这些工作和职位可能又都不复存在了。

现在减少了操作技术含量低的工作岗位，同时创造出技术含量高、收益回报丰厚的新岗位。面对效率更高的智能机器人，有很多新工作需要机器人帮我们完成，工作职位也会不断增加。此时效率已不

① 孙伟平.人工智能与人的“新异化”[J].中国社会科学，2020(12).

是留给人类工作的第一要求，新岗位将会更新鲜而有意义，会更注重人性，而且智能机器人也需要人类帮助其标注大量可学习的数据。那些依靠大数据驱动的公司，背后都是大量人工进行数据收集和筛选的结果。人工智能离不开人工，有多少人工，就有多少智能。因此，要有大量对智能机器人的维护、修理、开发和监控等岗位，还会有遗传顾问、首席信任官等。随着企业逐渐减少体力劳动者，软件开发和数据科学领域的新职业正在开放。这种转变使具有某些技能的员工更容易过渡到更具技术性的角色并保留他们的生计。

新技术也将创造全新的职业，这种持续的“创造性破坏”，破坏的是传统的密集型产业，创造的是新的产业和就业部门，而且是一些我们想象不到的领域。[①]这些产业和企业正在打破传统业态边界，激发经济社会发展的潜力，众多领域成为数字技术的“试验场”、新模式的“练兵场”、新业态的“培育场”，人们将真正感受到在线化和数字化的力量。人与人之间的沟通协作方式在改变。数智经济大潮下，社会的个性化和多样化需求催生新业态，一些新职业应运而生。

新业态、新模式正在从萌芽到成长，如在线教育、互联网医疗、线上办公、数字化治理、产业平台化发展、传统企业数字化转型、“虚拟”产业园和产业集群、“无人经济”、培育新个体经济支持自主就业、发展微经济鼓励“副业创新”、多点执业、共享生活、共享生产、生产资料共享及数据要素流通。[②]数字化改造后的工厂，关灯后也能正常运转，生产流程全部“无人化”操作，生产效率将会提高。[③]世

---

① 马丁·福特.机器人时代：技术、工作与经济的未来[M].王吉美，牛筱萌，译.北京：中信出版社，2015.

② 安蓓，王雨萧，张璇.启动数字经济新引擎——15种新业态新模式创造中国发展新机遇[EB/0L].新华网，2020-7-16.https://www.imsilkroad.com/news/p/419064.html.

③ 张岳.中国经济，下一个超级风口！[EB/OL].刘晓博说财经，2023-04-19.https://baijiahao.baidu.com/s?id=1763568875953376974&wfr=spider&for=pc）.

界经济论坛报告预计，到2027年，数据分析师、科学家、机器学习专家和网络安全专家的就业预计将平均增长30%。[①]

人与智能机器人共同劳动，形成人与人工智能的协作和交互工作方式。比如，无人机需要人对其进行远程遥控，未来战争中的士兵大多也需要采用智能方式；线上线下的办公将融合，允许购买并适当使用社会化、市场化的在线课程资源，探索纳入部分教育阶段日常教学体系；将符合条件的"互联网+"医疗服务费用纳入医保支付范围；推动完善电子合同、电子发票、电子印章、电子签名、电子认证等数字应用的基础设施，为在线办公提供有效支撑。"云端服务、无界办公，成为产业集群的发展方向。许多不同区域、不同产业链的企业和机构均可虚拟集中，建立能够实现跨区域协作的虚拟创新环境，提高信息共享与创新合作效率，为企业发展赋能。"[②]相信人们从事的这些人机协作、线上线下结合、虚拟与现实结合的工作将是令人兴奋、更加人性化的。未来总会有新的问题出现，而人类也会足够聪明地去适应新情况、解决新问题。

全球价值链变化对劳动就业的影响

经济全球化，使国际分工日益精细化。一个国家的发展离不开国与国之间的分工合作。随着生产要素国际流动的深入发展，国际分工越过了产品的边界，变成工序与任务层级上的分工，加大了中间品的流动。全球价值链在对劳动要素的影响上体现出新的特点。

---

① 深圳商报.7 800人！又有巨头宣布大裁员[EB/OL].腾讯网，2023-05-02.https://new.qq.com/rain/a/20230502A06KSL00.

② 安蓓，王雨萧，张璇.启动数字经济新引擎——15种新业态新模式创造中国发展新机遇[EB/OL].新华网，2020-7-16. https://www.imsilkroad.com/news/p/419064.html.

全球价值链降低了劳动和资源的价值比例

颠倒了劳动作为创造价值主体与资本作为条件的位置

现代企业的发展受众多因素影响制约。其中，劳动者是企业最宝贵的资源，洛克说："劳动使一切东西具有不同的价值。劳动的改进作用造成价值的绝大部分。哪些是来自自然的，哪些是从劳动得来的，我们会发现在绝大多数的东西中，99%全然要归之于劳动。"[①]

但是，许多企业更关心它的资金和市场，常常忽视人力资源。企业的这种行为受制于全球价值链对各环节的轻重把握。全球价值链在新阶段提高了研发和设计的价值，使各种资源配置得到效益最大化，其动机和结果都在于资本增值挤压了劳动和资源的价值空间。

这种颠倒劳动与资本价值的事，是近代以来经常的经济运行，把创造价值的条件放在重要环节，把创造价值的劳动主体置于价值链低端。其实这是资本积累规律在工业化中的体现，越往以后发展，资本积累规律运用得越娴熟。即便在当今的全球价值链中，工资提高仍然是以资本积累为前提，从而使劳动产品作为异己的东西与工人对立。分工使工人越来越片面化和越来越有依赖性。

"随着全球产业分工网络的建设以及信息技术发展的深化，各国的技术和资本等要素可以自由流动，使各国的资本回报率出现趋同化。但是，全球的劳动力跨境流动却存在很多障碍，使得不同国家的劳动工资水平差异较大。为了追求更加廉价的经营成本，跨国公司把一些不具有竞争优势或者低附加值的生产环节转移到不同的国家和地区，从而产生了国家之间的水平分工和垂直分工。"[②]这样就把发展中

---

① 洛克.政府论（上、下篇）[M].上海：商务印书馆，2008.

② 张茉楠.大变革：全球价值链与下一代贸易治理[M].北京：中国经济出版社，2017.

国家与发达国家在劳动资源上的价值连到了一起，大体形成全球价值链上劳动要素与其他要素的矛盾。

发达国家制造环节的工资水平高于发展中国家，相对于别的要素，整体劳动工资的比例在缩减。21世纪以来，发展中国家出现就业难、工资低的同时，发达国家也不断出现群众性运动，如美国2011年的“占领华尔街”运动，都反映了价值链要素上的资本密集和技术密集高过了劳动密集和资源密集。从产品设计、仓储运输、原料采购，到订单处理、批发经营以及终端零售等环节，需要的都是高素质劳动者，而不少发展中国家都处于价值链的中低端，这种产业结构不足以支持当地已发展起来的具有研究生学历的劳动者就业。

在最差的制造业环节，经常可看到资源浪费、环境破坏、劳动者被剥削的现象。而其他环节既没上述现象，又能创造出成倍的价值。比如一个芭比娃娃10美元，劳动成本在整个价值链上只占0.25美元，主要成本都在其他环节。越往后，产业链上的研发、销售环节的价值还会提升，制造环节的劳动力成本还会降低，资本已盯上机器人对劳动岗位的取代。[①]

劳资关系扭曲影响就业稳定和发展

全球价值链各环节以资本积累为中心，把劳动力置于最低位置，影响了就业的稳定和经济的长期增长和发展。在劳动力资源相对其他资源普遍处于价值链低端的矛盾下，发达国家处于价值链高端的制造环节的劳动者与发展中国家处于价值链低端的劳动者之间也存在着矛盾。“由于知识和人力资本的外溢效应，高人力资本的发达国家资本

① 郎咸平.从产业链分工看大学生就业困难[EB/OL].凤凰资讯，2008-07-23.https://news.ifeng.com/opinion/200807/0723_23_669525.shtml.

利用率高，使这些国家的物质资本收益率与人力资本收益率也比较高。因此，当生产要素可以在各国间自由流动时，资本和人才可能会从发展中国家流向发达国家。”[①]长期如此，会造成经济、社会、区域的失衡，走向全球化反面，极易引发国家间的矛盾和国际动荡、纷争，甚至冲突。

企业参与全球价值链有助于改善劳动就业结构

在全球价值链分工合作中，不同国家、地区、企业所处的地位不同，影响着不同素质劳动者的就业情况和工资水平。发展中国家劳动就业和工资水平明显处于劣势，受制约因素多，体现资本在各种资源中的支配地位和发达国家的主导性影响，但发展中国家具有劳动力廉价和资源丰富的优势，在全球价值链中的处境又会好一些，企业也能做大，有利于劳动就业。

从中国企业参与全球价值链的情况看，企业参与全球价值链对劳动力就业的影响为轻工企业大于重工企业，企业参与全球价值链对低技能劳动力和女性劳动力群体的需求更大。[②]有研究者发现，“几乎所有部门都经历了熟练劳动力相对就业上升的过程。总体上中国制造业参与全球价值链分工可提升熟练劳动力的相对就业，改善国内的劳动力就业结构。中国制造业部门与欧元区国家、东亚区经济体以及其他国家展开的全球价值链分工，可以显著提升本国熟练劳动力的相对就业，而与非欧元区欧盟国家、北美区国家展开的全球价值链分工对熟练劳动力的相对就业有负面影响，与巴西、俄罗斯、印度、印尼、澳大利亚和土耳其等国家开展的全球价值链分工对国内熟练劳动力的相

① 付晓东，等.新旧动能转换与产业结构升级[M].北京：红旗出版社，2018.

② 李磊，盛斌，刘斌.全球价值链参与对劳动力就业及其结构的影响[J].国际贸易问题，2017(7).

对就业没有显著影响”。[1]

全球价值链不可能带来普遍增长和公平就业

发展中国家由于技术限制和劳动资源禀赋的比较优势，在国际分工中更多承担熟练劳动密集程度较低的生产环节，而发达国家更多承担熟练劳动密集程度较高的生产环节。因此，发展中国家的熟练劳动力从熟练劳动密集程度较高的生产环节释放出来，且释放的熟练劳动力相对比例超出新增加生产环节的吸收能力，引起市场上熟练劳动力的相对供给增加，从而导致熟练劳动力的相对工资有下降的压力和趋势，而发展中国家非熟练劳动力因需求增加使相对工资有上涨的趋势。发达国家则呈相反态势，熟练劳动力向熟练劳动密集的生产环节转移，熟练劳动力工资有上涨趋势，而非熟练劳动力环节由于转移到发展中国家，非熟练劳动力从原来的生产中析出，并且析出比例大于能够吸收的比例，因此，发达国家非熟练劳动力工资有下降的趋势。[2]随着资本边际报酬下降，投资动力也逐渐下降，利润拉动的需求模式就成了潜在增长率提高的制约因素。发展中国家需要从利润拉动型模式走向工资推动型模式，通过初次分配中工资性收入的提高，扩大中产阶级比重，提高消费，为增长创造需求空间。这也是转型成功的国家所提供的一般性经验。[3]

① 马风涛，段治平. 全球价值链、国外增加值与熟练劳动力相对就业——基于世界投入产出表的研究 [J]. 经济管理研究，2015(5).

② 甘梅霞. 国际分工碎片化与劳动阶层就业、收入分化 ——一个分析方法 [J]. 观察与思考，2015(9).

③ 付晓东，等. 新旧动能转换与产业结构升级 [M]. 北京：红旗出版社，2018.

全球价值链推动劳动就业向高技能发展

全球价值链对劳动素质的要求，使短期内劳动就业变得紧张，长远看倒逼劳动力素质提升，有助于机器人取代部分劳动岗位，推动人类全面发展。据相关国际组织估计，到2030年，现有工作岗位的50%将被自动化和具有人工智能的机器人替代，全球供应链会重新组合调整。[①]

劳动者自身的知识技能决定其在分工中的位置

随着社会分工的发展，人们越来越关注劳动者熟练掌握的劳动技能，分工中，只有劳动者从事与其知识技能相当的职位时，他的生产能力才能发挥到最大限度，提高生产效率。“在全球价值链提升过程中，由于价值链攀升与劳动者技能的相互影响，劳动者技能熟练程度对价值链攀升的影响不可小视。因此，区分全球价值链内高技能、低技能的分布环节，制定不同技能水平发展的政策，引起各国的高度重视。”[②]按劳动技能划分，劳动者可分为高技能劳动者、中技能劳动者和低技能劳动者。高技能劳动者以脑力劳动为主，中技能劳动者脑体劳动兼有，低技能劳动者以体力劳动为主。按照劳动者接受教育水平划分，研究生学历以上的多为高技能劳动者，大学本科学历的多为中技能劳动者，大学本科以下学历的多为低技能劳动者。一般参与制成品生产的非制造环节行业，如研发和设计的劳动多是高技能为主的劳动，而参与制造环节行业，如零部件的生产和组装的劳动多是中低技

① 何亚非.在百年变局转折期探索前行之道[EB/OL].环球网，2021-02-19.https://baijiahao.baidu.com/s?id=1692073421592601865&wfr=spider&for=pc.

② 张茉楠.大变革：全球价值链与下一代贸易治理[M].北京：中国经济出版社，2017.

能为主的劳动。[1]高低技能的劳动分化了整个劳动者队伍，在新的国际分工中，高技能劳动者不仅能得到可观的工资，还有获得分红和股权的资格，参与更多利润的分配。当然，这种队伍分化不会造成严重对立，因为高技能劳动者代表的是先进生产力，随着机器人取代劳动，摆脱繁重劳动的中低技能劳动者，会在自由时间里获得更多的提升，甚至全面发展，逐渐加入高技能劳动队伍中，这将是社会进步的一种先兆。

机器人带动的劳动分工的革命意义

分工是在劳动工具的带动中不断升级的。以智能机器人为重要内容的新一轮科技革命，也是一次工具革命，必然促进新的分工。这次分工将在人与机器人之间进行。机器人将取代人类许多的劳动岗位，特别是繁重的、危险的、乏味的、重复的，以及人们难以承受的各种劳动岗位，人类劳动将趋于轻松、快乐、自愿。智能机器人不仅是工具，而且同以往的机器工具有着本质的不同，它比机器多了大脑，从某种程度上看它更像人，从某些功能上来说，人工智能甚至要超越人。所以，有人担心人工智能变成“超人”，拥有灵魂。这次新“工具”带来的分工，有可能会是人类最后一次社会分工，是分工消亡的前奏。

消灭社会分工的趋势初显

马克思讲过，当物的劳动取代人的劳动时，劳动就成为人生第一需要。这种“物”，过去是机器，现在升级为机器人。如果说机器仅仅

---

① 甘梅霞.国际分工碎片化与劳动阶层就业、收入分化——一个分析方法[J].观察与思考，2015(9).

能取代人们的部分体力劳动，那么智能机器人就可能取代人的各种劳动，包括智能劳动。机器人本身凝结着人类智能劳动的成果。智能机器人现在的取代性还很不够，不具有普遍性。机器特别是机器人普遍取代人的劳动，还需很长的过程。这个时期资本和霸权还支配着全球价值链，并企图永远占据其顶端，甚至支配机器人的劳动。机器人取代人的劳动之后，既会让人轻松，也会提高生产效率，使物质极大丰富。问题是财富该如何分配和享用？是由资本所有者独享机器人带来的效率和财富，还是让未直接参加劳动的人也共享科技进步带来的成果？这涉及社会与资本利益的较量。资本所有者必须逐渐认识到新的生产力是全社会的贡献，不仅机器人是脑体劳动共同促进的，是职工技能专业化后的机械化模仿，就连产业链上的资源和环境也都是全社会的，从而把资本和财富当作社会的资本和财富，否则就会与整个社会对立。

当机器人普遍取代人的劳动，物质极大丰富时，人类就可从繁重的体力劳动中解放出来，得以全面发展，自由支配时间，从事艺术、创作、创新等工作，劳动将会变成人生的第一需要。到那个时候，马克思、恩格斯所说的要消灭分工的条件就具备了：一是生产力处于高度发展的状态，人们从自发的分工中解脱出来形成自觉的分工，摆脱了物的依赖性，实现了人自由而全面的发展；二是分工导致的私有制，使财富积聚在少数富人手里，而生产者没有因生产获得相应的物质财富，使得生产与消费相分离，而消灭分工是改变这种现状的途径；三是分工的产生和分工的消灭都表现为历史必然性，是社会基本矛盾运动的必然结果，也是实现理想社会的必要条件。[①]

① 闫文璐.浅谈马克思的社会分工理论[J].青年与社会，2014(19).

老龄化对劳动就业的影响

劳动就业与老龄化有着密切关系，随着老年人口的比例上升，就业市场出现一系列问题，而老年人口的就业需求又日益增加。有些矛盾现象，从现实看是老龄化问题，从未来看是长寿社会趋势，只是长寿社会的特点还不充分，一些现象还未被多数人认识到。眼下老龄化问题虽然还需传统的办法解决，但从趋势上看，长寿社会的劳动就业需要实现从传统到未来的战略转移。

老龄化现状和长寿社会趋势

低出生率和长寿人口增多

低出生率和长寿是老龄化现象，也是人类社会的发展趋势，会导致全球人口增长持续降低。1980—2017年，全球人口增长了65%，共31亿人，到2030年全球人口总数将增长13%，到2050年继续增加14%，预计将达97亿。尽管人口数量扩张巨大，但人口增速已经减缓。

在未来几十年，65岁以上人口比重持续增加，全球将会从2017年的9.3%增长到2030年的11.7%，2050年这一比重将达15.8%。发达国家的老龄化速度会更快，2017年其劳动力每10个人中有3.5个人的年龄在65岁及以上；预计到2030年，该数量将增加到5个。中国的老龄化趋势也十分严峻，2018年65岁以上的人口比重已达11.9%，到2035年中国的老龄人口规模可能高达4.2亿。[1]

① 郭晋晖.报告：中国将在2022年左右进入老龄社会 应科学应对[EB/OL].中国日报网，2020-06-19.https://baijiahao.baidu.com/s?id=1669889936161550244&wfr=spider&for=pc.

劳动力平均年龄逐渐升高

人口增长减缓，老龄人口增加，全球劳动力平均年龄逐渐升高。到2030年，劳动力的平均年龄将从2017年的40岁增加到41岁，这个增长速率在欧洲、东亚会更快。

这个趋势提出了几项挑战：一是保证退休劳动力免于贫困，二是为正在步入老龄化的劳动者维持相对体面的劳动报酬，三是帮助年长的劳动力适应工作变化。由于工作收入较低的劳动者更难在退休后维持生计，从这个角度讲，老龄人口的贫困问题与劳动力市场中的不平等息息相关。劳动者想要跟上创新和结构调整的脚步变得更加困难。因此，确保充足的就业机会，提高劳动市场报酬，对缓解老龄人口贫困问题十分重要。

老龄社会还是长寿社会

长寿是人们的理想，也带来社会经济问题：如何让人口生产适应地球资源，让寿命延长满足人的幸福追求。以往人到七十古来稀，如今寿命超过80岁，达到90岁，都很平常，百岁老人也在增多。伦敦商学院教授林达·格拉顿与安德鲁·斯科特提出“人生百年时代”，认为当今世界长寿化迅速发展，将进入人的寿命普遍达到100岁的长寿时代。据估计，在发达国家，2007年出生的每两人中就会有一人迎来超过百岁的“人生百年时代”。[①]

谷歌首席未来科学家库兹威尔认为，到2029年，人类将走上永生之旅；到2030年，纳米机器人把病原体、肿瘤等一系列免疫系统错误

---

① 张芳.恭喜“00后”，你们中的一半人能活过百岁！长寿秘诀原来如此简单[EB/OL].环球健康，2017-10-10.https://baijiahao.baidu.com/s?id=1580872870788458054&wfr=spider&for=pc%E7%8E%AF%E7%90%83%E5%81%A5%E5%BA%B72017-10-10.

予以修正，人体将会程序化，活成智能机器；到2045年，人类的非生物智能技术将彻底完善，那时这些非生物智能技术强大的创造力，将助力实现全人类的永生；人类进入无疾病时代，或将走向终极幸福。[①] 对此，有必要做出不同的人生规划。

传统的人生规划一般分为“20年学习、40年工作、20年养老”三个阶段。而在寿命普遍达到100岁以上的社会，依据传统年龄划分的方式将被摒弃，再次学习、返聘、创业、休长假等多样化的人生选择将会增多。

老龄和长寿是问题还是幸福，这是一个硬币的两面，现在看它是问题，未来看它是幸福；现在看是老龄化社会，未来看是长寿社会。

老龄化对劳动就业的影响

老年人口增加会导致劳动力市场供需矛盾加剧，意味着就业人口减少，会造成某些行业、职业劳动力短缺，影响经济增长和社会发展。由于老年人就业难度较大，他们一旦失业，往往会长期处于无收入状态，也会增加社会保障的压力。

老龄化对劳动力市场造成压力与挑战。在劳动力市场中，新进入的劳动力无法补足流失的退休劳动力，劳动力增长减缓，潜在退休职工数量增加，对养老保障系统造成压力，也影响整个劳动力市场。

劳动力年龄增长对劳动力市场的影响比退休职工的影响更持久。因为较年长的工作者，包括55~64岁的人在就业人口中所占比重增加，这些劳动力与青壮年劳动力在工作效率上有显著差异。但是，同青壮年劳动力相比，年长劳动力一般不会失业，一旦失业将花费更长时间

---

① 读文摘精选.美国科学家发出惊天预言！谁也没想到，来得如此之快……[EB/OL].新浪网，2023-04-04.http://k.sina.com.cn/article_5526906876_1496de7fc019017bbp.html.

才能重新就业，实际阻碍了年长者参与劳动力市场。

年长劳动者的受教育水平和职业训练水平相比年轻人，一般较低，当他们对继续工作时间有较短的预期时，更不愿在职业培训上增加投入，这更降低了年长劳动者改换职业的可能性。

如果年长的劳动力带来的问题持续存在，平均年龄增加可能会导致在面临经济波动时，劳动力的市场调节速度下降。

快速老龄化影响经济增长及劳动就业的投入。快速老龄化会对经济社会发展造成严重的负面影响，阻碍经济复苏：一是减缓劳动力增长，二是改变消费和储蓄行为模式，三是给公共支出造成压力。

劳动力年龄增长意味着面对持续的技术创新时，现有的技能和人力资本存量将不足以应付，很可能会阻碍生产率增长。

就业人口会受到老龄化的影响。老龄化导致劳动力供给不足，由此会抬高劳动力价格，提高工资水平，特别是在劳动生产力依靠机器人补足时。

然而，并不是所有产业部门都会经历生产率的高速增长，不同部门之间的增长水平不平衡。并且，伴随老龄化而来的消费行为模式改变也会导致劳动力在不同部门之间的再分配，这就需要相应的政策措施来保证劳动力具备适应新工作所需的技能。确保体面的生活，缩小不平等，是回应老龄化挑战的关键。国家对于足够的养老金覆盖和长期供给问题、老龄人口贫困和不平等问题，需要发挥政策优势，多措并举，保证老年阶段的体面生活。

长寿趋势中劳动就业的战略应对

解决老龄社会和长寿社会的矛盾，以及养老保障与劳动年龄增长的差异问题，须从观念、政策、举措、环境等方面逐渐突破，还要政府、社会和个人共同努力。

帮助老年劳动者提高能力。长寿有可能将大量养老时间变成适当的劳动和工作时间，通过终身学习，可以培育年长劳动者的持续就业能力，鼓励老年劳动者参加技能培训，跟上技术创新和变革的脚步。在老年教育和培训上，政府要提供政策支持，为老年人接受继续教育提供便利，给予经济补贴，在培训内容安排、教学模式、教学效果等方面做出规定，这是增加就业机会的关键，有利于解决劳动力市场不匹配和过早退休的问题，对增加整体劳动人口数量，减轻养老金负担也有帮助。很多老龄员工经过培训，就业意愿更强，稳定性更高。而聘用老龄员工，不仅满足了老年人的再就业需求，还能缓解企业用工难和用工贵的问题，这是双向利好的选择。

将老年人谋生的劳动变成追求快乐的劳动。老年人中的很大一部分，特别是在新兴国家和发展中国家，他们在退休后继续工作并非主动选择，而是想免于贫困。原本老年人退休后应当得到养老金，但从全球来看，工作年龄人口（15~64岁）中只有大约85%的人群被养老金计划覆盖，在一些地区，法定的养老金计划覆盖范围明显偏低，在阿拉伯地区和撒哈拉以南的非洲，仅为约50%。在需要个人缴费的养老金计划中，那些低质量就业群体会更加难以被纳入其中。为了从根本上解决这类问题，要保证最低工资标准，还要保证使处在较差工作环境和较低收入水平的工作者都能领到养老金，需要将劳动者从非正式就业向正式就业转移；减少劳动力市场的性别不平等，减少女性老年人口贫困；将现有的养老金计划扩大为一般社会保障，保证所有老年人口都有收入保障和医疗保障。这样他们才能在享受老年福利的同时，在身心健康和自愿的条件下继续工作，将谋生需要的工作提升为追求美好生活的工作。

发挥老年人优势进入劳动市场。许多国家采取激励老年人工作的政策措施，以减轻老龄化带来的问题，此举也得益于老年人拥有的经验和技能，比如，传统的高技术含量行业，难以很快进行年龄替代，知识型、技能型老年人口依然能够发挥重要作用；又比如，中医等以智力和经验为主的行业，从业人员越老越有价值，这是年轻人替代不了的；再比如，对于高龄老年人的照料和护理等，低龄老年人也有独特优势，并且随着人口老龄化，这种需求会越来越大；还比如，人工智能的发展，在很大程度上改变了老年人因体力限制而难以就业的状况。

倡导延迟老年人退休以提高劳动供给数量。从目前长寿老年人的经验看，工龄越长，或高龄退休，更有利于健康和长寿。因此，可考虑开发老年人力资源，自愿延迟退休或不退休，并鼓励退休职工、中老年人再就业，多参与社会活动。从我国现状看，未来5~10年劳动力供给重要的潜力是，中老年群体蕴藏的海量夕阳红利。有研究者估算劳动参与率年龄变化曲线表明，实施渐近式延迟退休年龄政策能够显著提高劳动力供给和经济增长率，有效缓解工作年龄人口下降对劳动力供给和经济增长带来的影响。[①]

改变老年人劳动就业的观念和环境。社会对于老年人的劳动就业，仍存在60岁人已老的旧观念，对老龄群体就业限制多，企业用人顾虑大。比如，老年人突发性健康问题，老年人招聘渠道不顺畅等，还有老龄人力资源开发和利用的相关政策和配套服务尚不完善，劳动力市场的老年人无法与用人单位建立正式的劳动关系，这都增加了用人单位和劳动者双方的风险。此外，还缺乏就业信息渠道和老年职业技能培训。一方面，老年群体不了解岗位需求、不具备岗位技能；另一方面，企业无处寻找合适员工，尤其是不少发展中的行业需要老年人力资源进入。

这就需要全社会共同努力，树立长寿社会理念，改变对老年人的传统看法，加强对老年人的关爱和支持，消除对老年人就业的歧视和

---

① 付晓东，等.新旧动能转换与产业结构升级[M].北京：红旗出版社，2018.

偏见，形成包容友好的就业氛围，为老年人力资源开发提供支持。个人则应当保持积极进取的心态，提高自己的职业技能，适应社会变化。

要有积极的政策支持，鼓励支持老龄人力资源开发。如在学校、医院等单位，以及社区家政服务、公共场所服务管理等行业，探索适合老年人灵活就业的模式；鼓励建立老年人才信息库，为有劳动意愿的老年人提供职业介绍、职业技能培训和创新创业指导服务；健全相关法律法规和政策，保障老年人劳动就业权益和创业权益；通过法律禁止劳动力市场的年龄歧视，明确再就业老年人与用人单位之间为劳动关系，在工伤保险、职业病防治和最低工资保障等方面给予老年人同等待遇；出台税收优惠或补贴激励政策，鼓励企业招聘老年人；推广适合老年人的工作模式，如弹性工作时间、兼职工作形式、远程工作方式等；为老年人出行、工作、生活提供更安全和友好的环境。

未来产业和行业的发展趋势

劳动就业的趋势和特征，取决于产业和行业的发展趋势。分析预测产业行业的发展规律，做好前瞻性规划，将会抵消不同产业的消极影响，使劳动就业处于主动地位，能够把握机遇，适时应对。

产业行业发展变化的影响因素

科技、社会、经济发展中萌芽和成长的因素，是行业和产业颠覆和变革的重要力量，是否能与这些因素相适应，关系到产业、行业的发展趋势，进而影响劳动就业的未来走势。

符合数字化、时间化、空间化、智能化等内涵深入和外延扩展的行业和产业。这“四化”内涵丰富，比如，数字化中的智能、信息、要素和资源等内涵，在这方面我国新基建设施已走在前列，许多国家都将开始数字基建；又比如，空间化向着地球空间、太空空间、网络空间、虚拟空间等扩展，SpaceX（太空探索技术公司）、蓝色起源等民营太空商用公司，带动了许多大国民营太空公司的建立和发展；再比如，时间的资本属性、空间属性、量子属性；还比如，智能化的无人系统，自主性质、自动化的升级，特别是生成式人工智能的兴起，可能会取代一些岗位，会让一些产业和行业做出一些调整。上述“四化”在继续扩张，难以预测其会发展成什么规模，走到多远，但其蓬勃的生命力，将会积极影响未来产业和行业以及岗位的塑造和创造。

符合消费结构升级的产业。西方早有未来消费社会兴起的研究，从目前的生产生活趋势看，各种消费性产业的发展正如火如荼，例如大文化产业，包括文化创意产业、现代传媒产业、旅游产业、教育培训产业；大健康产业，包括医疗产业、医药产业、保健产业、养老服务业；新兴金融业，包括民营银行、互联网金融等；资源能源产业，包括新能源行业，尤其是与产业结构转型升级相适应的资源能源行业。

符合绿色低碳潮流的产业。当前，世界各国都在鼓励发展节约、环保产业，节约、环保产业发展的制度环境越来越好。消费者节约环保意识提高，很多消费者购买任何产品，都开始注意是否节能、环保、绿色、低碳，这是这个行业发展的最大动力。节约产业包括节能产业、节地产业、节材产业、节水产业；环保产业包括环保产品制造业、环保装备制造业、环保服务业；生态产业包括生态农业、生态林业、水务产业、沙漠产业、海洋产业等；现代农业包括各种观光农业、休闲农业、体验农业等；绿色制造业包括绿色、低碳、新能源制造业等。

与新型城镇化建设有关的行业。新型城镇化向着人本城镇化、协调城镇化、市场城镇化、品牌城镇化、绿色低碳城镇化、智慧城镇化、人文城镇化、品质城镇化发展，每个方面都蕴藏着产业和行业发展的独特机会，包括城市物流快递业、零售业、广告业、娱乐业、教育业、医疗保健业、长寿业、商业和食品业。这些方面都有发展潜力，具有广阔的发展前景。

三类产业的发展趋势

数字化条件下，三类产业的规模基本是第一产业小于第二产业，第二产业小于第三产业，第三产业小于新型的数字信息产业。

农业就业人数继续减少

一是随着城市化进程加速，更多人涌向城市，对城市的投资和政策支持趋多，乡村就业的机会减少；二是农业数字化的落后，给未来农业数字化留足了余地，农业生产会更加自动化和高效化，减少了对劳动力的需求；三是随着教育水平的提高，越来越多的年轻人选择到城市寻找更好的就业机会；四是人们就业对工作环境和待遇的要求越来越高，乡村就业机会无法满足这些要求；五是随着产业结构的调整，乡村传统产业逐渐衰退，新兴产业将在数字化公司带动下，吸引乡村和城市的大量就业者。

工业就业规模日渐趋低

技术变革、资本积累、全球化、人口政策等内外因素，尤其是机器人在工业方面的运用，都将持续对制造业部门的再就业产生刺激。但是，中高收入者和发达国家的制造业就业人数将继续减少，而在中低收入人群中，也仅仅会略有增加，印证了所谓“夭折的工业化”趋势，低收入国家尚未达到发达国家的工业化水平，就过早地进入了工业部门就业比重下降阶段。如今工业4.0时代来临，传统工业结构被打破，大型企业都开始考虑启用机器人代替一部分劳动力，对剩余的劳动力安置将是短时期内会存在的问题。

高度工业化和后工业化的劳动就业，仍需大量从事低端工作的求职者，多采取灵活化、短期化和非直接雇用的就业方式。这些求职者要认识新型行业和传统行业的就业环境和特点，掌握核心知识，致力精益求精的“工匠”，实现高质量就业。

服务贸易就业有所提升

服务贸易成为极重要的增长点，是推动经济发展的一个引擎，贸易和服务业的就业人数正在增加。第三产业就业增加的趋势来源于四点：一是新业态不断催生，正从动力、内容、主体和方式等方面重塑全球贸易，使之走向数字化、智能化、平台化；二是制造与服务加快融合，生产性服务快速发展，制造业服务化成为全球价值链升级的重要驱动力；三是深度影响甚至重塑全球贸易格局，传统的产业分工与布局边界被打破，跨国公司强化对服务增值环节的投入，贸易结构向高端服务快速拓展；四是强调开放包容合作，服务业国际合作的需求上升，数字化提供了可行手段，开放合作有利于提升服务贸易国际竞争力，有利于各国尤其是发展中国家和中小服务商便利地融入全球价值链。①

从我国的劳动就业趋势看，这种第一、二、三产业依次强劲的势头非常明显，而且持续多年，具有不可逆性，另外还有第一产业向第二产业转移，然后再向第三产业转移的特点。这个趋势揭示了产业结构的演进规律，即随着工业化的发展，第一产业在国民经济

---

① 刘长杰．王安顺：中国服务贸易发展前景广阔、机遇众多[EB/OL]．中国发展出版社网，2022-09-04.http://www.develpress.com/?p=1615.

中占有的支配地位逐步让位于第二产业，然后再让位于第三产业。从我国的就业产业分布看，第三产业就业人数不断攀升，第一、二产业就业人数呈现下降趋势。说明就业人员正逐步从第一、二产业向第三产业转移，也彰显了中国大力发展服务业的良好势头。数字信息产业更是后来居上，有人称之为第四产业，信息产业的企业数量和就业人数都增幅较大。

易淘汰与不易淘汰的劳动岗位

对于未来劳动就业的岗位来说，不论何种衡量标准，易淘汰和不易淘汰，都非绝对，许多因素都是变量。

易与不易相对论

一般而言，未来易淘汰的工作将是，简单劳动多于复杂劳动，体力劳动多于脑力劳动，对物的劳动多于对人的劳动，一般的劳动多于特殊的劳动，标准化的劳动多于不规则的劳动，对青壮年的劳动多于对老年、幼儿的劳动，对无机物的劳动多于对有机物的劳动，靠知识的劳动多于靠思维的劳动，重复性劳动多于个性化劳动，中低层岗位劳动多于高层岗位劳动，稳定的劳动职业多于相对不稳定的劳动职业，低薪岗位劳动多于高薪岗位劳动，危险性质的劳动多于安全性质的劳动。因为上述一系列的后者需要人际间的细腻沟通、人类情感投入和复杂的价值判断。

5秒钟准则

《人工智能时代的未来职业报告》中指出，技术革新的浪潮会波及一批符合“5秒钟准则”的劳动者。这一推测就是指如果人能在5秒钟内对一项工作中需要思考和决策的问题做出相应决定，那么这项工作就有非常大的可能被人工智能技术全部或部分取代。也就是说，这些职业通常是低技能、“熟能生巧”的职业。[①]

两种不同的特征

BBC（英国广播公司）基于剑桥大学研究学者迈克尔·奥斯本（Michael Osborne）和卡尔·弗雷（Carl Frey）的数据体系，分析365种职业在未来的“被淘汰概率”。他们分析的是这些职业在英国的前景，依据的是本土数据。从这些概率中，可得出两种结论：

如果工作包含以下特征，被机器人取代的可能性非常小：一是社交能力、协商能力，以及人情练达的艺术；二是同情心，以及对他人真心实意的扶助和关切；三是创意和审美。

如果工作符合以下特征，那么被机器人取代的可能性非常大：一是无须天赋，经由训练即可掌握的技能；二是大量的重复性劳动，每天上班无须过脑，手熟就行；三是工作空间狭小，坐在格子间里，不闻天下事。[②]

淘汰参考概率

机器难以在需要人情味、创造力和社会智慧的服务工作中取代人类。例如，卡车司机和仓库工人会看到其工作受到被取代的威胁，物

---

① 佚名.BBC分析了365个职业，发现最不可能被机器淘汰的居然是……[EB/OL].凤凰网，2017-11-27.https://news.ifeng.com/c/7ZyAXiYPILF.

② 同上。

理治疗师、驯狗师和社会工作者的职业大都能保持稳固。[1]

有智库对一些职业和岗位将要被取代的概率做了预测，其实当ChatGPT出现后，之前预测的这个概率就会打一定折扣。我们引出这些职业被取代的概率，仅供参考：

电话推销员99.0%，打字员98.5%，会计97.6%，保险业务员97.0%，银行职员96.8%，政府职员96.8%，接线员96.5%，前台95.6%，客服91.0%，人事89.7%，保安89.3%，房地产经纪人86%，工人以及瓦匠、园丁、清洁工、司机、木匠、水管工等第一和第二产业工作者80%~60%，厨师73.4%，IT工程师58.3%，图书管理员51.9%，摄影师50.3%，演员、艺人37.4%，化妆师36.9%，写手、翻译32.7%，理发师32.7%，运动员28.3%，警察22.4%，程序员8.5%，记者8.4%，保姆8.0%，健身教练7.5%，科学家6.2%，音乐家4.5%，艺术家3.8%，律师、法官3.5%，牙医、理疗师2.1%，建筑师1.8%，公关1.4%，心理医生0.7%，教师0.4%，酒店管理者0.4%。[2]

抗压衡量

从职业岗位的压力大小和抗压方面看劳动就业状况，特别是面对智能机器人来袭，怎样应对也是影响未来就业的重要方面。压力的大小是相对的，也是针对人的心理素质而言。一般来说，压力小的岗位，较多是工作期限比较宽松，衡量周期较长，与公众密切互动较少，给劳动者留有回旋余地。压力较大的岗位具有大小不同的风险，任务期限有严格规定，要更多地与工作对象充分沟通，有些

① 牛津经济研究院．如何应对机器人的崛起[R]．起点财经，译．博客中国，2019-07-03.https://smart.blogchina.com/721442448.html.

② 同上。

岗位是急难险重的工作，例如战士、消防员、警察、安全员等岗位。随着人工智能更多地取代急难险重的岗位，人们所从事的工作，正在更多地排除风险大、付出多、牺牲比例大的岗位，诸如排雷、下矿井作业的人非常危险，通过信息化手段模拟出类似的环境，人们在模拟环境中做的所有动作，机器人都可在排雷现场或矿井下模拟操作，实现的效果一样，而安全性大幅提升，其背后是大量信息技术的支撑。

压力轻的工作也越来越多，比如从事脑力劳动的工作，对工作场所、时间、标准的要求宽松许多，脑体结合密切的工作压力也会减小。求职网站CareerCast的一项调查发现："78%的雇员将他们的工作压力评定为7分或以上，10分最高，比两年前的69%大幅增加。在CareerCast的职业排名中，压力较小的5种职业分别是医疗超声检查师、合规官、发型师、听力师和大学教授。超过3/4的美国人表示，他们在工作上感到压力过大。虽然不可能完全消除工作上的压力，但选择职业的能力可能大于自己的假设。"[1]

OpenAI的预计

2023年3月下旬，OpenAI在一篇官方论文中称，对于约80%的美国人来说，他们至少有10%的工作任务会受到大模型影响；有约19%的人的工作任务受影响的比例超过50%。从具体职业看，受大模型影响程度较高的职业包括报税员、作家、数学家、网页设计师和记者等。完全不受大模型影响的群体则主要是体力劳动者，包括厨师、洗

① 佚名.美国世界日报：不想工作压力太大 可考虑这五个职业[EB/OL].环球网，2019-03-22.https://oversea.huanqiu.com/article/9CaKrnKjdlS.

碗工、地板工等。[①]

在未来对抗人工智能的冲击中，不同职业和岗位的人绝对不能故步自封，需要不断学习、提高、适应，建立对抗人工智能的财富堤坝、个性堤坝、技术堤坝等，成为驾驭未来各种职业的主人。

未来劳动就业的特点和趋势

未来的劳动就业将以平台方式为主，更能体现市场资源配置的原则；就业方式更加灵活宽松，人力资源市场将会适应劳动者质高量少和新职业的趋势。

网络平台和特定模型成为劳动就业新机制

适用广大劳动者就业的网络平台

在数字化大潮中，就业模式从传统的“公司+雇员”向“平台+个人”转变，为劳动者提供低门槛、多元化的创富机会，有创意、有能力的“新个体工商户”将会快速成长，为梦想插上翅膀。在线办公将降低企业运营成本，初创型企业的员工上班不再受区域、地点甚至时间的限制，有更多的机动性和选择。

这种网络平台运行具有鲜明的市场性，形成政府—金融机构—平台—中小微企业的联动机制，帮助中小微企业“上云、用数、赋智”；打造跨越物理界限的“虚拟”产业园和产业集群，推动订单、产能、

① 深圳商报.7 800人！又有巨头宣布大裁员[EB/OL].腾讯网，2023-05-02.https://new.qq.com/rain/a/20230502A06KSL00.

渠道等信息共享；发展基于新技术的“无人经济”，支持建设智能工厂，发展智慧农业，支持建设自动驾驶、自动装卸堆存、无人配送等技术应用基础设施。

“智能化平台+新个体经济，为个体发展带来无限可能。”知乎首席技术官李大海说，知乎计划提供更多补贴、更好用的内容生产工具和内容变现指导服务，让创作者既获得可观收入，又赢得声誉和尊重。探索多点执业，和适应跨平台、多雇主间灵活就业的权益保障、社会保障等政策，为数字时代的个人职业发展提供无限可能。知乎用户“蓝大仙人”就一直在知乎分享智能电视测评、选购知识，通过回答问题、撰写文章、接受咨询，获得了可观收益，单篇带货销量超过2 200万元。[①]

大量自由职业兴起，社会的基本结构多是平台+个人，每个人都将冲破传统枷锁的束缚，获得重生机会，有利于激发人的潜在能量。

机器人条件下劳动就业的特定模型

智能机器人前所未有的增长，成为劳动就业必须考虑的因素。未来的劳动就业要准备应对自动化对社会的影响和挑战。牛津经济研究院与思科为实现劳动就业与未来自动化的契合，合作开发了技能匹配模型，模拟复杂的劳动力市场中断时的动态，组织填补兼容工人的空缺。该模型捕捉劳动力市场围绕技术发展所涉及的许多举措，突出未来所需要的新技能，并说明如何更好地解决技能缺陷问题。这个分析

① 安蓓，王雨萧，张璇.启动数字经济新引擎——15种新业态新模式创造中国发展新机遇[EB/OL].新华网，2020-7-16. https://www.imsilkroad.com/news/p/419064.html.

采用协调的、以证据为基础的方法，了解机器人如何改变世界。[1]实际上就是将市场性与人工智能、大数据的精准预测的优势相结合。通过市场原则、互联网、人工智能，搭建社会就业的框架，剩下的就是灵魂填充。即便是普通的工作岗位，其社会地位也将获得提升。

劳动就业的灵活宽松趋势

以前为了谋生，人们需要依托固定公司，在固定时间、固定地点重复同样的劳动，属于被动式劳动。数智经济的劳动关系、用工形式与内容发生变化，将呈现劳动就业的工作场所不固定、工作时间更灵活、服务对象多元化等特点。劳动者从业状态的转变，推进产业结构的优化升级，倒逼劳动保护制度的相应变革，以维护数智经济的灵活就业关系以及相关劳动者的合法权益，建立更加和谐、轻松的劳动关系，使劳动者进行灵活的职业选择，更有尊严地工作，更好地体现劳动价值。

工作的分散趋势

由于工作网络化、分散化，人们很可能实现1/3的时间在单位办公，其他工作时间在居住社区附近的写字楼、图书馆办公，这样可以减少交通负担，减少排放，减少不必要的通勤时间，让更多时间和精力发挥效率。在小区内工作，能恢复与社区、邻里、家人经常在一起的传统，有利于把工作、健身、娱乐、家庭生活统筹起来，把单位人与社会人、家庭人统一起来。工作现代化、生活自然化、家人亲情化，有利于和谐家庭和社会关系的建立及维护。

---

① 牛津经济研究院．如何应对机器人的崛起[R]．起点财经，译．博客中国，2019-07-03.https://smart.blogchina.com/721442448.html.

麦肯锡咨询公司的调研报告指出，新冠疫情期间，已有超半数职场受访者更偏好灵活的“混合办公”，仅37%的受访者支持保持线下“面对面”办公模式，比疫情前大幅下降约25%。WFH Research的研究显示，超过半数员工不愿每周五天都在办公室，如果被雇主强制要求在办公室工作，则会考虑离职。[①]

分散的劳动就业模式，除了需要对办公用具提供相应支撑，还须对人才的搜索、招聘、薪酬、福利等一系列合规问题进行配套改革，注重分散办公的企业文化建设和归属感培养。

相关岗位的变量

机器人在不同产业、行业和岗位的规模布局和发展，决定着劳动就业的增减变量。一般情况下，机器人规模化取代的产业，劳动就业量减少；机器人取代少的，或无法取代的产业，就业岗位就稳定或影响不大。有些行业在个性化、定制化、人性化的工作和生产上，可能要求工作者更多一些，呈现密集性。虽然有的行业正在被机器人取代，但有的行业就业人数会更多，比如家庭医生会更加普遍，照顾老人、小孩、料理家务，都可以纳入工作岗位范围，根据年龄等状况，核定一定的工作量。随着休闲时间增加，寓教于乐的休闲产业会得到较快发展，也会有一定量的就业者。

劳动就业的灵活趋势

数智社会涌现出非全日制、临时和弹性等灵活就业形态，一些新

① 王月竹.2022人才趋势报告：“灵活就业”趋势在全球范围内将持续扩大[EB/OL].界面新闻，2022-07-28.https://baijiahao.baidu.com/s?id=1739578926682419963&wfr=spider&for=pc.

岗位伴随数字化产生时本身也具有灵活性，比如“远程办公”模式既普遍又典型，灵活就业趋势在全球范围内将持续扩大。截至2021年年底，我国灵活就业人员已达2亿人，其中从事主播及相关从业人员160多万人，较2020年增加近3倍。

领英全球平台数据显示，截至2022年3月，平台内新发布的“远程岗位”占比达到20%；针对“远程岗位”的浏览和新工作申请数据，从新冠疫情前的3%分别上升至30%和27%。领英2022年4月一份针对美国企业招聘专员的调查显示，超过86%的受访企业正在考虑雇用远程员工，其中近一半考虑雇用跨国远程员工。2022年，包括Omnipresent、Oyster HR、Remote和Deel在内的一批远程人力资源服务平台，都已筹集超过1亿美元的资金。麦肯锡的报告认为，“远程”模式的“灵活形式就业”“供不应求”，反映了就业灵活方式对全球劳动者日益增长和不可逆转的吸引力。

灵活就业形式在应对疫情等特殊情况下，尤其能够显示出极强的生命力，能灵活精准地配置劳动力，是数字化时代新的劳动管理方式的蜕变。

2022年的世界经济论坛提出，在全球数字化进程加速中，无论全球实体关系的走向如何，数字平台都将成为未来全球化的底座构成部分。[①]“跨国远程”、灵活性模式，需要配套的人才“基础设施”建设，以适应这种发展趋势。

近年来亚太地区存在的非正规性工作，也是一种灵活轻松的劳动就业形式，“影响了近70%的工人，其中南亚的非正规就业比例达到约90%，这主要与庞大的农业部门有关，几乎所有工人都经历了非正规就业。东南亚和太平洋地区的非正规性就业发生率也很高，在那里影响了3/4的就业人口，在柬埔寨、印尼和缅甸等国家，这一比例

① 王月竹.2022人才趋势报告：“灵活就业”趋势在全球范围内将持续扩大[EB/OL].界面新闻，2022-07-28.https://baijiahao.baidu.com/s?id=1739578926682419963&wfr=spider&for=pc.

上升到了85%以上”。[①]这种方式还需要农业的数字化促进灵活就业的升级，将缺乏工作保障、无稳定收入或书面劳动合同的灵活就业，转变为数字化条件下有劳动保障，且收入稳定和订立一定契约的灵活就业，由地区现象升级为时代趋势。

劳动就业的四种倾向

劳动就业的质量倾向

质量型包括工作内涵和就业结构转变。我国是个技工大国，技能劳动者超过2亿人，占劳动人口总量的26%。其中，高技能人才5 000万人，仅占技能人才总量的28%，这与德国、日本等制造强国高技能人才占技能人才的50%尚有较大差距。“十四五”期间，我国将进入高技能人才引领的“技工时代”，脱贫地区的劳务输出也将从体力型快速转向技能型。[②]

劳动就业由数量向质量转变以及外出打工人的复杂变迁，说明劳动就业正由无限供给向有限供给转变。2010年我国新增农民工在达到1 245万后逐年下降，2019年新增241万，2020年比上年减少517万人，下降1.8%。2020年3月用工高峰以来，不少地方采取防疫与“硬核复工”相结合的政策，凸显农民工是宝贵的人力资源，不再是取之不尽、用之不竭的“蓄水池”。[③]

---

① 佚名.2019全球就业和社会趋势：失业人口仍高达1.7亿 15~24岁就业人口最易陷入贫困[EB/OL].前瞻网，2019-02-21.https://baijiahao.baidu.com/s?id=1626068729834929045&wfr=spider&for=pc.

② 杨志明.新业态劳动用工的发展趋势[EB/OL].源越企服，2021-05-08.https://baijiahao.baidu.com/s?id=1699178160716269868&wfr=spider&for=pc.

③ 同上。

劳动就业的新职业倾向

一大批新生代劳动者投身快递、外卖、网约车服务、寻呼、家庭和网络营销等现代服务新业态。也有一部分中生代劳动者从制造业、建筑业中分离出来，由二产转三产。这些就业形态部分是从传统劳动形态中派生出的劳动新业态，是从工业化时期的劳动合同管理孕育出的网络时代新型用工形态，是由线下招工收缩中转换成线上线下融合发展而来，是人与人接触性服务受阻，通过网络转换成人与物接触的新服务链条的延伸。①

劳动就业的开放倾向

全球化和互联网的加速发展和改进，使劳动力、资本、金融、产品和服务扩大了跨国份额。十几年前国与国之间就有业务外包，资源在世界范围内配置，发挥各国独特的资源优势，使优势互补。比如，美国外包到东南亚的产业和业务，既利用了当地的廉价资源，又在时差上促进了生产、服务的及时对接，提高了资源利用率，提高了生产和服务的效率。互联网基础上的数字化，使跨国经济组织的联系更加频繁，国家之间的相互依存逐渐加深，就业愈发具有全球性质和线上线下结合的方式。人才和劳动者在哪儿，资源就在哪儿，生产、服务和销售就在哪儿。华为将公司和业务分布在全球，为此建立了28个能力中心，为全球科学家、专家到处提供平台，使得招录世界顶级人才和劳动者成为趋势。华为的区域培训中心为当地培养技术人员，并推行员工本地化。跨国企业和国际性组织的增多，加大了国际劳务的拓

① 杨志明．新业态劳动用工的发展趋势[EB/OL]．源越企服，2021-05-08.https://baijiahao.baidu.com/s?id=1699178160716269868&wfr=spider&for=pc.

展和交流，更多地挖掘和利用所在地的人才和劳动力资源，符合便利原则和所在地劳动就业的政策要求。

跨国企业和国际性组织对所在地的居民有深刻洞见，对当地的文化习俗、法律制度能较准确地认识，尽可能吸引本地人才加入自己的企业和组织。事实上，能够为所在地人才和劳动力提供必要支持和工作机会的公司，在推进新兴市场业务方面尤为成功。

德国媒体巨头贝塔斯曼公司通过一个专门的CEO培训计划，发展和保留了高层管理者，将本地市场的员工提拔到公司的核心位置，训练他们应对领导者要处理的地区性和战略性问题。高盛投资公司成功建立地区性的领导集体，设计一系列旨在解决文化和语言障碍的方案，以此消除妨碍全球管理的地区性屏障。高盛在日本通过提高员工的跨文化沟通能力，帮助本地员工与他们的外国同行相处得更加自然。在32个地区的市场，包括加勒比海地区、美洲中部以及亚太地区，高盛开展业务超过了15年，雇用本地人才不仅有利于商业运作，也深刻影响到开展业务的地区，更是在当地市场获得成功的关键所在。[①]

家庭劳务纳入就业的倾向

资料显示，近些年全球女性就业率呈现减少趋势，这与全球化引发的劳动力流动和移民有关，传统的统计未将女性担负较多的抚养小孩、照顾老人等家务劳动统计在内，其实家务劳动不比在单位工作轻松。女性是家庭的重要保障，不便跨国和跨地区流动。此外，随着生产力快速发展和生活水平的提高，家庭劳动的工作量越来越大，不少

① 金融界.第四次工业革命如何 改变未来就业趋势?[EB/OL].搜狐网，2016-06-21. https://www.sohu.com/a/84682668_114984.

女性承担了家庭职业，这是新的劳动趋势。联合国经济和社会事务部在2020年10月20日发布的《2020年世界妇女：趋势和数据》报告显示，全球就业适龄女性进入劳动力市场的比例不足50%，这一数字在过去25年里几乎没有变化。在新冠疫情期间，男性和女性的无偿家务和护理工作都在增加，但全球女性每天花费在上述工作的平均时间是男性的3倍，约为4.2小时；在北非和西亚地区，这一差距更大，女性从事这些工作的时间高达男性的7倍。2020年，只有47%的就业适龄女性进入了劳动力市场，[1]但这个比例只是对女性的家务外劳动的计算。

随着家务劳动的发展，女性家务劳动呈上升趋势。女性在家务工作中承担的职责增加，相应地在单位工作的机会就会减少。这说明家务劳动已成为就业的一个重要方面。随着机器人的广泛应用，人们在工厂、车间、生产线的工作将会减少，未来人们将更多地参与脑力劳动和家务劳动。在参与家务劳动上，男女是同等的，只是考虑到女性和儿童的密切关系，女性才会更多些。但这并不是未来企业等用人单位在招聘中产生性别歧视的理由，需要充分激发已有的劳动力资源并保持性别平衡，还需要放权给当地市场的员工，让女性劳动者有机会升任高级领导职位。研究显示，性别搭配平衡的团队效率，比工业领域平均水平高34%。未来家庭内外劳动也是一种平衡，这都将促进经济增长，并让我们在变化的市场中取得成功。

① 王建刚.联合国报告：全球就业适龄妇女进入劳动力市场比例仍不足50%[EB/OL].新华社，2020-10-21.https://baijiahao.baidu.com/s?id=1681136593701747325&wfr=spider&for=pc.

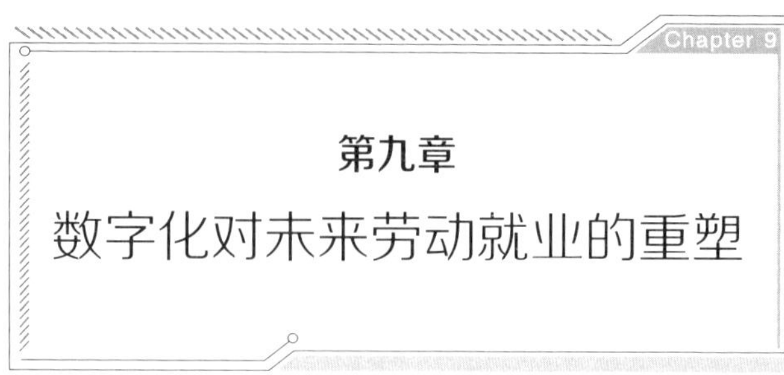

第九章 数字化对未来劳动就业的重塑

数智经济发展使劳动就业处于复杂的过渡阶段，每个方面都反映现今和未来兼而有之的特征。在遵循现实又前瞻未来的前提下，政府的政策选择和社会的实践探索，就是从根本上改变和塑造劳动就业。劳动就业的共享平台将帮助我们解决许多新的问题，未来人们将把更多时间和精力，从原来较多付出在劳动和就业上，转变到生活、学习和娱乐上，进而带动整个社会生活的变化。

未来劳动具有谋生与乐生兼有的特征

劳动从谋生手段向生活第一需要过渡，不是短暂的过程。这个过渡阶段会体现两种劳动性质兼而有之的特点，要防止故步自封和急躁冒进两种倾向。

21 世纪劳动就业的三大背景

劳动就业的三大背景

一是人口与劳动力发展不匹配。主要是发展中国家人口在增加，有充足的劳动力资源，但发达国家和一些新兴国家已进入老龄化社会，人口增速减缓或呈负增长态势，有效劳动力不足。

二是发达国家和发展中国家的劳动力忙闲悬殊。产业链上下游分布不同，行业分工不同，同样的劳动付出所得到的收益不同，造成一方面劳动力负担沉重，而另一方面劳动力闲余的现状，而且分配极不公平。

三是机器人的普及影响劳动和就业。联合国发布《世界人口展望2022》，预计2023—2050年这个阶段，全球人口将从80亿增长到97亿，这可能也是智能机器人取代人的劳动的根本性转变，劳动和就业将走出传统规律，具有新的复杂的态势。

劳动谋生和劳动快乐的复杂过渡

我们在看到绝大多数国家和地区仍须以劳动为谋生手段的同时，也要看到一些国家和地区机器人正在代替人的大量劳动，从而把人从繁重的劳动中解放出来，似乎劳动很快会成为人生第一需要。对此，要冷静分析这个错综复杂、两种劳动性质交织的情况，清醒认识到这个时期的劳动仍是谋生性质。虽然世界财富有所增长，但贫穷、战争、恐怖主义、纷争、冲突等因素仍然存在，不可能很快进入劳动的第三阶段。劳动成为人生第一需要与人的全面发展、社会的全面发展是联系在一起的。当然，技术进步的国家和地区也不必因机器人取代部分工作岗位，就对就业产生担心和恐慌，人们仍须承担劳动这个谋生的重负，尽管出现了许多新现象，但充其量也只是劳动阶段发展和过渡的一种暂时情况，这个劳动的第二阶段和第三阶段之间的过渡，弥漫着不确定和未知的情况，这也正是过渡阶段的模糊特征。

劳动时间缩短和自由时间延长相对应

劳动时间缩短和自由时间延长兼有是过渡的特征之一。劳动时间是人们谋生的必要条件。随着技术进步、生产力发展，劳动负担在减轻，劳动条件在改善，劳动强度在减弱，劳动时间在缩短。过去人们为争取8小时工作制而斗争，现在平均劳动时间在缩短。除了一周休息两天，有些国家和地区每天6~7小时的劳动时间，有些实际工作时间4~5小时，还有不少节假日。劳动作为谋生手段，由过去的异常艰难到现在的相对容易。

经济学家凯恩斯曾预言，100年后人们的劳动时间可能缩短到每天3个小时。但全球在劳动时间上极不平衡，许多经济落后国家和地区的每日平均劳动时间还很长，劳动负担很重，劳动条件很差，缺少良好的劳动环境，特别是有的地区战乱频仍，人们为躲避战争，四处逃难，即便想投入劳动，也没有安定的家园和工作场所。对他们而言，即便是较长的劳动时间都是一种恩泽，更不敢奢望缩短劳动时间和拥有自由时间。

劳动时间缩短，自由时间就相应延长。时间是人类的财富，我们来到人世，获得的只是一生的时间；离开人世，失去的也是一生的时间。没有时间，一切皆无意义；如果时间不归自己掌控，一切意义都将打折扣。马克思在《1857—1858年经济学手稿》中指出："生产力的增长再也不能被占有他人的剩余劳动所束缚了，工人群众自己应当占有自己的剩余劳动。当他们已经这样做的时候，那时社会的个人的需要将成为必要劳动时间的尺度，社会生产力的发展将如此迅速，以致尽管生产将以所有人的富裕为目的，所有的人可以自由支配的时间还是会增加。"

自由时间是人们在生产劳动以外自己支配的时间。马克思、恩格斯认为，自由时间包括闲暇时间和从事科学艺术等创造性活动的时间，它是人的全面发展的重要条件。[①]在劳动条件和实际收入不变的情况下，工作时间缩短，自由时间增加，可使人有条件学习、休息和娱乐。自由时间的增加可以促进消费水平的提高。相对于劳动和工作时间，自由时间也是“闲暇时间”，1899年美国经济学家凡勃伦在他所著的《有闲阶级论》一书中，将闲暇时间定义为“人们在社会生活中除了劳动以外用于消费产品和自由活动的时间，是从事劳动后身心调剂的过程，同劳动力再生产和必要劳动的补偿相联系”。[②]

马克思讲的自由时间有三个前提：一是人们只需从事较少时间的劳动，就能为社会创造出足够的物质财富；二是摆脱了自然经济条件下对“人的依赖关系”，摆脱了商品经济条件下对“物的依赖性”；三是从事科学、艺术等活动需要大量可自由支配的时间。

自由时间是同“人的自由而全面发展”“自由王国”“人的自由联合体”联系在一起的。时间自由是思想自由、财产自由等一切自由的基础。

第一，“每个人自由而全面的发展”须在自由时间里支配。在谋生的劳动时间里，没条件获得艺术、体质、道德、智力等的全面修养和进步。自由时间的大大延长为人的自由而全面的发展提供了广阔前景。人的自由和全面发展既是在多样化的生产劳动中实现的，又是在生产劳动之外的自由时间中实现的。有了充分的时间自由，才能实现人的“自由个性”的发展和全面的发展。

第二，“人类从必然王国向自由王国的飞跃”也需要在自由时间里飞翔。

第三，“实现人的自由联合体”首先是人的时间自由，人的社会

① 中共中央马克思恩格斯列宁斯大林著作编译局. 马克思恩格斯全集（第25卷）[M]. 北京：人民出版社，2006.

② 姚顺良. “自由时间是人的发展空间”——马克思“人生时间”哲学发微[J]. 江西社会科学，2011(8).

联系和社会交往才能得以发展。在人与人之间形成事实上的平等，整个社会就会和谐，社会发展与个人发展实现了统一，社会发展不再以牺牲某些个人的发展为代价，才能形成人的自由联合体。

人的劳动与机器人的劳动兼有

人的伟大在于会劳动、能劳动、爱劳动，劳动是价值源泉。劳动分市场交易型劳动和自理型劳动。有价劳动是指生产和创造物质产品与精神产品，无价劳动是将产品从这个地方运到那个地方。无论是有价劳动还是无价劳动，都是可贵的。劳动改造自然界和人自身，劳动形成现实生产力，创造出物质财富，人类得以存在和发展。马克思把商品经济中隐藏很深的“价值”从与其关联的因素和条件中剥离出来，强调人的创造活力，在复杂的经济因素中凸显人的创造性本质，显示马克思劳动价值论“以人为本”的鲜明特征，体现劳动是人维持自我生存和自我发展的唯一手段。

物的劳动是指机器或智能机器人参与的劳动。马克思认为，人的解放和发展的标志是人不再从事那种可以让物来代替人从事的劳动。[①]即让人将艰辛的、繁重的、乏味的劳动让位于机器，让人主要从事智力创造活动。在没有机器或机器人时，人的劳动是一种被迫的强制劳动，人在劳动中不能自由地发挥能力，做的并非自己喜欢的工作，也感受不到幸福，还会使身体受折磨、精神遭摧残。

物的替代是个渐进过程，先是机器代替人的一部分工作，挤掉工人的部分劳动岗位，虽提高了劳动效率，但不为人们欢迎。即便大规模地运用机器，也难以完全取代人的劳动，工人被绑在机器旁的生产

---

① 中共中央马克思恩格斯列宁斯大林著作编译局.马克思恩格斯全集（第46卷）[M].北京：人民出版社，2006.

和作业线上，从事重复、乏味、紧张的工作，会更加痛苦。

随着人工智能的开发，这种物对人的替代性更强。现在机器人的应用还不普遍，人们就已产生担忧，生怕自己的岗位被取代，但这次取代具有革命性，是个较长的过程。

人们在运用机器和机器人的过程中，开辟了许多新职业和新岗位，当未来生产过程全部达到自动化、智能化后，旧式分工可能消失，机器人代替人的体力和脑力劳动，担负指挥和调节生产的职能，就会把人从物质生产过程中更多地解放出来。留给人的劳动非常有限，强制性劳动将变成自主性劳动，人们反而有了劳动兴趣、渴望与激情。人类将更多从事艺术、音乐、娱乐、科技等创造性的工作。

延长就业愿望与提前退休愿望兼具

生产力发展水平不平衡，使得发达国家的人们娱乐过度已经很明显，而发展中国家依然存在劳动者劳累过度的情况。娱乐休闲过度的人群在消遣中还想依赖福利，而劳累过度的人群生怕没有劳动就业机会，更想依靠劳动致富。处在同一国的贫富两端也存在这两种情况。总想娱乐的人希望提前退休，而劳累过度的人仍满足不了自身生存需要，期望延迟退休，得到更多劳动机会以养家糊口。这是两种较为极端的情况，现实一般情况下为两者兼具，各有理由。

延长劳动就业的理由：一是寿命延长，早退休不如在岗位工作，少些无聊，多些社会性，现在工作负担不繁重，工作也是一种生活；二是现在劳动条件、生活条件和医疗保健条件得到改善，能感受到劳动和工作的乐趣；三是一些国家和地区人口出生率低，劳动力短缺，于是提高法定退休年龄，有的甚至实施了终身工作和就业政策。年老的劳动者工作效率低些、知识旧些，但是也有经验多、能力强、注重团队协作的优势。

提前退休的理由：一是工作几十年，承受了过重的劳动负担，想早些退休，享受生活；二是社会和单位工作压力大，就业竞争激烈，单位也乐意给工作时间长的人提前退休的待遇，让年轻人尽快接续，以缓解就业压力；三是新业务、新岗位要求具备新知识的年轻人，即便是旧岗位，也有新工艺流程的要求，需要新专业人才重新学习，不少岗位对年龄很敏感，只招年轻人，年长者也乐于让出位子，让单位补充新鲜血液，激发活力。

深化社会分工与渐进消除分工兼有

分工与劳动就业密切相关，分工对劳动就业产生的影响有几种情况。

自然分工、社会分工、职业分工，从产生到消亡，对劳动就业的影响不同。最早的自然分工按性别、体能、年龄等生理因素或依所处部落的环境进行分工，满足人们的生活需要。自然分工情况下出现产品剩余，人们为节约资源在交换剩余产品中形成固定的交换关系，从此有了原始社会末期的三次社会分工，即畜牧业与农业的分离、原始手工业与农业的分离，和商业与农业的分离产生了商人阶层。社会分工使部分人可以摆脱体力劳动，专门从事脑力劳动。奴隶社会出现了体力劳动与脑力劳动的分工，体力劳动者被剥夺了受教育的权利，在生产力水平很低的时期，经历这样的分工为科学文化发展创造了条件。没有脑体劳动的分工，就没有现代科学文化的巨大成就。

近代以来，私有制发展使分工成为人类生存的必要方式，对提高熟练程度、促进技术进步、推进生产力发展起到重要作用，但分工限制了人的活动范围，人们只能从事某种职业，孤立而片面地发挥某方面的才能。社会化大生产使这种旧式分工导致生产本身的异化，越是分工细致，越是效率提高，工人就越难获得高出的价值，价值被掌控机器的资本所有者占有，留给工人的只有单调乏味、易产生职业病、让人越来越愚昧的东西。脑力劳动似乎比体力劳动更高级，城市劳动也似乎比农村劳动更有价值，但实际上人们完全被亚当·斯密设计的机制套牢，得到解放和自由的只是少数资产所有者。

分工发展到极致是生产力得到极大发展和科技突飞猛进的时候，也是机器人取代人的劳动岗位的开始。现在我们所处的正是人工智能飞速发展和逐渐得到广泛运用的时候，这也为分工消亡积累条件，会出现影响工作就业的种种复杂现象。由于社会发展不平衡，在发达地区已有轻松生活加自我学习、固定就业加临时工作的现象。机器人进入生产保障了这种游刃有余的工作和生活。而在经济不发达地区，人们仍然煎熬在旧机器旁，做着乏味、单调的工作，要么为追求岗位拼死竞争、四处游说。这种不平衡会因为互联网和人工智能的广泛运用而得到修正。先进的生产方式将被传导到落后地区并予以覆盖，会在较短时间缩短并且消除多年落下的差距。当机器人大面积取代人的工作，当自动化和智能化成为主要的生产方式，当人们开始边轻松工作边学习娱乐，特别是人的素质得到普遍的提高时，消灭分工的条件就将成熟。

旧式分工使职业分工和社会地位相联系。消灭了这种分工，就能让多数人得到解放。只有物质丰富，生产力发达，机器人取代人的劳动，才能摆脱旧式分工，摆脱“奴隶般服从分工”的情形，才有自由时间选择工作和学习，有条件得到全面发展，社会才会进入一种理想状态。然而，旧式分工只能渐进式消灭，需要漫长的过渡期，取消分工条件也需渐进累积，人的素质只能在腾出时间后去逐步提高，这些不同程度的渐进性都会对工作和就业产生影响，而工作和就业就处在这样的过程之中。

影响劳动就业的与其说是旧式分工，还不如说是顽固观念的影响。分工由产生到消灭，难在改变旧的分工观念和劳动观念。马克思说我们消灭的不是职业分工，而是社会分工。由于等级观念长期影响，不同职业被打上了地位、贵贱、贫富的烙印，本来无论做什么都要付出劳动和智慧，但在一般人看来，似乎医生、老师的职业比清洁工、保安等要高尚，不以个人能力论英雄，而凭职业分高低。本来职业并无雅俗、贵贱之分，但在旧式分工下，人们对分工、职业的价值判断扭曲，造成就业过程中有的岗位满得挤不进去，有的岗位却门庭冷落招不到人，从就业招录报名志愿的岗位比例就能体现出社会分工的印记。

这种差别要靠物质和文化条件的长期积累才能逐渐改变。由于分工细化，业务过窄，人们只会从事属于自己的那份工作，每当机构改革、企业转型或破产，一些人就很难适应新环境，甚至不知所措，便有较大可能面临失业困境，加之人们形成的聚合性思维模式，较为固定、片面和发散，使得再就业雪上加霜。正如亚当·斯密描述的，分工使人们“变成最愚钝、最无知的人”。不少人做了几十年工作，落下职业病，遇到调岗换位，很难再融入。脑体差别、城乡差别植根于人们的观念和社会中，长期以来，这种观念以相应的社会现象反映出来。

西方发达国家在全球价值链、产业链、供应链上，强调设计、资本的重要性，压缩劳动力的价值，其实反映了西方资本支配的分工学说与马克思分工学说的界限，马克思要消灭的正是那种歧视的观念。目前在设计、制造和销售三个环节，贬值的仍是制造环节，就是要挤压劳动价值空间，扩大设计、资本的价值。

皮凯蒂在其著作《21世纪资本论》中解释了资本和收入的增长模式，资本主要通过遗产继承和高增长率确保自身每年迅速增长，而收入增长途径很少且很低，资本增长率远超收入增长率，现在还看不到这个模式的改变，认为未来资本收益率或许会持续高于经济增长率。

皮凯蒂对300年来的工资水准做了详尽探究，列出多国大量的收入分配数据，旨在证明近几十年来不平等现象一直扩大，而且变得更加严重。在可观察到的300年的数据中，投资回报平均维持在每年4%～5%，而GDP平均每年增长1%～2%。5%的投资回报意味着每14年财富就能翻番，而2%的经济增长意味着财富翻番要35年。在100年里有资本的人的财富翻了7番，是开始时的128倍，而整体经济规模只比100年前大8倍。虽然有资本和没资本的人都变得更加富有了，但贫富差距扩大了，社会不平等影响到了社会保障和劳动就业。

美国等西方国家近几年失业率有所下降，但年轻人的失业率仍居高不下，大量劳动力找不到工作而退出劳动力市场，依靠举债和救济生活，生活水平停滞乃至倒退。如何解决这一社会问题？2011年美国爆发“占领华尔街”运动，就是西方发达国家工人群体包括所谓“中间阶层”寻找答案的方式，而皮凯蒂的研究恰恰为这一运动提供了理论基础。皮凯蒂的研究受到工人、青年学生和进步知识分子的欢迎。

随着人工智能取代人类劳动的场合越来越多，劳动价值理论也要发展和突破，过去特别强调人在劳动中的作用地位，以后可能要调整和创新。

消除旧的就业和分工观念，并不是要消灭职业分工，而应着眼思想文化素质的提高和理念的变化。从过去到现在乃至将来，我们都要为积累思想文化条件而努力，这是影响将来劳动就业的重要因素。不是等到理想社会到来时，人们的素质就会瞬间变好，而要在日常的劳动就业中灌输这样的理念。

社会分工的过渡性质要求做好每个就业岗位。过渡性质的复杂性，要我们守住一份相对可靠的工作，但这个时间会变得越来越短，需要时刻做好换岗、待业、再上岗的准备，每次或者顺利，或者曲折，都很正常。现在已经不可能像过去那样，在一个岗位干一辈子。

过渡性质的劳动就业要边在岗工作，边在业余时间学习，以增强适应性。同时，干一行爱一行，剥离职业分工上的社会地位高低、岗位贵贱之分的观念，珍惜每个岗位，通过在岗工作，提高业务素质，培养道德品质，认识脑力劳动与体力劳动的交互性，认识城乡劳动的互补性，把脑体差别、城乡差别消融在工作就业的具体实践中，在解决各自的就业中逐渐消除旧式分工。

政策制定者面临多重影响和选择

智能机器人推广的影响是相互联系并且复杂的，它的发展不可避免，还必须接受挑战，解决面临的问题。政策制定者面临复杂的情况，需要尽快适应和调整，权衡轻重利弊，做出重要的选择。

机器人取代人的劳动带来复杂的影响

广泛地使用机器人，可以降低劳动成本，提高生产效率，创造新的就业机会，也会让一些低技能、低薪资的岗位消失，使得劳动力结构改变，让人逐渐从体力劳动中解放出来，提高生活质量。同时还带来部分人的失业痛苦，扩大地区发展差异，引起社会经济结构变化、资源分配变化和国家安全等问题，利弊兼有，机会与挑战同在。

机器人取代劳动带来效率提高和经济增长

部分岗位使用机器人后，除了购买、维修、看护机器人的支出外几乎没有别的成本，而机器人会不间断地劳动，降低资源和能源消耗，降低劳动力成本。机器人精准快速的动作，会提高产品标准化，完成人类难以完成的任务，大大提高生产效率。“2015年美国内华达州测试自动驾驶卡车，矿业巨头力拓（Rio Tinto）在澳大利亚西部部署了这种车辆，不再需要驾驶人员，每辆卡车每年节省多达10万美元的成本，这家公司使用机器人不仅更高效，还能节约一大笔资金。”[①]相比于人类，机器人不请病假、不会抱怨、不辞职、不要求加薪、不会顾虑自己的家庭和住房，降低了管理成本，许多企业便从经济有效的劳动方式角度考虑，优先选择机器人。当人类在睡梦中时，机器人依然坚守在生产岗位，在无尽的循环往复中劳作。

生产效率的提高，带来经济较快增长和潜在价值，“据估计，制造业机器人每增加1%，将导致整体劳动力人均产出增加0.1%。采用机器人对中短期的经济增长都有积极影响。如果在2030年前将机器人安装量提高到基线预测的30%，将促使该年的全球GDP增长5.3%。这相当于在2030年前每年为全球经济增加4.9万亿美元（按今天的价格计算），相当于一个大于德国预计规模的经济体”。[②]

失业造成人们的痛苦和影响社会稳定

数智科技具有通用性，它积极影响所有产业和行业。新兴产业几乎从开始就采用强大科技来节约劳动力。许多信息通信和互联网企业以及产业数字化程度较高的企业，所雇用的人数相比于它们的规模和影响力来说微乎其微。[③]

事实上，人工智能已经影响了许多行业和专业的就业市场和机会。许多媒体上充斥着关于机器人在未来几十年将抢占大量就业机会

① 字小小.无处不在的机器人[EB/OL].知乎，2017-11-15.https://zhuanlan.zhihu.com/p/31074005.

② 牛津经济研究院.如何应对机器人的崛起[R].起点财经，译.博客中国，2019-07-03.https://smart.blogchina.com/721442448.html.

③ 马丁·福特.机器人时代：技术、工作与经济的未来[M].王吉美，牛筱萌，译.北京：中信出版社，2015.

的报道。信息智能技术使企业可以无须重新雇用工人也能正常运转，人工智能使尚未完全自动化的工作外移更容易。事实上，智能技术的进步，促进生产效率提升，也使劳动力比重在全球呈下降趋势。曼纽尔·卡斯特将日益严重的“技术性失业”和“社会排斥”描述为“信息资本主义的黑洞”。[①]这种趋势会随着制造业自动化的影响而加剧，并扩展到服务业。生产的产品和服务多了，需要的工人越来越少，失业问题越来越严重，范围越来越广，使得总收入中劳动占比逐渐下降，工资增长远低于生产率增长，导致就业与失业不同群体的收入差距和贫富差别。

机器人的广泛应用扩大了地区差异

机器人的广泛应用在发达国家和发展中国家间造成很大差别，加剧了现有的经济不平等。新机器人在低收入地区取代的工作岗位几乎是在同一国家内高收入地区的两倍。对区域影响的差异，推动世界许多发达经济体的区域两极分化，会在人口中不均衡地分配利益和成本。2019年7月，有报告分析，机器人可以促进经济增长和新兴产业的发展，但也存在加剧收入不平等的风险和破坏性。由于技能差距，预计失业人数最多的较贫穷地区不会从这一新的就业机会中平等受益，这将导致城乡之间以及地区之间的收入不平等加剧。[②]

劳动就业复杂情况中的政策选择

机器人的广泛应用造成的失业、地区差异、收入差距，给政策制

---

① 曼纽尔·卡斯特. 千年终结[M]. 北京：社会科学文献出版社，2006.

② 牛津经济研究院. 如何应对机器人的崛起[R]. 起点财经，译. 博客中国，2019-07-03.https://smart.blogchina.com/721442448.html.

定者带来困境，以往的生产率提高、工资上涨、消费增加三者间的良性循环面临崩溃，积极效应已严重缩水。我们要防止将人工智能的发展凌驾于社会之上，而要努力把人工智能带来的影响嵌入社会发展之中，平衡长期增长的潜在收益和劳动就业引发乱序的短期痛苦，在利弊兼有的形势中，制定有利于大局且兼顾各方的政策。

掌握机器人开发生产情况，根据其不同用途、规模、计划，制定适宜的产业和就业政策。要做到未雨绸缪，兼顾科技创新带动的劳动效能提高和保障社会就业、社会稳定等情况，既要从提高效率角度使用机器人等智能技术，又要从宏观平衡上进行适度把握，不能过急过多地应用机器人，要考虑社会发展的对接条件和速度，循序渐进地推进人工智能的布局。

要抓住人工智能取代劳动就业的时机，预先做好机器人布局以及劳动力转移、培训和再安置的政策准备。一方面，做好人工智能等数字技术和设备采纳渗透的准备，对生产流程、组织设计、商业模式、供应链、法律制度、文化期待等各方面进行调整和改变；另一方面，要对若干年后劳动力的转移、培训和再安置早做准备，有序应对，留有余地，有备无患。比如，用语音、视觉等方面的智能技术帮助经济不发达地区群众阅读、帮助残障人士生活、对劳动力进行培训等。政府、社会和企业共同努力，增加教育和培训方面的投资，提供更多的学习和实践机会，以培养更多的人才，适应未来就业市场之需。要促进经济多元化，鼓励中小企业和创新型企业提供更多的就业机会。这将有助于减少经济对单一行业的依赖性，降低失业风险。

随着人工智能取代人的劳动步伐加快，需要制定劳动密集型生产向技术密集型生产转变的政策。可能最早受到影响的劳动岗位是常规性的、重复性的工作岗位，过去这些就职比例相对集中。考虑到人工智能对部分岗位的替代，将从劳动力成本高的地区、行业和岗位开始，向劳动力成本较低的领域转移，因此，从制造到物流，再到服务等领域，都会不可避免地受到人工智能技术的冲击。经济相对落后的国家和地区因廉价劳动力优势仍在，受人工智能技术冲击暂时较小。必须鼓励和支持创新型企业和技术公司发展，以创造更多的高技能、高薪酬的工作机会；关注那些需要高技能和创新能力的工作，例如人工智能、数据分析和金融科技等跨学科跨专业的宏观领域，尽可能适应和满足未来劳动就业的需求，最大程度地抵消被取代的部分岗位。

智能机器人取代人的劳动造成的就业问题，需要有相关政策保障，以维护人们追求工作的权利。一要维护和保障从业者的权益，不能随意延长或缩短工人的劳动时间，包括对福利的争取、对劳动权利的保护；二要维护无技术者的权益，争取让他们继续工作，赚取收入，要加强职业培训、提高劳动者素质；三要维护失业、待业群体的权利，保障其基本生活水平，减少失业风险。政府要通过制定就业政策、提供税收优惠、多渠道提高就业机会，增加人们的就业意愿和稳定性。

着眼于人工智能对社会的深刻影响，制订长远规划，加大对机器人的公共投资。要加大对数据、算法、算力的公共资源认定，调整分配政策，使机器人生产和创造的财富转移到非物质生产的劳动力的共享，逐渐形成机器人更多地生产物质产品和服务，而人担负更多的精神、文化、艺术产品的生产的格局。在新的劳动分工和分配政策格局中，保障人的全面发展，以人为本，突显人类角色和作用。

针对全球价值链对劳动就业的影响，培育和发展新兴产业、升级和改造传统产业，提高劳动者的技能水平和竞争力。鼓励和引导人们进入新兴产业领域，特别是与新技术相关的领域就业。推动传统产业的智能化、高端化、绿色化，提高传统产业的竞争力和附加值。通过对传统产业从业人员进行培训，提高他们的综合素质，以适应新的就业环境和市场需求，增加新的就业机会。

历史上的几次机器取代人工的状况，经过政策调整和积极应对，都使得劳动就业逐渐达到生产与福利的基本平衡。现在遇到智能机器对劳动就业平衡的再次打破，仍要通过政策调整和采取相关举措来积极应对，维护科技发展与劳动就业的新平衡，以应对未来就业的紧迫形势，实现经济的可持续发展。

劳动就业的战略思路

策略更多针对现在到未来过程中的问题，而战略要面向预见的趋势，确立宏观思路。

人与机器人分工及人的全面发展

分工极大地提高了人们在某一方面的熟练度，我们也能感受到分工带来的好处。亚当·斯密在其《国富论》中洞察到劳动分工的细密会导致人们的智力退化，和农夫灵活的智力比较，专业化的工厂的“人类可能变成最愚蠢最无知的人”。但我们也感受到日复一日地从事属于自己的事情，虽然工作起来越来越娴熟，其他方面却在不断退化。分工让我们在专职方面成了巨人，在其他方面变成了矮人。劳动者丧失了工作中的价值感和成就感，丧失了自由创造的动力和意愿，个体的灵魂和特性被压抑。

正是那种实用性、工具性、功利性的社会分工，造成生产劳动的异化。对分工进行扬弃，才能使人的潜能、价值得到自由全面的发展，提升幸福感。马克思反对社会分工，但并不反对自然分工、职业分工，随着历史的变迁和社会生产的发展，机器人逐渐取代人的部分劳动，人与机器人的分工就出现了，机器人更多担负体力劳动，人更多担负脑力劳动。这次分工很可能是社会分工趋于消失、自觉分工趋于发展的开始。这种新式分工是由智能生产力推动形成的，将摆脱对物以及他人的依赖，符合马克思的分工理论，有利于财富共享和阶层平等，也有利于人的自由和全面发展。

无论是人工智能取代人的劳动，还是产品极大丰富，自由时间增多，重要的是人的全面发展。因此，未来在劳动就业中需要做两件事：一是培养复合型劳动者，马克思认为劳动生产力是由劳动者素质、科学技术、企业组织形式、规模经济以及自然资源五个经济因素决定的；二是培养全面发展的劳动者，这包括业务技能素质和道德品质养成。

两个方面不断进步，我们就能与物质条件、技术条件相匹配，将劳动就业推进到发达社会的水准。那时生产力高度发展，物质积累丰富，自由时间增加，人的素质有了提高，人们可在没有生活忧虑的前提下考虑学习和工作，从而促进人的全面发展，将个人素质全面提高与社会全面发展统一起来。

人和机器人共同参与劳动的就业方式

人和机器人共同工作体现了人类的智慧、能动性和灵便性与机器人的耐受、无生物局限和高效率等优势结合。机器人已不是简单的机器，具有劳动力与现代工具的性质，就机器人作为劳动力而言，它和人共同参与劳动，两者之间既有分工，也有协作。人和机器人的分工决定了人将专注于更有创造性、挑战性且无安全风险的任务。人与机器人多是协作、互动和管控的关系，这种劳动方式的好处是提高效率，降低成本，增加灵活性。

这种劳动方式决定了未来人的就业将是轻松、灵活、安全、快乐的，没有现在劳动就业的压力。但我们仍要关注因机器人可能无法识别危险或不遵守安全规定而造成的问题，以及在处理人和机器人参与劳动中可能存在的伦理问题，防止机器人在体力劳动中被赋予过多的权利。还要防止强人工智能摆脱人的管控，颠倒人机关系。人和机器人共同参与的劳动以及带来的就业方式具有发展潜力，须不断探索和改进，以确保其安全性、可持续性和美好前景。

劳动就业模式与人的全面发展

劳动分体力劳动与脑力劳动两种，体力劳动局限于劳动者的年龄和体能，随着人工智能更多代替人的体力劳动，以及长寿社会的发展，人们更多地担负脑力劳动，避开了人的年龄增长带来的体能限制，恰好机器人没有生物限制，可以持续参与劳动。传统劳动就业的那种固定时间、固定场所、固定资源和条件等情况将会得到转变，尤其从事脑力劳动所需设备没有那么庞大，劳动时间更多的是相对自由。未来的就业模式有可能更加随意和自觉，同人的全面发展合为一体，本身又是生活的一部分。劳动将成为人的第一需要而带给人快乐，人们参与一些劳动，包括人机协作、田园栽培和其他活动，有益于健康、自由和全面发展。

从能力、观念、习惯的改变做起

战略策略都需在实施中落实，最重要的是综合能力提升、思想观念转变和行为习惯养成。

综合和扩展的能力

亚当·斯密指出："劳动生产力最大的改良，以及在任何地方指导劳动或者应用劳动时所用的熟练技巧和判断力的大部分，都是分工的结果。"分工导致不同能力，而分工的逐渐消失需要综合能力。

适应分工逐渐消失的趋势，需要把各个产业、行业知识所产生的能力，变成综合性的学习能力、社交能力、协商沟通能力、记忆能力、感知能力、统筹和创新能力、思考能力、审美能力、应变能力、自我控制能力、扶助和关切他人的能力。这些能力的综合是无法被模仿和替代的，各个方面也都是相通的，是巨大的处女地。

“未来人们需要培养更广泛、弹性更大、更不容易被机器接替的技能，21世纪更需要创造力、协作、批判性思维和沟通等能力。预计到2030年，技术技能工作时间将增加55%，社会和情感技能将增加24%，而手工技能将下降15%。由此，需要人们具备更强大的学习能力，终身都能够学习、应用和创新，不断适应职业生涯变化、不断促进自我价值实现。”①

未来每个人都是一个独立经济体，可以独立完成某项任务，也可依靠协作和组织去执行系统性工程。社会既不缺乏细枝末节的耕耘者，也不缺少具备执行浩瀚工程的组织和团队。②

我们的工作正由被动走向主动，正从需要不同能力向需要综合能力发展，通过网络，人们对物理、数学、化学等基础知识的掌握会更多，对人工智能的掌控能力会更强。人们要经常与人工智能打交道，需要具有人机协作能力及其他综合能力，也要进行更多的艺术熏陶、创新思维锻炼和认知风格培养，在积累基础知识的同时，把握各种产业融合起来的集成能力，通过点对点衔接，通过人机互动，创造社会财富。

---

① 程婷.教育科技伦理冲突显现　人机关系、数据流通成未来重点课题[EB/OL].未来网，2019-12-05.http://edu.news.k618.cn/yc/201912/t20191205_17925825.html.

② 佚名.2021年，中国即将发生的45个重大变化！[EB/OL].财闻要参，2021-02-16.http://www.xilu.com/20210216/1000010001164099_8.html.

转变旧思维和确立新观念

未来的劳动就业，不仅淘汰科技落伍的行业职业，也要淘汰观念落伍的人。新观念在未来社会至关重要，劳动就业的重要前提就是要转变观念。

第一，要有终身学习的观念。不断学习并获取知识，提高能力，培养素质。“苟日新，日日新，又日新”，让自己在学习中焕发活力。这样才能适应新技术、新行业、新岗位的变化和要求，始终跟上时代，踏着现代节拍，充满希望地奋斗。

第二，要善于与人合作。社会组织、社会制度要求每个公民都要顾及自己的周围和群体，与大家和谐相处，合作共事。当今时代已不是个人奋斗的年月，而是合作制胜的天下。知识爆炸，信息充塞，商品丰富，一个人不可能穷尽一切，而要找到自己的优势和兴趣爱好，培养专长，发挥优势，取长补短，善于借用别人的智慧和力量，成就共同事业。许多成功人士的共同经验在于“幕府多才，集思广益”。在数字时代，万物互联，人类更需要合作和团队精神。

第三，创新思维和敢想敢做。因循守旧、抱残守缺将被时代抛弃，更多的信息和知识瞬息万变，我们要在学习的基础上，开动脑筋，敢于创新和想象，敢于试验，敢于出手。勇于创新和敢想敢干的人，才能抓住机遇，开辟新途，成为时代的弄潮儿。

第四，要有奉献精神。有调研显示，奉献比获得更让人感到快乐。与人合作，不要怕吃亏，不要怕冒险；过于精明算计，就不能成为团队的合格一员，就会把路走得越来越窄。因此，奉献要懂得让利、互惠和分享，要肯吃亏，懂让利，在合作中共同取得收获。

第五，学会自律。现代社会在时间、空间、条件、环境、财富等方面，都比过去宽松许多，生活越美好，越需要自律。各种环境都充满诱惑和压力，稍不谨慎，就会放纵自己，养成恶习，或者在压力下轻易崩溃。因此要时时事事严要求，给自己设限，不能放荡不羁，束缚应束缚的，放开应放开的，比如戒烟、克制饮酒、按时作息、适当运动等，经受住各方面的考验。

打破劳动就业的习惯定式

未来的劳动和就业，较以往需要更多体力与脑力的结合，马克思描述的人的全面发展将成为一种趋势。“脑力劳动者的许多活动，由于较少时空依附性，人们将更快地超越地理限制。智能时代，可在一个或多个地点工作和生活，地址概念有了新含义。”[1]脑体劳动结合、虚拟科技和制造科技结合、工作工具和娱乐工具结合，越来越合二为一，使工作与游戏之间的中间地带变得异常宽广。由于信用、道义、创新、艺术等人的全面发展的实践，爱与责任不再那么界限分明。这象征着一个充满机会的新时代的来临，社会将重视创造性休闲活动，未来将是个终身创造、制造与表现的时代。[2]

要打破将劳动力束缚在体制和技术上的制度设计，这些设计表面上为着人们的生计，实际上使人们处于被支配和被奴役的地位。人们要主动设计自己的生活，打破近代以来的分工设计甚至浸入观念和文化的不平等劳动工作基础，把平等真正输入分工、工作、生活各个环节。打破老板与雇员之间、资本和劳动力之间获利的不对等模式，寻求老板与员工合作的平等就业模式。

---

① 尼古拉·尼葛洛庞帝.数字化生存[M].胡泳，范海燕，译.北京：电子工业出版社，2017.

② 同上。

发挥劳动就业共享平台的积极作用

数智经济发展遇上全球抗疫，使“共享员工”模式腾空而起，由近年常有的共享单车、共享汽车、共享经济，发展到人力资源上的共享员工。从共享器物到共享员工这个不凡思路，破壳于劳动就业的困境，直击就业、招工“两难”的结构性矛盾，解决了员工成本压力和企业用工荒的矛盾。共享模式把盘活物质资源升级到盘活人力资源，触及人们最关心的经济和就业问题，给人新的启迪，给劳动就业注入勇气和信心。

共享平台解决劳动就业的矛盾和问题

劳动就业问题和数字化条件，孕育了解决矛盾和问题的共享平台方式。

劳动就业共享平台的起源

2020年春节，正值新冠疫情防控期间，拥有富余员工的西贝等餐饮企业，其软肋恰恰成了盒马鲜生等物流、快递企业的救命稻草，员工相互流动，提高了使用率。“共享员工”模式在解决紧迫问题中出笼，使整个零售行业掀起热潮。特别是阿里巴巴、京东等企业的同样举动，鼓舞了众多企业，吸引许多餐厅员工纷纷“临时转行”。“共享员工”模式被看好，在于它能解决多方的后顾之忧，有一举多得之效。

一是劳动和服务的精准性提升，使劳动效率提高。共享模式既能缓解歇业企业员工待业的压力，还可吸引餐饮行业外企业大量居家的职工，重要的是共享合作将为员工带来工资收入。

二是劳动就业灵活自由，既顺应新生代劳动者自由劳动的取向，也有助于发挥劳动者的自主性和积极性。缓解物流快递等企业用工的不足，及时解决了人力供需失衡。

三是新型用工方式初步实现了按单计酬，且“个人得大头、平台得小头”，适应各方所需，调节劳动关系，建立合作关系，是舒缓人力成本压力的备案，及时满足了非紧密接触岗位工作之需，减轻企业等供给方的人力成本负担，初步共享了发展成果。收入与工作付出的关联更加密切，有利于坚持多劳多得，同时鼓励技高多得。

四是提供了大量进入门槛相对较低、能够迅速获得较多收入的就业机会。服务型劳务输出企业更多采用这种模式，顺势减轻了一些企业的招工成本高与招工难问题，使公众享受到更快捷、更高效的服务。

共享员工本来是非常时期的一种创新，刚开始就展示出蓬勃生机，让人们看到这个平台的广阔前途，很快便涌现出弹性就业、零工经济、在线工作等类似的新型用工方式。

共享员工等平台方式要取得更好的效果，还须将它变成专门的共享平台，解决处理后续的衍生问题，健全配套措施，完善有关政策法规。

一是明确劳动关系。是重新建立、临时借调，还是双方企业都签合同？需要协商。如果是委派劳工，企业间也可签订合同，把员工的权利义务归属写清，特别是员工是否同意岗位变换（虽然这样做员工有工资，但也并非所有员工都会同意），对中层员工的岗位交流是否应有特殊规定，临时转岗的考核审查和培训等事宜都要明确。用灵活的方式调节和交流员工，促进就业上岗，助推企业发展。不过，这些可能会影响就业的稳定，也意味着未来用工短期多、常换岗、流动性强等趋势。

二是明确工资收入。具体包括付出与收入是否平衡，薪资是否有所提高，薪酬由哪方企业发放。

三是明确工伤事故处理。如员工在新的场所发生工伤事故如何理赔，要以合同为基础，把工伤保险、工伤处理规范清楚。同时也要求传统与现代的管理方式形成互动，建立未来多元监管系统。

四是明确劳动法律关系。可对共享员工涉及的方方面面的劳动法律关系处置梳理出一个完整流程，便于执行，包括劳动合同、劳务协议、平台“注册”等多种新型用工形式并存，把传统的用工方式转换到新的劳动就业监管方式上。

五是平台网约劳动者的社保问题。部分劳动者因没有签订劳动合同，仅参加了缴费水平和待遇都较低的城乡居民社保；部分第二产业转第三产业的劳动者，如何接续城镇职工社保，怎样避免社保权益受损，都需有新的解决办法。那些按传统用工方式没有解决好的问题，都是需要创新思路和方法的重点。

共享平台激活劳动就业资源

共享员工模式本是适应疫情防控期间的权宜之策，却具有长期的、根本的、宏观的意义。民生折射就业，就业支撑民生。任何经济危机甚至自然灾害，都会冲击到民生和就业。因此如果将共享员工锻造成一个综合平台，以其内涵为基础，统筹政府劳动就业政策调控和市场资源配置，想必会收到更佳效果，值得探索和试行。

从长远和宏观上运用共享平台，使其成为盘活劳动人力资源的综合平台，尚须对其改进和完善。这就要尽可能吸纳已有的相似做法和经验，充分综合外包模式、U盘式工作、企业外部支援、“共享人才计划”以及灵活用工做法。可学习足球俱乐部球员租借的方式，健康球员在合同期内如本俱乐部未安排踢球，可租借给其他球队，提供战斗力，劳动关系还在本俱乐部，双方球队事先谈好租借费用、工资支付比例，工资由借人的俱乐部支出或双方共担，两全其美。

劳动就业共享模式顺应劳动人力出借方和借用方不同的需求和愿望，借鉴器物共享的做法，在调节用工数量、专业需求和时间方面，以及在节省用工成本、提高劳动效率方面体现出了更多优势，相信会有越来越多的企业运用共享平台。

要着眼于在更长时间、更大范围内去完善这个机制，不限企业和行业类别，不限特殊时期与平时，不论单位和个人，甚至可将经营范围扩展为就业、岗位转换、兼职等，将其打造成网上智能平台，尽可能利用大数据、人工智能、区块链技术和各种技术软件，由中介单位予以企业化管理和市场化经营，需求方和供给方均可登陆平台，提供或接受人力资源的各种信息和需求，由人机协作调配、调节和反馈，保护用户隐私，保障用户权益，方便各方使用。要对短期健全的配套措施和法规再审视、再升级，简约规范劳动关系或者员工身份、保险等各种内容，比如，如果灵活就业人员的社保也能像个税一样由雇佣企业代扣代缴，人力资源的交流就会更加简单方便，就能高效整合资源，解决招工难和员工兼职的问题，就可把调节劳动力余缺化作日常工作，细水长流，灵活用工，提高效率。

共享平台有利于应对人工智能取代人类工作的趋势

我们在利用共享平台实现就业、择业、兼职时，要根据人工智能取代某些工作岗位的步骤等信息，较早地引导人们择业，力促劳动者素质转型升级提高，培养和锻炼员工的适应性和综合性能力。在人工智能逐渐取代那些急难险重的岗位和职业的同时，从容应对人工智能对其他就业的影响，通过自由参与竞争和市场配置，在各种岗位、职业和行业的锻炼、培训、提高、转型中，发现自身优势，挖掘自身潜力。劳动就业共享平台的每次运用，都是在抢抓和选择机会，与不同职业和岗位对标，从而有利于规划自己的职业和事业，清楚何时享受单位培训，何时在职自学，何时脱产学习，进而克服技能单一，避免目光短浅和个人单打独斗，更新观念和知识，敏锐把握新事物，并根据自身优势和潜力，选择适合自己的企业、环境甚至上级，以更好地从业、合作和奉献。

共享平台有效解决了阶段性用工难、复工难问题。这种平台共享模式区别于以往的劳动合同，不同于传统的劳务协议。在这种情况下，劳动约定需要有新的形式，劳动权益应当有新的保障方式。

劳动就业的共享平台倒逼相关改革

共享平台需要宽松的社会文化环境。新的模式和机制，自然要纳入经济社会的正常秩序，与原有的相关规定、政策机制对接，难免出现冲突、摩擦或矛盾，仍然会有文化、习性、环境的差异和法规上的限制，这就需要对新生事物多宽容、少责难。任何事物都有利弊，我们不应在新事物刚露尖尖角时，就以偏概全，将其扼杀；新事物开始时也会有问题，我们不应未待其自身免疫系统发挥作用，就外在干预，影响它的成长。有的问题还需充分了解后再引导纠正，别将好事当坏事一否了之。

对于新事物的探索，可以划出一个区域范围和时间界限，给予其探索的时空，待渐趋成熟后再行规范，限制和纠正其弊端，支持和鼓励其优势。解决新问题要敢于担当，要靠老办法，也要尝试新手段，不能拿过去的法规和别人的法规限制我们、框定现实，要在生动的实践探索中，总结崭新的规章制度和法律。要以脚试鞋，而不削足适履。

员工跨企业和单位交流，要注重培养其对不同管理文化和方法的适应性。用人单位要体谅员工的不同素质和背景，在工作磨合、职业培训和生产锻炼中，使其逐渐适应不同文化和规范。劳动就业共享平台，对企业和员工来说，都是选择，一切都在变，要以变应变，把解决员工在选择中遇到的问题，作为提升企业经营能力的一次机会，力促企业管理、文化、职业等素质的普遍提高。

劳动就业平台的应用和实践还会倒逼参与的企业深化改革，使其更加符合市场配置要求和共享劳动人力资源的原则，敢于号召本企业员工走出去，有勇气接收外部员工和有就业意愿者走进来，让人力资源发挥出强大的功能和效益。这就要求某些民营企业改进体制中家族色彩过浓的狭隘性，要求国企改进规模大、欠灵活的机制，让各类型企业更加符合市场要求，实现市场对人力资源的配置作用。

共享机制需要法规指导和监管，对补充和完善相关规定、加强立法建制的，要提出要求，及时变更劳动合同、劳动保障的制度规定。在登陆共享平台时，共同约定好各方的权利、义务与责任，尤其要明确管理制度、保障措施、法律风险与责任归属。比如，员工在共享期间的工伤如何处理，工伤保险和商业保险由哪方购买，都要在探索的基础上进行明确规定。

要把共享员工模式与共享经济结合起来，在共享由器物到人力的转变中，充分考虑共享由器物到整体资源的扩展。其实企业之间还有很多要素可以共享，例如资金、设备、技术、专利、厂房、生产线、信息等，可以学习借鉴汽车设计行业运用共享模式的做法和经验，更好地把握共享资源的精髓，扩大这个模式的运用范围，使其高效运转，让多方受益，实现资源配置效率最大化，推动共享经济发展。

劳动就业共享平台具有广阔前景

困境思变，多难兴邦。共享员工模式提出伊始就能够进入运行，在于我国40多年改革开放成果的雄厚积淀，在于汹涌澎湃的产业革命潮流，在于高效齐全的产业链集群。特别在全球新冠疫情期间，政府、企业、个人都在考虑摆脱困境、思索发展，共享员工是许多积极思路和建议中的一条。很多中小企业不计得失，从共克时艰出发，凝结成强大的力量。例如先是盒马与西贝等餐饮企业员工合作；接着是生鲜传奇、沃尔玛、金虎便利等多家公司发出“共享员工”邀请，欢迎暂时歇业的员工前去“上班”；京东7FRESH七鲜发布“人才共享”计划，邀请临时歇业的餐饮、酒店、影院及零售联营商户员工前去“打短工”；阿里巴巴推出灵活用工平台“蓝海”，招募万名餐饮员工临时送外卖，包括云海肴、青年餐厅、蜀大侠在内的21个餐饮企业，有1 200余人加入盒马临时用工队伍。短短几天，成千上万的员工，经过健康排查以及防疫、业务技能的培训，陆续上岗。众多企业通过平台迅速调度和整合力量，汇聚成劳动就业的发展洪流，以最快的速度解决了劳动力短缺和就业困难的矛盾。

劳动就业平台看似偶然，其实有一定的逻辑：

第一，数字化发展促进的商贸市场已经从线下走到线上，实现了线上线下结合。劳动就业平台激发了电商的创新和飞速发展，既解决了疫情期间不能在商业市场聚集的问题，又推进了商业市场的互联网运行，还积极地影响和带动了各行业的繁荣发展。劳动就业平台其实也是线上线下结合，是从电商模式扩展到劳动就业的线上共享模式。

第二，适应了劳动就业市场多余和短缺的矛盾现状。线上共享平台发挥了发达的信息资源的优势，可在更大范围内调剂余缺，以最快的速度和简单的方式解决用工荒企业与歇业企业员工出路少的矛盾，盘活了人力资源的调节和交流，也为劳动和就业开辟了新路。

第三，从人人互联到万物互联，实现了劳动力资源和资本资源更好的匹配。有的企业有充足的财物资源，但急需人力资源，而有的企业有人力资源，却欠缺财物资源，共享平台就在更大范围内盘活了沉淀的财物和多余的人力，使数字技术支撑的平台更好地助力市场对人和物进行资源配置，通过电子动态监察，使资源有机结合，极大地解放了生产力。

第四，共享资源由器物到人力，是在互联网由人联到物联基础上的崭新飞跃。由人联到物联，再由器物共享到人力共享，这种交互递升，是人类文明的进步。此刻，互联网、物联网、共享器物、共享人力、线下、线上，这些要素汇聚一体，奏响了经济社会和文化发展的交响曲。从线下到线上的转变，促进了传统行业跟上时代步伐；从互联网到物联网的扩展，推进了生产力的发展；从共享器物到共享人力，催生着生产关系的变革。这些活力构成社会蓬勃发展的生机，是一股不可抗拒的力量，也是一种走向未来的机制，更是一个充满动力的希望。

劳动就业平台还只是初步的实践，需要在运用中将灵活就业的原则纳入劳动就业的战略规划中，要鼓励和支持各种灵活就业形态健康发展，使平台企业在保障劳动者基本权益的情况下，结合实际，采用非全日制、阶段性合同、劳动者个人承揽、服务外包等多渠道灵活用工，完善对平台网约新型用工发展的政策支持体系。要善于发现问题，善于逐渐改进，善于把握共享平台的发展规律，健全共享平台的治理体系，明确规则，划清底线，加强监管，规范有序。

随着移动互联网、移动支付等新技术、新应用的出现，以及共享经济的迅速发展，闲置状态的劳动力被激活，进入市场配置链条，可以通过网络共享平台进行使用权的有偿让渡，形成一种新的劳动关系。劳动就业共享平台的灵活用工和弹性用工特点，有利于新业态的发展，会出现不少非传统劳动关系的工种。比如，网约车的专车司机、外卖平台的外卖员、网上预约上门的私人厨师等，诸如此类的新型工种和工作内容，开辟了择业和就业的新渠道，成了人们劳动就业的新选择，这个共享平台或将改变以往劳动合同“一统天下”的格局。

共享平台带来的劳动成果及分配方式变革

任正非说，华为能走到今天，在于分钱分得好。

在价值创造过程中，劳动是唯一的源泉，但创造价值还有若干条件和要素，诸如资本、技术、管理等也要参与分配。马克思讲过，利润是资本的价格，地租是土地的价格，工资是劳动力的价格。按要素分配就是给要素定价。决定价格的除了供求关系，其实还有支配价值链的霸权，因此人们都在争取制定标准的权力。

在人工智能广泛运用的未来，我们要充分尊重新技术在价值创造中的作用和分量，认识到机器人本身凝结着人类劳动经验，要把它作为人类劳动的成果和资本，而不能作为资本的附属物，要按照这样的原则来认识人工智能带来的利润，让它惠及广大劳动者。

面对机器人带来的挑战，应通过帮助弱势劳动者做好准备并适应机器人带来的巨变，均匀地分配机器人红利。对此，政策制定者、商业领袖、技术公司、教育工作者和工人都可以发挥作用，以应对机器人化将带来的挑战和机遇。

机器人取代部分岗位不会过多地影响人们的生活

人们对机器人取代劳动岗位的担心主要有两点。一是担心失业，无所事事。但当大量人的工作岗位被机器人取代后，社会的调节力比我们预想的要大，也不会出现大规模失业。无论是工厂还是其他场合，只要有机器人等智能设备，就会有人类团队维护、调试、升级这些智能设备。而且取代是个渐进过程，给人们留下很多改变的时间，足以让人们学习一项新技能。取代的过程也是对劳动者结构的调整，包括脑力劳动增加后需要人们去适应，以养成终身学习的习惯，并适应未来。

二是担心没有收入，生活无着。机器人是人类技术进步的成果，除了研发者、投资者、生产管理者的贡献所得，这些技术成果一旦普遍取代人的劳动岗位，就应该让人类共享科技和文明成果，共享发展的繁荣，不因人的劳动普遍减少而影响人的生活进步。在使用智能机器人后，要确保全社会都能够比较均衡地分享到它所带来的收益，而不是只让一部分人享受。而且机器人生产可以提高效率、缩减成本、提升品质、降低价格，人们可以去做更有价值、更有意义的工作，提高生活水平。机器人已进入我们的生活，如智能扫地机器人、家庭陪伴机器人、智能管家机器人等，这使得人类的生活更加智能和方便。

还有人认为，机器人完全替代人后，可能会使生物学、仿生学也发展到极致。人类可能已不需要体力劳动就能够生存，甚至不需要资源分配制度，不会有国界，社会制度也会是全球一体化，人类会通过达成某些约定来维持社会的稳定。

政府要制定共享技术成果的政策

对于使用机器人技术可能带来的不平等影响，政府应该研究包容性的社会政策，建立社会公平与技术效率相结合的具有弹性的分配机制，随着机器人取代岗位的比例扩大，生产效率提高，收益增加，并由此带来充足的物资，使得几乎所有东西都会变得更便宜。政府可考虑为每个公民支付保障性工资，以提供食物和生活成本等基本费用，缩小贫富差距。即便科技创新能带来新岗位，也不一定跟过去一样能享受同等的薪资，薪资水平或者降低，或者上升。在机器人普遍取代人的劳动的时候，除去投资人和研发者应获取的利润外，可以将使用机器人带来的收益作为基础，给全民发放基本生活保障。例如，盖茨主张向企业的机器人征税，法国左翼政党社会党总统候选人伯努瓦·阿蒙呼吁法国对机器人征税，部分税收用于补贴全民基本收入保障。[1]

多种分配方式的变革

机器人取代劳动岗位后，要变革分配方式，这是消除担忧的关键。要遵循机器研发制造者、投资和管理者、人机协作在岗者的激励效率，兼顾公平的原则，考虑税收、福利等方面，政府、企业和其他用人单位要分别变革分配方式。

大卫·费伯说，在这个世界上，人们的收入并不相同。有人认为，我们将不得不让那些被人工智能夺走工作的人获得基本收入。孙正义认为，未来将会有一个基本的收入，可以让人们生活下去。最重要的是为了获得更精彩、更丰富的生活，我们还必须进行竞争。竞争可以获得更多的刺激，这将是创新和发展的动力。但是，一些简单的事情，比如种植蔬菜、捕鱼、饲养牲畜，可以由智能机器人来完成。智能机器人将为我们提供基本收入保障，因为有可再生能源，电的成本几乎为零，几乎和空气或者阳光一样是免费的。[2]

当机器人可以为我们创造更多财富并提供优质服务，当人工智能崛起，并且它的智能水平超过我们的智能水平，机器人遍布各处的时候，人们将会放松下来，从而将注意力转移到更多的感兴趣的事情上，讨论教育、娱乐等很多事情，享受美好时光。

---

① 张文智.比尔·盖茨：向机器人征税[N].青年参考，2017-03-01.

② 财经记者圈．孙正义：未来30年，一切将被重新定义[EB/OL].网易，2019-03-18. https://www.163.com/dy/article/EAJ3ACI50519QLFM.html.

Chapter 10

第十章 教育的伟大变革和理念创新

互联网、大数据、人工智能等新技术，对教育的激烈影响，倒逼教育变革，从理念、形态、目的、方式等方面破旧立新，使教育从追求知识、提高能力，向着价值观塑造、提升智慧、追求幸福而努力。

伟大的教育变革

在工业社会向数智社会的发展中，教育和学习将发生根本性变革。推动变革的有三股力量：一是教育自身规律，二是社会发展推动，三是数智科技引擎作用。面临巨大的推力，一切令人感到痛苦和窒息的东西都将被摧毁，一切不合理的存在终将消失，一切符合历史趋势的东西终究在孕育中破土而出并发展壮大，未来教育的变化将超出我们的想象。

教育规律决定教育持续升级和拓展

教育实践反映教育的本质和规律，追求自由精神、公民责任、远大志向，使受教育者获得独立思考、保持自觉、终身学习、拥抱幸福的能力。历史一直推动教育发展，无论从古代教育、近代教育、现代教育的三个时期看，还是从家庭教育、学校教育和共享教育的三种形态看，教育的体制、内容和形式三个要素总是与时俱进，跨越时代，展现出对教育的推动和强大的影响。数智科技的广泛应用，使教育的范围、内容、形式、时间、形态都有机会得到改进。

学校教育将扩展到社会教育

传统教育适应从农业社会迈入工业社会的大生产，学校以百年历史的工厂模式为基础，培养适合工业社会的劳动力，而且工业模式适合普及知识和技术。但这种模式扼杀了个性，会破坏学生善于创新的天性。工业模式的生产力不变、效率不变，时间成为决定产出的唯一变量，而教育产出的关键，不在时间，在效率。因此，靠不断堆砌时间的教育模式，会影响学生身心健康，效率长期低下，陷入恶性循环。数智时代，工业模式逐渐淡出，传统意义上的教育注定会被淘汰。教育学家朱永新曾表示，无论是从现实性还是可能性来看，传统学校已进入衰亡期，未来学习中心并不遥远。

数智技术的运用和教育的变革探索，使教育正在超越传统学校范围，甚至超越民族和国家的范围，成为全社会、全人类共同的责任。用昨天的方式培养今天的青年，很难适应明天的事业，甚至会失去未来。现在的教育正在冲出校园，无论是网络数据、信息设施，还是各种教育内容，都在方便人们在任何地方获取知识。学校教育和社会教育的界限在模糊，想要学习的人不仅在校园里，社会上任何求知求学的人都可轻易进入学习状态，实现增加知识和提高素质的目的。

在社会上的学习多是自觉状态，不是系统的、有学制的、有课程的学习，而多是零碎的、无学制、无课程设置的学习，大多结合各自工作和兴趣爱好，快乐学习，没有压力。这样的学习像滚雪球一样，迅速扩展，具有蓬勃的生命力，令学校教育相形见绌。数智技术进校园后，本该有利于个性化教育，但不少学校通过精准数据采集反馈去管理学生，实现简单的规模化和标准化，未发挥出智能技术的教育优势，有的还使学生的压力有增无减。智能技术如何正确应用于学习和教育，挖掘学生天性而非压抑，是教育领域亟待解决的问题。

我们应借助互联网和人工智能对教育的推动，因势利导，积极变革，预测趋势：一是社会教育将成为范围更大的教育，自觉读书、学习、研究、钻研业务的人越来越多，学习的浓厚氛围有时超过学校，社会教育在有些方面甚至可取代学校教育；二是教育向学习转变，无教师的教育更多地体现为学习，许多在线教育内容虽是老师辛苦劳动的产物，但不需要更多老师在线辅导，学生将成为教育的主角；三是教育资源或条件更多依赖科技与教育的融合。

面对这样的趋势，应该抓住机遇，适时引导。比如，探究怎样让学校从传统中走出来，既保留其固有优势，又及时革除弊端，使其符合潮流；怎样更好地引导社会教育发展，规范社会教育的范围、内容和形式，助其趁势而起。

徐州优秀教师陈海波认为："纵观教育史，最早的教育职能是通过社会教育实现的。在原始社会，家庭形成前，教育在氏族成员的共同劳动及日常生活中显现，由氏族公社成员之间相互言传身教，或由有经验的长者向青少年传授生产生活经验。家庭教育及学校教育出现后，教育逐渐分化为学校教育、家庭教育和社会教育三种形态。这时社会教育范围变窄，主要是对在校学生步入社会的锻炼和熏陶。随着社会教育迸发出的活力，多元和开放的教育，能够提高人的品德、增长人的知识、发展人的能力、丰富人的文化，有利于发展人的兴趣、爱好和特长，有利于终身教育。"

现在，广义的社会教育在回归，但不是简单地重复历史，而是在兴衰的轮回中螺旋上升。崭新的社会教育很可能是令人期待的共享教育。历经几个世纪的学校将汇入时代洪流，助推社会教育发展，让社会到处像学校，成为每个人提升自己、挖掘潜力的地方。让学校扩大到社会，并不是推倒校园的围墙，而是把社会办成广大的校园，让所有人都在开放的环境中受熏陶，得智慧，同进步。

精英教育将发展到大众教育

同社会教育相统一的是大众教育，大众是社会教育的对象，人人学习，普遍受教。学校教育包括小学、中学、大学，以及不同层面的职业教育，是经过程序，将最聪明、最优秀、最有条件接受教育的人挑选出来。作为地位竞争以及稀缺机会分配代理机制的精英教育，文凭被视为“信号机制”，入学人数不足适龄人数的15% 。过去人们也曾追求过大众教育，但其总是作为理想而很难实现。马丁·特罗提出教育大众化，定义高等教育的入学人数在15%~50%，高于50%，可谓普及阶段，就是更多地参与，更多地受益，以至形成一套教育民主与公平的积极叙事体系。20世纪，发达国家的高等教育开始向大众教育转型，是为了应对社会经济与文化政治结构的转型，无论是学习者的人格类型与心理机制、教与学的内容与旨趣，还是教育的功能与定位，都或隐或显地在转变。

高等教育从精英到大众的转换，绝非仅仅因为学生入学数量的增加，也绝非系统的自身演变或者范式转型，即大众替代了精英，而是学术、政治、经济、社会与文化持续综合作用的结果，根本的特征在于无休止的开放，以及由此而来的彻底的自反性（radically reflexive）。[①]西方多数发达国家的高等教育从精英向大众发展，得益于

① Scotl P. The Meanings of Mass Higher Education. SRHE and Open University Press, 1995.

二战后经济的大发展，它将福特汽车大规模生产的模式移植到高等教育的人才培养中，得益于西方发达国家建立的福利制度，大学体系的建立与发展是拓展民主社会福利制度庞大实验的一部分。[1]大众高等教育——昔日的“奢侈品”变成今天的“必需品”，“稀缺性”受到了挑战：参与者众多，获益者甚少，文凭作为能力识别标志、身份识别符号以及市场交易货币，却在不断膨胀中迅速贬值，即文凭的权威性与交易性日渐下降。高等教育的大门向多数人敞开。因此，要清醒地认识到大众高等教育内涵的复杂变化，不能将西方大众高等教育简单且孤立地移植和发展到更大范围。[2]

大众教育不完全同精英教育对立，它是在社会拥有充分教育资源的情况下实现的，且这种资源如同现在常见的网络在线、智能教育，易于共享，参与的人是自觉行为，对于各自的工作生活都有好处，它不纯粹指向学校，更不是高等教育。大众教育的一个主要功能是教育对象泛化，人们享用教育资源没有压力和负担，它有利于群众精神文化的丰富，有利于公民素养的提高，有利于社会文明的进步。大众教育是同社会教育的资源、环境、内容和方式相适应的，是社会发展到数智时代才会有的真正大众教育或者大众学习，到处是获取知识、能力、智慧的平台，而ChatGPT、文心一言等AI大模型的出现，使得学习变得更加方便，更多地在受智能教育和文化氛围的熏陶。

区域教育将过渡到全球教育

数智技术的普遍应用，推动了社会教育的广度和深度。一方面，

---

① Delanty G. Challenging Knowledge: The University in the Knowledge Society. Open University Press, 2001.

② 刘云杉. 大众高等教育再认识：农家子弟还能从中获得什么？[J]. 中国农业大学学报（社会科学版），2015(1).

全球化的深入正加剧着国家间的竞争以及人才竞争、教育竞争，促使各国增加教育投入，提升教育质量，以获得竞争优势。全球经济增长从主要依赖各种稀缺物力资源，转型升级到主要依赖人力资本及知识创新，促进了教育国际化，使教育信任网络特性与人类命运共同体理念高度契合。各国的社会教育、共享教育相互影响和模仿，扩大了教育的国际性、全球性，有全球教育发展之势。

另一方面，数智科技条件下的社会教育适逢人类命运共同体的理念传播，赋予教育目标以相当的高度和宽度。“高度超过财富，宽度超越国界。向公民灌输这种精神，教育目标才能实现；教育必须着眼世界和平，按照国际航线来制定航程。这样，朦胧出现在地平线上的终极目标才能实现。”[1]为提高公民素养和实现世界和平，教育理念和内容应向着人类文明的共同价值倾斜，在承认多样性，超越非此即彼的二分法，即西方与非西方之分、地方与全球之分的界限基础上，各国在共同理念下开展紧密的人文交流，促进对各种知识和文化的认知，摒弃文明冲突观念，展开全球文明对话，使区域教育走上全球教育之路。不同国家和经济体的文化教育交流，有待数智经济技术应用范围的扩大和水平的普遍提高。同时，全球教育也是消除区域数字鸿沟的社会措施。

知识教育升级到智慧教育

以往的教育更多是知识教育，即教师对知识点的传授、学生对知识点的掌握，量多面广。这就把教育等同于知识，教师教知识、学生学知识、考试考知识，知识成了教育的全部。对教育的认知和实践存在一种狭隘性，局限于知识教育，放不开，走不远，存在系统性偏

① 周光礼.人类命运共同体与高等教育全球治理[J].探索与争鸣，2019(9).

差。现在的教育仅靠知识积累已不现实。

一是知识和信息呈海量涌入，无法一一灌输。知识和信息正在爆炸，无法通过教育去灌输更多的知识和信息。

二是知识和信息正在被市场扭曲。特别在教育的市场化和产业化发展中，知识被外在化和商品化。知识与教育的世界更像超级市场。“知识不再以对真理的追求和人性的陶冶为目的，知识为了出售而被生产，为了在新的生产中增值而被消费，知识的教育性被抽空。”[①]

三是传授知识的新方式颠覆了以往知识教育的方式。“教育作为知识的传递与生产者的地位被颠覆，负责传递知识的教授和专家，其功能远不如资料库和网络强大，单个教授的研究能力，比不上大规模的跨学科研究。”[②] ChatGPT、文心一言等大模型，超越了书本和图书馆，成为强大的知识工具，在知识的教育、传播、启发上，作用大于传统教育的所有手段。事实上，大学应该去创造技术，而非一般的传授、阐述和传递知识。哲学家利奥塔曾预言：“教授与专家的角色在后现代社会将逐渐被取代。”

四是判断知识和信息将取代知识的传授和记忆。知识和信息越来越多，人们可以上网查到，或者通过机器进行查找。未来教育必将超越知识、超越信息，不是灌输知识和信息，而是教人们判断知识和信息。人工智能通过机器深度学习来工作，这种学习过程就是大量地识别和记忆已有的知识积累。它可替代甚至超越那些通过死记硬背、大量做题而掌握知识的人脑。“1921年爱因斯坦获得诺贝尔物理学奖后，记者问他声音的速度是多少，爱因斯坦拒绝回答。他说，你可以在任何一本物理书中查到答案。他说，大学教育的价值不在于记住很多事实，而是训练大脑会思考。”[③]

---

① 刘云杉.技术高歌猛进之际，教育该返场了[N].光明日报，2021-01-15.

② 同上。

③ 钱颖一.人工智能将使中国教育优势荡然无存[J].商业观察，2017(8).

五是掌握知识越多未必创造力越强，也未必拥有更多智慧。现在设计培养学生的方案多以学生掌握知识的深度、广度为出发点和考核点，总觉得学生学得不够多、不够深，学得不够实用、不够前沿。事实上，掌握知识越多越限制学生想象和创造的空间，学习知识的时间挤占了探索知识的时间。学生学成了字典、词典，却创造不出经典和未来。

未来教育要突破知识教育的界限，需要精简知识的内容，重新安排知识教育的时间，让教育在知识的基础上迭代更新，升级到智慧的程度。在未来教育的叙事中，教育将被置换成学习与能力，学习者可在数智技术条件下重装头脑，开发更好的个性、想象力和创造力。

一是要有超越知识教育的新方式。互联网、虚拟现实、人工智能，特别是ChatGPT等大模型正向教育渗透，并对传统的课堂教学模式、教育评价产生深远影响，知识教育将被智能终端、信息库取代，人们可随时查阅和获得所需知识，不用再死记硬背。知识教育将通过信息化、数字化、网络化、智能化，升级到未来的智慧教育，这种趋势日益明显，知识仅仅是数字化、智能化、智慧化的基础和资料。在构建技术融合的生态化学习环境中，智慧教育将通过培植人机协同的数据智慧、教学智慧与文化智慧，让教师施展有效的教学方法，让学生获得个性化的学习服务和发展体验，培养出品质优、智慧强的人才。他们应该具有良好的人格品性、较强的行为能力、较好的思维品质、较深的创造潜能。智慧教育将成为创新教学与促进学生成长的崭新教育范式。人机协同是手段，创新教学过程是途径，促进学生发展是目的。[1]

二是要确立创造性的智慧教育内容。发展和教育都需要创新驱动。知识教育可能会扼杀学生的想象力和创造力，接受的知识越多，越不利于创造力的萌发。智慧教育要开发学习者的创新思维，而创造性思维来源于好奇心和想象力。爱因斯坦说过，“我没有特殊的天赋，

① 马红丽.祝智庭：智慧教育永远只有进行时，没有完成时[J].中国信息界，2021(3).

我只是极度好奇”“想象力比知识更重要”。掌握知识有助于创新，但是用过去的知识教育今天的孩子，成年后他们面对不确定的未来，显然难以适应。而创造力并非会随着教育时间的增加而增加。“儿童时期的好奇心和想象力特别强，随着受教育程度的增加，好奇心和想象力通常会逐渐递减。知识是有框架和设定的，客观上框住了人的好奇心和想象力，导致更多的抄袭、复制，较少真正的创新，也不太可能出现颠覆性创新和革命性创新。想象力就是在学习知识和接受信息中，敢于发散性思维，对已成形的东西提出挑战、质疑和批判，敢于突破知识教育的范式和框框。”①所以，我们需要在知识教育的基础上，通过能力教育，向着智能教育发展，在拥有一定知识的基础上，培养想象力和创新力。

数智技术促进教育生态重建

科技革命和产业变革正深刻改变人们的生产、生活和学习面貌。科技对教育和学习的改变更显而易见，互联网、云计算、大数据、人工智能、虚拟现实技术等都在推动教育创新，既提升学习效率，也变革教学方式，促进教育理念创新。数智技术给教育带来的发展契机，对未来教育将产生巨大而深刻的影响。

数智技术让教育从封闭走向开放

数智时代，知识的激增、剧变、更新频率加快，周期缩短，随着学科渗透和交叉，知识又在高度综合，一切领域都受到冲击和影响。数智技术打破知识垄断的局面，教育正从封闭中解放出来，人人都能

① 钱颖一.人工智能将使中国教育优势荡然无存[J].商业观察，2017(8).

够创造知识和共享知识，人人都能够获取和使用知识。在开放的世界，全球性知识库在加速形成，优质教育资源得到极大充实，互联网将这些资源连接起来，使人们随时、随事、随地都可以获取。我们可在网上看到国外大学免费的优质讲座视频，可看到界面简洁且通俗易懂的教学内容，获取知识的效率大幅提高，获取途径增多，获取成本降低，教育的范围和内容得到拓展。这种趋势既有利于人们主动吸取知识，也有利于独立自主学习，自己制订学习计划，掌控学习过程，对学习效果进行自我评估。教育成了开放的系统和环境。

机器人取代劳动和人的全面发展将改变教育方向

西方学术界有两个热词，即“工作社会终结”“消费时代兴起”。随着机器人普遍取代人的劳动，人们更多从体力劳动转变为智力劳动，工作角色更多转变到消费角色。教育的目的从培养生产者转变为培养消费者。过去，教育的出发点和归宿都是为了工作，考试是衡量一个人能否胜任工作、胜任什么样的工作的尺度。随着工作的进步，工作还给教育提出有针对性的要求，教育与工作的关系十分密切。“借助工作，社会将个人纳入其识别、奖惩、控制的系统之中；工作是人生的基本定锚点，它确定个体的社会位置与身份认同，甚至影响个人的性格特征与气质类型。在工作生涯中身居何位，标识出个体生命的里程碑。”[1]

而人工智能取代人的工作后，意味着人们以消费方式参与社会，从生产者转变为消费者，有学者将此称为从生产社会到消费社会。教育家贝克描述：“在21世纪末，希望找到一个高收入、高技能、高稳

---

① 齐格蒙特·鲍曼.工作、消费主义和新穷人[M].郭楠，译.上海：上海社会科学院出版社，2021.

定的全职工作，如同在快速沉沦的泰坦尼克号的甲板上找到一个舒适的帆布折叠椅一般。”[①]机器人参与劳动深刻地影响着教育方向，教育的知识内容与育人逻辑面临严峻的挑战。

有西方学者认为，“在消费社会里，经济的增长不依靠国家生产力强度，而依靠消费者的态度、热情与能力，工作曾经扮演的连接个人动机、社会整合和系统再生产的角色，已被消费所替代。在未来社会，个人寻求自我认同，获得社会的一席之地，拥有有意义的生活，都需要在消费市场中实现”。还有学者指出，20世纪的社会驯化生产者，21世纪则驯化消费者。[②]人们面临一系列根本性挑战，从物质的匮乏到丰裕，从生计的紧张到精神的无聊，从生命难以承受之重到生命难以承受之轻，教育中的学习内容与学习者的人格类型、行为习惯将发生许多变化。围绕这些变化，大众教育将成为广大的舞台，生活风格的探索替代了生活机会的角逐，生活教育取代了职业教育，每个人都在不断地尝试、演绎新的可能，审美趣味、行为选择，还有社会身份都在变化着，个人的自我塑造在此有了更大的空间。[③]

其实，与生产社会对立的不是消费社会，而应拓展为全面发展的社会。机器人取代大量的体力劳动后，人们可以更多地从事创作、创新、创造等精神文化的工作。相较于过去艰苦的体力劳动，未来劳动如同一种消费和享受，其实这只是人的自由和全面发展中的一种现象。生活的舒适与便利，可能会削弱我们的体质，降低我们的道德水准。我们让自己享有的自由，是不是已经超出我们智力所能够承受的程度？我们让自己无度地享受，会不会超出高尚道德和文明社会的要

---

① 刘云杉.从“人力资本”回返“公民生活”[J].北京大学教育评论，2008(3).

② 齐格蒙特·鲍曼.工作、消费主义和新穷人[M].郭楠，译.上海：上海社会科学院出版社，2021.

③ 刘云杉.大众高等教育再认识：农家子弟还能从中获得什么？[J].中国农业大学学报（社会科学版），2015(1).

求？未来的教育就是要担负提升人的智能和道德水准的使命，否则我们仍然在为古人的智慧而惊叹，或者为智能机器人所厌弃而惹来横祸。人的全面发展不纯粹是为了人类自身的幸福，还要考虑与地球、环境和机器人的共存和协调。

数智技术及平台配置和整合教育资源

数智技术的通用性形成了各种平台，支撑教育改革与教学创新，构建着资源赋能、数据赋能、连接赋能和技术赋能的多重机制，带来教育资源的普惠和共享。2022年3月上线的国家中小学智慧教育平台，已成为全世界最大的基础教育资源数字化中心和服务平台，平台提供的优质资源，能有效服务学生自主学习、教师改进教学、农村学校提高质量、家校协同育人，增强了数字教育资源的规模化与灵活性优势，助力教育公平。

由于不同地区的网络质量、设备配置参差不齐，而教师的数字素养也存在差异，学生获得智能技术教育红利的能力出现地区差别，有可能造成教育新的不公平。比如，关注ChatGPT的人群主要集中在大城市，可能造成新的地区教育数字鸿沟。但总体上看，数字化极大地放大了优质教育资源的作用和价值，传统教育中一个优秀老师服务几十个学生，现在可以扩大到能服务几千个甚至数万个学生。互联网“联通一切”，让跨区域、跨行业、跨时间的合作教学和研究成为可能，扩大和延伸了新资源、新技术在教育中的运用，在很大程度上规避了教育的低水平重复，逐步缩小了因地域和师资力量不平衡导致的教育鸿沟。

数智技术条件下师生界限不再泾渭分明

在传统教育生态中，教师和教材是知识的权威来源，教师因拥有知识量的优势而获得课堂控制权，学生是知识的接受者。在数智技术的应用下，学生获取知识非常快捷，师生间知识量的天平并不必然偏向教师。此时，教师必须调整自身定位，让自己成为学生学习的伙伴和引导者。未来的教师可能分为线上讲公开课的明星教师和线下的辅导教师。学生可能在某一方面当老师，老师也可能在一些新学科上当学生。加之社会上到处都是终身学习的人，有可能受教者中有不少比传授者更有水平和资格，相互教学将成为一种趋势。比如，师生在与ChatGPT的互动和协同中都可提高自己，在教育和学习中经常要处理的是老师、学生和人工智能三者的关系，三者和谐相处，角色互换，就会共同提高。

AI大模型对教育深刻变革的启示

ChatGPT在回答对教育的影响时认为，作为一个大语言模型，ChatGPT可提供在线学习资源，并与学生进行对话，这种交互方式可以帮助学生在学习中获得更好的支持和指导；ChatGPT支持和帮助学生自主学习，根据学生的兴趣和需求，提供学习材料和建议，从而提高学生的学习动力和学习效果；ChatGPT可改善教学方式，为教师提供工具和资源，通过提供自动评分、语音识别等功能，帮助教师更好地评估学生的学习成果和口语表达能力；另外，它在辅助科研方面也有一定潜力。

ChatGPT和文心一言等通用模型是新的教育生长点，有望从多维度革新教育，启发人们利用信息智能技术对教育要素进行数字化改造和功能提升，实现教育环境、教学过程、教育管理、教育评价与师生素养的数字化转型，进而促进教育创新发展，支撑构建更加公平、更有质量的教育体系。

ChatGPT和文心一言等可以改变甚至颠覆教育的运作规则，再造教育流程。在新的虚实融合层面连接与重构教育要素，实现教育资源供给结构、教育治理结构、师资配置结构、课程教学组织结构的调整与优化，为教育高质量发展提供新的结构动力。

互联网和人工智能连接教育体系的各种要素，重塑教育的基本结构，扩大优质资源供给规模，丰富资源供给渠道，将会形成教育的新供给和新业态。

社会变革对未来教育的引导

许多研究发现，现在有些高校的教育落后于社会，尤其是人文社会科学方面。数智社会变革会触及许多问题，引导教育发展。

社会发展超越现行教育对人才的培养

现行人才的思维模式已不足以适应现代社会发展的要求，唯有变革教育形态，才能解决面临的问题，未来教育将诞生于强烈的思想碰撞，重塑教育形态成为未来发展的重要趋势。现代社会发展对人才结构提出新的要求。在教育供求矛盾尚未根本解决、教育普及尚未全面实现的状况下，新技术正在对教育产生革命性影响。人工智能时代到来，快速发展的数智科技，对教育充满了机遇和挑战，促使我们思考应给人怎样的教育，要让青少年有什么样的能力面对前方，走向未来。

对教育投资影响人们的机会和公平

任何投资价值都比不上对教育的投资。教育投资是百年树人，即便短期看也能以增值人力资本的形式拉动经济增长。随着教育蛋糕做大，教育对象大众化，更多人将有望在教育中获益；教育投资还会打破既有的阶层区隔，促进阶层间的合理流动，促进更大群体的社会参与，影响到对社会和人类的塑造，实现社会必要的民主。[①]教育的重点不在于物的生产者，而在于探究、尝试、创造、塑造人的多样性与可能性；教育关乎个人在社会中的生活机会，这是社会留给每个人体面且可观的成长通道，教育能提升与改变个体的命运，这是现代社会多数成功者的叙事方式。瑟罗（Thurow）和卢卡斯（Lucas）指出："教育成为一项明智的投资，并非因为它提高个人收入，而是基于这样的博弈：别人接受了教育而你没有，那么你的收入会很低，而接受高等教育，可以使你的收入比未接受相应教育的人高一些。"[②]对教育投资的积极性，成为社会发展的强劲动员令，体现为事实层面的技术功能与筛选功能，以及价值层面的增长期待与公平承诺。[③]

教育将从塑造工作者向塑造全面发展的人转化

未来的职业环境将从工业时代转向数智时代。社会的改变会更多、更快、更不可测，但都以机器人更多地承担体力劳动和人的全面发展为主。未来的专业、职业、行业都会不断变化，相关职业会被人工智能、云技术和自动化取代。凯恩斯在1932年预言：经济问题将可能在100年内获得解决，或者至少有望获得解决。如果经济问题得以解决，那么人们将失去传统的生存目的。那些经过无数代的培养，

---

① 刘云杉.大众高等教育再认识：农家子弟还能从中获得什么？[J].中国农业大学学报（社会科学版），2015(1).

② Brown P. Scase R. Univesities and Employers: Rhetoric and Reality//Smith A. Webster F. The Postmodern University? Contested Visions of Higher Education in Scociety. SRHE and Open University Press, 1997.

③ 刘云杉.大众高等教育再认识：农家子弟还能从中获得什么？[J].中国农业大学学报（社会科学版），2015(1).

对于普通人来说已根深蒂固的习惯和本能，就要在几十年内悉数抛弃，以使我们脱胎换骨、面目一新，这是难乎其难的。[①]当物质不再匮乏，无所事事会成为温饱后最可能发生的问题，经济增长给人带来的幸福和快乐是有限的。西托夫斯基在《无快乐的经济》中仔细论证了人要满足自己的本能或内驱力，有两种追求，即舒适与刺激。刺激既包括身体锻炼生出的生理刺激，也包括心理刺激。这个时候将是人的全面发展启动的最佳时点。人的全面发展包括文学、艺术、创作、哲学，以及对科学的好奇心和纯粹好奇心的发展；还包括在观看体育比赛、游戏、开车兜风，以及购物等放松活动中得到的启示。这些既能促进人的全面发展，也是满足需求、摆脱无聊的心智活动。比如打网球、玩国际象棋或者桥牌需要一些能力，这要通过训练来掌握，并要反复练习，且要遵守从易到难的顺序。[②]这些活动及其技巧能给人持久不倦的刺激与快乐。事实上，一种技巧越难掌握，就越受追崇。这样的技巧属于文化范畴，不是生产技能，但它"能给从事它的人带来满足，也能给受它影响的人带来快乐"，它包括爱以及学习。[③]它涵养人心，传承文化，非生产性地消费时间、支配时间。

随着从匮乏到富裕，从工业化到智能化，更多的人从以体力劳动为主转变到以脑力劳动为主，有更多时间学习、消费、休闲。在大众教育中，消费技能、文化哲学在学习内容中应占更大比例。人的角色转变，也会相应地影响到人格特征与社会变化。大卫·理斯曼在半个世纪前就敏锐地指出，随着从匮乏到富裕，人格特征、社会行为与教养方式均在发生变化，他提出的"内在导向型"人格与"他人导向型"人格，有助于我们理解传统人格特征与全面发展中的人格特征。

---

① 郑也夫.后物欲时代的来临[M].上海：上海人民出版社，2006.

② 提勃尔·西托夫斯基.无快乐的经济：人类获得满足的心理学[M].高永平，译.北京：中国人民大学出版社，2008.

③ 同上。

内在导向型人格生于匮乏的境遇，竞争与进取是其生命的核心动力，将全部精力用于生产与工作，多以历史上的英雄人物为参照，以行业巨子或各种成功明星为榜样，终身不懈地塑造与培植自己的性格。他人导向型人格决定进步的多为人际技能，以及个人如何操纵他人或为他人所操纵，他不想突出个人，只想做灿烂群星中的一颗。他们可能是适应未来社会的新族群，这个时代的创意与活力也多来自他们。[①]他们将有限的工作抬高到娱乐与游戏的层次，给人愉悦与享受，在愉悦中陶冶情操、修养自己、全面发展。前瞻未来的需求变化，已不是这个时代人们的职业所能塑造的，而是趋向人类美好生活的崭新方式。

升华的教育理念

未来教育最大的挑战是观念。崭新的观念很可能会颠覆几个世纪形成的教育模式、教育理念和教育关系。各种教育和社会现象相互激荡，将在人们的认识和讨论中发生碰撞，生出理念的火花。教育正从遥远走向未来，在纷繁复杂的现象中促进思维的创新。过去不敢想象的许多事情，在互联网和数智时代变成一种趋势和观念，反映着人本、创新、合作、自主的精神追求，代表着未来的教育方向，成为决定未来教育的思想力量。

学习成为生活的一部分

一切教育都通过个人参与社会生活而进行，这几乎是自生命来到世界后就开始形成的认识。教育和学习如同吃饭和健身，是一种享受

---

① 刘云杉.大众高等教育再认识：农家子弟还能从中获得什么？[J].中国农业大学学报（社会科学版），2015(1).

生命的美好过程。人是物质和精神的辩证统一体，只有吃喝玩乐，没有学习和思考，人就会精神空虚。读书学习是良好的精神养料，犹如给思想充电。身体乏困时，通过补充营养，锻炼体质，充分休息，养精蓄锐，就会得到恢复，重新充满活力。没有心情，感觉无聊，提不起精神，也需要补充文化营养，阅读思考，清理杂念，甚至通过与朋友聊天，使精神得到恢复，神情重归怡然。还有励志类教育，更能使人乐观和兴奋。

教育培养人的意识，发展人的能力，使人形成良好的习惯，修养身心，激发情感，过上健康的生活。学习是自己要做的事情，每个人都要对自己的人生负责。教育家陶行知提出“生活即教育，社会即学校”，就是让大自然和社会成为课堂，使学校与自然、社会环境血脉相通。正是“这样的教育，生命便不断地靠近和接纳人类在绵延中流传下来的智慧和道德财富，于是，教育让每个践行它的人，渐渐成为一个固有文化的继承者和社会的接班人与建设者”。[1]

学习对于多数人来说是一件终身的事情。过去接受的知识是人类积累的很少一部分，与互联网、智能时代的知识信息爆炸相比，过去的人们尚能适应那时的情况，未来知识和信息积累呈指数级增长，人类很难接受那么多知识。人的基因中有用信息的总量大约是1亿比特，相比之下，平装小说可能包含200万比特的信息，一个人相当于50本《哈利·波特》，一座国家图书馆可收藏约500万本书，或大约10万亿比特的信息。

互联网和人工智能成为教育和信息中心后，人们可以从电脑上捕获学习内容，而书籍或互联网上传递的信息量是DNA（脱氧核糖核

① 陈海波.社会，该为教育做些什么[EB/OL].语文湿地（微信公众号），2021-04-09. https://mp.weixin.qq.com/s?__biz=MzA4NTE1MzIzNQ==&mid=2652169219&idx=2&sn=d9b8b3477979eb05f697fa8d33a7cc43&chksm=843c00bfb34b89a9d7a4453878fe57d5c3024b8181b51deec23d34f4ed645577e8f8f6703246&scene=27.

酸）中的10万倍，除去大量垃圾信息，有用信息的增加速度仍然是数百万比特，即使到不了数十亿比特，也远高于DNA，而人类生物进化的速度是每年1比特。据说，18世纪有人读过当时的每一本著作，但是现在如果每天读一本书，一个人要花几万年才能读完一座国家图书馆的藏书，而且到那时又有更多的书已经写好。这就意味着每个人最多只能掌握人类知识的一小部分。但我们现在已经绘制了DNA图谱，这说明我们已经阅读了“生命之书”，人工智能让人类掌握知识变得更加容易。

人创造了人工智能，人工智能又在武装人。如果人脑与电脑和网络连接，人们接受知识、信息的方式和能力将极大改变，那将与原来的教学方式大相径庭。我们要从改变理念开始，将AI当作工具包，用来增强我们现有的智能，在科学和社会的每个领域开拓进步。特别是人脑与电脑连接后，不可思议的接受方式和效果会让我们感到惊奇和意外。本来经过进化的人类大脑具有整页阅读的能力，但人类已经养成和习惯了一行一行地阅读，相信以后会让这些潜质发挥出来。“由神经纳米机器人介导的人脑/云接口系统可以使人即时获取电脑中积累的知识，同时显著提高人类的学习能力和智力。”①

生物进化的大脑很难适应现代智能的变化。人类智慧能够适应环境变化，也是历经世代自然选择的结果，我们会在改变中担心害怕，但是最终会在适应中接受对人类有利的方式。人对知识和教育的适应性，只是在青少年时期，大多数人没有经历终身教育的锻炼。即便青少年达到高等教育也只是幸运的极少数，而在少数的精英教育中，因为机会稀缺，教育如同奢侈品。

随着大众教育的发展，高校的门槛降低，不断开放，高等教育将

---

① 佚名.UC伯克利教授：大脑将连接云端，全人类实现知识共享[EB/OL]. 佛山科技金融网，2019-04-16.http://www.foshankj.com/34049072.html.

成为人生的一段经历，学历不再预示着世俗意义的成功。即便如此，仍需集中式的青少年教育，这是他们进入社会，叩开职业之门的必备条件。也就是说，“作为生活必需品的高等教育成为一种强制性的资格要求”。①

随着大多数工作被机器人取代和人的全面发展开启，专门的工作、岗位和技能，以及相对稳定的收入已无意义，职业生涯规划将成为过去，更多的是生活态度、安排和目标，教育作为生活的一部分，以人为本，追寻积极且优质的生活。教育已不再看重工作技能的培训，而在乎正确的生活态度和通用的生活技能。

人生的教育是一种成长。马克思说，“全部人类历史的第一个前提无疑是有生命的个人的存在”，个体只有保持生命的发展，才能在社会中实现生命的价值和体现生命的社会意义。教育就是保持生命价值和发展的第一件大事。人可以不成功，但必须成长。成长是伴随人生的一门必修课，每个人在成长的道路上都会有过困惑和不知所措，而教育就是成长道路上的指示牌，须臾不能短缺。

儿童的教育是成长中的启蒙，中小学教育是踏入社会生活前的训练，在职教育和工作相结合，是人在社会和单位环境中的成长，而退休后的教育是对生活世界观的总结和反思。如果有了终身教育，那就要创新生活，把生活过成返老还童的境界，让长寿人生有一些规律和循环才不会感到太累，才能让教育渗透在不同阶段的成长中。

教育作为一种成长方式和内容，是对受教育者人格和个性的不断塑造，最初受家庭摇篮教育，接着是学校启蒙教育，同学之间彼此是镜子，是成长中的重要参照。同学意味着共同的身份，无论专业素养、能力结构，还是精神气质、价值观念、品位情趣，是人群中最相

① 刘云杉. 大众高等教育再认识：农家子弟还能从中获得什么？[J]. 中国农业大学学报（社会科学版），2015(1).

似的一类。学校教育后的成长和成就，主要靠自身在社会中逐渐学习和锻炼。自我在此具有生成性，是行动主体在终身学习的历程中的灵活作为，它涵盖履历、荣誉、经验、背景、人际网络，以及在整合知识与技能中所形成的特长。①

离开学校的社会教育，要为生命成长提供道德文化保障。杜威认为，社会对教育有至高无上的道德责任，社会要致力于促进人的圆满生长，必须尽职尽责。因此，作为学校和家庭教育的继续延伸和发展，社会教育必须承担学校和家庭以外的社会团体或组织，对其成员，包括对青少年进行的教育，为生命教育提供丰富的补偿。

社会教育作为一种活的教育，它的丰富性远非学校教育可比。当学校教育不能根据学生自身发育特点灵活选择学科知识和模块，满足不了学生的不同兴趣爱好和发展水平时，社会教育就要起到一定的补充作用。由于生命个体不同，对知识的接受与理解程度也各不相同，而学校提供的知识教育是基础性的，面向全体，同步推进。同样的学习任务，有的学生可能一教就会，很快理解到位，轻松取得好成绩；有的则需要反刍一会儿，才能理解掌握；有的可能需要更长时间才能逐渐消化。

步入社会后的教育具有针对性，以获得自己需要的知识补偿。社会教育还为生命发展注入实践的活力，社会以内容的丰富性和形式的多样性，为生命个体提供足够多的体验与感悟，极大地丰富了生命的内涵。社会教育为我们提供了丰富的物质与精神保障，我们应该充分利用、合理规划，让每个生命都能得到良好的生长。②社会教育作为生

① 刘云杉. 培育“双重资本”应对“奥德赛期”[J]. 高等教育研究，2009(9).

② 陈海波. 社会，该为教育做些什么[EB/OL]. 语文湿地（微信公众号），2021-04-09. https://mp.weixin.qq.com/s?__biz=MzA4NTE1MzIzNQ==&mid=2652169219&idx=2&sn=d9b8b3477979eb05f697fa8d33a7cc43&chksm=843c00bfb34b89a9d7a4453878fe57d5c3024b8181b51deec23d34f4ed645577e8f8f6703246&scene=27.

活的一部分将是普遍的，不一定针对工作和职业，也不纯粹是提供给青少年的继续教育，而是终身不断的教育。教育伴随人生，人生因教育而不同。

学习成为良好习惯和爱好

学习是一种生活，如同空气和水，无处不在，无时不用。这就要养成主动的学习品质和良好的学习习惯，把学习当作发自内心的、反映个体需要的愿望，坚持不懈，自主学习，自我评价，自我调节，自我督促，从而带来好的学习效果。就像很多年轻人健身不需要他人督促一样，学习也要依靠群体的感染和成为习惯的力量。

学校教育，校园即习惯。有围墙的校园，有老师、学生、班级、课程安排，在主客观的作用下，学习习惯、学习精神、学习目标等都因坚持而养成。或者为了深造，或者为了就业，都在培养社会需要的公民意识和行为。组织学习，辅之以自习，倡导独立思考，要求集体讨论，养成自尊和尊重他人的意识，校园的文化、环境及氛围本身也是一种熏陶。校园里大师云集，大师在课堂里，在图书馆的书架上。林语堂形象地说，理想大学应是一班不凡人格的吃饭所，这里碰见一位牛顿，那里碰见一位佛罗特，东屋住了一位罗素，西屋住了一位拉斯基，前院是惠定宇的书房，后院是戴东原的住房，使学生得以与其交流接触，受其熏陶。比如，牛津、剑桥的大教授抽着烟斗闲谈人生和学问，学生的素质就这样被“烟熏”了出来。其实，学校很简单，应该拥有心灵高贵、头脑智慧的学者，否则，校舍高大、楼房气派、设备先进，全都白搭。长此以往，不管今后从事什么职业，都丢不掉学习、思考的习惯和爱好，这就是一种真正的生活。[①]

① 参考周国平老师在中国教育三十人论坛第七届年会上的演讲《教育的本质是什么》。

社会教育，学习即生活。多数社会教育没有学校教育那样严格、专业、系统。社会教育要从塑造学习者自己开始，计划自己，购买和阅读有利于工作和生活的图书资料，要经常提醒自己做好学习管理，把学习、阅读、教育当作爱好，还可同家人、朋友相互提醒督促。要从自觉地学习过渡到如饥似渴地学习，安排好工作、生活和学习，保证学习时间。学会挤时间学，找空闲学，利用零散时间学。主动调节学习行为，以适应不同的环境和需要，锻炼多场合自学的适应性，使学习可持续。要善于借助各种条件和资源学习，主动向他人请教，可与家人和朋友共同学，相互帮助，拓宽视野，学会在未知领域里探索，凭借自己的兴趣爱好，立足自己的计划和目的，追求学习进步，多方寻求答案，让自己不断得到提高。

自我更新，活学活用。不要固守已有的知识和形成的能力，要从发展和提高的角度，追求知识、能力、智慧，把间接的经验和知识还原为活的和有实用价值的东西，善于发现现象背后的规律，养成优化知识的习惯，多反思、多体悟、多整理。要善于动手，学以致用，优秀的学习者往往具有操作倾向、操作能力和操作经验，从而在运用中发现自己的潜力，提高自己的信心，反复实践，直到解决实际问题。

人人共享的教育伴随终身

人生分为学习阶段和工作阶段，学习阶段积累知识，发展各种技能，建构世界观，建立身份认同。即使没有上学，接受家庭教育和社会教育也是一种启蒙、模仿和学习。工作阶段应用知识和技能闯世界、谋生计、奉献社会。

学习被工作取代后，很多人受到学习资源和条件的限制而不再学习，但是仍有人探索终身学习。1929年英国教育家耶克斯利出版《终身教育》一书，1965年保罗·朗格朗发表《论终身教育》，1994年首届“世界终身学习会议”使终身学习初步形成共识。终身教育作为一个重要概念在世界范围内广泛传播。1996年联合国教科文组织发表《教育——财富蕴藏其中》的报告，标志着终身教育体系的形成。许多国家在制定教育方针、政策或是构建国民教育体系框架时，多以终身教育理念为依据，以终身教育的各项基本原则为基点，以实现这些原则为主要目标，使终身教育由初期探索、观念形成，向着体系化、制度化发展。

数字智能时代，终身学习有了条件和可能。一是终身教育需要大量的教育资源，而数智科技提供了广阔的平台，放大了教育资源，数智技术的普遍应用为终身教育提供了条件。二是人工智能取代人的体力劳动，让人可以腾出时间来学习，而且有机器人提供的物质生活和文化保障。三是人的全面发展进入实施过程，全面发展很重要的途径是终身学习。四是进入长寿社会，终身学习就是一种生活内容和方式。现在，“教育已死，学习永生”“学无止境，终身学习”“教育为公，人人皆学”等主题词广泛流行。教育从校园走向社会，从以青少年为主的教育对象扩展到各个年龄段的人，从课堂延伸到网络，使终身教育成为一种趋势，终身学习从理念走向了实践。

终身学习有许多好处。一是有益于健康。即使短时间阅读也能大大降低人的压力水平。《神经学》发表的一篇报告指出，虽然认知活动不能改变阿尔茨海默病患者的生理状况，但学习活动能推迟症状的发作，从而维持患者的生活质量。研究表明，老年人学习新技能和记忆力的强化存在关联，并且还有许多研究深入探讨了长寿和教育的关系。大卫·卡特勒等人在2006年发表的一篇论文中提出，教育程度高的人相对更健康，尽管其中存在医疗服务的差异。二是学习能带来开放的心态和好奇心。努力学习并保持好奇心的人总是比其他人更快乐，在社交、工作中也会更有吸引力和幽默感。大部分人在生活、工作中最敬佩那些专注于学习和成长的人。三是教育让人变得独一无二。人类是被赋予学习能力、创造能力和智慧能力的唯一物种。且不说教育对健康、收入和地位的影响，只因教育能使人变得独一无二，也值得人们去学习。四是教育已成为最值得的投资。许多研究证明，教育水平和终身收入存在正相关的关系。2015年，克里斯托弗·坦博里尼（Christopher Tamborini）、金昌焕（ChangHwan Kim）和坂本亚瑟（Arthur Sakamoto）发现，在控制其他变量后，拥有大学学位的男性和女性在一生中比只有高中学历的男性和女性分别多赚66.5万美元和44.5万美元，而拥有研究生学位的人则赚得更多。大学毕业后，持续学习和技能发展对于适应经济、科技方面的颠覆性趋势至关重要。[①]

终身教育的益处赶上互联网和数智时代，不用号召，人们自然会进入经常学习的状态。事实上，在当今知识和智能爆炸的时代，如果不能随着经济社会发展充实自己，就会被时代淘汰。随着终身教育理念的普及，全社会正在形成良好的学习氛围，加之终身学习可以提高自身素质和相关技能，容易适应企业和社会发展的要求。能否坚持学习，关系到人生质量的高低。持续接受教育的人，会用先进理念要求自己，主动优化知识结构，以完成自我更新，犹如沐浴阳光，使人生灿烂。随着寿命延长、工作年龄延长、享受生活延长，不仅青少年要学，壮年、老年也要学，学习是工作，也是生活。

终身学习需要全球合作。2015年联合国通过《2030年可持续发展议程》，规划人类未来15年可持续发展的总目标。联合国教科文组织通过《教育2030行动框架》，旨在增加入学机会，提升包容性、公平、质量和学习成果。这意味着教育开始超越公共事业，成为全球的共同利益和责任，能够确保包容性及平等化的高质量教育，并且促进

---

① 欧阳忠明.教育本真的诠释与还原——基于终身教育、终身学习与学习化社会的视角[J].继续教育研究，2009(9).

终身教育，给全球人类创造共同的机会。这是非常雄心勃勃、非常巨大且具有“普世价值”的教育观，它能改变每个个体的发展，进而影响每个地区甚至全人类的进步。[①]

把教育作为人类智能进化的方式

ChatGPT在某种程度上既是对人类智能的威胁和挑战，也是人类智能进化的重要机遇。研究发现，“人具有巨大的潜能，若是一个人能够发挥大脑一半的功能，就可以轻易学会40种语言、背诵整本百科全书、拿12个博士学位”。[②]奥托·兰克指出，一个人发挥出来的能力只占他全部能力的4%。数学家诺伯特·维纳说，即便是取得辉煌成就的人，在他的一生中所利用大脑的潜能还不到百亿分之一。[③]有人做了简单推算，认为人类的大脑足有1 000亿个神经元，大脑的容量至少也有70亿TB，而全世界目前所有的电脑加起来也没有70亿台，所以说，一个成年人大脑的容量其实比全世界所有电脑的容量加起来还要多。[④]

人类为了基本生活，总是从事艰苦的体力劳动，使体能得到增强，并依靠强大的体能建造了许多人间奇迹，展示了人类强大的力量，甚至出现一些超体力的事件。比如，一个非洲人能用双手同时拖住向相反方向开动的两辆汽车；一个美国人双手提着461千克重的大石头，走了8.84米；中国的一位奇人曾躺在布满碎玻璃的木板

---

① 佚名.GES 2019未来教育大会释放哪些信号？[EB/OL]. 环球网，2019-11-27.https://baijiahao.baidu.com/s?id=1651359899058814292&wfr=spider&for=pc.

② 谭昆智，陈家义.潜能开发指南[M].北京：清华大学出版社，2011.

③ 陶理.控制论之父：诺伯特·维纳的故事[M].吉林：吉林科学技术出版社，2012.

④ 笼子里的平田君.大脑的真实容量曝光！一个大脑相当于全世界所有电脑？[EB/OL].百家号，2022-02-23.https://baijiahao.baidu.com/s?id=1725465613118957841&wfr=spider&for=pc.

上，身上压着重约50千克的大木板，还让十几位观众站在木板上踩。这些现象尚无科学定论，希望通过遗传、基因等研究能够找到人体极限的答案。

人的脑力发展怎么样呢？孔子、老子、释迦牟尼，还有古希腊的柏拉图、苏格拉底，几乎出自同一个时代，他们都是伟大的思想家。从2 500多年前这些伟大思想家之后的人类脑力发展看，除了一些有特异功能的个案外，似乎人们的脑力和思维还没有超出几千年前的人类大脑水平。难怪花50多年时间完成了广受好评的11卷《世界文明史》的杜兰特反问："自孔子以来，哲学方面可有过任何进步？或者自古希腊悲剧诗人埃斯库罗斯以来，文学方面可有过任何进步？我们是否可以确定，我们的音乐，虽然有复杂的形式和强大的交响乐团，就一定比16世纪的意大利作曲家帕莱斯特里纳的音乐更加深沉？或者比中世纪的阿拉伯人用他们简单的乐器随意伴奏下的单调歌声更加悦耳或感人？"①

如果脑体间的发展不协调，主要矛盾应该在发展人的脑力上。如果自孔子以来的2 000多年，人类在生活得到保障的前提下，注重发展和提升智能，ChatGPT出来之后，多数人也可能达到它的水平。

现在，机器与人的关系，已升级到机器人与人脑的关系。研究认为人类大脑的开发还不到潜能的10%。柏拉图指出："人类可以掌握的知识是无限的。人类有90%~95%的潜力都没得到开发利用，我们每个人都有巨大潜能等待发掘。"

面对ChatGPT，我们不能像机器取代人的四肢那样，要勇于挑战和超越，提升学习和思维能力。在方法上超越知识学习，在学习品质上超越人工智能。ChatGPT可以促进学习方法的改进，比如，要求学

① 威尔·杜兰特，阿里尔·杜兰特.历史的教训[M].倪玉平，张闶，译.北京：中国方正出版社，2015.

生在ChatGPT提供答案的基础上，使其具有个性化特征；考试可围绕ChatGPT给的答案，让学生再给出同样问题的2~3个答案，或者优化、改进和完善ChatGPT给出的答案等。

人工智能比人类反应快。然而，有专家认为，真正好的学习在某种程度上求慢而不求快，慢才能锻造思维深度；求难而不求易，挑战自己，激发学习动力；求少而不求多，少才能有闲暇时间发展个性，形成多样化的大脑；求拙而不求巧，求拙才能培养人的钻研精神和韧性。[①] 通过儿童和青少年的学习锻炼，提高脑力水平，进化人类智能。

高尚的教育目的

教育的目的是满足人们的文化需求并给人智慧，还是传授知识和技能并培养人？对教育目的的认识是在不断发展的，最早强调灌输知识，进行知识教育；后来注重能力教育，着重提高人的各种素质和技能。德国教育学家斯普朗格说，教育的最终目的不是传授已有的东西，而是要把人的创造力诱导出来，将生命感、价值感唤醒。人们一旦得到更多的信任和期待，内在动力就会被激发，会更聪明、能干、有悟性。随着机器人取代人的体力劳动，人的全面发展将提到重要地位，教育形态将会发生根本变化，人们会把教育目的由传授知识、能力教育，渐渐转化到智能教育、智慧教育上，转变到寻找驱动力以及价值观的教育。教育目的在变，培养人的内涵永在。教育将更多着眼人的全面发展，重新塑造人；将教育作为一种生活，促进快乐生活，追求人的幸福，体现人的价值。数智技术的广泛应用带来丰富的教育

① 精美的石头在唱歌.ChatGPT爆火，可能对教育产生哪些影响？[EB/OL].百家号，2023-04-14.https://baijiahao.baidu.com/s?id=1763144608416075540&wfr=spider&for=pc.

资源，过去难以继续接受教育的人，将有条件进入终身教育范畴，参与共享教育。

我们要改变教育目的过于狭隘的现状，在培养社会发展所需人才的功能上，变教育的被动为主动，更多与社会联系，把教育目的贯穿于整个人生。让教育目的与个性培养、能力提升等结合起来，培养具有优良人格品性、较强行动能力、较好思维品质、较高创造潜能的人才，使人更有能动性，更加充满智慧。这样的教育要放眼世界，把握趋势，把教育目的瞄准教育对象的性格养成、意志塑造，以及应对问题和矛盾的智慧的培养。[①]通过智能方式，提高人的综合能力，塑造人的高尚品格。

内驱力的教育

教育就是把一个人的内心真正引导出来，帮助他成长为自己的样子。[②]古罗马哲学家普鲁塔克说，孩子不是一个需要填满的罐子，而是一颗需要点燃的火种。教育生生不息的源泉，在于让人们对教育产生兴趣。马斯克感悟成功的关键是内驱力，认为世界上最可怕的事是孩子没有内驱力。如果我们有办法让世界的知识越来越进步，那么我们将有能力提出好的问题，提高全人类的智慧，为更高层次的人类文明不懈努力，这就是人生的意义。

令人忧虑的是，今天的孩子学习的动力几乎全部来自外在压力和奖励。不少孩子既缺少宏伟的目标，也没有坚忍不拔的毅力，前途令人担忧。相信如果有足够的内驱力，普通孩子也可以取得非凡成就。许多孩子之所以缺少内在动力，是因为过去我们用标准化的思维培养

① 刘云杉. 技术高歌猛进之际，教育该返场了[N]. 光明日报，2021-01-15.

② 古典. 未来30年，我们的子女将面临怎样的世界？[EB/OL]. 搜狐网，2017-05-04. https://www.sohu.com/a/138245942_583168.

人，把成绩作为衡量优秀的唯一尺子，家长和老师只能教孩子死记硬背，熬过考试，与千军万马同闯一座毫无生趣的升学独木桥。如果教育能为孩子提供更多的可能，学校崇尚个人的独立、兴趣、爱好，教孩子去创造可能、尝试更多、体验精彩，对未来世界的渴望与信念自然能够转化为重要的内驱力。

价值观教育

教育不是教给学生多少知识和信息，而是让他们能够理解知识和信息，判断哪些知识重要、哪些不重要，能够结合点滴知识和信息，形成一套完整的世界观和价值观。欧洲教育家艾米洛认为："好的教育是基于价值的教育，学校是为了帮助学生成为一个完整、正直和积极参与的人。""完整"就是学校对学生在思想、身体和心灵等所有方面的教育；"正直"是在基本人权、社会道德和专业道德等方面，有明确而不随意动摇的立场；"积极参与"是他们能在社会和组织中发挥积极作用，在自己的知识和表达能力的发展方面扮演一个积极主动的角色。无论公立还是私立教育，不管东方还是西方教育，大多都要受到价值观驱动，帮助受教育者确立正确的价值理念，树立独立的人格。比如欧洲的私立教育在塑造价值观的同时，"注重为学生提供高质量的教育，包括知识和能力，但其与众不同的是，学校在教育方法上人性化，把价值观、道德观和个人发展作为教学计划的核心"。[①] 教育应该是倾听学生的声音，帮助他们成为自己，帮助他们在未来生活中找到想要的幸福。

现实的教育情形各异，不少都是以适应现实为目标塑造学生。人

---

① 薛章 . 赴英留学中国学生增加 欧洲教育业者谈"好的教育"[EB/OL]. 环球网，2019-11-26.https://baijiahao.baidu.com/s?id=1651245580520417351&wfr=spider&for=pc.

在社会上生活，学会适应现实是必要的，但不是教育的主要目的。蒙田说，学习不是为了适应外界，而是为了丰富自己。古今中外的哲人都强调，学习是为了发展个人内在的精神能力，从而在外部现实中获得内在自由，凭借内在自由，树立自己的人格和提升独立思考的能力。那些优秀的灵魂和头脑在改变社会现实中发挥了伟大作用。教育应该为促进内在自由、产生优秀的灵魂和头脑创造条件，不能一味地去适应现实。[①]教育要培养学生成为独立自主的人、思想自由的人、尊重不同意见的人，这是公民的必备修养。[②]

芬兰的教育走在世界前列，赫尔辛基大学继续教育学院研究员玛居特·萨德哈提出，面对未来教育，芬兰将开启人工智能全面融入，走向个性化的深入实践。未来学校将创建以学生为核心的学习环境，他们可以自己设计、动手，也能更好地了解自己想学什么、要学什么，更好地自我管理。这里的“学习是开放的，知识无所不在，来自不同文化背景的学生能够学会如何换位思考”。[③]

树立价值观的教育，在于使人们敢于创造和改造世界。急功近利的社会，盛行短期行为和功利主义的价值取向，容易导致急于求成的心态和成王败寇的价值观，对创造性思维非常有害。新的教育要引导学生在价值取向上有更高的追求，避免短期功利主义。打破功利主义的价值观，创新才会有更高的追求，敢于去追求真理、改变世界，让人变得更加幸福。

能力和智慧教育

真正的教育不传授任何知识和技能，却能令人胜任任何学科和职

① 参考周国平老师在中国教育三十人论坛第七届年会上的演讲《教育的本质是什么》。

② 王强.什么是有力量的知识？[J].速读·下旬，2016(8).

③ 李虹.“未来教育”将颠覆全球教育形态？[N].环球时报，2019-10-21.

业，这才是判断一个人是否受过教育的标准。知识教育、技能教育、智慧教育，是一个复杂的过程，包括依次获得知识、掌握技能、取得成功、赢得尊重、享受乐趣，这是教育不同层次的体现。小学可能需要知识教育，中学可能需要能力教育，大学可能要从能力教育过渡到智慧教育。这是一个从追求知识，到追求能力，再到追求成功、尊重和乐趣的过程。

现在我们处于知识教育向能力教育的转化阶段，但还不能适应智慧教育。知识爆炸时代，知识积累非常庞大，人脑没有能力掌控和记忆那么多的知识，而智能机器可以帮助我们随时找到要用的知识，如ChatGPT等大模型会随时提供各种知识，它“上知天文，下知地理”，因此我们在知识学习尤其是记忆方面的学习可以减少分量，获取知识已不是教育的主要目的。

在知识教育向能力教育和智慧教育的转化过程中，要认识到传统思维范式下产生知识的速度相对缓慢，而新科技革命时代，采用新思维范式，从数据到知识产生的速度比以前快许多，知识老化的速度也变快了。大数据时代的思维特点是海量、多维、完备，大数据公司为了完备的数据集合，都在尽力收集数据，而数据本身有交易价值——初次和再次利用的价值、衍生和原生价值。初次和再利用的价值是数据独有的价值，这些都可转化为知识，数据成为知识的一种新形态。

知识有三个层次。第一层是中小学的科学知识，是科学研究的结晶，经过教育者的处理，变成了系统、完整的知识体系。第二层是有关方法的知识，包括观察、实验、比较、概括的知识等，科学家正是运用这样的知识，发现了第一层知识。第三层是关于过程的知识，这个知识是策略性的，是对研究过程的设计和实施的知识。

知识就是力量，在于知识转化成能力。这就需要“阅读—实践—反思”的过程。策略性知识注重过程，方法性知识注重细节，教科书知识注重系统。情景中的知识更有力量，它置身于真实的问题情景，运用一定的方法，设计并经历研究过程，然后获得的知识才能鲜活有用。这些方法和过程的知识具有很好的迁移性，掌握了这些知识，就可用来探索新知，解决问题，具备实践能力和创新精神。

没有过程和方法的知识，就是僵死的知识；没有过程和方法的教学，就是教条的阐释，学习成了死记硬背。注重方法和过程，教学内容可能少些，但5分钟就可讲明白。让学生运用研究方法，经历研究过程，自己把这些知识“生产”出来，才能真正增长才干。这样一来，虽然所学知识数量不多，但掌握的知识质量更高。综合实践活动不但让学生经历过程与方法，学到有力量的知识，而且能培养现代社会所需要的公民意识。[①]

我将知识比喻为产生能量的柴、水、煤、油、汽等具体资源和材料，当这些资源和材料转化成能量时才具有通用价值。知识受应用行业的局限，当它变成能力、能量时就可通用，如把水变成电，通过消化知识变成能力，能力是相通的，可以用在各行各业，犹如农业时代的土地、工业时代的能源、数字智能时代的数据，成为主要资源，具有替代其他资源和材料的作用。

相对于传授知识来说，重要的是传授技能，培养人们解决问题的能力。爱因斯坦和怀特海都说过，忘记课堂上所学的一切，剩下的才是教育。意思就是要抛开教科书和课堂笔记，忘记为考试而背的细节，剩下的东西才有价值，那就是完全渗透身心的原理，一种智力活动的习惯，一种充满学问和想象力的生活方式，从而获得独立思考和判断的能力。

增长能力的教育，要把学生置身于开放的空间，让他们深入探索和实践，学习知识并融会贯通，同时学到并感悟书本外的能力和品质，如实践能力、合作能力，表达沟通能力等。“人们最需要能力的

---

① 王强.什么是有力量的知识？[J].速读·下旬，2016(8).

时间，不是高考的时候，而是35岁的时候，在他职业最顶峰的时候，最需要运用他学习的人际技能。”[1]

除了培养高智商，还需高情商，也就是培养情感方面的能力，包括同他人合作交流的能力、管理沟通的能力等，无论是个人发展还是求职所需，都是必要的软实力。在科技发展中，我们需要创新的个体，更需要创新的团体，要学会同他人合作共赢，这对未来就业和生活至关重要。

社会交往和团队协作的能力，都与做人的能力相通。要学会优秀的人际关系技巧，妥当娴熟地与人沟通，建立广泛的沟通网络，强调赢得信任的能力、沟通能力和表达能力，把做人与做事统一起来。菲利普·布朗“将做人做事统一的能力概括为社会禀赋，把握个体特征，让技能承载于人，让态度内化于人，无论人际技能，还是团队中的合作能力，以及工作者融通的知识，智力上创新的品质，都呈现出个人的风格；把握情境性特征，使知识、技能、态度孕育和承载于具体的工作情境中”。[2]

学会提出和分析问题的能力。对相关问题进行探究，有利于培养学生贯穿各学科和领域需要的“横贯能力”。人类的长处是会提问，优秀的问题高过完美的答案。好的问题是新的领域，要有意识地挖掘问题，不管设想怎样，要把问题提出来，只有善于驾驭问题，问题才会像引擎一样，推动思维不断创造，进而开发新领域。

未来世界的问题包罗万象，有些不可能短期解决。因此学习的重点不是回答问题，机器回答问题回答得更好，答案变得越来越便宜。学习的重点是训练人们提出更好的问题。发明和创新虽然很难，但这

---

① 古典.未来30年，我们的子女将面临怎样的世界？[EB/OL].搜狐网，2017-05-04. https://www.sohu.com/a/138245942_583168.

② Brown P. Hesketh A. The Mismanaagement of Talent. New York: Oxford University, 2004.

正是该训练人们去做的事情，从而引发创造。在新的教学方式中，学生在学习和决策过程中有更多实践机会，能够让自己的大脑得到更加完全的训练，逐渐学会选择、学会学习、学会思辨。

能力教育到智慧教育是发展趋势。耶鲁大学前校长理查德·莱文说，如果一个学生从耶鲁大学毕业，居然拥有某种很专业的知识和技能，这是耶鲁教育最大的失败。他认为，专业的知识和技能，是学生根据自己的意愿，在大学毕业后才需要去学习和掌握的东西，那不是耶鲁大学教育的任务。耶鲁致力于领袖人物的培养。本科教育的核心是通识，是培养学生批判性独立思考的能力，并为终身学习打下基础。自由地发挥个人潜质，选择学习方向，不为功利所累，为生命的成长确定方向，为社会和人类的进步做出贡献，这才是莱文心目中耶鲁教育的目的。[①]教育变革和高质量发展，会为智慧教育提供强大的基础和应用环境，提供更加灵活的个性化服务。比如，以网络、平台、资源、空间、应用和安全为新基础设施，使智慧教育贯彻精准、个性、优化、协同、思维、创造的精神。

一是针对目标开展精准教学和精准服务，营造学生自主发展的学习生态，深度学习，并智慧测评，提高教育质量；二是设计个性化学习，包括学习环境、学习干预、适需服务、动态分组、课程设计、优质教学、目标设定与学习跟踪；三是优化流程和持续迭代，形成翻转课堂和敏捷教学系统，用技术手段更新学习资源和方案；四是争取人际协同与人机协同，包含目标导向型与机会驱动型、社交网和语义网相交构建，发展集体智慧；五是在关注逻辑思维、发散思维、审辩思维基础上，促进系统思维、设计思维及计算思维的涌现，使传统和现代思维交叉汇集，鼓励集体性的思维模式与价值观，通过思维教学培养智慧学习者；六

① 哲学之路.什么才是真正的教育？教育的目的又是什么？[EB/OL]. 个人图书馆，2021-08-11.http://www.360doc.com/content/21/0811/22/57549660_990634540.shtml.

是把创造放在教育的重要地位，培养学生的创造意识与能力。[①]

发挥人工智能等数智技术对智慧教育的支撑作用，比如，以虚拟现实技术为支撑，推动教学环境智能化与教学过程可视化，催生新的教学模式和学习模式。通过包含虚拟现实在内的数字技术新基建，发展数字孪生互联网络，支撑虚拟现实深度应用，为未来教育开辟新境界，提高未来教育治理能力和智慧教育的整体水平。

《大学的理念》的作者约翰·纽曼（John Newman）说："只有教育，才能使一个人对自己的观点和判断有清醒和自觉的认识，使人阐明观点时有道理，表达时有说服力，鼓动时有力量。教育使人看清世界的本来面目，切中要害，解开思绪的乱麻，识破似是而非的诡辩，撇开无关的细节。教育能让人信服地胜任任何职位，驾轻就熟地精通任何学科。"

教育改变不了生活环境，却能改变人的思维方式。教育的目的不是学会知识，而是训练思维方式，学会思考、选择，拥有信念和自由，这是高尚的教育的目的，也是获得幸福的能力。

哈佛大学的"幸福课"风靡全球，教授这门课的泰勒·本-沙哈尔（Tal Ben-Shahar）教授认为，幸福取决于有意识的思维方式，并总结出了以下十二点有意识获得幸福的思维方式。一是不断问自己问题。每个问题都会开启自我探索的门，值得你信仰的东西就会显现在你的现实生活中。二是相信自己。通过解决问题、接受挑战，让视觉想象告诉自己一定做得到，也相信他人。三是学会接受失败，否则你永远不会成长。四是接受你是不完美的。生活不是一条永远上升的直线，而是一条上升的曲线。五是允许自己有积极和消极的正常情感。六是记录生活可以帮助自己。七是积极思考遇到的一切问题，学会感激。感激能带给人类最单纯的快乐。八是简化生活，贵精不贵多。对

① 马红丽. 祝智庭：智慧教育永远只有进行时，没有完成时[J]. 中国信息界，2021-06-23.

自己不想要的东西学会说“不”。九是幸福的第一要素是亲密关系。这是人的天性需求，要为幸福长久的亲密关系付出努力。十是充分休息和运动。十一是做事要分工作、事业、使命三个层次，找到自己的使命。十二是记住自己幸福才能让别人幸福。①

我们不应把教育仅仅当作个人在社会上立足的必要准备，而应当尽可能传承人类精神、道德、技术和优质遗产，达到扩大人类的理解能力、控制能力、审美能力和享受生命的能力。

智能的教育方式

未来是一个高度关联、无孔不入的智能世界。新科技将持续推动人工智能和互联网杠杆的效应。数智技术与教学内容和数据相融合，会产生鲜明的教育智能效应。这种数智技术可以让优质内容像老师和学生一样进行智能交互。以往依靠智商和经验的大多数岗位将被机器人和人工智能替代。无限存储和3D设备正在走进家庭。随着网速飞跃发展，更多、更精准、更迅捷、更多样化的应用场景将变为现实，在线教学、科技实验、远程互动等教育场景将使传统的教学发生颠覆，教育方式将发生重大变革。

我们要以智能技术创新人才培养模式、改革教学方法和教育评价体系，推动深度学习、跨界融合、人机协同、群智开放，助力因材施教，构建智能化方法的终身教育体系。哲学家怀特海说，只有当人类发明了发明的方法后，人类社会才能快速发展。同样，只有学习了学习的方法后，我们才能快速进步。

---

① 哲学之路.什么才是真正的教育？教育的目的又是什么？[EB/OL].个人图书馆，2021-08-11.http://www.360doc.com/content/21/0811/22/57549660_990634540.shtml.

人工智能将改变教育方法和手段

随着智能教育登上舞台，人工智能逐渐走向教育的中心，其魔力无处不在，将推动教与学发生深刻变革。人们需要把人工智能的新技术、新知识、新变化提炼为新话语体系，根据不同认知，让人工智能新技术、新知识进学校、进教材、进课堂、进头脑、进社区、进家庭，让人们对人工智能有基本的意识、概念、素养、兴趣。在社会教育和科普中，增设人工智能的课程和知识，提升人们的智能素养。比如，知识图谱的生成与流动、学习形式的变化与交互、学习资源的构建与挖掘、教学内容的组织与实施、教学绩效的评价与管理，都在智能化改造。“人工智能诞生以来给人以无限的想象，借助人工智能的学习，能够更好地实现个人发展；基于大数据和自适应技术，人工智能能够消除人类的偏见。”[①]

数智技术的运用将使教育摆脱僵化的教学模式，改进教学方式，走向多元化教学。现在，人工智能在教育领域的应用技术包括儿童早教机器人、个性化学习、搜索引擎、人机交互、图像识别、语音识别和ChatGPT等应用。现在使用儿童机器人的用户，是以“80后”为主的职场主力军，他们对后代的教育有两个特点：一是婴幼儿智能启蒙教育，二是场景式陪伴。而儿童早教机器人正好具有这些功能。[②]个性化学习是人工智能根据学习者的过程数据或者反馈结果，确定学习者的风格，据此向学习者推荐合适的学习内容、媒体、方法与路径。

图像识别技术将老师从繁重的批改作业和阅卷工作中解放出

---

① 佚名.GES 2019未来教育大会释放哪些信号？[EB/OL]. 环球网，2019-11-27.https://baijiahao.baidu.com/s?id=1651359899058814292&wfr=spider&for=pc.

② 未来小七早教机器人.未来人工智能科技有限公司——未来小七早教智能机器人[EB/OL].搜狐网，2018-12-03.https://www.sohu.com/a/279301437_100116987.

来；语音识别技术能辅助教师进行英语口试测评，纠正和改进学生的英语发音。人工智能还给人们带来不同的思考方式，比如，ChatGPT会按照给出的指令，创造出我们要求的图片。人工智能等与众不同的思维方式，会帮助我们在思考上另辟蹊径，具备了数据驱动、算力智能化、硬件智能化这三个支撑，必将推动智能教育长足发展。

有人预测2030年可将纳米机器人植入人脑，从神经系统内部创造全浸入式虚拟现实体验，在神经元间植入芯片，就能立即获取全部知识积累，人脑将被接入互联网，人的智力和记忆力将以这种方式提升到无限的数量级。

“250年后，知识将植入大脑中的生物芯片，教育再次发生根本性改变，人类再也不需死记硬背，传统的十多年学校教育缩短为几周的移植教育。所有学校消失，以后‘上学’，带上传感器就行。”[①]这个触及脑神经元的人机交互的突破，将取代前人总结整理的知识教育，不需要从小开始去学一遍知识，而是把这些知识直接装进大脑，人们就可运用。人机交互如果成功，不排除6岁小孩能发明宇宙飞船的可能。现在的ChatGPT以及人机交互技术可以为教师和学生答疑解惑，教学中艺术与科学、左脑与右脑之间，不再泾渭分明。

应用人工智能正成为教育常态，它会解决传统教育中的痛点。针对重复知识学习造成的学生负担过重，未来教育将根据学生能力的不同，安排不一样的课程进度，因人而异，布置不同的作业；通过图像识别、表情识别等手段收集学习大数据，给学生提供个性化教育，包括课程和练习，个性化、精准化的教育内容会激发学习兴趣；根据获取的数据开展智能教育，学生可获得更适合自己的学习模式，不受年

① 有思谷.美国大胆预测：未来300年的人类竟然是这样的[EB/OL].知乎，2022-01-20.https://zhuanlan.zhihu.com/p/459109781.

龄、班级限制，甚至不需要参加高考来选择学校和专业，通过学习过程的大数据可以判断学生的能力和兴趣，减少家长不必要的投入；获取知识与方法的途径不再局限于教师与课堂，学生将使用人工智能寻找学习资源，不再拘泥于制度化、固定化的课堂时间，可能获得更多的学习成就。

当然，数智技术只是用来提升和变革教育的技术手段，还要坚持教育为体、技术为用的原则，防止不良信息、网络犯罪、网络沉迷等现象对教育的负面影响，通过健全法律、加强监管等方式，净化互联网和人工智能的环境，让新技术更好地为教育所用。

智能设施、产品和软件在教育中的运用

现在的云与在线教育，可将全面廉价的教育连接到社区和家庭；大数据和物联网的发展以及真实的教育环境、教育空间设计，将产业、社区和知识真实地连接到每个学生。学习设计和空间设计将纳入更多的信息系统的变量和数据。大数据与教育空间设计相得益彰，各种数据云与实验室系统将实体大学和虚拟大学无缝连接。[①]

目前，智能手机、询问机器、搜索引擎、智能眼镜、大模型等各种便利的智能学习设备可直接用在学习过程中。我们应将数智产业界的创新及时转化为教育技术新产品，稳步推进智能教室、智能实验室、智慧校园、智能图书馆等设施的建设，提供多而优的智能教育基础设施，使人们能够与机器合作思考，创造前所未有的事物。让人和AI合为一体，让思想插上翅膀，跳出固有的框架，这是完全不同的思维方式，也是一种学习思考的动力。

① 魏忠. 大数据视角下未来教育的10个问题[EB/OL]. 成都职业技术学院网，2015-06-05.https://www.cdp.edu.cn/jxdd/info/1007/1023.htm.

运用智能技术拓宽思路，启迪智慧，人工智能将成为我们的“神助攻”。为克服语言障碍而创制的实时翻译耳机会得到很好的应用，实时翻译的耳机随时为我们中英文互译，未来5~7年，这项技术就会得到新的突破，有望解放数百万技术能力优秀的教师，突破学习受困者的语言障碍，让更多的人参与到全球的共建，为世界各地的公司提供服务。人工智能将成为人类的合作伙伴，未来的薪资将取决于个人能力以及与人工智能的合作能力。[①]

智能眼镜是学习的重要设备，是具有社交属性的媒介，也是制造业和企业常见的工具，可应用到很多领域。使用智能眼镜是学习方式的一项变革，能获得更好的学习效果。想知道某个问题的答案，它们都能提供，而且会越来越聪明，实现从答案到问题的转变。智能眼镜还可帮我们看到真实和虚拟两个世界，虚拟世界是计算机做出来的，现实世界需要“数字化”，并使虚实融合。凯文·凯利说：“用智能眼镜绘制一个卧室，在某个位置放置一个虚拟椅子，通过菜单选择颜色，就可把这个虚拟椅子放在卧室的任何地方。用眼镜看好像真有椅子在那儿。”[②]

魔镜系统也是智能教育产品，它利用人脸表情识别等技术，判断学习时举手、练习、听课、发言等课堂状态和面部情绪变化，为每个学生生成学习报告，据此老师可精准掌握学生的状态差异，因材施教。家长也可通过看孩子全课时学习报告，了解孩子的状态。这还有利于学生保持专注力，提高学习效率，感受人们的关注，培养自信和毅力。魔镜系统通过人工智能技术，取代老师的眼睛和耳朵，更有效、更精细、更准确地反映课堂学习状态，本质是用机器来收集课堂数据。

---

① 湖畔问教.凯文·凯利最新演讲：下一个5 000天内会发生的大事[EB/OL].搜狐网，2021-01-13.https://www.sohu.com/a/444269745_159579.

② 同上。

未来可结合大数据分析，给老师智能课程推荐和提示需要关注的学生、提示哪些授课环节学生易走神等辅助服务。一些App开发“情景实战课”功能，通过智能对话技术，与用户模拟特定场景对话，可和用户自由对答，也可对用户的发音、语法、表达方式等方面提供建议，目前已支持免税店购物、酒店入住、餐厅点单等日常高频场景。通过语音技术，可直接取代英语外教陪练，让学生低成本获得对话练习、口音纠正等服务。语音技术不只用在英语口语教学上，还可用于其他外语、普通话、播音甚至演讲教学等类似服务。

“法国哲学家利奥塔指出，电脑语言及其运作逻辑改变了传统知识的两个原则，即研究与传递，过往经由心灵训练、智慧体悟而获得的知识，只有被‘符码化’成电脑语言，才能流通、传递，甚至销售。”[①]有的智能教育产品，可进行批改作业，支持“智能评分、逐句精批、行为分析、范文精讲、学习记录”五大环节的学习闭环，口语作业批改是通过语音技术，作文则是通过机器视觉技术，学生只需对自己的文章拍照，便可完成文字上传和识别，获得即时反馈。

有个人工智能教育平台瞄准“作业”的痛点，基于图像识别技术上线题库标签化功能，正在研发智能批改作业机器人。未来学生手写的作业、试卷都会更多地应用人工智能技术特别是机器视觉技术进行批阅，进而减少老师的重复劳动，让老师专注于教育本身，同时也可让学生的作业得到更精准的反馈。

智能数据、机器人助教、区块链等技术和设备在智能诊断、个性化教学、智能评估等方面拥有巨大潜力，学生对这些有积极性，并且能够正确地自我管理并掌握学习策略，这样一来，就能够很好地发挥技术及设备的教学作用。把适合智能技术做的事让机器去做，把适合人做的事让人来做，把适合人机合作的事让人与机器一起来做，实现

---

① 刘云杉. 技术高歌猛进之际，教育该返场了[N]. 光明日报，2021-01-15.

人机协同的教育，利用新技术、新设备、新文具提高学习效率，促进教育发展。

多种技术融合的共享教育方式

教育和学习是一种简单又复杂的过程，几种相关数智技术结合，将使复杂的教育简单化，产生仅仅一种技术或手段难以达到的效果，让众多受教者因材施教成为可能。尤其是ChatGPT作为一款生成式人工智能大模型，是在长期研究基础上多学科交叉后的重大发展，是现有知识的整合，还没突破现有的知识框架和研究成果。利用得当，就可以造福教育；不正确使用，就会给教育造成负效应。

比如，ChatGPT可以根据议题完成包括回答问题、撰写文章在内的多种工作，在很多领域表现出强大的能力。它也暴露出一些问题，比如，可能会给抄袭、作弊提供便利，或者盲目使用拍照搜题等智能技术，会严重惰化学生的独立思考和自主学习能力。

ChatGPT作为一项技术和学习工具，我们无须担心、恐惧、回避，它同电脑、网络一样可用；我们也不必焦虑将来孩子的工作会被人工智能替代，它同其他智能技术一样，会成为社会教育、终身教育、自我教育的重要手段，对于已经有较多工作经验和经历的人而言，它将是最好的学习工具。

互联网与元宇宙的技术可让师生跨时空互动，使教学场景超越传统课堂，在虚拟空间和在线教育里，学生更平等，时间更灵活。学生可在课前更好地预习，更方便地分组学习，老师也可灵活地调整进度和因材施教。[①]教师将成为自由职业者，适应“人机”共教的状态；大

① 李彦宏，等.智能革命：迎接人工智能时代的社会、经济与文化变革[M].北京：中信出版社，2017.

数据和人工智能将逐渐调整学习方式，使学习的过程游戏化，贴近学生的认知。

随着在线教育的资源更加开放，规模持续增长，教学质量将得到有效提升。一代代更好的网络连接，会带来快捷、清晰、逼真的教学效果，学习者可调控接受教育的速度规模，模拟情景学习研讨方式。比如未来会有6G衍生出来的智能设备，带来教育领域高质量的万物互联，可匹配和满足学习中的各种需求，与各种智能教学相融合，提供丰富多样的课程资源。特别是将芯片植入人脑这样的革命性方式，将会尝试用更高的智能来训练人的脑神经，并且用高阶的算法来培养和训练一代新人。

智能机器设备的融合和运用很重要，决定的因素仍是我们灵活的方式方法。要敢于突破传统方式的束缚，大胆应用系列智能方法，不因循守旧。密涅瓦大学的四个理念会给我们方法上的启示，那就是批判性思维、创造性思维、有效的沟通、有效的合作。如果思维方式跟别人不同，就能拥有与众不同的眼界，这是走向成功的基础。如果周围的人无视或嘲笑我们的想法，就当成抓住了一个大机遇。因为直到现在，还没有一个成功的人做过与众相同的行动。

Chapter 11

第十一章 共享教育成为重要的生活方式

数智化的共享发展采用的是普遍覆盖的方式，面对人的全面发展和生成式AI的进步，在智能机器人取代人的劳动，并为人类生活提供物质保障的前提下，要超越学校教育，拓展教育范围、重建教育生态、突破学校学制，将教育和学习贯穿人的终身，覆盖整个社会，实现教育共享。未来教育将是全新模样，共享教育将成为一种有意义的生活方式。

共享的教育形态

随着深度学习出现、计算机性能提升、通信技术的迭代升级、大数据应用，新科技成为教育生态重构的有效手段，特别是人工智能在教育中的深度和广泛应用，将改变教育的时空场景和供给水平，人工智能使个性化和多元化教育成为可能。

以学校为主体的传统教育格局将被打破，以教师为中心的教育方式也会被颠覆，教育将迎来线上线下融合的智慧教育。社会教育、终身教育、共享教育将成为未来教育的发展方向。工业时代的规模化、标准化、流程化教育，正向数字时代的自主性、个性化、弹性化转变，我们正在创造新的教育生态和面向未来的教育模式。

教育形态演变和现实变革条件

教育形态是由教育者、学习者、教育影响力等三个要素构成的教育系统在不同时空下的变化形式，是教育理念的实现。

不同的历史条件决定的教育形态演化

教育形态标准有以下几种：一是教育系统自身的标准，二是教育系统赖以运行的场所或空间标准，三是教育系统赖以运行的时间标准，四是不同时代决定的教育内容标准。

从教育系统的自身标准看，教育形态分为“非制度化的教育”与“制度化的教育”。非制度化的教育是那些没有形成相对独立的教育形式；制度化的教育是从非制度化的教育演化而来，是由专门的教育人员、机构及其运行制度构成的教育形态。

从教育的场所空间标准看，教育形态分为“家庭教育”、“学校教育”与“社会教育”。如果把教育比喻为一棵大树，那么家庭教育是树根，学校教育是树干，社会教育是树冠。家庭是人接受教育的开端，又是对其终身施教的地方。“养不教，父之过”，家庭对孩子的成长和教育有义不容辞的责任和义务。家庭教育对孩子的个性、人格、意志、是非观念和品性等方面的影响，是其他教育远不能比的。家庭教育尤其在家务劳动、青春期教育，个性意志、生活习惯、道德行为养成等方面有重要作用。

学校教育是教育主渠道，给学生传授系统的、全面的、深刻的知识和思想教育，发挥着引导家庭教育和社会教育的作用。

社会教育是针对学生在校外的教育，也是多方面的、无处不在的、随时发生的教育，有政府的、社会团体的、社区的教育，是三者相互沟通、取长补短、携手共进的过程。社会教育尊重学校教育的中心地位，积极配合校外教育，处于辅助地位。未来的社会教育将成为主要教育形式，成为最大范围的教育。

从教育发展的时间标准看，可将教育形态分为原始教育、古代学校教育、现代学校教育。原始教育未独立，教育手段简单，教育机会均等；古代学校教育从生产劳动中独立出来，为统治者服务，具有个别教学、教学内容丰富和封闭式教育的特点；现代学校教育与生产劳动结合，得到普及，走向大众化，班级授课成为教学的基本形式，教育内容、方法和手段多样，教育任务有所改变，是开放式教育。[①]

从教育内容的历史演变看，可将教育划分为农业社会的教育、工业社会的教育与数智社会的教育。

新科技促进教育资源趋于共享

数智技术的应用，颠覆和改变着传统行业，促进产业格局变化，这些变化由外而内地进行。比如，网络购物并非百货大楼发起的，新媒体也不是源自传统纸媒，数码相机的流行不是柯达公司的本意，数字出版不是传统出版推进的，互联网金融不是传统银行的创新。许多变革都是数智技术广泛应用所导致。同样，互联网、人工智能、大数据、虚拟现实等新技术也从外部改变教育，扩展教育，给教育带来挑战和机遇，综合许多现象，似乎透露着教育共享的趋势。

人工智能不断进化，开放地根植于网络空间，打破时空隔阂，经过每个人努力，都能或多或少地接入智能流。许多创新组织敏锐地捕

---

① 阿仟仟．教育形态的分类[EB/OL]．搜狐网，2020-05-19.https://www.sohu.com/a/396276855_120333070.

捉到新技术带来的条件，推进教育资源的社会化和公共化，一些学校模拟产业创新生态链已然成风，纵横延展，提供了处处可学、人人可学、时时可学的便利设施和条件，让知识无阶层地流动，使得科技帮助所有人实现未曾实现的教育梦想，那些底层弱势群体可以同大家一起共享教育资源。数智社会正在为每个人创造一种将生活时间转变成学习、分享和养育的机会。

互联网和人工智能的结合在极大地改变教育形态。学习者、学校、社会、智能系统的关系正在被协调建构，教学关系渐渐发生变化。新科技的介入革新了教育资源的分配方式和覆盖范围，打破了教育供给与分配的传统瓶颈，助力教育均衡发展，特别是优质教育资源普惠。

许多互联网公司以连接、内容、责任为抓手，推动教育的公平化、个性化和智慧化，使人工智能深刻影响教育，深度融合于教育，更加开放、灵活、平等地伴随着每个人的教育。这些做法折射出共享教育的萌芽，慢慢覆盖学校和社会的教育，逐渐成为主流的教育形态。“克雷默等人认为，信息技术可以改善发展中国家的教育，强调非竞争性、非排他性的数字信息，以及基于互联网的公开教材。数字化教育将导致教育资源更公平地分配。”①

比如，网络平台名师课程资源、专业进阶课程的名师课件内容，正在踏平城乡差别和校际差别，实现公平共享，通过线上教育形式，偏远地区的孩子也能聆听优秀教师的讲授。一段优质课程视频，一段简洁易懂的讲解，让无数对数理化愁眉苦脸的孩子露出笑容，从而燃起对理科学习的兴趣。共享教育绝不仅仅是知识的普惠，更重要的是将求知者的好胜心、自尊心、荣誉感连接在了一起。

教育共享的内容和方法丰富多彩，除了不同的课程内容，还有高效的学习方法、运用知识改变命运的经验、优秀同龄人的榜样示范、

---

① 阿维·戈德法布，凯瑟琳·塔克.数字经济学[J].比较，2021(1).

思维方式的熏陶和价值观念的启迪。共享教育从根本上弥补了不同地区间的教育资源差距。乔布斯、扎克伯格、比尔·盖茨等创办企业的时候，就预见到自己不需要毕业也能掌握必要的技能，而现在的网络、平台更可以让人们实现这样的诉求，未来这样的交互将更加频繁、准确、立体。数字时代的开放、透明、公平，决定着教育的共享方向。

全球化加速和新科技应用孕育共享教育

当教育超越公共事业，关系人类共同命运，全球交流与合作将显得更为重要。经济、社会、文化和教育的交流与合作，正在连接各国与世界，连接现在与未来。借助全球化的广泛联系和数智技术应用，将会突破教育资源的有限性和分布的不均衡性，通过“一带一路”倡议等国际援助的网络建设项目，有可能让非洲贫困地区、中东战乱地区的孩子也能够看到千里之外完全不同的世界，能够获得公平的学习机会，实现学习主体普惠化。共享教育现象是在全球化中出现的，也将在全球竞争和合作中达成共识，促进共享教育形态的产生。

全球教育与每个人的利益息息相关，我们不能忽略任何可能的天分和潜能，谁知道天才会在哪里出现？也许非洲某个村落的某个小女孩在未来会发现治愈癌症的方法，也许身处战乱中的某个儿童会成为未来的爱因斯坦，也许在新几内亚岛上某个渔夫的儿子会对海洋的健康状况有着深入的见解。只要我们提供数智设施和条件，这些“也许”就有可能变成现实。拥有先进技术和教育资源，就要与普天下的孩子共同分享，让其接受不同文化观念，强调多元文化融合，培养他们的全球视野。教育共享的最高境界是全球共享。

共享教育不仅给孩子们创造条件，也让社会上的所有人共享现代教育资源。开放的互联网和人工智能一直在创造平等的教育机会。美国教育思想家伊利奇的《去学校化社会》设想的“新型网络”旨在改变教育者与受教育者之间“供给者与消费者”的关系，可以让学习者自由地获取学习资源、分享知识、公开表达意见。

公益事业促进教育共享

共享教育并不是有物质条件就可以实现，它需要一种爱心和胸怀。如果只考虑投资和经营教育产业，获得的也仅仅是利益。公益机构及其事业与教育共享的目标十分接近，将会成为促进教育资源交流合作和联动创新的重要力量，使教育越来越快地走向“人人公益”之路。公益事业曾经支持知识教育，也曾助力就业教育，现在支持和推动共享的智慧教育。许多企业家怀利他之心，从受教育者角度思考产业和事业，如邵逸夫长期支持各地办学，这些投资教育的慈善企业家，将会得到意想不到的收获。现在的公益教育多采用教育和科技融合的方式，向着共享教育发展，而共享教育普惠大众，因材施教，能够积极改变受教育者。教育要从孩提时代就对教育对象积极地予以启发，不错过他们最好的创新发明时期。教育将给人们带来济世情怀和历史担当的勇气，会培养出真正合格的未来公民。

共享教育是革命性变革

现代教育本质上是工业化时代经济实践投射到教育领域的产物，随着数智时代共享经济的出现，与之相适应的共享经济模式也将投射到教育领域。共享教育趋势的变革，颠覆传统教育资源的“强区分性”配置方式，并代之以物尽其用的教育资源“弱区分性”配置方式。就是在教育资源的所有权和使用权上，要适应共享社会的条件和形势，弱化教育资源的所有权，突出资源的广泛使用性，让人们尽可能共享。与此相对应的是，教育的教学框架就要逐渐转变到“自主性互动学习”的框架上，使用教育资源可采用错峰、交替等方法，让资源处于非闲置状态。

学校教育与社会教育的衔接孕育共享教育

教育是一个整体，系统的良性运作需要协调。在技术变革推动下，传统教育体系面临挑战。学习者、学校、社会、智能平台四者协调互动，共建新的未来学习和教育体系。通过教育系统内部创新，创造更加优质的教育供给，培养面向未来的创新人才，进而推动社会变革与发展，这是共享教育的重要使命。北京师范大学陈丽教授认为，现在教育的主要矛盾，是传统的学校教育体系提供的标准化的、以知识传递为目的的教育，无法满足全社会日益增长的、对优质个性、灵活终身教育的需要。未来的教育将是一个与社会高度融合的、开放的体系，它是校内与校外的融合、面授与远程的融合、正式与非正式的融合；同时，技术环境是互联互通的体系，但我们要有社会参与的认知，更为重要的是，整个教育的服务模式，由供给驱动的教育服务，改为消费驱动的教育服务。[①]因此，学校教育在与人际交往、社会适应的狭隘社会教育衔接中，要拓展到自我教育、社会环境、社会规范、多元文化教育等更加广泛的社会教育上来，才能体现共享教育。

教育产业正在多途径融入共享教育

产业和教育融合正由天然跨界向平台化发展，需要物理空间的平台支撑，更呼唤新生产力的组织方式。2019年10月，国家发展改革委、

---

① 佚名.GES 2019未来教育大会释放哪些信号？[EB/OL]. 环球网，2019-11-27.https://baijiahao.baidu.com/s?id=1651359899058814292&wfr=spider&for=pc.

教育部等六部门印发《国家产教融合建设试点实施方案》，提出“城市为节点、行业为支点、企业为重点”的改革路径机制，“打造产教融合重大平台载体”，以重点带动全局，使产教融合改革由“破冰期”迈入“深水期”，成为引领未来的教育、人才、产业、经济变革的战略方向。实际改革中，统筹城市承载平台、行业聚合平台与企业主体平台互联互通，为产教融合改革与制度创新提供试验平台，使其成为数字化、智能化、网络化融合发展的交汇点，推进产教融合创新跃迁到战略支点的地位。

智能技术在发展中将促进教育资源内在共享

比尔·盖茨在《人工智能时代已经开启》一文中认为，减少不公平的最好机会是改善教育。如果正确使用人工智能，可以帮助减少全球教育等领域中的不平等。他说未来5~10年，人工智能驱动的软件将最终革命性地改变学习方式。人工智能将根据人们的兴趣和学习风格，量身定制内容，以保持人们的参与度。人工智能需要接受各种各样的数据集训练，以便它们无偏差，并能反映人类的不同文化；解决数字鸿沟，以免低收入家庭的学生被落下。

现在人们接受教育多是碎片化方式，时间短，内容多，不系统。要适应这种现状，无论是在学校，还是在社会上的各种场合，应尽可能考虑接受每次教育的时间单位，将传统的一节课45分钟改为半小时或一刻钟，各种会议、报告、论坛，更应限制每个人的报告和分享时间，养成利用片刻时间传授和接受教育的方式，珍惜时间，适应简短教育的风格，善于整合零碎时间接收的内容，培养和训练短时间内掌握丰富内涵的本领。

社会教育不像学校教育，不可能给学习者完整的体系，其还要学会搭积木的方法，把随时掌握的东西，在自己的电脑、手机中分门别类。考虑到未来共享教育对象的泛化，以学习为主、教育为辅，教育内容和形式应该是琳琅满目的，可以积极推荐学习者各取所需，自己选择学习和教育的形式、内容，像自助餐一样，创新自助式教育。

需要探索和适应人工智能与云连接后，可能面对的“全球超级大脑”。未来人脑可能和人工智能网络连接，实现“集体思考”。互联网和人工智能集中了过去的知识和前人的智慧，随时由人们共享。人类可能还要适应从阅读书籍、观赏影视作品、利用多媒体的学习和教育方式，转变到所有人联系在一起的学习和欣赏方式，就像大众神经元，可以互问互动，想必这种被众人应用的学习沟通方式会更富有吸引力。

目前“这个系统还不太复杂，实验性的人类‘大脑网络’系统已经过测试，可通过云在不同人的大脑间进行思想驱动的信息交换。系统使用通过‘发送者’的头骨记录的电信号和‘接收者’的头骨的磁刺激，执行合作任务。随着神经机器人的发展，未来将创造出一个‘超级大脑’，可以实时利用人和机器的共同思想和思维能力。这种共同认知可增强同理心，促进文化多样化，让真正的全球化社会成为现实”。[①]未来的全场景体验将是一个数字化共享世界，我们如果都在同一个房间，会从各自的视角看到这个房间，我们将会身处一个共享的虚拟世界。在场景中和他人组成小组共同学习，可能是最有效率的学习方法，戴上智能眼镜就可与朋友在不同的环境中互动，这也将是最佳的学习环境。

身处这个虚拟世界，我们能亲眼看到心脏跳动，可用手操纵分子中的原子，可与这个世界交互，一切都是实时反馈。在某种意义上，这是个持续存在的世界。我们离开，然后再回来，它还在原地没

---

① 大明.人脑几十年内将连接云端，全人类实现知识共享[EB/OL].新浪网，2019-04-16.https://tech.sina.com.cn/csj/2019-04-16/doc-ihvhiqax3025063.shtml?poll_id=52052.

动，它既是一个仿制品，又是一个虚拟物体。我们可与它交互，引入学习和教育中，我们可在这个世界里铸造复杂的机器、分解不同的部件、选中并点亮这些部件，甚至使其出现一双手，手把手教我们修理机器。

未来教育的重心将从学校转移到做事情的环境中，会在做事的过程中学习。我们在这个“混合”的世界记录点点滴滴，会学得非常快。如同每时每刻都有老师现场指导，有箭头为我们指明方向，我们将有很多机会学习新技能。[1]

共享教育在变革中逐渐定型

共享教育弱化教育资源所有权，强调使用权，人们根据各自意愿和需求选择适当的学习方法，表现出知识多样性、异质性发展的无限可能性，并使教育资源最大限度地得到有效利用与共享，学习者获取教育资源的成本将极大降低。共享教育从苗头到成形是一个过程，包含以下几个方面。

公平是共享教育的基础

中华民族有着上千年教育改变命运的信仰，“朝为田舍郎，暮登天子堂”是过去读书人的目标，也是整个社会的活力源泉。反对教育分层已成为当今社会发展的趋势，各国都在创造教育资源，努力避免教育资源与财富权力画等号，防止用垄断教育资源来固化阶级。必须打破教育资源不均这道隐形之墙，坚守社会良知底线，追求共享教育

① 湖畔问教.凯文·凯利最新演讲：下一个5 000天内会发生的大事[EB/OL].搜狐网，2021-01-13.https://www.sohu.com/a/444269745_159579.

的未来。

共享教育将克服出身者的种种不平等，给所有受教者带来平等的机会。数智技术发展孕育的在线教育，汇聚了海量知识资源，是文明传承的重要平台，突破了时空限制，是缩小教育差距、促进教育公平的途径，是共享优质资源、提高教育质量的手段。未来打造无围墙学校，建设全民学习、终身学习的学习型社会，还须推进数智基础设施建设和宽带网络普及，降低在线教育的使用成本，真正让国民享受到教育的公平。

教育公平正在呈现两种趋势；一是从机会公平走向结果公平，二是从数量公平走向质量公平。公平已成为各国教育政策的关键，并与质量相结合。一些国家正努力促使高等教育质量标准与国际接轨，扩大高等教育的影响力和知名度。共享教育的发展要防止庸俗化，防止让教育成为敛财手段，因为这是最大的不道德。

社会教育成为共享教育的主体

过去人们的时间和财力有限，很难使社会教育理念变成事实。现在我们已有条件和资源开展社会教育，建设无围墙的教学环境、空间和组织。书籍、大型开放式网络课程、播客等教育资源越来越充足，而且触手可及。教育的智能化和个性化，正在打通学校与社会的时空边界，破除整齐划一的教学旧规范，以学生为中心的学校体制在不断创新，哪里有学生，哪里就有教育，这使终身学习、社会学习也变得更加容易。如今，我们每天都有机会以适合自己的风格去学习提升，而且学习也不再是为了拿学位、找工作。人工智能、机器人技术、离岸外包等趋势，正在不断地改变工作性质，如果要适应这种不断改变的工作环境，就需要不断学习和成长。

国际21世纪教育委员会在向联合国提交的报告中指出：终身学习

将成为人们的通行证，要“学会求知，学会做事，学会共处，学会做人”。这是21世纪教育的四大支柱，也是每个人成长的支柱。[①]联合国终身教育部部长E.捷尔比认为：“终身教育应该是学校教育和学校毕业后教育训练的总和，它是正规教育和非正规教育关系的发展，也是儿童、青年、成人，通过社区生活实现其最大限度文化及教育的目的。”[②]

终身教育和社会教育紧密相连。不限制年龄的学习和教育，也就不限于学校内外的教育对象。学校教育会渐渐向社会教育靠拢。教育学家朱永新在其著作《未来学校：重新定义教育》中提出，未来传统意义的学校没有了，将变成一个个学习中心，学生可自由选择课程，自由组织学习团队，自由选择老师，随时了解学习进度与知识掌握情况，自由安排学习时间。一种新的学习空间、新的学习组织呼之欲出。教学场所以网络教育为主，如同电商当初逐渐普及一样，网络学习会更加普及，线下教育场所会变成图书资料馆、各类科学馆等类似的场所。

朱永新说，北京已出现未来学校，以兴趣为导向，学生不再受学校和年级的限制，通过线上线下混合式探究性学习、菜单式定制化学习、合作性任务学习，开展对接真实生活和解决现实问题的项目研究。这样的未来学校将会越来越多。[③]

清华大学孙茂松教授提出，人工智能赋能在线教育教学，可以考虑探索建立学习社交网络和全国性网络学习空间，开展基于教育大数据的机器学习算法、大规模课程知识图谱研究及建设，并以此为桥梁打通课程与数字论文库、数字图书库之间的关联，建立跨语言教育的

① weiyj114. 终身学习[EB/OL]. 个人图书馆，2016-05-29.http://www.360doc.com/content/16/0529/01/3662528_563147556.shtml.

② 同上。

③ 李虹. “未来教育”将颠覆全球教育形态？[N]. 环球时报，2019-10-21.

技术支撑环境，搭建VR、AR（增强现实）以及虚拟实验室，构建智能助教和用于教学的人工智能技术伦理。

教育的二维关系变三维关系

现在的教与学更倾向于学。老师教和学生学的传统教学活动将变为学习活动，学习将成为教育主旋律，教师将成为学生成长的助教或者成长伙伴，学校将发挥引导、指导作用，担任提供资源的角色，实现学生的主体定位，释放教育潜能和学生个性。

过去，无论老师怎样教，学生都必须愿意学。现在，学习在本质上将成为自学，教育形态正从传统“教师与学习者”的二维关系，转化为“教师与学习者和人工智能”的三维关系。三者的关系为共享教育提供了稳定架构，一端是老师和教育内容，另一端是受教者和学习过程，连接两端的是人工智能，发挥着教育共享的支柱作用。

在人工智能参与的学习中，知识传授与技能训练多由学生和人工智能完成；老师作为学习辅导者，可以提供针对性教学资源，也是智能机器与学生学习中的参与者。人工智能介入教育后，教师承担着技术不能替代的责任，着重培养学生获取幸福的能力和创造力。这就要求教师在数智形态下具备两种能力：一是有健康的精神和强大的心理，从而具有传递爱和美的能力和让学生变得幸福的能力；二是具有创新精神，当其创造力强烈感染到学生时，教师的创造性能力教育才有效果。[①]

政府、学校和社会机构，应站在全球和未来的视角，提升教师群体的整体素养。教师“要具备循道执教、拥有个性、无界思维、系统

---

① 太平盛世在等你.陈锋：教育形态正在向“教师—学习者—人工智能”的三维关系转变[EB/OL].个人图书馆，2020-01-05.http://www.360doc.com/content/20/0105/19/31525860_884343368.shtml.

思维、知识融合能力、美学能力六种素养，让教师回归灵性，让学生回归天真，让教育回归原点，让所有人诗意地栖居。教育是人与人的交流，教师在教育过程中不是简单地把知识传递给学生，重要的是要有爱和耐心，尊重学生作为独立的个体。教师要带着大爱，与教育握手，和教育同心，探索教育大智慧”。[①]

学习者的主体地位是教育形态的重点，强调自我学习和探索，要超出传统意义上学生的范围。老、中、青、少都是接受教育的对象，又都是互相启发交流的对象。社会教育将会由笼统的对象发展到三方面具体的对象：对儿童少年的常识和历史教育，对老年人的时代特征教育，对中青年的职业和风险创业教育。

数智技术促进产教融合的教学培训平台

随着数智时代的到来，平台作用越来越重要，各种平台几乎都可成为大众教育的场所和阵地。平台对老师、教学内容、教学方式具有支撑作用，通过平台延伸产业链、创新链、人才链、教育链，促进教育相关资源在更大范围内组合优化，将参与学习教育的各种关系转化为互利共赢关系，有利于教育效益最大化。

教育平台贯穿数字化、智能化、网络化，因需拓展，无限定制，应建立教育服务对接机制，建立产教融合的创新生态，建设大众需求的教育功能模块。尤其是产教融合平台，既依托实体平台，又打破物理时空边界，促进人与人、人与物、物与物感知互联、数据共享，促进业务数据化、数据业务化，打造双向集成、闭环反馈的数据中台，形成智能“神经大脑”，提升决策的系统性、精准度与及时性。

---

① 佚名.GES 2019未来教育大会释放哪些信号？[EB/OL]. 环球网，2019-11-27.https://baijiahao.baidu.com/s?id=1651359899058814292&wfr=spider&for=pc.

通过数智技术深度连接产、学、研、用，建立课程、教学、培训、研发的数字化共享平台系统，加大网络课程比重，创新网络学习、记录、评价模式，做好网络学习成果的记录与应用场景对接，探索基于数字化平台的校校合作、校企合作、国际合作新模式。

以价值共享为目的的平台演化，探索社会教育、共享教育、职业教育和普通教育相衔接，促进学历证书、职业技能等级证书互通，将技术进步和消费升级需求融入人才供给，提升供需匹配，以鼓励创新、创造价值和共享价值。

在繁忙工作中孕育共享自习室

自2019年起，我国许多城市兴起共享自习室，以职场青年群体为主要用户，新冠疫情期间还出现了网上自习室，人们在线下线上的自习室相互鼓励、监督、帮助。从消费者来到自习室的目的看，48.6%的用户是为求职做准备，45.1%的用户是为日常学习或工作做准备，42.2%的用户是为上网课或写论文，其中不少是为考研、考证、考公务员做准备。

共享自习室陈设简单，是城市喧嚣中的一张书桌和一群“学友”。许多青年人入职后较为繁忙，很难静下心来深度阅读，“啃”本好书，而且获取知识的时间越来越碎片化，使学习也变得浮躁了些。狭小的共享自习室，给人们一片安静的天地，把喧闹挡在室外。人们在自习室埋头读书，或上网课、查资料，互不打扰。有个省会城市的一个共享自习室开业不久，用户就超过千人。艾媒咨询数据显示，中国付费自习室的用户呈快速增长趋势，2021年用户规模超500万人，增幅为74.4%。用户近七成是非学生群体，其中，普通职员占35.2%，共享自习室成了青年人新的“打卡”地，大家在共享自习室认真学习，如同回到校园，有的还组建读书群，彼此交流心得。

一些自习室门口的留言栏上，贴满大大小小的纸条，写着学习者的“毕业汇报”和彼此鼓励的话，对来去的学习者都是激励，这些手写的祝福，挺温暖。共享自习室具有“勤奋和自律的氛围”，成为学习者的一段美好经历，而合理利用线上线下自习室，让自己养成良好的学习习惯，才是最重要的。可以说共享自习是数字化生活条件下，青年人追求丰富人生体验、寻求与社会联结的一种方式。[①]

无期限的终身教育

在数智时代，教育将从标准化、规模化的学校教育，逐渐转变为时空灵活性、服务智能化、路径多元化的全民终身教育。终身教育或学习是贯穿人的一生的学习方式。终身教育以社会、政府为主体，终身学习以个人为对象，包括学校时期的专门学习、家庭和社会等的非正式学习、非系统学习。学校教育是有意识、有目的的教学活动，学生接受学科和专业规范教育，以课堂、学校等为学习场所。长期以来，青少年接受学校教育，毕业就意味着学历的终结、工作的开始。

终身制的社会教育，以家庭、图书馆、科技馆、博物馆、工作单位、学校、培训中心等为学习场所，更多应用网络平台。随着未来更多工作被机器人取代，人们参加的多是临时性、偶发性、人机协作性工作。在技术进化、虚拟组织增加和经济社会转型的世界，人们要经历许多行业职业变革，需要通过学习培训新技能，以适应经济社会的转型。仅凭以往学校所学远远不够，而新的学习也不全是为了工作，更是为了人的全面发展，这就需要终身学习，接受方方面面的教育。

面对泛在的学习环境，学习条件更加便利，教育借助智能技术构建完善的社会学习系统，任何人都可随时随地学习，教育无限，终

---

① 彭景晖.共享自习：一场关于自律和自我充电的探寻[N].光明日报，2021-10-19.

身学习。终身教育将从以学校为重点向着学校和社会并重发展，从教育资源集中于学校向着社会教育转变。教育和学习将无所不在、无时不能，人们将更多地利用碎片时间零碎学习和系统整合，结合遇到的问题有针对性地学习。终身的社会教育将成为吸引人们的未来教育方式。

终身教育是人们成长的不竭动能

卢梭提出，教育即生长。教育应该促进人的天性和与生俱来的能力得到健康生长，而不是把外部的信息和知识强行灌输进人的大脑。教育的生长性包括各个方面：智育发展人的好奇心和理性思考能力，不是灌输知识；德育鼓励崇高的精神追求，不是灌输规范；美育培育丰富的灵魂，不是灌输技艺。生长就是教育目的，生长之外别无目的。但教育的生长意义，不能用功利规范，那样必然压制生长。一个天性得到健康发展的人既优秀又幸福，用广阔而非狭隘的尺度衡量教育目的，这样的人在社会上才更有希望获得成功。[①]

教育作为一种促进人生长的过程和方式，始终伴随人的成长，无论是在正生长阶段，还是逆生长阶段，不同时期需要不同的教育。揭示和引导生长，也是启发人们成长中的社会和自然意义。生长不会终止在青年，教育也不能定格在青少年，要将教育延伸到生命的各个阶段，直到终点，生长才是完整的，教育才具有全程价值。不管人生处于哪个阶段，都是随需所获，学以致用。所有习得都是为了持续成长，因此，需要把教育灌注整个人生，终身成长、终身教育、终身受用。

终身教育可归纳为四个特点。一是终身性。人的一生是连续不断

① 参考周国平老师在中国教育三十人论坛第七届年会上的演讲《教育的本质是什么》。

的学习过程，从学前到老年，需要各种类型的教育，涵盖正式教育和非正式教育，以及教育体系内各个阶段和各种形式的教育。

二是全民性。接受终身教育应包括所有人，无论男女老幼、贫富差别、种族差异，人们应该平等获得教育机会。事实上，学会生存，离不开终身教育，要生存，必须会学习。

三是广泛性。终身教育包括家庭教育、学校教育和社会教育，涵盖人的各个阶段在一切时间、一切地点、一切场合和一切方面的教育。孩子是家庭的镜子，教育是社会的镜子，终身教育扩大了学习天地，为教育事业注入了新的活力。

四是实用性。任何有学习需求的人可以随时随地接受任何形式的教育。学习的时间、地点、内容、方式均由自己选择和决定，人们可以根据自己的特点和需要选择最适合自己的学习方式和内容。

教育学家R.H.戴维认为，终身教育是个人或集体为了自身生活水平的提高，而通过每个人的一生所经历的一种人性的、社会的、职业的过程。这是在人生各种阶段及生活领域，以带来启发及向上为目的，包括正式的、非正式的学习在内的综合理念。

人生每阶段的教育都各有特点和作用，主流的是家庭启蒙教育、中小学基础教育、高校提高教育，其他阶段是社会培训和自我学习。一般而言，一个人一生20%的时间在接受学校教育，剩下80%的时间处在社会教育的非正式学习状态。教育是生活的一部分，如同吃饭、健身、娱乐一样，我们要不断接受新知识，开发新能力，保持活力，学习无止境，教育贯终身。

青少年教育是走向社会的基础

青少年是一颗颗需要点燃的火种。周国平曾说，儿童并不是尚未长成的大人，儿童期有其自身的内在价值。用旧方式教育孩子就是剥夺他们的未来。总使用成年人的想法以及外部功利目的规范教育，无视生长本身的价值，一个最直接、最有害的结果就是否定儿童期的内在价值。把儿童看作“一个未来的存在”，一个尚未长成的大人，认为其在“长大成人”前似乎无甚价值，而教育的唯一目标是使儿童为未来的成人生活做准备——这种错误观念由来已久，流传极广。杜威说儿童期生活有其内在的品质，不可把它当作人生中一个未成熟的阶段，只想让它快快地过去。

人生的各个阶段皆有其自身不可取代的价值，没有一个阶段仅是另一个阶段的准备。尤其是儿童期，既是身心成长最重要的阶段，也是人生中最幸福的时光，教育所能成就的最大功德是给孩子一个幸福而有意义的童年，以此为他们幸福而有意义的一生创造良好基础。然而，普遍情形是成人世界把自己渺小的功利目标强加给孩子，驱赶他们到功利战场拼搏。在若干年后的社会上，童年价值被野蛮剥夺的恶果不知会以怎样可怕的方式显现出来。[①]

教育应该帮助青少年获得未来学习的能力。现在青少年的基础教育与大学教育有些错配。基础教育理应注重自由选择，给予学生更多的自由时间，以发现他们的潜力和特点；大学时期相对定型，学生可按一定专业需求塑造自己，把专业路线走到极致。学生只有保存活泼本真的天性，保持探索的热情和好奇心，才能保持较高的学习效率和优秀的品质。要把中小学教育和大学教育衔接起来，人在18岁前应完成成长中“自我认同”的任务，知道自己的兴趣和爱好，知悉自己的长处和短处。英国教育学家巴纳比·列农认为：“好的教育要通过成熟的学科，让学生接触到人类最好的思想和智识。”这是教育最为核心和质朴的功能，这个核心并不会随时间推移而发生巨大变化。儿童教育家罗斯·麦克威廉认为，“好的教育”是高质量的教

① 参考周国平老师在中国教育三十人论坛第七届年会上的演讲《教育的本质是什么》。

学、安全有纪律的环境、父母的支持以及个人对学习和成功的积极态度等各方面的结合体。[①]

就业后的教育是职业发展的成长

知识爆炸时代，知识更新很快，需要不断补充和迭代，以适应工作所需。终身教育是超越校园的继续教育，教育的重点不是掌握知识，而是掌握技能和学习能力，增长智慧，不断开辟自己的成长之路。

就业后的教育优先学习职业所需课程，然后扩大到终身的自主学习。要在国家资格体系和终身学习之间架起桥梁，使技能得到全球认可，并在全球范围内将学习场所连接起来。[②]

面对经济社会变革，我们需要主动学习。数智技术应用带动的产业变革产生涟漪效应，促进社会变革。近未来的职业环境会怎样，人们的角色会有什么变化，角色转变需要依赖什么新技能，这些都会影响到未来教育。对此应考虑以下几个方面：

第一，从知识时代转向智能时代。过去是知识为王，看谁拥有更多的技术和技能；未来要看谁的智能更强，不管从事什么职业，都要从原来掌握的知识向智能升级。面对人工智能的发展和应用，以及机器人取代更多人的工作，将会带来人类从体力劳动到脑力劳动的转折，人们需要学习人工智能，准备与人工智能衔接和互动，重要的是能够随机应变，在不熟悉的环境里仍然保持心智平衡。正如尤瓦

---

① 薛章.赴英留学中国学生增加 欧洲教育业者谈“好的教育”[EB/OL].环球网，2019-11-26.https://baijiahao.baidu.com/s?id=1651245580520417351&wfr=spider&for=pc.

② 国际与比较教育.工业5.0与未来教育发展[EB/OL].百家号，2021-01-29.https://baijiahao.baidu.com/s?id=1690197022497062857&wfr=spider&for=pc.

尔·赫拉利所说，“想跟上2050年的世界，人类不只需要发明新的想法和产品，还得一次又一次地重塑自己”。[1]

第二，改变会更多、更快、更不可测。以前的改变是机器取代人的劳动，经过一段适应期，又产生出一些新岗位、新业务，需要人们从事新的工作。未来的改变将带有根本性，从产业、经济到社会、生活，都将被人工智能武装起来，或者接管起来。以后人的工作不是增加知识、更新知识，而是适应智能社会的生产、工作和社会环境，塑造人类与智能机器人的关系。我们将遵循一种新的逻辑和规范，一切都在进行智能改造。

第三，以幸福与美好为核心的生涯。数智经济发展使财富创造和累积变得简单起来，现代化发展进入快节奏。世界经济论坛报告指出，到2030年大规模的技能提升投资，有可能使GDP增长6.5万亿美元，技能提高可能会净创530万个新工作岗位。这说明技能提升对未来发展具有显著的回报。该报告建议政府应与企业、非营利组织和教育部门合作，采取灵活的方法推动国家技能提升举措。教育提供者要拥抱未来工作，将其打造成人人终身学习的源泉。[2]

欧盟强调将工业置于未来欧洲社会的决定因素，其中的三个核心要素，都涉及未来的教育变革。

一是以人为中心。将人类的核心需求和利益置于生产过程的中心，要考虑新技术能为我们做什么，利用技术使生产过程适应工人的需要，例如指导和培训工人，确保新技术的使用不会侵犯工人的基本权利。

二是可持续性。工业要尊重地球的边界，强调对自然资源的再利

① 中国青少年科技辅导员协会.历史学家尤瓦尔·赫拉利：2050年的教育，和现在有什么不同？[EB/OL].澎湃，2021-05-17.https://m.thepaper.cn/baijiahao_12723502.

② 国际与比较教育.工业5.0与未来教育发展[EB/OL].百家号，2021-01-29.https://baijiahao.baidu.com/s?id=1690197022497062857&wfr=spider&for=pc.

用和循环利用，减少浪费，减轻对环境的影响。这意味着要减少能源消耗和温室气体排放，避免自然资源的枯竭和退化，在确保当代人的需要的同时又不损害后代的需要。

三是富有弹性。提高工业生产的稳健性，更好地抵御干扰，确保它能够在危机时期提供和支持关键的基础设施。应通过发展具有弹性的战略价值链、适应性强的生产能力和灵活的业务流程来实现平衡，要求价值链服务于医疗保健或安全等基本人类需求。

应对未来的这些变化，需要教育和培训，以适应产业数字化转型和低碳社会的发展。合格的人力资本对于实现未来目标至关重要，需要每个人都有条件接受再培训，要优先解决有些工人缺乏继续教育和培训所需的最基本的数字技能。[1]

未来，幸福和经济收益不会有显著的正相关，追求精神文化的享受，将成为幸福和快乐的重要内涵，教育和学习将成为工作和生活的主题。在此前提下，一个未来发展的逻辑正在形成，这就是人的全面发展—人工智能大模型—元宇宙。人的全面发展重点在发展智能、文化、精神，生成式人工智能大模型可以向人们传播知识及其思想方式，提升人类智能，当智能机器人取代多数人的劳动，并为人类物质生活提供保障时，终身教育、社会教育、共享教育将成为人的全面发展的基本途径，人类就有可能进入虚拟与现实相交互的元宇宙。这个逻辑发展符合马斯洛的需求层次理论，大多数人类将进入追求精神文化生活的新阶段。

---

① 国际与比较教育. 工业5.0与未来教育发展[EB/OL]. 百家号，2021-01-29.https://baijiahao.baidu.com/s?id=1690197022497062857&wfr=spider&for=pc.

年长者教育致力于人的全面发展

人的寿命在延长，西方学者提出的所谓消费时代，实际是进入人的全面发展阶段。老年人的教育将成为整个教育的组成部分。这样的教育既不同于普通教育，也不同于职业教育和专业进修教育，而是体力劳动终结后针对人的生理和心理新特征进行的特殊教育，目的是年长者继续增长知识、开阔视野、丰富生活、增强体质。这样的教育标志着人类进入全面发展阶段。

随着人类预期寿命更长，人类要有意义地生活，老年人就要参与到社会教育、共享教育中，不断学习，重塑自己，以寻求新的发展。老年人和青少年比，可塑性有别，要让他们的神经元重新连接、突触重新排列，可能会难许多，但老年人不能因为较年轻人接受新知困难就回避学习。未来人类将更多地面对飞速发展的社会和从未遇到过的事物，比如超高智能机器、基因工程改造的身体、能够精确操控自己情绪的神奇精妙的算法、急速袭来的人工气候灾难。[①]再以后，人们将处于生活多于劳动的状态，没有过去上班族与退休者的明显差别，生活成了人类的主旋律，长寿让人们之间的生理年龄面貌差别缩小，共性在增加，只有终身学习、全面发展，才能适应这样的变化。

面对学习的挑战，人们要学会应对快速变化的世界。在已经习惯接受各种公式、定论、知识体系和成熟理论的同时，还要学会拥抱未知，保持心态平衡，这比传统教育困难得多。工业革命让我们对待教育如同对待生产线那样，数字智能时代的教育则要防止算法操控。这都需要探索新的教育方式，发挥老年人经验多、悟性强、年龄大的特

---

① 中国青少年科技辅导员协会.历史学家尤瓦尔·赫拉利：2050年的教育，和现在有什么不同？[EB/OL].澎湃，2021-05-17.https://m.thepaper.cn/baijiahao_12723502.

点，创新教育方式，再类推到其他年龄段去试验和推广。

除了共性的学习场所、条件、方式，还应为老年人选择适宜的学习方式和手段。终身教育的决定因素在于年龄相对较大的这部分人渐渐适应了，终身教育的习惯就会养成，终身教育的社会就会形成。因此，对退休群体的教育就是在推进继续教育社会化，使人们适应体力劳动减少后的社会角色；使已受过正式教育的人们及时更新文化知识和技术技能；使那些健康且想重新就业的退休者获得所需能力和条件；使老年人的学习转化为生活和修养；增强人力资本积聚，带动社会经济增长；提高老年人的社会参与度，促进精神文明建设，构建和谐社会。

人的全面发展所要求的教育，应该包括营养与保健、音乐与舞蹈、手工与园艺、文化创作与职业训练，以及对新社会和生活的适应等。这种教育的形式同共享教育是一致的，利用数智技术，搭建各种学习和教育平台，包括线上讲座、学习班、图书馆、博物馆式的学习中心。既可以自主安排学习，或者组织社区的人们单独上课，也可与年轻人混合编班；既可学习系统性课程,也可有特设的课程；可以有学习期限，但更多的是不限时间和学期，以体现共享和社会的特点。

终身教育涵盖从儿童、少年到青年，再到壮年、老年等几个阶段，还会发展到混龄化、开放性、趣味性、沉浸式的共同学习。如同吃饭、娱乐、健康不分年龄一样，学习和教育也不分年龄、不分内外，那时教育将成为真正的生活。

无围墙的社会教育

自20世纪20年代苏联教育学家舍里金提出“学校消亡”论以来，人们从未放弃改造学校的梦想。改造学校要从打破观念和围墙开始。技术的冲击是改变教育官僚的一股强大力量，数字技术的连接、计算和交互能力，正让学习者无边界地获取所需资源，可以随时随地学习。教育者和学习者都能按各自所需，追求成效，使学习者成为中心，而将其他作为环境和条件。面对庞大复杂的教育系统，不仅要遵循人的发展规律、教育科学，也要冲破思想界限、物理界限、资源界限、学校界限、学制界限，创造更多的交流空间和跨界融合，打造无边界的教育。

杜威曾经提倡学校即社会，托夫勒预测未来的教育是面对服务、面对创新的教育。他们都期盼教育有更广泛空间的设计。现在美国流行的“回到社区”的教育，应验了他们的理念和预测，居家学习、在线教育、教育资源共享、对教育模式语言与教育空间设计的重视、对学生个性和天性的培养与支持，都强有力地说明矗立于历史基础之上的未来教育图景正徐徐地展现在我们面前。

打破范围界限

未来不是我们要去的地方，而是正在创造的地方。教育要从改造现在开始，而不是等待未来。社会教育应该提供更加宽松的学习空间，以促进学习者的个性发展，超越纯粹的知识教育，实现智慧教育，为学习者的个性发展提供充分的空间，保护人的好奇心，激发人的想象力。

我们要打破的界限其实是模糊的，就是要积极地衔接家庭教育、学校教育与社会教育。其中，社会教育不再是校园内的学生走到社会上的教育，而是社会上的大多数人都要利用资源共享学习。

社会教育要摆脱原有的狭隘概念，需要扩大范围，有自己的定位。一是发挥图书馆、博物馆、文化中心、各类读书屋等物理空间场所的作用，购置必要设施，以及图书等资料；二是将各种场合的在线教育规范化、公益化，布置更多的数字化工具和设施，便利公民就近利用，形成数字化的社会教育平台；三是做好地铁、广场、运动场、树林、公园等地的秩序维护，也可在一些喧嚣的公共场所开辟一些清静之角，方便人们采用阅读、收听、视频、研讨等方式进行学习。通过将技术与教育、学习有效结合，构建泛在的学习环境，提供多元化的学习内容和方式，构建“人人可学、会学、能学”的社会。虚拟的中小学校将大幅增加，网络学校、网络教育机构将成为热潮，在线教育经久不衰，并得到进一步改善，以更好地适应时代发展。

社会教育环境需要各方努力营造。比如在德国的公共场所，看不到喧闹、喊叫的孩子，大多数人都在安静读书。从家庭到学校甚至整个社会，都在鼓励孩子阅读，那里的公共场所，包括大型活动场所，都会辟出一个安静的角落提供图书给孩子阅读。[①]在德国人看来，品德、人格、习惯是被感染的，不是被训导的，让孩子在心灵深处种下懂得的因，才能收获预想的果。父母的陪伴胜过一切教育。“如何成为一个完整的人”，是每个德国家庭教育的第一课。家庭教育、学校教育需要衔接社会教育，不能停留在只有学校教育的阶段。

要重新思考和定位未来学校的功能。即便是围墙内的学校教育，也不再只有封闭的教室、黑板，还会有大量社会人在学校学习，学习者可以在校自由流动，楼梯上、沙发上、树荫下，任何角落都可以成为学习的场所。学习者会有意识地自由结成小组，针对不同项目去探究，掌握和提高解决问题的能力，明白自己想成为什么样的人。这正是向社会教育过渡的方式。

学生也不一定非要按学制守成到底，可以提前或延缓在校时间。有许多案例表明，一些辍学的学生反而很有创造力，他们具备一定知

① 徐颢妍.值得思考的教育典范：让孩子成为一个完整的人 [EB/OL]. 搜狐网，2021-08-02. https://www.sohu.com/a/481008647_121124317.

识后，尤其是学会学习的方法后，选择走到社会和岗位上，将理论与实践结合，大胆创新，做出成效。任何事物都有产生、发展、兴盛、衰落和消亡的周期，学校也不例外，现在的学校已演变出某些创新的阻力。过去资源受限，办学有限，社会教育难以扩展；现在教育资源丰富，到处可实现学习和教育，学校只是教育和学习的一部分，而未来教育正在冲破传统观念和学校围墙。

未来主流的学习，不全是校内学习，也不都是在线摸屏学习，更多是复合式学习。发达的在线学习将使学校规模逐渐缩小，一些大学会被拆解，资源围绕专业重组，会出现一些专业化程度极高的大学，与之相应地，是一些综合性大学面临缩水。未来的学校将会改头换面，或者变成学习共同体，或者更像博物馆、游乐场、社区，这些都是无边界的学习场所，人们在其中集思广益，可与世界各地的人相互交流。

其实，现在的学校教育正在发生变化，互联网、人工智能等信息技术，一直在扩大教育和学校范围，给学生无限自由的学习空间与时间，也给社会人可以学习的场所、内容和形式。学校教育和社会学习正在打通，老师不再局限于学校中，网络可以触达的各行各业的精英群体都可成为老师，人们更能体会到“三人行，必有我师”。未来将不以教师资格证作为教学资质，以实际能力为资质的教师群体将大批涌现。未来将是能者为师，任何人都会找到自己欣赏和求教的老师和资料，一个高效率、高品质的学习时代将会到来。

各种学习中心呼之欲出，在线教育正在打破教育的围墙，逐渐形成社会化的学习氛围，学校教育功能会逐渐弱化，从规模上看，也不再是传授知识的主渠道。网络化、社会化学习将提供更多平台、课件，方便获取知识和方法，而不再被少数人垄断。学习者根据自己的兴趣和需要学习。具备学习能力的人都将朝着终身学习的方向迈进。人们可以自主学习或互助学习，师生关系灵活而融洽，每个人既当老师又是学生，形成一种身份平等的社会教学环境，用各自擅长的学科与技能相互教育和辅导。

社会教育是共享教育的主要形式，随着数字化的产品、工具、技术、服务推向社会，特别是各种大模型的研发、应用和推广，人们需要掌握基本的人工智能知识，这对于工作和生活十分重要。这就要从培养人工智能的人才做起，进而带动广大公民学习和应用。腾讯研究院发布的《2017全球人工智能人才白皮书》显示，在全球具有人工智能研究方向的高校中，有6 000多名人工智能领域的学者，以及7万余名人工智能相关专业的在读硕博研究生，每年人工智能相关专业的硕博毕业生约2万名。人工智能顶尖学者的年龄分布是：30~40岁占33.8%，40~50岁占32.4%，50~60岁占27.3%，60岁以上占6.5%。

清华大学发布的《中国人工智能发展报告2018》显示，我国人工智能企业集中在北京、上海和广东，在全球人工智能企业最多的20个城市中，北京以395家企业位列第一，上海、深圳和杭州也名列其中。站在人工智能的风口，许多青年人凭借对科技趋势的敏锐洞察，选择正确的时间，追求一飞冲天的创业梦想。[①]

社会教育应该走向国际化、全球化。全球化将把各国教育联结起来，从而扩大社会教育的范围。各国政府认识到教育国际化的大势及其对经济、政治、文化等方面的影响，正在积极利用空间的无限性，拓展从国家教育到国际教育，从人类共同利益和共同命运出发，把握教育的未来趋势。

一是教育发展正在国际化。传统的学校教育，特别是高等教育，是国际化的主要领域，越来越多的高校跨国办学，如上海纽约大学、昆山杜克大学、宁波诺丁汉大学。刚开始的时候可能资源分散，各自

① 张耀铭，张路曦.人工智能：人类命运的天使抑或魔鬼——兼论新技术与青年发展[J].中国青年社会科学，2019(1).

为政，会有些重复建设，但是经过初期的探索，会走向规范和资源共享。世界各地的大学城都在增加，部分资源趋于共享，全球教育将会变得你中有我，我中有你，深度结合，如同现今的全球经济。跨国办学将会在规范中提高质量，将国际教育与国际经济区分开来，以防止将教育经营成纯粹赚钱的工具。

二是探索国际教育的共享方式。通过友好国家间的教育在线平台，实现不同国家教育资源的互相利用，加强思想文化的沟通和交流；采取措施促进不同国家从事教育的人员双向和多渠道流动，许多国家积极采取措施帮助青年学生、教师、学者走出去向世界学习。社会教育发展到一定的程度，可以组团跨国交流，甚至以行业、地区等方式实施国际性的社会教育，把友好国家间的国际教育延伸到更多国家间共享交流，探索更大范围的世界教育共享。

三是多方促进国际社会教育。由政府主导的传统教育向着政府、民间、企业、学校多方合作的方向发展，以民间团体为纽带实现政府、民间、企业和学校多方协作，促进教育国际化、全球化。

打破时间界限

以往的教育基本是学历教育，有学制要求。未来的社会教育，仍会保留学校教育的形式和学制，将其作为社会教育的组成部分，实现社会教育与学校教育相结合，资源共享，逐渐让学校教育社会化。人们可以在不同的大学就读，利用积累的学分获得学位，而不受学制限制，社会为人们提供多种接受教育的途径和方法。随着教育的不断发展，将突破时间规定，如同生活没有时间限制，教育也没必要限制时间和场所，要让人们对教育或学习的时间、地点、方式、机会有更多的选择，使教育和学习向着社会化发展。

学校教育的社会化是社会教育的重要方面。自由时间、优秀老师、人工智能等都在为人的成长提供优越环境。在希腊人看来，学生必须有充裕的时间体验和沉思，才能自由地发展其心智能力。学生不必每天按时到校，不必按部就班地学习各门课程。卢梭说："误用光阴比虚掷光阴损失更大，教育错了的儿童比未受教育的儿童离智慧更远。"许多家长和老师唯恐孩子虚度光阴，强迫他们做无穷的功课，不给他们一点儿玩耍的时间，自以为这是尽家长和老师的责任。卢梭却在问："什么叫虚度？快乐不算什么吗？整日跑跳不算什么吗？如果满足天性的要求就算虚度，那就让他们虚度好了。到了大学阶段，自由时间就更重要了。可以没有好老师，但不可没有自由时间。"①

其实，一切教育都是自我教育，一切学习都是自学。精神文化的生长更是如此。约翰·亨利认为："对于受过基础教育的聪明学生来说，大学里不妨既无老师也无考试，任他们在图书馆自由涉猎。我要和萧伯纳一起叹息，全世界的书架上摆满了精神的美味佳肴，可是学生们却被迫去啃那些毫无营养的乏味的教科书。"加拿大多伦多公立教育系统第一学区主任弗洛拉·奇费利说："加拿大有类似的未来学校，学生可自由选择他们想要学习的时间、课程，学习进度自己掌握，教师只是作为服务者。虽然学生也会犯错误，但这也是学习过程中不可缺少的，老师非常注重保护他们的好奇心和自主性。"②

社会教育将包括学校教育，在时间上更宽松，不少人可能会更多地利用业余时间，甚至学习与工作的界限将被打破。工作是学习，学习也是工作和生活。

---

① 李虹．"未来教育"将颠覆全球教育形态？[N]．环球时报，2019-10-21.

② 同上。

打破内容界限

新的教育形态要求学习内容和方式多元化，改变过去单一的、标准的传统教育，借助技术提供多样、可选的学习内容和方式，并为学习者制订个性化的学习方案，使其获得最佳的学习效果。可借鉴STEM教育学［即科学（science）、技术（technology）、工程（engineering）、数学（mathematics）4门学科］、项目式学习（project based learning，简写为PBL式学习法），开展积极的探索，用以价值观为导向的教学，驱动学生的欲望和兴趣、实践和体验、思维和意识，从而生成经验与技能、素养与情感、态度与价值。

面对新的科技革命，我们要用整合式的教育方式，发现学习者感兴趣的学科，鼓励他们培养自己的兴趣，走向专业化的道路，这样他们更容易成长为优秀人才。“欧洲私立学校提供的课程体系，最常见的是英国体系，比如IGCSE和A-levels；美国体系，如美国高中文凭课程；华德福/史代纳（Waldorf/Steiner）体系；蒙台梭利（Montessori）体系；IB体系和其他一些本国教育体系，如法国文凭课程体系、德国文凭课程体系等。”[①]

马斯克创办了一所名为Ad Astra的非管制性实验性学校，体现了马斯克对未来教育的见解，主张自由探索、鼓励创新、强调实践、培养独立性等。“一是年龄混合，取消传统的按年龄分班制度，将不同年龄段的学生组合在一起学习，以便在不同年龄层次之间进行知识和经验的交流。二是自主学习，充分发挥学生的主动性和创造力。学生可以根据自己的兴趣和需求选择学习项目，教师则充当指导者和辅导员的角色。三是项目制学习，让学生通过解决实际问题来学习知

① 薛章.赴英留学中国学生增加 欧洲教育业者谈“好的教育”[EB/OL].环球网，2019-11-26.https://baijiahao.baidu.com/s?id=1651245580520417351&wfr=spider&for=pc.

识。学生参与的项目涵盖了各种学科，包括科学、技术、工程、艺术和数学。四是注重科学、技术、工程和数学的教育，为学生提供机器人学、编程、物理、化学、生物等课程。五是教授人文社科，包括历史、地理、文学、哲学、艺术等课程，帮助学生了解人类文明的发展，并培养他们的批判性思维和创造力。”[①]

通过跨学科的方法，帮助学生养成有益的习惯，将使他们的生活更加充满乐趣，能掌握更多技能，更有建设性、更加坚韧，而这无法用天分来解释。欧洲的一位儿童教育家麦克威廉说：“我曾在英国多个私立学校工作，它们通过各种方式将传统和历史灌输给孩子，培养他们一生受益的积极价值观和信仰，并且善于培养一个人的核心技能、态度和习惯，重视对系统性学习极为关键的幼儿时期，尤其是5~11岁的阶段。”[②]在他看来，挪威、瑞典、丹麦、芬兰等北欧国家，往往将教育重点放在生命早期情感能力的发展方面，而较少强调考试测验结果。

过去一个教师面对几十个程度不一、兴趣有别的学生，教授同样的内容，现在我们应扭转这种做法。《教育未来简史》的作者描绘的未来学校，由30台数字设备来充当定制化的教师，学生按照自己的速度和兴趣来学习不同的科目，这是一个由个人兴趣和学习能力塑造的学习环境。[③]个性化学习将为每个学生提供适应自己的学习方式和内容。

个性化学习要贯穿于终身学习中。教育内容可有人际交往、知识传承、文明发展等类型。人际交往类教育可通过生活和工作实践而获

---

① 打工人李老丝.马斯克创办的学校都教什么？[EB/OL].简书，2023-03-21.https://www.jianshu.com/p/f5a5fa87a39a.

② 薛章.赴英留学中国学生增加 欧洲教育业者谈“好的教育”[EB/OL].环球网，2019-11-26.https://baijiahao.baidu.com/s?id=1651245580520417351&wfr=spider&for=pc.

③ 刘云杉.技术高歌猛进之际，教育该返场了[N].光明日报，2021-01-15.

得，知识传承类教育通过人工智能和互联网在线教育获得，文明发展类教育可通过研究探索和总结抽象而获得。

根据个人兴趣爱好去选择教育内容和方式，每个人都比较容易成才。过去一律化的基础教育，正好符合某些人的个性，他们就能早日成才，而另一些人的个性被扼杀，一些有希望的幼苗未按自己的天性成长起来。虽然基础教育不符合每个人的个性，但有些人会在日后从事自己喜爱的职业，这也有利于发挥其潜能和兴趣并易取得成功。还有一些人在学习和职业生涯中没有机会发掘自己的兴趣，直到老年才有机会去做自己喜欢的事，并在这个过程中发现自己的潜力，最终大器晚成。

不同的人有着不同的兴趣、志向和天赋。过去，有些人在接受学校教育时没有找到自己的优势和潜力，在未来教育中，就须启蒙青少年去尝试选择，从而确立自己终身的职业或事业。有个儿童不能安静听课，总爱蹦蹦跳跳，被老师和家长怀疑患有多动症，母亲带孩子看心理医生时，医生借故同其母亲暂时离开一会儿，并有意播放音乐，结果在观察室看到这个孩子正伴着音乐有节奏地舞蹈，医生据此断定孩子具有先天的舞蹈优势，后来这个孩子果然成为著名的舞蹈家。可见，基础教育要有灵活性和弹性，要多给孩子选择的机会，不要一律式的知识教育，不要循规蹈矩。只有把学习内容与求学者的兴趣、爱好、志向和天赋相结合，才能调动学习热情，减轻学习压力，才有利于人才培养。

未来从幼儿园到学校教育以及社会教育，要注重每个学习者的特点，重视不同的学习计划，使个性受到尊重，这样才有可能使学习者成为自己想要成为的人。“适当把专业教育和职业教育前移到小学和中学，让一些偏科偏才的学生提前被发现和得到培养。针对中小学生不同的兴趣爱好和未来的职业选择，编写数学、物理、化学、语文、政治、英语、历史、地理、生物、哲学、农学、中医、军事、艺术等专业的阶梯式高级进阶教材，制定和推荐不同学习阶段的课外阅读书目。喜欢数理化的孩子可以从小开始系统学习这方面的知识；喜欢文史哲的孩子可以从小读经典、背诗书，练好童子功；立志振兴中医的学生在入学前，可对《周易》《黄帝内经》《伤寒论》等古代名著熟读成诵；其他各学科皆可做类似安排。”①

“在英国，偏爱数学的学生在小学阶段就学完了数学史，通过小学和中学阶段持续的数学知识阅读与训练，进入大学数学系，其数学知识面要比参加高考后才选择数学专业的学生强很多。在中国，通过高考进入中医药大学的18~20岁学生几乎没人会背诵《黄帝内经》《药性赋》《汤头歌》等，但这些知识往往是传统中医世家子弟少儿时期的必背知识。”②

社会教育也要常问学习者自己的特长是什么、最喜欢学什么和干什么，学习自己擅长和喜欢的专业就容易成功，能够唤醒潜藏的天赋与力量，开拓出充实而精彩的人生之路。要促进学校教育与共享教育的衔接，对从学校走出来的学生开展继续教育，使其成为终身学习者，培养其批判思维和解决问题的能力。即便在学校的氛围中，也要培养学生作为一个主体的认知，让其决定自己学什么、怎么学，教育将变得更加定制化和个性化。

未来的学生，要做到一人一张课表，随时调节学习内容，大部分时间可在家里或者图书馆、学习室等，通过网络学习、团队学习，自我解决学习中的大部分问题，网络和大数据、人工智能等方式会自动记录学习过程，作为评价依据。未来学习将是零存整取式学习，是基于兴趣和解决问题的自觉学习，是规模的网络协作学习，自主学

① 余云辉.改革九年制义务教育　增强国家长远竞争力——给新任教育部党组书记怀进鹏同志的建言[EB/OL].昆仑策网，2021-08-03.http://www.kunlunce.com/gcjy/zxzz1/2021-08-03/154014.html.

② 同上。

习将成为一种常态，技术平台会促进大学学制更为灵活。未来学习中会出现更多松散的学习团体，学生可能不再需要专家学者为他们提供完整的知识结构，而是在自主学习中建构满足自己需要的个性化知识结构。课程、学分、学历、学校等不是重要的，学生也未必按同样的进度学习。最重要的是学到了什么、分享了什么、建构了什么、创造了什么。[①]

实际上决定性的因素不再是学的专业是什么，而是你能做什么。在决定自己能做什么的问题上，弄清自己的个性和喜好不亚于学了什么。“对大学生就业的实证研究表明，学生干部及各种奖励等荣誉性符号的价值高于专业对口与专业成绩，前者能甄别出人群中的领导力以及优秀度。”[②]

教育内容取决于社会责任，每个人的人生态度和价值取向不一样，但一定要积极，对社会发展要有贡献。越是符合个人特长而教育出来的学生，在社会上越容易成功。从学校教育到社会教育，都要善于发现受教者的特长和个性，并予以培养和塑造，受教者才有兴趣对自己的事业做出积极规划和决策，并敢于承担相应的责任，其人生叙事将具有创造性与独特性。

不同经历的人要坚持继续教育，“要主动精准挖掘个人兴趣，培养个人爱好，陪伴自己的特长生成。在新的教育中，发挥主观能动性，形成自己的技能包，具备相应的知识、社会与个人技能，这些技能不再是过去的专业教育或工作岗位所镌刻和批发的，而是个人主动发展建立的知识与技能，包括对环境与人际的敏锐感知、灵活应对，以及愉悦安全的外貌、得体的衣着，乃至说话做事的风格等”。[③]各取

① 朱永新.走向学习中心：未来学校构想[M].北京：中国人民大学出版社，2020.

② 张秋山.学习成就与职业获得[M].北京：人民出版社，2019.

③ Brown P. Hesketh A. The Mismanaagement of Talent. New York: Oxford University, 2004.

所需的社会教育方式，要摆脱僵化的教育模式，走向多元化教学。要根据教育者的特点和意愿，实施配餐式、自助式的学习方式，以学定教，真正实现因材施教，把每个人都锻造和培养成人才。

未来的社会教育，要鼓励大学生参加相关的职业教育，改变其动手能力不足的状况，鼓励各类制造业和农牧企业推荐优秀技工和优秀技术农民以委托培养的方式进入各类理工科、农牧类等高等院校继续深造。从现在开始，使学校教育与社会教育、传统教学方式与新兴学习方式在共存阶段逐渐衔接，大胆探索过渡方式。职业教育是非常重要的过渡，看清教育趋势，勇立未来潮头，才能执未来教育之牛耳。

总之，教育是社会的缩影，以教育为撑杆，社会就会在提高素质中跨越性进步，透过各地形形色色的学校教育、社会教育，我们能够窥见未来的无限希望。

Chapter 1

第十二章 人类健康和长寿的崭新理念

健康和长寿是人类对美好生活始终不渝的理想和追求。人类健康随着社会文明进步已有极大改善，2000—2019年，全球预期寿命从66.8岁增长至73.3岁，健康预期寿命从58.3岁增长至63.7岁。[①]2015年，我国人均预期寿命已达76.34岁，居民健康水平总体处于中高收入国家平均水平[②]。人们从满足生存条件到同时满足经济需求，正在有条件地应用科学技术，过上为社会做贡献的健康生活；未来健康事业有条件突破原有局限，从更广泛的意义上将牵涉人类健康的重要因素联系起来，建立健康大生态；人类会抓住新科技革命带来的机遇，并迎接相应的挑战，充分发挥新科技的作用，突破医疗健康中的热点、难点、痛点问题；各个国家和地区将会在全球化、数字化的大潮中，洞察可能涉及人类命运和进化的关键节点，富有远见地把握健康发展的战略趋势，趋利避害，争取主动。

---

① 佚名.全球发展报告：全球人口预期寿命增长至73.3岁[EB/OL].中新经纬，2022-06-20.https://baijiahao.baidu.com/s?id=1736139827838600504&wfr=spider&for=pc.

② 马金凤.我国居民健康水平总体处中高收入国家平均水平[N].京华时报，2016-07-22.

未来健康新生态

健康涉及身体、心理、社会、道德、生态五方面，覆盖从成长到死亡全周期，包括预防、治疗、康养全环节，涵盖个体、群体、生态全方位。

过去，人们注重对病患的医疗服务，也注重公共卫生对亚健康以及健康人群的群体服务，包括针对疾病预防控制的各种服务。前者面对个体，后者面向群体，虽然都涉及社会和生态，但统筹不够。因为健康是促进人的全面发展的必然要求，是经济社会发展的基础条件，应当将健康摆在优先发展的战略地位，将健康融入所有政策，形成有利于健康的生活方式、生产方式、生态环境，实现健康与经济社会协调发展，完善政府、社会、个人共同行动的体制机制，形成共建、共治、共享格局。

面向未来，在加强、巩固医疗服务和公共卫生服务两个层面的同时，还应从更大格局、更高境界认识人类健康，将涉及健康的人类、社会和自然三个方面统筹起来，建立健康的大生态。

人类与万物和谐

人类健康大生态，应当囊括人类、自然、社会、文化四方面。第一，人类是健康的主体。具体包括人的身体健康、心理健康、社会健康。身体健康是机体功能正常，心理健康是内心世界丰富、充实、和谐、安宁，社会健康是个体要有良好的适应能力、为人处事以及协调各种社会关系的能力。第二，自然是健康的环境。人作为自然人，要把人与动物、植物、环境、气候等作为基本要素纳入大健康的环境来认识和对待。第三，社会是健康的条件。人作为社会人，健康与经济社会发展互为条件，需要把经济发展程度、社会状况等作为与健康相关的要素纳入大生态。第四，文化是健康的升华。一旦人们的生活水平达到或超过起码的需求，有条件决定生活资料的使用方式，文化因素对健康的作用就越来越重要了。文化决定行为取向，行为对健康产生正向或负面影响。上述四方面构成人类健康的大背景、大生态，可以从整体上促进人与人之间的和谐、人与社会的和谐、人与自然的和谐。

立足于健康大生态，人们就能清醒地认识到人与天地间的万事万物都有着千丝万缕的联系，自然、环境、经济、社会、文化的发展和变化，都会影响到人的身体、心理和精神。人要真正成为万物之灵，就要能动地感知自然、环境和社会，与它们同频共振，形成共同体。

许多信息启发我们，“一花一世界，一叶一菩提”，人脑的复杂可以放大到像宇宙般浩瀚，浩瀚的宇宙也可缩小到像大脑般的精巧别致。当我们将宏观和微观打通，任何一环的运转都会对天地、万物、社会、人类产生连带作用。我们应当将这些因素集于一体，处理好健康大生态内各种因素错综复杂的关系，使其积极地影响人类健康。

全球化加速和数字化浪潮，让世界变成地球村，通过互联网、物联网、人工智能，使人与人、人与物、人与自然、人与社会的联系日益频繁。这种广泛的联系、交流和合作，在推进经济、社会、自然、环境发展的同时，也让人们能从个体、群体、环境、社会的角度来认识和对待健康问题。如果处理不好各个方面、各个因素间的关系，运转不协调，彼此扯皮，自然、社会、文化、人类就会出现不良状况，那些灾害、混乱、疾病无不与此有关。当大生态内的各种关系协调和顺畅后，不仅经济社会发展和自然环境改善上会有明显进步，人们的身心状态也会得到改善。

有了健康大生态意识，注重处理好各种关系，就能把个体与群体、社会、文化、自然环境等因素联系起来一起认识和处理健康问题，就能把医疗单位对个体疾病的防治，与公共卫生的整体以至更大的生态环境和社会问题联系起来，不是各自为政，而是打通几个层次和各个环节，既看到树木，又看到森林。

构建健康大生态，不是只强调自然生态，而是要注重有关健康的体系、要素、联系，从大生态上着力建设和改善。

一是注重健康生态的普遍性、规律性、差异性。对群体出现的疾病要多从自然或社会的普遍性上找原因，对反复出现的疾病要从季节变化和社会波浪式发展的规律上找原因，对个别出现的疾病要从个体身体素质差异上找原因。

流感盛行期间到医院看感冒的人，有其自身免疫力、抵抗力差的问题，但是否应联系到群体，从患者群所处区域环境的特殊变化去寻找主因呢？某个村落突然出现群体呼吸道感染疾病，是否在紧急治疗的同时要抓紧排查附近地区的污染源等问题？突然发生超乎寻常的炎热天气，或发生百年不遇的滔天暴雨等极端气候造成的灾难时，是否应联系到这些极端气候对人们健康的影响，早做预防准备？某地区突发一种传染性疾病，单位和社区是否要意识到尽快缩小社会活动规模、减少社交频繁程度，在公共卫生上下功夫？社会动荡、经济困难，特别是经济危机爆发，就业受到严重影响，是否应联想到一些人会因此而出现焦虑和心理等问题？受社会冲突和战争影响的地区，人们生活在风雨飘摇之中，居无定所、食无保障，是否要提前考虑战乱的恶劣环境极易导致营养缺乏症、恐惧症等普遍现象并早做预案？

即便寻找病患自身原因，也要从个体的体质、心理、社会等因素的联系中去分析。人们一般注重从身体和心理上找病因，其实社会因素对健康影响很大，有无良好的适应能力、能否和谐地为人处世，能否协调好各种社会关系，往往被自己、家人和医疗单位所忽略。个人在社会上遭遇的不平衡，会导致心理的不平衡，最后会造成身体上的不平衡。而心理和社会的健康素养，与人们的经验和知识积累息息相关。经历挫折的人，有一般的哲学和心理学常识的人，抗压力、抗打击的能力相对较强，他们会把困难和压力转换成动力和毅力，不让社会和心理的消极因素蔓延到身体。而缺乏社会经验以及无法将知识和能力融会贯通的人，遇到工作和学习压力，遇到情爱矛盾和坏人诈骗，就把世界看得一片漆黑，犹如天塌下来，久久难以释怀，甚至走向极端，即使不极端的人，也可能患上程度不同的心理、生理疾病。

二是从改善生态、环境、气候方面呵护健康和生命。环境是对健康影响最大的外部因素。如果出现空气污染、噪声污染、有害垃圾污染等，可能会造成人体的呼吸道疾病、消化系统病变和内分泌紊乱等；如果经常食用土壤污染、水源污染以及有农药残留的蔬菜水果，会对人体消化道以及其他器官造成影响；如果将重金属等有害物质排入水中，人饮用后会造成体内有害物质蓄积，或出现内分泌紊乱、中毒症状；如果人体长期暴露在有害环境中，更会危及健康，引发疾病，甚至导致恶性肿瘤、心脑血管病等；如果长期工作和生活在空气污染、水污染、有害物质污染的环境中，人们罹患癌症的概率会大幅提高。

极端气候是自然发展过程中的随机事件，但也受人类活动的影响。生态破坏导致全球变暖等极端气候，越来越成为影响人类健康的严重问题。2021年7月，发表在《柳叶刀—星球健康》（*The Lancet Planetary Health*）上的一篇研究文章发现，2000—2019年，全世界范围内每年有超过500万人死于高温或低温，相当于每10万人中死亡人数增加74人。在这一时段，世界各地与高温相关的死亡人数都有所增加，气候变化还将使这一趋势变得更糟。[①] 研究团队通过分析2000—2019年43个国家、750个地区的死亡率和温度数据，发现全球每年有9.4%的死亡归因于“非适宜”的温度。随着全球变暖加剧，因高温所

① 祝叶华.今年的热浪天气是否会成为新常态？[N].南方周末，2022-08-25.

致超额死亡占0.91%，而低温为8.52%。[①]有人猜测2023年是否会超过2016年，成为最热的一年？[②]2023年7月4日或是12.5万年来最热一天，全球平均气温达到17.18℃。[③]因区域性、季节性而导致患病的人也会多起来。

从健康角度保护生态环境和解决极端气候问题，人们就能将这些问题上升到比经济利益更高的层面来解决，从而有效地落实环境保护的各项举措。

比如，在绿色发展上，应该调整和优化产业结构、能源结构、交通运输，推进各类资源节约、集约利用，加快构建废弃物循环利用体系；在协同控制污染物上，应该统筹水资源、水环境、水生态治理，保护和治理江河湖泊，加强土壤污染源头防控，提升环境基础设施建设水平，推进人居环境整治；在提升生态系统多样性、稳定性、持续性上，要实施重要生态系统保护和修复重大工程，推进自然保护的体系建设，实施生物多样性保护工程，大规模开展土地绿化行动，深化林权制度改革；在碳达峰、碳中和的推进中，要通过能源革命，高效利用煤炭清洁技术，强力勘探开发油气资源，规划建设新型能源体系，统筹水电开发和生态保护，安全有序地发展核电，加强能源产供储销体系建设；在倡导公民积极的环保行动方面，要减少温室气体排放，推广可再生能源，大力植树造林，推广垃圾分类袋装化，少用塑料袋，尽量不用一次性饭盒和筷子，倡导环保的生活方式。

---

① 佚名.每年104万国人因它而亡?《柳叶刀》：气候变化加剧极端天气影响[EB/OL].灯笼资讯，2021-07-27.http://www.thjj.org/sf_23B9BEADAC97428D865ECCC83DEF3428_227_bjmmgj.html.

② 燕磊，张峥，边雪.多国气温“爆表”破纪录 2023年厄尔尼诺提前到来？[EB/OL].北青网，2023-06-25.https://baijiahao.baidu.com/s?id=1769628176319091113&wfr=spider&for=pc.

③ 王克柔.全球气温连续两日破纪录 科学家归因多重因素[EB/OL].财新网，2023-07-07.https://science.caixin.com/m/2023-07-07/102073366.html.

三是将资源消耗、生活消费与健康联系起来统筹管控。过去，因为科技和生产力落后，资源难以开发利用，造成粮食等生活物资的普遍短缺。即使是现在，有的国家和地区仍然存在食物等生活必需品短缺的问题，造成人们营养缺乏，体质下降，影响健康和寿命。现代技术进步和先进生产力推动的现代化发展，使许多国家和地区有条件进行资源的开发和利用，但有的过度开发和消耗资源，使很多原本稀少的资源大约只能满足人类十几年的使用，而且是无可替代的石化资源和淡水资源。“国际环保机构‘全球生态足迹网络’发布报告称，8月2日是今年的‘地球生态超载日’，即到8月2日，人类就耗尽了2023年一整年的自然资源‘预算’。这意味着人类在今年12月31日之前将过着生态‘透支’的生活。”[1]资源紧张就可能引发国家和地区之间的冲突和战争，以划分仅剩的资源归属。冲突和战争会导致一部分人伤亡，幸免于难的人们，也难免在生理、心理上患上程度不同的病症。而且过度消耗资源，又使用不了，造成浪费，增大了排放量，反过来又会污染环境，影响健康。从个人角度来说，过度消费可能导致身体肥胖、心血管疾病和心理压力等问题。

因此，我们需要加强环境保护和可持续管理，促进创新和技术发展，通过共同努力实现资源的可持续利用，保护地球的生态系统，并为以后的世代创造一个可持续发展的环境。还应当积极改变团体和个人的消费习惯，倡导适度消费、理性消费，避免过度消费带来的负面影响，这对个人健康和社会可持续发展非常重要。

四是用增强免疫力等防范方式迎击微生物特别是病毒的挑战。微生物在繁殖和基因变化上有巨大优势。它们的变化在给人类带来很多益处的同时，也带来害处。第一，人类的疾病有50%是由病毒引起，

---

① 佚名.地球生态超载日：今年“指标”已耗尽[EB/OL].湖南日报，2023-08-03. https://baijiahao.baidu.com/s?id=1773166054098047342&wfr=spider&for=pc.

且会导致一些传染病。第二，有些微生物具有腐败性，易引起食品气味和组织结构的不良变化。第三，微生物会造成食品、布匹、皮革等发霉腐烂而致病。特别是那些致病的细菌和病毒，它们的变化将使人类原有的防治手法越发收效甚微。而人类的很多活动又加速了它们的变化，如抗生素的滥用和全球性的微生物迁移，使一些本不该出现的高致病性微生物出现了，例如超级细菌和一些高致命病毒。

病毒属于微生物，但又不同于其他微生物。在人类历史上，造成死亡最多的并非自然灾害和其他微生物，而是病毒。19世纪，天花病毒夺走5亿人的生命。21世纪以来病毒流行频频发生，2003年的“非典”，2009年的禽流感，2014年的埃博拉，病毒每隔几年就会光顾我们的世界。[①]2020年以来新型冠状病毒流行，使几百万人失去生命，近两亿人被确诊，而且一些被治愈的患者还会有不同程度的后遗症。

新冠病毒流行的这几年是一个全球反思和审视公共卫生的过程，也是人们认识人类健康、动物健康、病毒试验管理、环境管理系统之间相互关系的过程。对于病毒，我们可以调动人体免疫系统，将灭活的病毒或者是已处理过对人体无害的病毒通过疫苗注入体内，使我们身体的免疫系统针对这种病毒提前演习并产生抗体，当真正的病毒入侵时，我们的免疫系统就可快速消灭病毒。在抗击新冠病毒中，我们还学习体验到各种防疫方法，了解到社会防范流程。重要的是在于，我们要将熟知的防疫方法变成健康的生活习惯，比如保持双手干净、避免亲密接触、避免触摸面部、戴口罩、定期清洁家具、勤消毒和通风等方法，还需要将对防疫抗疫的共识变成牢固的健康观念。

“同一健康”就是健康生态的一种理念，这是2022年由世界卫生组织、联合国粮农组织、世界动物卫生组织共同发起的一个高级别的

① 皮肤查一熊.病毒与微生物[EB/OL].知乎，2022-11-08.https://zhuanlan.zhihu.com/p/581484001.

专家小组给出的定义。同一健康是一种综合统一的方法，旨在可持续平衡和优化人类、动物和生态系统的健康。我们还需要在这种健康生态基础上再扩大范围，构建未来健康大生态，涵盖人类健康、动物健康、自然环境、经济社会、思想文化等方面，它们密切相关，相互依存。这就需要动员更多的部门、领域和社区等不同层面开展合作，共同解决医疗、卫生、食品、水、能源、气候、经济、社会、文化等方面涉及健康的问题。健康大生态的所有行业及参与者，都应积极支持和植根于跨领域的合作，强化组织实施，持续且无边界的创新，积极应对威胁健康及其生态体系的问题，促进可持续发展和人类健康长寿。

凝结健康生态的数字信息系统

健康大生态决定了人类健康的战略定位。需要我们将涉及健康的各方面数字信息凝结成综合性指标，在这个生态体系内沟通、分析、运用，从不同角度维护健康大生态，服务人类健康。

运用系统方法构建健康大生态

健康大生态要体现跨越、整合、统筹的原则。跨越就是围绕健康开展跨部门、跨地域、跨层级、跨系统、跨业务的交互，打破表面上是系统，实际上仍然自循环和各自为政的保守方法，解决个人健康不与群体联系的问题，以及公共卫生与自然、社会、文化联系不多的问题。只有平时增加这些相关性的联系，才有可能防范医院里持续的人满为患、防不胜防、治不胜治的情况，才有可能防范突如其来的全社会被动应对疫情蔓延的局面。整合就是要对生态内各板块相关的技术、数据、业务进行融合，做到你中有我、我中有你。比如，健康对于劳动力参与经济和社会建设的基础性影响，以及经济和社会对于健康事业的投入和社会各方面对健康的配合，就是要确定它们的相关性，防止涉及相同的工作重复建设和多张皮的现象。统筹就是要将健康置于优先地位，突出健康在整体中的重要作用，从而充分利用各方面的力量，总揽健康生态，一以贯之，同时抓重点、抓倾向、抓趋势，防止平均分配力量，只推不进。

运用数智技术呈现健康大生态的信息

要发挥新一代信息技术的优势，构建基于数据驱动的健康信息系统，突出数字化、智能化、网络化对健康大生态信息的呈现方式——数字化的采集、存储，智能化的分析判断，网络化的支撑和运行。用数字化语言表达各方信息，是打通健康生态各方面的一把钥匙，统一于数字信息平台，既要破除各部门、行业对各自信息数据的独占，又要对数据保密安全提出更高要求。要智能化地处理数据，充分运用人工智能技术、大数据技术，对繁多复杂的数据进行智能化的分析、处理。输入数据库的信息量越大，处理和分析出的信息量越准确、精练、智能。还可用区块链的分布式特征实施监管。网络化可以保障从采集、存储，到分析、输出等处理过程的整体运转顺畅，通过不断迭代的5G、6G技术，提高增强支撑能力，提高运行质量。

从相关性原则体现各要素信息特征

应遵循相关和重点的原则，选择信息内容，不是要囊括各部门的所有信息数据，只是涉及相关性和重要性的信息。在医疗方面，要关注执业医师、疾病信息、药物信息、医学诊断、医学新闻、健康养生、个人卫生支出、健康服务规模、人均预期寿命、执业医师数、患者分类信息等。在公共卫生方面，要关注食品卫生、环境卫生、慢性病死亡率等。在经济社会建设方面，要关注社会经济发展指标、社会人口、有关法律法规，以及国民健康的若干指标，包括健康水平、健康生活、健康服务、健康保障、健康环境、健康产业。在生态环境方面，要有空气、水、土壤、噪声、辐射的信息，包括空气颗粒物PM2.5、总有机挥发物、温度、湿度、噪声等参数。在精神文化方面，要有健康饮食、适度运动、生活习惯、应对环境压力、健康教育等信息。采集分析上述信息数据，是健康生态运行的基础建设和基本功能。

运用共同原则建设、运营和利用大生态信息平台

在共建上，各方要围绕健康，发挥线下组织、协调、会商、支撑、实施等优势，同时发挥线上信息平台采集、存储、分析，以及反应迅捷、资源丰富、信息准确、动态更新等优势，健全功能，形成健康生态的平台。在共治上，在线下各方会商、促进、提供支撑等条件下，线上不断更新信息数据，加强管控，维护平台，保持创新，提高运营效率。在共享上，向生态内各单位通报相关数据及其分析和建议，并接受有关部门对数据信息的查询；向社会发布适宜公开的数据和信息，供各部门、行业和个人参考；向决策方提供综合或重点的数据和分析信息以及建议，供有关方面参考。

实现健康大生态目的和效果相统一

健康大生态是从各方面努力，共同保障人类健康长寿的目的。所有举措、方式、手段和努力，都是为了解决健康上遇到的问题，进而改善健康。这就要靠不断的建设、运营、共享来检验信息平台的运营

质量和效率，根据使用实践中存在的问题，不断创新、改进和完善。比如，医疗单位不仅在疾病诊断中可调用多个参数进行同时检测，解析多个参数，为疾病诊断提供一种革命性的、人脸识别式的诊断，还可在较长时间段内，将患者状况与群体、自然和社会经济状况联系起来进行分析，或者以较多的同类患者病例警示相关群体，或者以群体或地区性健康状况的改善来查验该区域就医人数是否有所下降。将诸如慢性病防治、防疫等公共卫生的数据变化与自然环境及经济社会相关工作联系起来，查看健康生态建立前后，或同未建生态系统的地区比较，是否有明显的优势。尤其要注意关键时期的传染病、大范围疫情是否能得到主动预防、控制和有序治理，以此检验健康生态系统的优势和不足，以不断改进系统。查验经济社会在健康环境、产业、条件、生活方式等方面提供的支持，对于一段时间后所在地区的病患率增减、劳动率高低的影响。比较一个时期内环境、气候变化与健康宏观状况的改善，是否有相关性。检验健康生态的质量和效率，首先要在信息平台上，比对相同数据的前后变化、比对内容相关性数据的正负变化，更重要的是看到数据背后的实际举措的进展和效果。通过反复检验质量和效果，给实际工作提出改进建议，给数据平台制定采集、存储、分析和输出方面的更好措施，争取逐渐达到效果与目的相统一。

将文化信仰纳入健康生态

在健康大生态建设中，有些人不理解为什么要将文化和信仰也置于其中。其实，文化对健康的影响具有广泛性、持久性、潜在性。智能文化通过生产生活知识，影响人类的生活环境和劳动条件，从而作用于人群健康；规范文化通过社会制度、教育、法律、风俗习惯、伦理道德等支配人类的行为生活方式来影响人群健康；思想文化通过文学艺术、道德信仰、思想意识等影响人的心理过程和精神生活作用于人群健康。

中西医文化的结合和交流有利于拓宽健康视界

文化包罗万象，自然也包含着健康知识。有些文化对健康的反映是显性的，比如贯穿于中医和西医中的文化就是两种不同的健康理念。“中西医各有不同的哲学理念。中医的科学性不能用西医的科学标准来评价，它们是两套不同的体系。思维方式上，中医强调象数思维、整体思维；西医强调直观思维和线性思维。理论基础上，中医强调脏腑、经络、阴阳、气血；西医立足于解剖、生理、病理。研究对象上，中医强调人的自我感受；西医注重人的器官、生理和病理的功能。两者研究方法、诊断方法也有区别。西医更多依赖客观检查；中医讲究‘望、闻、问、切’，以外度内。西医强调化学药物、手术；中医用草药治疗，强调整体治疗，包括针灸、按摩、食疗、药膳，以及太极、八段锦等综合手段。两种医学体系各有优势，它们可优势互补，但不能互相取代。”两者的结合正是一种健康生态的系统思维。“丹参滴丸是治疗冠心病的中成药，有着西药不可取代的治疗效果。这种药到美国去注册，在三期临床试验中，经8个国家、127家临床医学中心对1 000多名患者的研究，得出丹参滴丸具有明确疗效的结论。它除了能够扩冠，能够保护血管、保护心肌，还有中枢调节、抗炎等作用，综合作用不比西药差。目前已有几十种中药达到了这种水平。随着中药现代化的发展，我们会把更多中药的药效、作用机理揭示出来，在疾病治疗中起到更多、更好的作用。”①

在近几年防控新冠疫情等公共卫生事件中，也展示了东西方文

---

① 张伯礼.中医药如何为世界做出更大的贡献[N].解放日报，2021-07-16.

化不同的特点。东方的集体主义文化在公共卫生上具有相对优势，而西方个人主义占主流的文化，在优越的经济、社会和科技条件下，反而显得其在管理公共卫生事业中力量不足。东西方文化的结合，可能会对公共卫生和人类健康发挥更好的作用。较为典型的事例是抗击疫情期间中西医结合的效果。对轻症患者和无症状患者以中医药治疗为主，做到中医药早服应服尽服，有效减弱了向重症发展的趋势。对重症、危重症患者采取中西医联合诊治，建立中医会诊和联合巡诊制度，实行中西医结合、中西药并用，有效地减缓了重症向危重症的发展，降低了病死率，最大程度地提高了救治效果。中西医两者优势互补，能更好地把握影响健康的因素，防治结合，标本兼治。

人类的思想和思维是影响健康的重要因素

身体是思想的仆人，遵从我们的理念。身体和思想是合一的，构成人的“身心”，思想意念的力量大过身体行为的力量，但思想和身体如影随形。消极思想招致消极行为，会使身体懒惰，让人显得无精打采，身心就会出状况；积极的思想自带活力，能够生出工作积极性，身体就会洋溢蓬勃活力。疾病与健康从某种程度上说根植于思想。病态的思想通过被疾病困扰的身体表现出来，而积极的思想会用朝气和高雅来塑造身心。可见，身体是极易受影响的载体，好的思想产生积极的作用，不好的思想产生消极作用。人们健康的身体，大多来自纯洁的心灵。对那些不愿改变消极思想的人来说，仅改变饮食对其健康的影响是有限的。因此，我们需要防止那些恶毒、嫉妒、失意、沮丧的思想，它们容易夺走身体的健康与优雅，那些消沉不悦的面貌，都是由闷闷不乐的思想造成的。我们应当通过积极的思想，影响和保持健康的身心。想要治愈疾病，没有比欢快的思想更能成为有效的医生。只有一切都往好的方面想，心情愉快地对待一切，耐心地学会发现他人身上的闪光点，友好平和地对待每个人，才会给自己带来无限的美好、宁静、祥和。

思维也会对健康产生重要影响。对工作和生活的积极思考态度，会使人更加自信、乐观、有动力，能够更好地面对挑战和困难，有利于身心健康，有利于增强人体免疫功能，降低患病风险。消极的思维方式则会带来愤怒、焦虑、抑郁等负面情绪，使身体出现失眠、头痛、胃痛等不适状态，甚至还会导致身体免疫系统功能下降，增加患病风险。

保持积极的思维方式，需要正确的认知方式。认知会改变处理问题和情境的方法。特别是遇到困难或挫折时，要管控负面情绪，通过转变思考方式可以缓解消极情绪。同时，通过自我暗示等积极思维能够增强自信心、乐观心态和自我控制力，而通过读书等方式可以培养积极的心态。

目标和信仰对健康产生着积极影响

目标和信仰如同人生坐标，是人们成长和发展中的罗盘。人生若无信仰和目标，极易成为担忧、恐惧、麻烦、自怜的猎物，这些消极的东西会像蓄意作恶那样导致失败、不幸及空虚，也无法在能量进化的世界找到适合自己的生存土壤，最终会影响到自己的身心。人应当在内心深处抱有正当目的，让这个目的成为思想的中心，努力去实现，信仰油然而生。不管它是什么，人们都应该持之以恒地把自己的思想力量集中在确定的目的上，不让思想漫游于异想天开的梦境。即使在实现目的的过程中一次又一次地失败，仍可推动人们取得真正的成功，因为从失败中获得的品质和力量，可以成为人生未来的力量与胜利的出发点。那些没有领悟伟大目的和信仰意义的人，应该把思想集中在履行职责上，哪怕这些职责看起来多么不起眼。思想高度集聚，就能下定决心，得到意想不到的能量，就会去为了事业锻炼身体，营养精神，养成规律，坚定信仰，实现目标。

然而，树立目标和信仰不是一件容易的事，常常有人毫无理由地放弃自己的目标和理想，甚至经常变换这些重大的人生坐标。其实，目标和信仰的坚守，需要毅力和意志，需要有很强的心力，特别在遇到困难的暗黑时刻，需要淡定和清静来培育心灵。在商业高速飞驰，物质极致发展，工作和生活的竞争加剧中，心理压力与冲突难以避免，精神迷茫与惶惑也不期而至。保持静心就会满足人类本能中潜藏的心灵净化的渴望，进而由物质领域转向精神领域。

发挥科学技术对健康事业的促进作用

科学技术属于文化范畴，许多科技的突破性成就正在有力地促进健康的发展。比如，数智技术、基因编辑技术、生物健康技术，已成为改进健康的重要手段；现代医学技术借助科学技术，也取得许多飞跃式进步，使得过去没有办法治疗的疾病，如今的医生可以手到病除；医疗器械的更新升级提高了医疗水平并可通过更加先进的医疗设备进行诊断和治疗；人们借助健康管理软件，记录自己的身体状况，以及营养摄入和运动量等数据，实现更加科学化的健康管理；我们要构建的健康生态系统，也在充分运用着数字智能技术；在欧洲，一种采用生命健康大数据，实现人体能量平衡调节的数字化健康科技正得到广泛应用，颠覆传统生化理论，从物理电磁能量层面，实现高科技人体健康管理与干预。所有这些，包括后面将要详细介绍的健康新技术，都在给人类健康带来便利和益处。但是科技也带来影响人们健康的消极因素，比如长时间使用电子产品对眼睛和颈椎造成的伤害，又比如有的食物里的添加剂和农药残留物有损人们的身体。科技造成的负面影响更期待未来科技来解决。随着现代科技的蓬勃发展，生命科学也在进入数字化时代，人类健康事业必将迎来长足的推进。

构建健康大生态赶上了数智时代，已然成为推进健康事业的综合发展方式，它的意义已超越健康本身，将会伴随经济社会的全面发展、人的全面发展一起前行。

未来健康新技术

工业革命以来，人类文明的发展突飞猛进，在人类对健康和长寿的渴望和科技进步中，科学家意识到人类身躯中蕴藏着远未探索过的世界，智能科技、基因和生物科技、数字通信科技，正在谋求打开人类健康和长寿之门。人们利用数字通信科技造就远程医疗，以解决医疗资源不均不足的问题；利用人工智能技术提升医疗质量和健康水平，以解决疑难杂症，并通过技术促进医患良性互动和感知；利用基因和生物技术助推精准医疗蓬勃发展，以解决旧医疗的被动、粗放、昂贵等问题。科技生产力深刻地影响着医疗卫生的生产关系，塑造着未来人类健康的样子。

未来的人类健康需要不断适应新技术潮流，将健康保障引入基于创新和科技引导的新途径，让科技给民众带来健康和长寿。

数智技术造就远程医疗和网络医院

一切技术的发展，都在改变人的生活中体现价值。随着科技改变人们获取商品和服务的方式，人们的生活方式也在发生深刻变化。远程医疗和网络医院就是借助通信网络和诊疗装置，将远地寻求医疗服务的需求方和医疗服务的提供者连接起来，对远地患者进行检测、监护、诊断等，形成远程数字信息和医疗服务系统。

新的健康系统将发挥大型医学中心的医疗技术设备优势，使患者在本地医院即可接受异地专家的会诊，并在其指导下进行治疗和护理。过去医患同处于一个地方和一家医院，现在天各一方，却能实现同以往一样的医疗效果。这种系统性改变，给患者带来诸多便利，超出人们的预期。

基于区域健康的大数据分析建立远程医疗

远程医疗对传统医疗的变革，主要是发挥网络和数据的作用。远程医疗系统不同于传统医疗系统，主要是覆盖的患者不同。传统医疗，特别是在省市层面的医院，虽然也在大量接收远地患者，但是比例很小。传统的地方和基层医院，多数接收的是当地患者。这种医疗方式通过当地的卫生管理部门，将当地针对公众的公共卫生和针对个人的普通医疗相结合，各地和各专业性医院的普通医疗建立在区域或系统性的公共卫生基础上，比如，针对社区或者社会的疫苗接种、健康宣教、卫生监督、疾病预防和疾病控制，以及各种流行病学手段等医疗措施。因此，传统医疗方式本身包含公共卫生和普通医疗。

远程医疗和互联网医院覆盖患者的范围将超出各地各系统的范围。因此，普通医疗的公共卫生基础同原来的行政管辖或系统治理不一样，这就要将远程医疗体系建立在大数据对公共卫生分析的基础上。无论患者来自哪里，从事何种职业，都能通过大数据系统对其所在地情况进行了解，将其个人治疗与大数据提供的公共卫生情况结合起来，将患者所在地的自然环境、民间习俗、发展程度等考虑进来，作为诊断的重要背景，有的放矢。

对于来自不同乡村和城市的患者，就要结合所在城乡的公共卫生情况，包括区域内的生活习惯等进行综合分析。比如，来自矿区的患者，就要结合所在矿区的公共卫生情况统筹考虑。因此，要充分收集、分析和利用大数据系统的信息，把区域性、普遍性、公共性的卫生疾病与少数人、个别人的健康问题既联系又区别开来，突出主要矛盾。把防范和排除疾病对区域、国家甚至全球多数人可能产生的影响，建立在依靠大数据的基础之上，通过个别人的罕见和新生疾病研究，排除所在区域或系统内更多人出现类似疾病的隐患。

随着数据信息纳入人类健康大生态，时空与环境、自然与社会、人类与动植物等各自封闭、互不联系的旧格局将会被打破，解决以往健康问题信息不全、医疗资源分配不均、医患信息不对称等问题，建设健康大格局。并在健康生态建设的基础上，根据收集的数据，防止将倾向性疾病当作个别疾病去防治，杜绝出现防不胜防、治不胜治、难以见效的情况。

我们要及时将相关科技新成果引入数字医疗和诊断方法的改进中。通过采集普通就诊者的数据，分析一个时期、一个地区可能较多发生的疾病，作为公共卫生的依据，也要通过自然环境、动物植物、经济发展、社会文化等多方面的数据信息，分析各方面的趋势和风险。人是自然人和社会人，针对自然变化和社会波动对人的身心造成的影响，创建新的工作流程，并根据掌握的数据信息，提出有关社会范围内人群在工作方式、生活方式、预防治疗等方面的要求和注意事项。还可通过分析不同群体的健康数据和生活习惯，提供健康管理建议，帮助人们保持健康生活方式。比如，ChatGPT 可以预测人患病的风险，提前采取预防措施，从而减少患者的健康风险和医疗费用。

数智技术解决医疗资源不均不足的问题

自然资源的差异性、经济社会发展的不平衡，导致医疗资源在发达国家与发展中国家之间的不平衡、城乡之间的不平衡、不同收入人群之间的不平衡。我国人口数量占世界人口20%以上，而拥有的医疗资源仅占世界的2%多一点，而且不少医疗资源质量相对不高，致使一部分民众无法享受高质量的医疗卫生服务。优质医疗资源主要集中在东部地区和一、二线城市，且这些城市的医疗信息化较高，而偏远地区的县域医院、基层医院，无论在医疗资源、诊疗效率、信息化程度，还是医疗水平上，都很落后。

2019年，博恩思医学机器人公司的李耀在一次论坛上，以郑州大学第一附属医院（以下简称郑大一附院）为例，说明医患供需的严重失配。郑大一附院号称全球最大的医院，拥有7 000个床位，7 400名以上的医护人员，每天接待的非住院病人高达21 600人，每年可做21万台手术。但即便是郑大一附院这样的超级巨型医院，接待能力依然不够，每天人满为患，“这是当下中国的问题，患者太多，医生太少”。[①] 医疗资源需要长期发展，逐渐增多，才能做到相对平衡。现代发展越来越显示科技的威力，科技是发展的最大推动力，也是解决许多难点热点问题的方法。

随着互联网和数智技术与医疗技术不断融合，网上问诊、在线就医、无接触购药等方式走进人们的生活，诞生了远程医疗。互联网医疗有效提升了医疗质量、效率与可及性，代表了医疗和健康的发展方向。互联网和数智技术及其更新迭代，还发挥着各种感知能力，有利于适配资源，提供新的资源利用模式，还有利于优质资源向各级特别是基层纵向流动。

因此，我们要充分利用各种科技成果，以解决医疗资源不足不均的问题。随着数智技术的广泛应用，医疗服务、医药流通、医疗保险、健康管理和科技升级等网络医疗生态不断发展，特别是视频网络

---

① 王树一.人工智能技术能否改变我国医疗资源不平衡不充分问题？[J].中国集成电路，2019(8).

医疗服务，受到广泛关注，但同时我们需要规范行为，防止乱象，完善保障措施，以保障网络医疗生态良性发展。比如，处方流转不等于处方外流，纳入医保的前提是医疗机构要有电子处方流转能力，而哪些医药费、诊疗费可在线上报销，以及异地就医如何结算等细则，都需要逐渐明确，形成在线问诊和互联网医院两种重要的应用模式，促进线上线下服务结合常态化，推动社区医院、区域医院和大中型医院融合沟通，发挥各自优势，保障民众健康。

“医疗物联网、传感器综合了远程医疗、互联网、物联网、自动控制、人工智能等技术，是面向医疗机构全方位的运营和管理平台，致力于提高医疗品质、降低医疗差错、提升患者服务水平、提高整体运营效率的综合系统。”[①]典型的医疗物联网业务场景越来越多，比如，面向医务人员的智慧临床场景，面向患者的智慧服务，面向医疗机构的智慧管理，面向社区的远程健康管理。

有关资料显示，2020年，我国移动医疗用户规模达到6.61亿人，移动医疗市场规模达到544.7亿元。人们对医药电商、互联网医疗等平台的使用需求提升，“互联网+”在医疗领域的应用逐步扩大，互联网医疗行业迎来新的机遇。我国目前有超过1 100家互联网医院、7 700家二级以上医院提供线上服务。三级医院网上预约诊疗率已达50%以上，90%以上的三级公立医院实现了院内信息互通共享。远程医疗协作网覆盖所有的地级市2.4万余家医疗机构。[②]远程医疗和网络医院的模式，正在改变医疗资源稀缺和分配不平衡的现象，有助于实现让每个人都能享受优质医疗服务的目标。

一是借助互联网技术，使实体医疗服务向外延伸、向基层下沉。这将有利于解决优质医疗资源分配不平衡的问题。通过远程医疗会诊

---

① 中国信息通信研究院安全研究所，深信服科技股份有限公司.医疗物联网安全研究报告（2021年）[R].中国信通院（微信公众号），2021-07-28.

② 李嘉宝.互联网医疗 解决优质资源不平衡[N].重庆日报，2021-04-27.

平台，大医院专家线上治疗，患者不用到大医院就诊。这种合作会诊有利于学科建设和基层医疗发展，实现了患者、医生、服务“三个下沉”。

二是依托大数据技术建设远程医院。这可改善患者就医体验，缩短就医时间，实现零等待，方便百姓。在信息技术充分介入下，远程医疗将会实现患者足不出户，也能在原地、原医院接受高水平专家诊疗的全新体验。

三是提高医疗工作效率。病情研判、方案制订等工作都将在线完成，省去烦琐流程，节约时间成本，医生能快速提升专业能力。

四是远程医疗和互联网医院的发展缓解了线下门诊压力，避免了交叉感染，满足了人们防控疫情的需求。

五是网上健康医疗是对传统医疗资源的重新分配，特别是医药电商行业在全球有较大的发展空间。通过互联网可实现广泛、低成本药物配送，带动医药电商快速和广泛地发展。

网上医疗和互联网医院的优势和目标

网络医院、远程诊疗是发展的必然趋势，是未来数字智能医疗服务发展的方向，能够打破传统医疗资源分配以医院为中心的模式，改变以往患者看病需要找不同医生、找不同医院、到不同地方寻医问药的状况，降低成本，提高效率，线上线下结合实现以患者为中心的医疗服务供给效率最大化，让患者少跑路、治好病。

远程医疗和网络医院，在患者端主要包括在线挂号、在线问诊等。在线问诊是为了满足消费端医疗需求，通常由互联网公司创办，只提供在线问诊与健康咨询服务，不能开具处方。目前人工智能掌握的医学知识已远超任何人掌握的内容，如爱伊GPT，使聊天问诊变得更容易，只要提出关于病情的任何问题，并以语音或信息发送，人工智能医生就能针对问题，给出快捷且直接的回答。人工智能还会严肃地询问就诊者的更多症状、病史，以便做出更准确的诊断。在医院端，主要是医疗信息化、互联网医院等。互联网医院为实体医院的线上模式，一般以医疗机构为主体，利用互联网技术拓展服务时间和空间，提供挂号问诊、远程医疗、预约诊疗、购买处方药等服务，是严肃医疗的延伸。

相比实体医院，远程医疗协作网络和互联网医院拥有更广阔的覆盖面、较长的服务周期和较优质的医疗技术。这种网络包括来自生物、认知、语义和社会网络的多重信息，将超越物理连接的计算机。这种模式的转变将涉及智能医疗设备、智能手机或个人移动计算和通信设备构建的共生网络。这些设备、网络将不断地感知、监测和解释环境。①

服务于患者的远程医疗及网上医院，要同各分级诊疗相适应。每个远程医疗中心要与医联体、医共体相协调，形成有序连接，将优势资源医院和基层医院连接起来，为患者提供诊疗服务。还可建立不同的互联网医院及专科医院，建立相应的监管秩序，保障后台充分的优质资源，方便民众网上咨询问诊，打通基层群众的慢病管理、医养结合、互联网配送药品到家等医、养、康、防、药各环节的服务。网上医院和远程医疗，能够应用5G技术开展会诊，同时可把超声介入、术中快速冰冻病理诊断这样一些新技术，以及基层难以开展的技术用起来。

远程医疗的优势是：在恰当场所和家庭医疗保健中使用，可以极大地减少运送病人的时间和降低成本；能够良好地管理和分配偏远地区的紧急医疗服务，通过将照片传送到关键的医务中心来实现；可使医生突破地理范围限制，共享患者的病历和诊断照片，有利于临床研

① Steven Chao. 通过数字革命转型医疗[EB/OL]. 数字医疗（微信公众号），2021-06-02.

究的发展；可为偏远地区的医务人员提供更好的医学教育。

总之，正在扩展的远程医疗应用能够极大地减少患者接受医疗服务的障碍，将会逐渐减缓和克服地理隔绝对医疗的障碍。随着网络医疗的发展，“医+药+险”全链路在线化模式也会逐步落地，使得慢病人群具备触网意愿。美国从政府规划和项目到私营保险机构，从诊室到教室，从智能手机到场外服务器，提出了六大战略目标：一是所有人都能接入和使用负担得起的通用宽带；二是建立一支准备使用新技术提供以人为中心的、整合的、高质量的医疗保健服务的、可持续的医务人员队伍；三是使个人能够安全可靠地管理自己的健康和福祉的数字化技术；四是数据交换架构、应用程序接口和标准将数据、信息和教育培训可靠而安全地交到需要的人手中；五是一个能够及时提供信息，使公众健康决策和行动更加明智的、数字化的健康生态系统；六是为应对数字健康生态系统的挑战而设计的综合治理体系。[①]

数字医疗技术已成为健康和医疗保健不可或缺的部分。然而，除了远程医疗和“家庭护理”等重要领域，还须不断挖掘网络医疗价值，更多地方便患者，更好地利用网络和数字科技为人类健康服务。

“2020年的一项系统评估发现，初步的远程医疗改善了疫情流行期间的医疗保健服务，最大程度地减少了病毒的传播并降低发病率和死亡率。”[②]

人工智能提升医疗质量和健康水平

现代社会发展给人们带来更多的希望和幸福追求，然而各种身

① Steven Chao. 迈特公司报告国家数字健康战略[EB/OL]. 数字医疗（微信公众号），2021-07-09.

② 益康生命.什么是远程医疗？[EB/OL].知乎，2021-05-17.https://zhuanlan.zhihu.com/p/372960988.

心疑难杂症、各类癌症、心血管疾病严重困扰人们，还有医患感知不准和错位影响到医疗效果，甚至酿成悲剧。值得庆幸的是，随着人工智能技术的发展，应用于医疗实践的各种技术和工具成为趋势，特别是医疗成像、生物传感器、分子数据和电子病历等，带动了自动化诊断、预断病情、药物设计和测试方面所做的大量工作。人工智能可以在许多方面为人类医疗和健康排忧解难，发挥其技术优势，“可用于消毒、诊断、监测、协助大规模筛查和手术，运送药物和重要物资，以及为老龄人进行康复训练”。机器人系统可以在大规模的筛查和手术中发挥重要作用，[①]至少还可以在临床护理、后勤、侦察和维护等领域，支持医疗系统和捍卫公共健康，显示巨大的潜力。

人工智能具有解决疑难杂症的优势

全球化和科技快速发展在解决许多矛盾和问题的同时，又产生了一些诸如环境、生态和现代化的新问题。就人类的身心健康而言，全世界仍然存在一些疑难杂症，比如肺癌、肝癌、肠癌、宫颈癌、食管癌、艾滋病、心脏病、抑郁症、强直性脊柱炎、糖尿病等，未能有效预防和治愈。世卫组织报告，20%的男性和17%的女性在一生中会患上癌症，12.5%的男性和9%的女性会死于癌症。癌症是仅次于心脏病的严重疾病。[②]人工智能及其工具，在进入对疑难杂症的探索中，已经能够提供临床辅助诊断等医疗服务，并应用于早期筛查、诊断、康复、手术风险等评估场景。ChatGPT可以准确地判断病人的病情和病因，并给出诊断建议和治疗方案，有助于医生提高

① 陈杰，孙健，王钢．从无人系统到自主智能无人系统[J].Engineering，2022(5).

② Ai时代前沿．战胜癌症的七种AI武器[EB/OL].网易，2021-08-01.https://www.163.com/dy/article/GGBA8FB10552C3W2.html.

诊断和治疗的准确性和效率；可以将医学文献和知识进行归纳和总结，并建立知识库，方便医生学习和查询，帮助医生更好地了解和掌握医学知识，提高医疗服务的质量和效率；可以加强这些疾病的数据分析，助力大数据可视化及数据价值提升，有益于医疗效率的提高；特别在医学影像识别方面，可以帮助医生更快更准地读取病人的影像所见。许多基于人工智能的系统已在现实中被用于治疗糖尿病、视网膜病变、手腕骨折、乳腺癌的组织转移、非常小的结肠息肉和先天性白内障等。

在心脏病防治中，专家和医生难以发现的心脏搏动异常迹象，人工智能算法就能从患者的心电图中发现这些情况。比如，应用人工智能长期追踪某患者的情况并认为该患者的房颤风险在某一时刻显著增加，果然在预测的若干年后该患者得了脑卒中。有了人工智能的预先警告，患者可在发病过程中更早地干预，改变饮食、锻炼等生活方式。一些案例表明，利用人工智能的洞察力，可以在重症侵袭前就给它“铐上手铐”，或在病情恶化前就发现心脏跳动紊乱等问题。

鉴于医生在肿瘤评估中易产生主观意见，以及放射科医生评估会有差异，利用人工智能诊治癌症，就要让其像人一样感知正常、异常和癌变机体的不同，尤其是若干细胞发生癌变的极微小的机体，并理解这些机体的不同，分析机体变化是癌变还是其他疾病引起的，判断并得出结论，向医生提供对某个个体检测的不同结果。

人工智能在分子层面认识癌症、药物筛查，会比人类更快更准，通过大数据分析，提供最佳治疗策略。因为在治疗癌症患者时，要做出关键的治疗决定，必须了解肿瘤独特的分子特征，方可提供线索，帮助判断癌细胞的生长速度、是否具有侵袭性致命性、是否具有抗药性等各种情况，以对各类癌症进行靶向治疗。

有的机构基于人机的自然语言有效沟通，研发了癌症诊断系统，并经多年训练，学习数百册肿瘤教科书、数百种医学期刊和上千万份文献，在临床应用中可在肺癌、乳腺癌、直肠癌、结肠癌、胃癌和宫颈癌等领域向医生提出建议。

未来纳米机器人将进入人体器官担任健康卫士，一些特定的智能系统用来照料残疾人和病患，甚至安装在他们身上，帮助患者克服身体的疾患和局限性；人造器官将替代一些残缺、受损或老化的身体器官；各种生物智能芯片植入人脑，承担部分记忆、运算、表达等功能。

人工智能可以治愈很多由大脑损伤引起的疾病。脑机接口技术使人脑与计算机连接，使用者能够直接通过意识与计算机实现交互，力图解决疑难杂症。马斯克认为这也是为增强人类大脑的能力而创建的，是人类与人工智能的竞争。从长远来看，人类也许可与人工智能达成愉快的共生关系。脑机接口设备对人类弄清楚如何与人工智能共存非常重要。美国食品药品监督管理局已批准“神经连接”针对人脑植入晶片的实验申请，这将推动脑机连接技术的进展。

脑机接口技术有长期可能性和近期可能性。近期的脑机接口应用可解决基本的脑损伤或脊柱损伤问题，无论损伤是先天的，还是后天的，或者其他原因，如有人患了中风、癫痫、抑郁症，或类似的疾病，都可以通过大脑设备得到改善。美国脑机接口公司Neuralink的第一个应用是帮助四肢瘫痪的人，让他们用大脑轻松地使用电脑或手机。《自然》杂志还报道过神经假肢使腿部瘫痪的猴子能重新行走的案例。[①]

“长远的脑机接口技术可进行概念上和双方同意的心灵感应。”

---

① 车东西.信息量极大！世界首富马斯克最新访谈全文，远见令人震撼！[EB/OL].澎湃，2021-01-08.https://m.thepaper.cn/baijiahao_10708612.

2022年早些时候，有报道称马斯克表示这些设备可以让信息从电脑传回大脑。脑机接口技术和设备允许计算机将人的思想转化为行动，让他们仅仅通过思考就能执行诸如打字和操作按钮等动作。据报道，2022年7月19日，马斯克表示已将自己的大脑上传到云端，并且和虚拟版的自己交谈过。人脑工程将开发能够实现神经信息学、脑部模拟和超级计算的信息和计算机技术平台，以集合世界各地的神经科学数据，并整合于统一的模型来模拟人脑，比对生物学数据同时与全世界科学界共同分享资源。[1]2021年5月，《自然》杂志封面刊登意念打字的消息，意味着脑机接口取得重大突破。一位截瘫患者用“意念”打出一段话，每分钟写90个字符，准确率超99%。他只是在脑中将字母“手写”出来，系统就会自动识别生成字母。这位患者的脑中植入了两个来自BrainGate（人脑遥控器）的电极阵列，各含有96个电极，即使瘫痪多年，运动皮层中笔迹的神经表征也没消退。

美国生物技术公司Cyberkinetics专注于脑机接口技术，致力于恢复神经系统疾病、损伤或丧失肢体的人的交流、行动和独立性。此前，这个项目实现了脑机接口信号的无线传输，让患者可以离开实验室环境，在家轻松上网看视频。这次研究最大的创新在于，破译了与手写笔记相关的大脑信号，让截瘫患者快速准确地打字。专家表示，这项研究仍需实验论证将电极植入大脑的费用和风险是否合理。受益的不只是瘫痪者，还有闭锁综合征，患有该症状的人因部分神经的损坏导致身体部分机能退化或消失，虽然意识清醒，但无法通过语言交流。还有重复性压迫损伤（RSI），包括因使用鼠标或打字不当产生的

① 中阳明智.马斯克称已经将大脑上传到云端，并已经与自己的虚拟版本交谈过[EB/OL].百家号，2022-08-19.https://baijiahao.baidu.com/s?id=1738948130736548472&wfr=spider&for=pc.

鼠标手、腱鞘炎等。[1]

此外，人工智能技术广泛渗透在一般疾病医疗过程，并在临床和非临床方面的应用上都有好的进展和效果。随着人工智能广泛的应用，未来有助于建立可及性更高、效率更高、更实用的医疗系统。

人工智能可使人们参与疾病的防治过程

医生是医患间的主要矛盾方面，对于解决问题起着决定作用，但在一定条件下，患者的配合尤其是感知和意见至关重要。过去，靠人的器官感知非常有限，现在，借助数智技术，可以变被动为主动，把防治过程中的感觉体验与医护人员动态联系起来，患者能够积极参与到预防和治疗过程中。

人工智能具有以服务患者为主的技术和工具。除了以医疗机构或医生为主、以运营为主的医疗智能技术和工具，还有以患者为主的人工智能设备。随着传感器和物联网的无处不在，患者可借助智能设备快速了解自己的健康状况和可行的诊断措施。

人工智能可帮助人们更好地预防疾病，未来智能设备和大数据将会构造我们的身体。现在许多人十分熟悉的健身腕带，就在收集人们日常生活运动作息的数据，例如行走步数、热量消耗、睡眠时长等，经过分析后提出建议。未来我们可将个人数据上传，通过大数据检测我们罹患疾病的可能性或者潜在威胁，更好地预防疾病。有专家分析，未来20年，利用可穿戴式设备和其获得的分析数据，能显著降低一般疾病的发生率，特别是神经疾病的发病概率。

人工智能设备可使患者配合医生对疾病的诊断。可穿戴的人工智

① 推医汇．“意念打字”登Nature封面！每分钟90个字符，准确率达99%[EB/OL]. 百家号，2021-05-18.https://baijiahao.baidu.com/s?id=1700061333702278725&wfr=spider&for=pc.

能设备，作为消费者健康信息和知识工具的健康助手，方便个人健康的预防、检测和某些处理，比如通过手表能检测房颤，或者用手机拍张痣的照片，可确定它是否会癌变。这些智能工具作为个性化的健康追踪器，如果患者到医院看病，可将这些设备中的数据整合到患者数据库中，作为诊断的重要参考。

人工智能可帮助医疗机构提升患者出院后的依从性。诸如按时服药、复查等内容，一般嵌入数字疗法或智能设备中，并与医疗机构建立联系，应用行为科学来预防患者不依从的情况，帮助医生收集大量数据并产生有价值的见解。远程医疗较现场医疗会更多依赖日趋增强的数据分享意愿和数据使用，将对患者越来越透明，让患者更加放心地配合治疗和恢复。

人工智能穿戴设备的广泛应用会让更多人掌控自身健康。人工智能、深度学习和可穿戴设备等健康监测技术的不断进步，使相应的工具和设备成为人们乐于接受的健康伴随物。比如，基于用户近期的压力、睡眠、社交情感活动，有意识地调节有关指数，能够使佩戴者每晚睡9小时以上，并维持目前较低的压力水平。这将有助于在接下来的数天内降低或减少发病的可能，并提高用户的健康和幸福感。智能穿戴设备可以及时发现一些需要我们改变的生活方式，从而进一步改善我们的健康状况和提升幸福指数。

医护人员要适应和学习数据科学的相关知识技能。在医疗服务中，可以充分利用医院的智能和数据设备，关注患者自身携带的相关智能设备，并善于将双方的设备和数据联系起来进行比对分析，把患者每次的就诊经历当作构建新流程的探索，当作医疗体系的学习机会。医护人员既是医疗知识的贡献者和监护人，也可从患者那儿接受另一个角度的知识信息，从而提高医疗服务质量。

数智技术支持的个性化医疗方兴未艾，可穿戴设备为我们未来的健康提供个性化预报。更多的患者在寻找能够提供个性化医疗和按需医疗的数字化解决方案，医疗机构也在寻找能够实时监测患者并提高患者参与度的数字化工具。[①]健康保障的前景很可能向着按需医疗的个性化、数字化服务加速发展。

人工智能在医疗应用中的安全和伦理问题

人工智能在医疗应用中，能够逐步提高医疗质量，降低医疗成本，优化治疗方案，提高医疗效率。在展示其优势和潜力的同时，人工智能在医学领域应用中表现的安全性风险问题、患者隐私保护、应用的可及性和可负担性问题以及在责任划分等方面，都面临一些安全和伦理挑战。比如，不成熟、不稳定的技术应用可能损害人的健康，甚至剥夺人的生命；防止侵犯隐私和数据权利，不能有意无意地泄露隐私，不能让数据中的偏见永久化；智能技术在医疗应用中存在偏差大、安全性差、缺乏透明度，以及因果关系、通用性、忠实度、公平性和信任等问题。上述问题都应符合伦理和安全原则。

世卫组织发布的《世界卫生组织卫生健康领域人工智能伦理与治理指南》指出，尽管使用人工智能有望改善诊断、治疗、健康研究和药物开发，并支持政府执行监测和疫情应对等公共卫生职能，但必须将道德和人权置于其设计、部署和使用的核心，确保人工智能造福所有国家。[②]在医疗服务中，安全风险防范和伦理道德原则的坚守至关重要。比如，相比于临床医生误诊一位患者，一个机器学习算法可能会误诊更多的患者，其诱导的医源性风险的可能性更大、后果更严重。这就要在安全风险方面严格遵循程序和规定，同时，对于学习算法在

① Steven Chao. 数字疗法：虚拟医疗中的企业机遇[EB/OL]. 数字医疗（微信公众号），2021-06-25.

② Steven Chao. 世卫组织《健康人工智能的伦理和治理》[EB/OL]. 数字医疗（微信公众号），2021-07-09.

医疗领域中的普及和推广不能轻率。[1]

比如，医疗和健康数据具有隐私性，像病历记录在医院的数字系统中一样，通过手机、智能穿戴设备产生的健康信息或数据主体掌握在软件公司手中。医院和技术支持公司，都要按技术伦理和职业道德，严格保护隐私数据和资料，防止单位和相关岗位人员放任监管，使这些数据被人用作他途，给用户造成损失，还要防范黑客攻击，盗走这些数据，应担负起对这些资料的监管责任。

又比如，远程医疗及数字智能助力各种医疗，都要顾及广大范围和各方面人群，不能仅方便发达地区和富裕人群，造成数字鸿沟，把最需要医疗资源的偏远地区群众和贫困者挡在数字智能医疗的墙外。要致力于打通数据孤岛，填平数字鸿沟，让所有人都能接入和使用负担得起的先进网络，保障机构和个人能够管理好医疗和健康数据信息，能够用得上智能技术设备，让所有人共享健康和生命的网络、数字、智能技术，让互联网和数字智能的医疗和健康服务惠及所有人。

人工智能在医疗和健康事业上发挥了更多的优势，但是探索和应用中还面临一些障碍，有的人工智能技术还不知要用在什么地方，人工智能系统并没有得到验证，没有合适的流程或治理，未来一旦克服了这些障碍，势必会推进医疗和健康的更大进步。

基因和生物技术助推精准医疗发展

传统医疗的“不确定性”，以及医疗资源浪费和医疗效果的不尽如人意，造成医疗的粗放、被动、随意、过度等现象，事关人的健康和生命，迫切需要变革旧的医疗方式。

---

① Eric J. Topol. High-performancemedicine: the convergence of human and artificial intelligence[J]. Nature Medicine, 2019, 25(1) : 44–56.

基因技术和生物技术的发展，为改变旧的医疗方式提供了条件。2003年人类基因组计划的完成，揭开了生命科学的天书，也确认基因蕴藏着人类生老病死的规律。技术进步使大规模基因测序成为可能，而大规模基因组测序和分析，可将以往不确定的传统医疗转变为精准医疗。

精准医疗是健康领域的一个根本转折

自2011年美国正式提出精准医疗以来，许多国家也相继开展了相关工作，经过几年的探索，不同国家取得了各自的进展。精准医疗的内容大体包含以下几方面。

一是基础，立足于对居民和患者数据信息的收集和分析而防治。包括考虑居民基因、环境、生活方式等变量情况，从而有针对性地预防和治疗疾病；根据患者的诊断测试和临床数据分析，选择最合适的治疗手段。

二是范围，包括疾病的早期诊断、个性化指导、遗传性风险分析和疾病的检测，逐步走向精准诊断、精准预防、精准治疗的全过程，具有广阔的应用范围。

三是模式，强调个性化与差异化，改变以往的医患关系，立足于对个体疾病分子层面的分析判断，针对病患全面全程的观察诊断，提出差异性和个性化的医疗方案，包括疾病预防、筛查、诊断、治疗和康复计划。

四是技术，整合应用现代科技手段与传统医学方法，科学认识人体机能与疾病本质，系统优化疾病防治和保健。主要技术有基因测序、细胞免疫治疗、基因编辑几个层次。通过改变患者的基因来治疗疾病，用具有正常功能的基因置换或增补患者体内有缺陷的基因，达到治疗疾病的目的，或把某些遗传物质转移到患者体内，使其在体内表达，达到治疗某种疾病的效果。

五是目标，包括近期聚焦于癌症治疗，长远扩展到其他疾病的各领域和健康管理。最终目标以最小化的医源性损害、最低化的医疗资源耗费去获得最大化的病患的效益。

六是效果，以患者的最大获益和社会医疗投入的高效配置为宗旨，结合医学科技的应用，以最小资源投入获取最大健康保障，有针对性地提高患者临床治疗效果，减少对病人不起疗效的毒副作用，以有效、安全、经济的医疗服务获取个体和社会健康效益最大化，从而提高整体人群的健康水平。

这种健康和医疗的重大变革，极具转折意义。上述六条均属根本性转折，在具体表现上还能感受到以下转变。

第一，被动医疗向主动医疗转变。过去，患者都是出现症状或症状严重时才去就医，而精准医疗重视对疾病的早诊早治和预警预测。通过基因检测更加了解自己的遗传背景，获得个性化的健康咨询和健康服务，做到早发现、早预防、早治疗、治未病，使本该发生的疾病少发生、晚发生，甚至不发生，提高生活质量，延长寿命。如果找出疾病相关的突变基因，就能迅速确定对症药物，少走弯路，提高疗效，同时还能够在患者遗传背景的基础上降低药物副作用，减少诊断中对患者身体的损伤，做到医疗“关口前移”。

基因检测一生中只需一次，是预测受检者与生俱来的患病风险，通过专业医生指导，让受检者注意平时的生活饮食习惯，不让致病基因有表达机会，为预防重大疾病争取时间。通过基因检测，可加强对社区和基层的健康管理，通过大数据进行人群队列研究，针对不同人群采取不同疾病诊治和健康管理措施，提高人群的健康水平和医疗效能。

第二，以症状为依据的医疗向以分子和细胞水平为依据的医疗转变。以往以患者的症状来诊断疾病，而精准医疗以每个人的分子和细胞水平为依据，来理解疾病发生发展的过程。基因对机体的正常功能的影响都是复杂的，任何一个基因变化都会导致多种症状发生。基因检测是从人的血液、体液或组织中提取基因，通过技术手段对生物染色体、DNA分子予以检测，并依据检测结果为其制订适合自身的诊断、治疗及预防方案。精准医疗还将临床病理指标与分子效能分析进行精确匹配，为患者制定和修正符合需要的诊断、治疗和预防策略。[①]

第三，不确定性的医疗向精准转变。以往诊断疾病常常是大概的，许多疾病会有同样的症状，难免出错误诊。精准医疗抓住“病”的深度特征和“药”的高度精准性，根据被检测者几滴血液样本，医务人员就可检测其疾病易感基因，标记出隐藏在人体内的“疾病地雷”，准确评估被检测者在肿瘤、心脑血管疾病、糖尿病等方面的患病风险，根据检测结果制订适合不同人的健康管理和个性化体检方案，指导受检者采取有效降低患病风险的健康管理方式，从而做到延缓或避免疾病发生。

第四，由昂贵医疗向负担得起的医疗转变。许多病因复杂且发生在遗传物质水平，用传统治疗方式很难根治，加之医疗资源分配不平衡，价格昂贵，周期长，因此，寻找新的、更好、更彻底的治疗遗传疾病、疑难杂症、罕见病症的方法一直是医学界所关注的。精准医疗正在向低廉的价格发展。人体基因组检花费飞速下降，在2012年人体基因组检需4万元，而到2020年费用已降至4 000多元，成本降低近10倍。[②]人工智能在精准医疗和个性化治疗上有着广泛应

① 杨玉洁，等.精准医疗的概念内涵及其服务应用[J].中国医院管理，2020(1).

② 天河老梅西.精准医疗背景下，基因检测引领健康大趋势[EB/OL].抗体圈，2022-07-17.https://mp.weixin.qq.com/s?__biz=Mzg3OTE3NjA4Nw==&mid=2247541519&idx=5&sn=84166654964dc5d4b573ad328ccf9f4e&chksm=cf0a13f7f87d9ae110427879aee3e62553cd3288aa6157c08ddd06c53ea244d9f25a7d44381f&scene=27.

用，ChatGPT 通过分析患者的基因数据、病史、体征等信息，生成患者的生物信息，并根据这些信息为患者制订个性化治疗方案。这种精准医疗模式可以提高治疗效果，减少医疗费用和时间。

在基因和生物技术的探索和应用中拓宽边界

基因测序的发展和应用，将使人们知道自己的基因缺陷，随着基因治疗在临床的大规模应用，将精准有效地获得理想的治疗效果，大大减轻患者痛苦，这是最具前景的生命医疗方向。可以想象，未来可根据一根头发、一些上皮组织，通过 DNA 检测刻画出一个人从幼儿到少年、青年、中年乃至老年的面貌。基因测序还可进行无创产前检测，避免“唐氏儿”出生，甚至找到肿瘤患者的基因靶点，实现精准用药等。

精准医疗技术主要包括基因测序、细胞免疫治疗、基因编辑三个层次，逐级提高，难度呈几何级数加大。

第一，基因测序作为基础的精准医疗在持续探索。无论是细胞治疗还是基因治疗，都要通过基因测序诊断病情才能设计方案，基因测序在我国精准诊断产业中占比达 52%。在实施精准医疗方案中，需要大量的细胞和分子级别的检测。[1]寻求更加方便的基因检测技术，成为满足精准医疗的重要探索。

液体活检就是基因检测的一种重要探索，主要通过检测血液中的循环肿瘤细胞（CTC）和循环肿瘤基因（ctDNA），对患者肿瘤进行诊断与监测，具有无创取样、动态监测与敏感性高等技术特性，可应用于多种肿瘤的诊断与治疗中，目前研发进展迅速，将扩

① 共研研究院.2022—2028 年中国精准医疗行业全景调查与发展趋势研究报告[EB/OL].东方财富网，2022-07-13.https://caifuhao.eastmoney.com/news/20220713051932773514370.

展为基因检测的蓝海。液体活检中的“液体”以血液为主，也包括粪便、尿液、唾液以及其他体液样品。随着液体活检在临床应用上的拓展，要求CTC检测和ctDNA检测向更精准、自动化的方向发展。

第二，细胞免疫治疗作为中层次难度的技术将有新拓展。细胞免疫治疗是收集人体自身的免疫细胞，进行体外处理、培养扩大，增强其靶向杀伤功能，然后输注体内，激活和增强机体免疫功能，达到抗肿瘤抗病毒的目的。免疫疗法在本质上区别于手术、传统放化疗及靶向治疗，该疗法针对的是免疫细胞，而非癌细胞，这种新型疗法通过激活或改造人体免疫系统抗肿瘤的免疫力，使之成为攻击癌细胞的武器，也被称为癌症的“第四种疗法”。通过对免疫细胞的功能强化和缺损修复，提高免疫细胞的战斗力。

最新的全球癌症数据表明，约90%的癌症发病率都是由实体瘤引起的。[①]面对如此高的发病率，各大细胞免疫疗法研究者纷纷发力，克服难题，取得了许多重要的研究进展，包含免疫细胞治疗实体瘤的临床缓解、新型免疫细胞治疗技术等多个维度。[②]

第三，基因编辑作为高难度的治疗技术将有新突破。癌症本质上是人体基因变异导致的细胞分裂失控。基因编辑就是对患者癌变细胞的变异基因进行批量改造，使之成为正常细胞。基因编辑分为体细胞基因编辑（不可遗传）和种系基因编辑（可遗传）。2021年5月，美国生物技术公司Intellia Therapeutics和再生元制药联合研发首个体内CRISPR基因编辑疗法在治疗罕见的致命的遗传性转甲状腺素蛋白淀粉样变性（ATTR）疾病方面展现出积极疗效。这次基因治疗试验属

① Sung, H, Ferlay, J, Siegel, RL, Laversanne, M, Soerjomataram, I, Jemal, A, Bray, F. Global cancer statistics 2020: GLOBOCAN estimates of incidence and mortality worldwide for 36 cancers in 185 countries. CA Cancer J Clin, 2021: 71: 209–249.

② 刘霞.CRISPR基因编辑疗法对人类疗效首次证明[N].科技日报，2021-06-29.

于体细胞基因编辑，这种改变只影响自身健康，不会影响后代及种系基因组，该疗法显示出良好的有效性和安全性。现在治愈这种病只能肝移植，但又会带来心肌病风险，往往需要心肝联合移植，费用昂贵，风险巨大，可见基因编辑技术突破的意义。

精准医疗的蓬勃发展和规范

近十年精准医疗的探索、实施和效果，让人们看到了精准医疗在健康和医疗领域的广阔发展前景。随着人工智能与基因技术的加速发展和彼此结合，精准医疗将蓬勃发展，并在不同特色发展中，相互学习借鉴，逐渐规范和标准化。

第一，精准医疗将在竞争中飞速发展。精准医疗方兴未艾，人们看到广阔的发展空间。精准医疗带来的问题、潜力和机遇，吸引着许多国家在竞相发展中，努力实现在手段、药品、器械等方面的突破，这将进一步推动精准医疗的快速发展和规模化应用。

目前，基因技术和生物技术产业发展不平衡，仅以基因检测的现状而言，其上游以发达国家为主，处于高壁垒领域，又是降低检测成本的关键所在；中游的壁垒较低，处在这个层面的国家不甘长期如此，都在积极地探索布局上游；下游则以临床基因检测市场为主，消费级和科研市场为辅，科研市场则主要是以和药企共同研发药物的形式发展。要改变这种不平衡布局，必然在打破目前的格局中力争上游。比如，基因测序工具分为测序仪和试剂，医疗器械公司可以顺势介入测序设备的生产领域，基因检测和基因治疗的市场前景广阔，吸引着科技发展和相关产业投资。

精准医疗的实践表明，基因疗法是一种强大的精准医疗手段，可攻克重大疾病，特别在遗传缺陷造成的众多疾病方面，在全球癌症发病率逐年升高、全球老龄化加剧的背景下，基因和生物技术有着广阔的发展空间。临床上仍有较多未满足疾病诊筛需求的基因检测，而近几年来，随着技术的发展和资本市场的助力，基因检测进入了广泛应用的落地生根阶段，未来将进一步迎来高速增长。[①]“预计未来5年，全球基因治疗市场将以178%左右的增速增长，到2025年市场规模将达到380亿美元以上。”[②]据预测，“基因治疗市场规模将在2020—2030年，以每年34.8%的年复合增长率稳定上升，预计2026年市场规模可达62.05亿美元”。[③]

寻求罕见病治疗方法的愿望使研发基因技术有了强大动力。随着对罕见病的不断重视和罕见病诊断技术的不断提高，越来越多的罕见病患者得到确诊。一些国家对罕见病药物实行减税、对临床急需“孤儿药”实行临床豁免等，一系列罕见病政策红利将提高罕见药可及性。基因治疗在罕见病适应证上的研究不断拓展，未来将有更多罕见病告别无药可救的局面。目前基因治疗正处在发展的拐点，未来基因治疗还将持续高速发展。加之，基因技术发展仍可继续降低医疗成本，缩短基因治疗流程，让百姓用得起，从而惠及更多患者，也使投资和发展精准医疗产业前景可观。

第二，人工智能支撑精准医疗拓宽空间。从当前的发展看，精准医疗在技术创新和社会层面仍然面临一些现实难题，比如递送系

---

① 天河老梅西.精准医疗背景下，基因检测引领健康大趋势[EB/OL].抗体圈，2022-07-17.https://mp.weixin.qq.com/s?__biz=Mzg3OTE3NjA4Nw==&mid=2247541519&idx=5&sn=84166654964dc5d4b573ad328ccf9f4e&chksm=cf0a13f7f87d9ae110427879aee3e62553cd3288aa6157c08ddd06c53ea244d9f25a7d44381f&scene=27.

② 第一财经.基因治疗时代来临，如何才能让百姓用得起？听听专家怎么说[EB/OL].百家号，2021-10-22.https://baijiahao.baidu.com/s?id=1714314720188886107&wfr=spider&for=pc.

③ 凯莱英.基因治疗技术进展[EB/OL].抗体圈，2021-02-11.https://mp.weixin.qq.com/s?__biz=Mzg3OTE3NjA4Nw==&mid=2247504602&idx=5&sn=67263ef3790c54acbf3f18b5d45086e7&chksm=cf0ae222f87d6b34ab82487837a4d664a19aa349b77cce60e2d675496fb4cc2cedf2a4877e35&scene=27.

统依然在开发优化，生产制造过程复杂，产能受限，获批的产品较少，监管需要不断跟进，这些都迫切需要人工智能与基因技术相互配合，需要大数据分析等技术支撑并攻克难题。比如，未来的基因治疗技术会把病毒载体或者非病毒载体直接注入患者体内，使载体自动找到相关细胞，进行修复或者改造；人工智能会参与药物研发，使得药物研发周期大幅缩短，疗效更有保障。未来，基于科技发展的数据AI有望使得精准研发、精准营销、临床疾病研究、医保控费等诸多领域得到突破。比如，通过传感器等感知设施，支持系统对是否用药、用什么药、药物剂量予以决策，避免因长期服用药物而导致的副作用。

马斯克认为，深度学习正在进入基因药物领域，为改写基因、合成新生物提供了可能。新冠疫情暴发以来，人工智能被应用到疫苗开发之中，未来还会在生物医药领域发挥更大作用。[①]像mRNA疫苗，不仅为预防结核病和疟疾等疾病提供了新的可能，也有望成为癌症的潜在治愈方法，它就像一个计算机程序，可以对它进行编程以执行所需的任何操作。人工智能将会让精准医疗得到显著提升。

第三，精准医疗将逐渐标准化和专业化。精准医疗始终在朝着更加精准的方向不断探索，但深入研发会有不同的特色和方式。比如，美国的精准医疗强调对居民综合数据信息的收集和分析，英国侧重对临床数据的收集，中国强调利益最大化。在适合各国特征的探索中，越深入研究，越会在彼此借鉴中趋向共性，这种相互学习、借鉴和深化探索的过程正是精准医疗的逐渐规范化和标准化。（1）将会在逐渐发展中形成共识的内容，规范为统一的标准，更加强调专业性质。（2）将会对成熟的应用经验和技术创新提炼、抽象到规律认识和专业

① 车东西.信息量极大！世界首富马斯克最新访谈全文，远见令人震撼！[EB/OL].澎湃，2021-01-08.https://m.thepaper.cn/baijiahao_10708612.

知识层面，并相应地提出更高的要求。（3）将基因、生物技术发展与科技伦理结合起来，坚持安全、伦理和责任原则，使“能做的”和“应做的”统一起来。

规范和标准化，包括技术、产业和效果等多方面的评价，要重视研究那些通过精准医疗明显改善疾病的案例，以及对癌症患者的诊疗体验和诊疗效果的案例分析。正如诺贝尔生理学或医学奖得主大卫·巴尔的摩所说，“这种方法治愈了很多罹患遗传疾病的儿童，取得令人惊讶的结果。可以说，基因治疗手段将改变未来世界”。[①]规范和标准化也是吸取教训、应对可能的风险、在推广中达成共识的一些重要方式。

基因治疗会像互联网改变全球人类生活那样，在未来极大地改善人类健康，提高生命质量。精准医疗致力于在预防和治疗中由无序向标准、由粗放向精细、由过度向精准、由被动向主动的方向不断变革，通过精准的检测、治疗、康养，构建个性化、专业化的全生命周期健康的照顾管理系统，促进人均健康预期寿命增长，有效控制健康危险因素，建设和维护有利健康的生产生活环境，保障食品药品安全，有条件地消除一些重大疾病危害。

科技拥有改善健康的力量。随着新科技在健康和医疗中的潜力释放，数字通信技术、智能技术、基因技术参与的医疗和健康事业，前景广阔，极具吸引力，成为抢占21世纪生命科学制高点的关键，必将成为未来健康发展的动力和希望，但将人类身体数字化、治疗疾病精准化，还要走很远的路。

数字通信技术、人工智能技术、基因和生物技术作为新科技革命的内容，在推进经济、社会、文化发展中，带动生命科学的进步和医

① 房琳琳.基因疗法将改变未来　别怕新技术带来重大改变[EB/OL].网易，2016-11-02.https://m.163.com/tech/article/C4RCEAQC00097U81.html.

疗技术的革新。科技生产力的作用，正积极地影响到健康和卫生方面的生产关系，必将深刻改变医疗和健康的体制、模式和监管，促进健康和医疗的国际合作。

未来健康大趋势

根据经济社会和科技发展趋势，我们从近未来、中未来、远未来分析健康战略所处阶段的状况和趋势，用宽阔的视角认识人类健康的愿景，建立人类健康的战略。

推进健康长寿事业有其独特的规律，在发展周期上比经济社会发展更长一些。在此将健康趋势分为三个时期，即近未来的21世纪、中未来的22世纪、远未来的两个世纪之后。

科技知识合作驱动的近未来健康

十几年、几十年可以改变一个区域的人群健康状况。旧中国被列强极具侮辱性地扣上“东亚病夫”的帽子，到新中国持续的爱国卫生运动、普及赤脚医生，再到改革开放以来人均寿命提升、新生代身高增加、就医条件改善，都说明十几年、几十年是可以改变一个国家的健康状况的。近未来的健康，需要扬长避短、雪中送炭，而非锦上添花。近10年将会解锁部分错综复杂的矛盾制约，加大协调力度，注重全面发展，跟进世界气候问题的合作，促进健康战略目标实现。未来10年健康将处于一种发力状态，具有良好的健康发展势头。发展中国家同发达国家的落差在较快地缩短，健康效果和保障能力可能更实惠一些，将为中未来和远未来健康发展累积雄厚的基础。期待在不远的将来，在健康医疗和生命科学的国际合作研发和运用中，我们能更好地塑造健康。

高科技装备未来健康医疗

高科技是一种人才密集、知识密集、技术密集、资金密集、风险密集、信息密集、产业密集、竞争性和渗透性强的前沿科技，对人类健康和社会发展将产生重大影响。干细胞与再生医学、合成生物和“人造叶绿体”、纳米科技和量子技术、石墨烯材料等，已展现诱人的应用前景。随着物联网、大数据、区块链、人工智能等先进技术的广泛应用，医疗物联网对提高人类健康质量和“智慧医院”“智慧诊疗”等推动医疗健康产业智慧化转型起到重要支撑作用。未来我们将在医学领域大范围应用可穿戴设备、远程医疗、双向音频远程、慢病监测、区块链医学等高科技。

未来，涉及人类健康的环境问题、能源问题、人口问题等变得异常尖锐，并开始危及整个人类的生存。包括健康在内的全球问题部分归因于科技发展的不良后果，而健康问题的解决同样有赖于高科技的发展。新冠疫情推动全球医疗健康产业的数字革命，人工智能、大数据、机器人、3D打印、可穿戴设备、虚拟现实技术等与医疗技术不断结合，推动健康产业进入全新格局。

科技在健康上的应用将不断推进，人工智能将在健康医疗领域扩大应用，大数据在健康医疗领域正在形成布局，现代制药技术在健康领域的应用快速提高。合成生物学进入快速发展阶段，将会迎来新一轮生物技术浪潮，有利于从系统的整体角度和量子的微观层面认识生命活动的规律，为探索生命起源和进化开辟崭新的途径。人类脑科学将取得突破，有望描绘出人脑活动图谱和工作机理，揭开意识起源之谜，极大带动人工智能、复杂网络理论与技术发展。

各个细分领域都有所属技术要求，这些技术与健康医疗领域的融合程度直接决定人类健康发展的质量。因此，在高科技为健康服务上，要针对不同的细分领域进行全面的技术研发，发挥研发和技术创新的力量。“由于医疗物联网（IoMT）设备的激增，多类型、多型号的设备分布在医院的多科室，且设备厂商的远程运维方式多样，原有安全防护手段难以应对，由此引发的医疗网络安全挑战与日俱增。黑客会更多地将目标对准我国的公共医疗机构，医疗机构的网络安全面临风险。对医疗机构的网络攻击和数据窃取事件，既造成经济损失，也给患者带来威胁。需要对IoMT设备可能面临的风险进行分析，比如，远程运维带来数据泄漏和入侵的安全风险、IoMT设备无安全防护能力被仿冒接入、内网互联互通导致安全风险不可控、缺乏全面的资产台账导致安全风险黑盒化、利用通信协议漏洞中断诊疗业务等安全风险，需要构建医疗物联网安全防护策略框架，制定医疗机构IoMT设备使用的相关安全规划和方案。”[①] 平台型医疗模式，有望走向生态型发展模式。

精准治疗进军未来健康领域

未来的健康医疗需要打破传统医学遭遇“不确定性”的技术瓶颈而造成的医疗资源浪费和医疗效果不尽如人意的情况，改变长期以来受各种条件局限造成的医疗粗放、被动、随意、过度的现象；重视对疾病的早诊早治和预警预测，提高人群的健康水平和医疗费用，做到“重心下移”。可以预见，精准医学技术将显著改善疾病，尤其是癌症患者的诊疗体验和效果。精准医学的目标是以最小化的医源性损害、最低化的医疗资源耗费，获得最大化患者的效益，其发展前景不可限量。精准健康医疗必然相应地要求标准化和专业化，对技术创新和专业知识提出更高的要求。精准医学必然成为大国竞相角逐的领域。

---

① 中国信息通信研究院安全研究所，深信服科技股份有限公司. 医疗物联网安全研究报告（2021年）[R]. 中国信通院（微信公众号），2021-07-28.

智能医疗变革健康模式

人工智能、物联网+等新技术将为大健康产业带来变革，提升诊断治疗的智能化水平。智能技术将从“脑洞大开”到“走向现实”。未来人工智能有可能超越人类智能，彻底改变人类历史。例如，生物医疗行业的数字化转型可能会翻天覆地，生物科技的发展可能出现“奇点”领域。著名的神经科学公司Neuralink宣布自己在“脑机”研究领域已实现重大突破。“脑机”就是利用一套接口系统将人脑与计算机相连接，让使用者能够直接通过意识与计算机实现交互。“马斯克曾发布的脑机接口技术，是用一款名为缝纫机的探针设备，将只有人类头发丝1/4细的线路与芯片植入人脑。比起传统的开颅植入芯片，马斯克的缝纫机可以避开软组织中的血管，降低大脑出现炎症和损伤的风险。未来数年将知识芯片植入人脑或许不再难，人与机器融合或将成为现实。智能社会素养将是未来人们需要具备的基础素养，也是未来人类永葆创新活力的源泉。”①智能医疗的发展，必然带动未来健康卫生模式发生变革，从面对面的医疗服务到大规模的虚拟医疗服务。通过为患者提供更便利的医疗服务，以及为门诊医疗质量差的地区提供服务和为行动障碍的人们提供支持，一种综合了远程医疗或居家医疗服务的混合模式将带来显著好处和效益。

从国际合作到人类健康共同体

人类健康问题需要全球共同解决，需要世界各国紧密合作，这种合作对国际关系向着良性方向发展起着巨大推动作用。特别是全球气候变暖、能源资源短缺、粮食和食品安全、网络信息安全、大气海洋

① 张晓.数字化转型之未来[N].人民邮电报，2021-07-07.

等生态环境污染、重大自然灾害、疫情和贫困等一系列重要问题对健康的影响，表明人类健康状况和富裕程度与生存环境息息相关。联合国发布的一份报告指出，地球的环境污染问题日益恶化，对人类健康已构成威胁，如果不彻底改善环境，到21世纪中叶，亚洲、中东以及非洲一些城市和地区数以百万计人口将过早死亡。如果各国不迅速采取行动减缓全球变暖趋势，全球变暖将给人类健康带来严重威胁。未来30年左右，对抗生素具备抗药性的细菌感染将成为全球最大的杀手。为避免这一现象出现，必须让更多的人有机会获得净化水质的技术，而且人体和农业界使用抗生素必须得到更为严格的监督。此外，海洋里的塑料垃圾、动物生存空间的恶化以及空气污染等问题，均会导致物种灭亡，长此以往，地球也将不再适宜人类生存。所有这些问题事关人类共同的安危，因此携手合作应对危及人类健康的挑战成为各国的共同选择。国际合作与资源共享是未来医疗健康产业发展的趋势。中国倡导的“一带一路”健康驿站建设，为中国与世界医疗健康产业合作搭建起平台。

然而，全球健康事业的合作、医疗科技的大力推广，必须在人类生命共同体的推动和保障下，才能得到有效的推进。建立人类健康和生命共同体，已然成为一种趋势，因为全球地域之大，各种威胁人类健康和生命的问题，仅凭一个国家和地区很难解决，需要构建人类健康共同体，共同应对全球公共卫生危机，共守人类健康未来。

未来，人类会面对许多自然环境和社会发展的深层困境，保障人的生存和发展，保障生命权与健康权，不能有国别、民族、社会发展情况的区别。在全球新冠疫情期间，人类在病毒面前显得那么渺小。人类要把守护生命安全和身体健康放在重要位置，尊重每个人的生命价值和尊严。在全球休戚与共的时代，人类俨然已成为一个你中有我、我中有你的命运共同体，任何人、任何国家都无法脱离命运共同体而独立存在。不协调、不科学的世界发展，会使环境问题、重大传染性疾病等非传统安全问题越来越成为人类生存和发展的重要威胁。

新冠疫情席卷全球，暴露了全球公共卫生治理体系存在着短板与漏洞，对全球公共卫生秩序形成冲击，提高全球公共卫生治理能力成为当务之急。各国要坚持多边主义，推进全球公共卫生治理体系的建立和完善，以人类卫生健康共同体的方式，应对全球公共卫生危机，守护全人类健康。习近平主席强调："要加强和发挥联合国和世界卫生组织作用，完善全球疾病预防控制体系，更好预防和应对今后的疫情。要坚持共商共建共享，充分听取发展中国家意见，更好反映发展中国家合理诉求。要提高监测预警和应急反应能力、重大疫情救治能力、应急物资储备和保障能力、打击虚假信息能力、向发展中国家提供支持能力。"[①]只有国际社会通力合作，共同构建人类卫生健康共同体，在发达国家与发展中国家之间搭建合作机制，才能更好地应对全球公共卫生危机，重塑全球公共卫生治理秩序，实现维护世界公共卫生安全、捍卫人类健康福祉的根本目的。

喜忧参半的医疗科技塑造的中未来健康

未来将会有成熟的人工智能实现对疾病的精准防治，例如置换器官，可以提高癌症和心脑血管疾病的治愈率，让人类更健康、更长寿是可以实现的。全球数字健康技术普及、发展和提高，很可能通过长期发展，使得影响人类健康方面的因素发生巨大变化。在科技解决传统健康问题，塑造未来健康的过程中，也会产生新的问题。未来的人类将被前所未有的病症折磨，虽无法预测哪些病原体会成为隐患，但从技术与社会发展的趋势能大体预测未来可能出现的新病症。对此，

① 出自2021年5月21日，习近平主席以视频方式出席全球健康峰会时发表的题为《携手共建人类卫生健康共同体》的讲话。

要像对待科技发展带来的积极作用一样，对其产生的健康威胁，想出战略性对策。

第一，用哲学思维重建宇宙观，指导多重角色认知综合征的治疗。对于三维以上世界的认知障碍，主要是在现实世界与虚拟现实、孪生人、数字人、复制品等多重角色中沉浸迷途，出现身份认同焦虑，随着虚拟现实变得越发真实，导致人类最终将无法区分虚拟与现实。混淆虚拟世界与现实世界的法则，过度沉溺于虚拟，从而使自己的大脑认知产生障碍，难以辨别网络空间中哪部分是我们自己，哪部分是程序，例如以为在游戏中从高处落下不会死亡，于是在现实情况下也这么做，最终导致失去生命。从虚拟现实世界走出来，易对现实世界感到消极，身在现实世界又厌恶虚拟现实的虚幻和不真，从而对自我身份的认知产生一种病态的混乱。

应该预测和积极治疗这种病，正确认清现实，尽管现实世界有时的确很残酷，但还是要勇于面对，积极生活。这就需要发展一种新的更高的认知和医疗方式，建立元宇宙认识观，把哲学思维作为预防和治疗这种病症的思想基础。从塑造不同的世界观和宇宙观的角度去辩证认识和适应靠新科技发展起来的五彩缤纷的世界，将人类始终置于世界的主导地位，任何场景和世界都要为人类服务。尽管很多哲学家和神秘主义者认为人类无法理解意识，但随着脑科学等领域的不断发展，以及解决多重角色认知问题的需要，对于意识的本质及在宇宙中的地位有个定量和预测性的理解和认知，应该为时不远。

第二，用人类进化观和健全身体构造的方式，实现对多材料复合人体适应证的治疗。在未来，随着脑机接口、纳米机器人等机械移植体进入体内，要对可能会引起的败血、过敏或免疫反应抱有警惕。现在已有人造皮肤、人造视网膜、人造胰腺等器官处于成品或临床阶段，未来很可能几乎所有人体器官都可以人造。虽然我们还不清楚机械移植物在植入人体后会对人体造成的影响，但从目前一些移入物的排斥反应看，某些移植物可能会引起严重的过敏反应。而根据植入方式的不同，移植物与周围组织之间也会出现不同的并发症，比如感染、炎症、疼痛，这些症状会干扰正常身体功能，引起不同的排斥反应。此外，这些移植物也有可能腐烂或降解，让身体产生中毒反应和多种感染。特别是纳米机器人有可能在体内失控，会把药物投放到错误区域，或者以奇怪的方式在体内自毁，引起中毒性休克，引发灰雾灾难，一旦接触这些纳米污染物，可能会出现各种严重的健康问题，包括细胞及DNA损伤。为此，要理解人类新的进化方式，应从有利安全、健康和生命的视角，发展和健全人的身体构造，增强人类适应外在世界和环境的能力。

第三，用价值观和强大意志力，实现对网络信息、游戏和虚拟世界的成瘾症的辅助治疗。事实上，虚拟现实技术将展现一个比真实生活更引人入胜，也更易于掌控的环境。一旦完全沉浸式的虚拟现实技术规模性地投入市场，人们就会越来越难以面对现实。而且虚拟现实技术还能使我们和远在千里之外的朋友或同事进行“真实的”互动交流，加上成堆的让人眼花缭乱的新技术都是基于虚拟现实，有可能使虚拟现实技术无论在心理上还是技术上，都更难被从生活中剥离出去。所以，脱离虚拟现实环境后所带来的影响将会是一个常见而又严重的问题。比如，未来的“性爱芯片”，随时随地会导致自我刺激成瘾症，而多数人可能缺少意志力，不去控制对它的滥用。为此，我们需要树立正确的价值观，对于所坚持的事情要看是否具有价值，有价值的事情值得坚持，无价值的事情则要发挥个人意志力，从成瘾中解脱出来，不能听凭情感和个人好恶造成价值判断摇摆，要依靠人的强大意志力，保障所做的事情体现价值。

第四，用发展的人生观和价值观，实现对超级长寿甚至永生的厌世综合征的指导。通过基因、数字人、人工智能等介入或冷冻再醒来等方式延长寿命，企图永生，会导致一种别样的人生方式，可能会使人对人生产生倦怠情绪，感觉生活没有激情，进而消极厌世。经冷冻数百年甚至上千年后醒来的可能是电子人、虚拟人，也可能是通过基因复活的人，用人工智能唤醒原来的记忆，但与时代和社会脱节，难以融入现实社会，有时不会生活，没有社会关系，即便重返过去的世界，除了曾经熟悉的时代环境，其他都是陌生的，需要从头再来，并没有冷冻时想象的传奇和浪漫。对此，要从人的健康、寿命、价值出发，改变传统的人生观，打破百年寿命的种种局限，适应时代的发展。①

第五，从心理学角度治疗因智慧和快速发展引起的焦虑和恐惧症。数智科技，特别是人工智能引起的快速发展和高度智能，可能让人类基于漫长演化形成的心理无法适应。面对发达的网络、数据、智能、技术，人们会感到神奇，自叹弗如。面对信息过载、机器人的智慧、区块链的监管、大数据的决断，人们一方面享受人工智能等数智技术和生物技术带来的利益和服务，包括应用机器人、基因组学以及机械移植体，来强化认知能力；另一方面又对机器人的无所不能感到恐惧，甚至随着机器人更多地融入社会，做着人类的工作，且越来越强大，越来越像人类，会产生焦虑、精神错乱和存在感危机。对此，我们要坚信人是自然人和社会人的结合，是人在支配世界发展，其他先进技术和工具都在为人类服务。②

人类安全进化和永生的远未来健康

远未来可能会发挥基因治疗技术和人工智能的较大作用，包括生成式人工智能、纳米机器人、脑机接口技术，让人类实现没有疾病的

① 现代快报. 虚拟现实成瘾症　未来可能困扰人类的10种疾病[EB/OL]. 环球网，2014-12-13.https://m.huanqiu.com/article/9CaKrnJFYkT.

② 同上。

人生，进化得更优秀、更长寿，向着永生挑战。

面对核武器、生化武器等长期存在及战争爆发风险，要尽早应对给人类生命和健康带来的侵害。健康是为了更好地生存。面对核武器、生化武器长期存在这一威胁，总有引发核战争、生化战争并造成大量人员伤亡的可能。因此，人类要实现更好的生存，最应做的还不是医疗卫生工作。一般的疾病虽然给人类带来痛苦，但是核战争、生化战争会造成大规模的杀伤力，从人类核试验的“威力”及地球上生物灭绝的速度看，那种残酷性和后遗症都是无法想象的，包括发动战争的人也不会逃脱最后的惩罚。可以说，人类在医药科技研发、积极预防治疗方面付出的努力，都可能会被战争的破坏力所覆盖。

因此，追求人类健康和生存，最重要的是制止核战争和生化战争的爆发，它的重要性远超在健康医疗卫生工作方面付出的任何努力。政治家、领导者、军火商、投资人、科学家、军人都要从各自的角度出发，为人类的生存和健康努力，绝不能因为国家间、社会间的矛盾和利益铤而走险，走上反人类、残害人类，甚至灭绝人类的道路。虽然有人可能认为，“核战争或气候变化导致的生态灾难不会让人类灭绝”，但普林斯顿大学的弗兰克·冯-希佩尔提出，“一个核恐怖主义事件可能会杀死10万人。冷战后的30年中，核毁灭的危险仍存在于美俄的核对抗中，这一核毁灭可能会导致数千次核爆以及数十亿人丧命。美俄部署了全球性的可携带超过1 000枚弹头的水下发射导弹作为威慑。由于弹道导弹的飞行时间只有15~30分钟，这种关系数亿人生死存亡的决定可能只在几分钟内做出，显然增加了突发核战争的风险。冷战也许结束了，但核威胁仍然存在”。[①]

① 刘霞.《科学美国人》回答关于人类未来的20个大问题[EB/OL].网易，2016-09-18. https://www.163.com/tech/article/C1772KBK00097U81.html.

大规模生化战争的杀伤力也是无法想象的，仅从新冠病毒及其变异毒株的流行，短短几年时间就夺去数百万人生命，致使数亿人染病，造成的经济和社会损失难以估量就可见一斑。如果是人为制造的生化武器，目的性更强，杀伤力更大，它对人类的生存和健康都将会是毁灭性的破坏。玩核武器和生化武器更是自掘坟墓。为此，如何制止这样的战争，是未来保障人类健康最重要的工作，同时也要做好准备，在战争狂人疯狂灭绝人类时，采取相应的防范、救助和医疗措施，最大程度地挽救人类，守护健康。

将人类健康与基因和人工智能研发影响的人类进化联系起来。人类进化与人类未来的健康和生存息息相关。有关人类进化有四个现象会影响未来。一是"用进废退理论""直线进化理论"会影响人类进化的预测。用进废退学说认为，生物对环境的适应来自定向变异，即生物是按环境的要求来进行变异的。面对未来更极端环境对人类健康的威胁，人类可能会更好地适应更极端的温度和气候变化，并提高自身的免疫力，使我们更好地抵御常见细菌和病毒的感染。这种进化可能会通过加强人类的身体机能完成，从而更好地适应未来的挑战。面对人工智能逐渐取代人的体力或脑力劳动而带来的环境变化，人的身体结构也会发生适应性变化。英国科学家曾对1 000年后人类可能进化成的"新模样"进行大胆预测，由于智能手机和计算机等高科技产品应用日广，生活环境改变，人类将拥有更高的个头、更小的大脑、更大的眼睛、更少的牙齿、更长的手臂和更多的皱纹，千年之后的人类看起来非但没有变得更加英俊，反而看起来像"怪人"。[①]还有不少人认为随着机器人更多取代人的体力劳动，人们将更多从事脑力劳动，大脑功能将逐渐变强，需要更多的空间

① 荒诞不经.未来的人类会是什么样子[EB/OL].百度知道，2018-05-23.https://zhidao.baidu.com/question/622570458174574972.html.

容纳神经元和突触，所以未来人类会拥有一个硕大的头颅，同时由于使用肢体更少，肢体会更加退化。无论他们是根据“用进废退理论”“直线进化理论”，还是别的研究方法预测人类进化可能的现象，且不讲他们依据理论的对错，实际进化中都需要根据人工智能长期取代人的脑力或体力的实践才能决定。但可以肯定地说，针对人工智能影响的人类进化，体质结构都会有相应变化，未来健康和生存要着眼于这些方面予以应对。[①]

二是自然选择向社会选择转变影响人类进化。自然选择理论的主要内容是：大量繁殖、生存斗争、遗传变异、适者生存。由于现代医学、农业和文化的发展，特别是现代农业提供了充裕的粮食，现代工业提供了富足的物资，现代医学提供了有效的治疗，自然选择的作用已经减弱，社会选择的作用逐渐增大。比如，通过教育水平、社会地位、经济能力乃至思想文化、政策法律等后天因素，综合决定一个人的择偶标准、个人魅力、生育意愿、抚养能力，而这些都不是可遗传的先天性状，社会选择成了人类进化的主要因素。现代文明以前的环境压力、人口迁徙的奠基者效应和种群瓶颈，都使不同的族群拥有了不同频率的基因，表现出某些生理上的特点。但随着经济文化的全球化，跨地区、跨族群的婚姻将会越来越普遍，这些差异也会在数代人之后被逐渐抹平。对此，要将进化中的自发变化上升到自觉的程度，使人们认识到社会因素不仅影响人类的长期进化，也影响到短期和现实中人们的生育、情绪、体质、健康、寿命。

三是基因工程对人类进化的影响会加速。在更加遥远的未来，针对胚胎乃至受精卵的基因修饰从医疗目的的排除遗传病逐渐走向

① 荒诞不经.未来的人类会是什么样子[EB/OL].百度知道，2018-05-23.https://zhidao.baidu.com/question/622570458174574972.html.

商业目的的性状优化，这几乎是一种必然，人们为了让后代更加高大、美貌、聪慧、健康而攀比性地修改后代基因，有可能成为一种社会风气。伦理、文化、审美和技术届时互相影响，由此产生越来越夸张的基因改造人，那将是一个说不清的故事。[①]新墨西哥大学物理学和天文学特聘教授卡尔顿·卡维斯认为，未来最大的担心是，电子设备或机器人可能会超越我们，并且在没有人类干涉的情况下独自生存，好在我们可以通过拔掉电线来避免这一情况的发生。[②]一方面我们要利用基因技术为人类进化发挥积极作用，不因有风险而止步；另一方面我们要防范基因研发中的风险和副作用，防止给人类健康带来消极的影响，让其正能量发挥到最大，将其负效应压缩到最小。

四是脑机接口技术会关系人类的健康、进化和命运。脑机接口系统（brain-computer interface，简写为BCI）是一种以人脑为核心的智能系统，建立直接连接人脑和计算机之间的通信和交互。纯粹的大脑等器官由于受制于生物进化速度，无法与人工智能竞争。马斯克说，人类在许多方面无法超越人工智能，但是我们可以实现与其的和解。那么脑机接口技术就可能是两者的和解，也是人类进化的一种技术路径。除了前面讲到的脑机接口治疗疾病的作用，这项技术如果成熟或长期发展，有可能将人的思维上传到电脑，带来超人的身体，让人更聪明和敏捷，并具有更好的自我调节能力。这种智能技术与生物技术结合有可能改变人的DNA，增长人的能力，使人适应特别的环境，也意味着通过相应的技术，人将会变得更强壮，更快地思考并更有创造性地解决问题，从而更好地适应未来的挑战，

① 静静di思考.人类未来是什么样子，你肯定没想过！[EB/OL].百家号，2019-12-26. https://baijiahao.baidu.com/s?id=1653956513771943084&wfr=spider&for=pc2019-12-26.

② 刘霞.《科学美国人》回答关于人类未来的20个大问题[EB/OL].网易，2016-09-18. https://www.163.com/tech/article/C1772KBK00097U81.html.

甚至进化出超人类。但是如此高端的技术与人的重要器官衔接也让人有些担心。霍金多次表示，“彻底开发人工智能可能导致人类灭亡”。他认为人工智能在初级发展阶段的确为人类生活带来便利，但机器可能将以加快的速度重新设计自己。如果与人的器官连接在一起，它的自我设计对人是否有危害还不确定，未来要站在这个基点上，来关心和思考技术进步中人的健康、安全和命运。①

把人类健康与地球安危、冲向太空、可能的外星人联系起来。在人类文明几千年的发展中，对地球资源过度开发，导致地球结构改变，水土流失，气候变暖，污染严重，资源枯竭。如此下去，自然将会报复人类，地球将不再适合人类生存。所以人类要提前在宇宙中找好新的家园，以延续人类的生命。霍金劝告人们要在200年内赶紧离开地球，提醒人类爱护地球这个赖以生存的家园。他在洛杉矶演讲时称，未来1 000年内，基本可以确定的是地球会因某场大灾难而毁灭，如核战争或者温室效应。因此，他强调人类必须移居其他星球。美国航空航天局局长也曾表示，单独一颗行星上的物种，是不可能永久生存下来的。霍金称：“人类灭绝是可能发生的，但并非不可避免，相信科技的发展和进步可以带人类冲出太阳系，到达宇宙中更遥远的地方。”霍金对人类的未来相当忧心，时不时发表一些言论，他的本意并非危言耸听，而是提醒人类关注环境、资源等问题。②

人类似乎只有在亲身经历了气候变暖、台风、海啸、极端炎热等灾害性天气的接连发生后，在经历了污染、毒气泄漏、地球上空的臭氧层被腐蚀、太阳辐射失去遮挡，给人类和其他生物造成致命伤害后，才会醒悟。当然，在灾害性天气频繁发生的未来，人类可能会发

---

① 刘石磊.斯蒂芬·霍金四大惊世预言[J].环球，2015-07-22.

② 人民日报.历数霍金的预言：一定有外星人、人工智能会终结人类……[EB/OL].百家号，2018-03-14.https://baijiahao.baidu.com/s?id=1594895389899136599&wfr=spider&for=pc.

明巨大的卫星系统来控制天气。然而，系统故障有可能导致更大的灾难，环境的变化与人类的命运都可能遭受各种极端灾难的影响。人类在深重灾难中要尽早正视地球生态危机和其他危机。反思地球与人类生存健康的关系，人类离不开地球，又对外太空充满好奇和向往。人类梦想移民月球、火星，以逃避地球环境恶化和灾难，并且企图在太空中开疆辟土，也许直到离开地球后才发现，地球才是最适合人类居住的家园。人类寻找外星生命的狂热以及在外太空建设家园的野心，可能遭遇外星人的威胁。霍金警告人们不要试图寻找外星人，不要与外星人接触，担心其文明比人类文明更高级，可能威胁人类和地球。

未来，随着地球危机的加剧和接触外星人可能性的增多，我们需要研究这些现象对人类生命和健康的影响，以维护和改善人的健康，而不是摧残人的健康，毁灭人类。我们要在探索中开辟一条人类根植地球又冲出地球的发展道路。随着火箭运载能力的不断提升、火箭可回收可复用技术的逐步成熟，人类在近未来完成载人火星探索任务已是大概率事件。马斯克提出的移民火星对于延续人类文明，在地外留下人类文明的“备份”具有重要意义。在地球发生灾难性战争、超级传染病、严重天体撞击、全球性自然或地质灾害、人工智能失控等危急状况时，少量移民火星、月球的人类将为人类文明延续提供可能。

把普惠医疗服务、社会和谐及科技医疗结合起来，共建长寿社会。一要通过数字健康方式普惠大众。“过去的20多年，人类在健康领域取得巨大进步，已让大多数人受益，但仍有很多人享受不到健康福祉。在交通和网络还到不了的雨林深处，那里的人们终身得不到医疗服务，死亡率居高不下。世卫组织估计，由于距离遥远，大约有10亿人终其一生也不可能看见卫生工作者。直接从当地雇用卫生工作者或许可以缓解这样的问题。这些人将帮助当地居民对付埃博拉病毒等传染病并让其获得基本的医疗护理。‘最后一公里’健康机构同西非国家利比里亚合作，在9个地区的300个社区招募了300多名卫生工作者，也只是杯水车薪，如果要所有人都得到医疗护理，须对卫生工作者进行培训并投入资金，让其能给偏远地方的人提供服务。”[①]新冠疫情引发的对数字健康解决方案的广泛认知，必将扩大健康的普惠范围。现在，医疗保健领域的所有参与方都需要开发以患者为中心的易于使用的数字解决方案，包括那些对技术不太感兴趣的患者。

20年前，各国将公平确定为重塑医疗体系的重要特征，但在公平方面仍需做很大努力，健康公平目标不容忽视。没有公平，就无法改善人群健康、降低人均医疗费用，没有公平就没有质量。追求公平促使我们设计改进健康的新方法。在地区上，要全力做好农村和基层的健康保障，在人群上要重点解决好妇女儿童、老年人、残疾人、低收入人群等的健康问题，推动健康基本公共服务均等化，维护基本医疗卫生服务的公益性，逐步缩小城乡、地区、人群间基本健康服务和健康水平的差异，努力消除种族主义和不公正行为造成的危害，实现全民健康覆盖，促进社会公平。特别是在不发达国家和地区，如果有了社会公平，就能保障发展的公平。富裕是保障健康的重要因素，多数人生活状况和医疗状况的改善，就会缩小人口寿命的两极差距，使人均寿命获得普遍提高。

二要用科技延长寿命并去除科技带来的新病症。19世纪人类平均寿命37岁，二战结束后的70年，随着医疗和粮食供给改善，人类平均寿命从1950年的45.7岁增长至2015年的71.7岁，全球人口快速增长。《柳叶刀》杂志曾公布了一项全球疾病负担研究，发现未来人类寿命将普遍延长，同时疾病的威胁也将升级。研究发现，高血压、吸烟和饮酒已成为威胁人类健康的最大风险因素。[②]在阻止人体衰老并

---

① 刘霞.《科学美国人》回答关于人类未来的20个大问题[EB/OL].网易，2016-09-18. https://www.163.com/tech/article/C1772KBK00097U81.html.

② 舒兰.《柳叶刀》：未来人类寿命延长但健康难保[EB/OL].健康界，2012-12-18. https://www.cn-healthcare.com/article/20121218/content-436564.html?appfrom=jkj.

延长寿命的同时，要对科技带来的新病症及时遏制。去除疾病，人类才会享受有质量和有品位的人生，长寿才有价值和意义。人的寿命延长将会带来许多相关产业和商业机会，比如，生物技术与基因技术的持续研究，新器官、大脑记忆体、骨骼、皮肤等医药产品的生产，养老、康养、保健等方面市场规模的扩大，以及支持寿命延长需要的更多健康护理和服务等出现增长。

三是未来科技发达和社会和谐有利于人类不衰、长寿和永生。基于脑机接口、纳米机器人等前沿科技的发展，有望延长人类寿命，甚至有可能带来人类的数字永生、物理永生。医学家与科学家已研究出越来越多延缓人类衰老的技术。谷歌首席科学家库兹韦尔表示，未来纳米技术与纳米机器人将延缓人类的衰老，它们将会被注射到血液中，摧毁病原体，扭转衰老进程，修正DNA错误。库兹韦尔在他的《神奇旅程：长生不老》一书中指出，伴随着医学技术的提高，目前人类正在逐步延长平均寿命。随着时间的推移，纳米技术将显著提高，有能力修复和存储人体器官和肢体。逐渐发展的生物技术将可能开启或者关闭生化酶，医学技术已首次使用该技术摧毁血液中的高密度脂蛋白（HDL），阻止动脉硬化等多种疾病。追求永生是人类进步的动力之一，脑机接口是人类永生的一个重要工具，使用脑机接口，人类可以直接用大脑来表达想法或操纵设备，而不须语言或动作。脑机接口技术颠覆了传统的计算机鼠标、键盘、显示器的输入输出方式，催生出的应用场景主要包括通信控制、医疗健康、智能家居、安全保障等，其中侵入式接口能够使伤残人士恢复感知，有望打造超级人类。未来1 000年，人类或将实现长生不老。

Chapter 1

第十三章 数智化生活的方式、理念和机制

人类从未停止探索的脚步，始终追求着美好的生活，期望延生命之长、拓视野之宽、享人生之乐。理想的火花照亮前行之路，科技的力量推进社会进步。在互联网迭代改变人们生活的同时，人工智能又到处呈现，这注定是改写人类命运的节奏。21世纪数智时代既带来信心和希望，又释放出风险和挑战，新秩序正在工业社会与数智社会的交替中酝酿产生。新科技驱动的产业变革颠覆着人们的生活、工作和交往，人类正在塑造美好的生活。

数智化重塑生活方式

爱因斯坦说："有两种生活方式，一种是觉得世上并无新鲜事，一种是觉得所有事都是奇迹。"随着数智技术的广泛应用以及数智时代的到来，我们正在开启一种全新的生活方式。这种改变并非是从内到外对世界面貌的全部简化，世界的复杂度依然如故，甚至更加复杂。"知识的构建远未停止，生活隐藏在数据扑朔迷离的面纱背后，正开足马力，运用大数据分析、人工智能、智能代理服务等技术，通过可

视化、人性化的方式，将信息呈现在各种场景。”[1]未来的生活变化将超出人们的想象。

数智技术影响社会生活有两个发展阶段。

第一阶段是消费互联网的发展。此阶段主要是在2015年之前影响大众的日常生活。从手机、游戏、社交、即时通信、电商，到系统的网络化、信息化、数字化，引起公众购物、出行、旅游、娱乐等生活方式的革命性颠覆。

第二阶段是产业互联网的发展。现在还处在此过程，互联网发展到物联网，商业平台发展到制造平台。人工智能和机器人在工业制造领域广泛的应用，生产出数字智能产品、服务、工具等，直接影响到企业、社会组织和公众的工作和生活。企业已不再是劳动力聚集、原料堆积、产品入库的唯一地方，产业或企业平台在更广范围内配置资源，组织就近生产，运用数字孪生设计，无人车间生产，并定制化销售。

人们出行可能不再打网约车，无人智能汽车将普遍运行；机器人成规模地取代劳动岗位，将影响到人与机器人的分工、合作、互动；零散的智能家居将聚拢在智能管家周围；医生能够远程智能检查、诊断和手术；游戏将从简单运用虚拟现实技术，升级到元宇宙的世界。尤其是人工智能将广泛进入人们的生活、学习、娱乐和健身之中，人机互动、协作将成为未来经常处理的重要关系，由此引起的一切都将发生重大变化，生活方式正在重塑。

人机共存

人工智能将成为工作和生活的普遍用具，智能手机已从细微之处

---

① 尼古拉·尼格洛庞帝.数字化生存[M].胡泳，范海燕，译.北京：电子工业出版社，2017.

渗透到生活各方面。人机协作将取代过去由人独立完成的沉重劳务和烦琐服务，多数工作将被机器人取代，社会将有制度性的生活保障，人们不必为工作而担忧，真正减轻了人的生活负担。我们将把人机互动作为最基本的能力，积极适应人机共处的生存环境，建立和养成人机共存的生活方式，养成新的生活情趣。

随着机器人普遍进入家庭并渗透到个人生活中，“人类与机器人共同生活。可穿戴式智能装备消除了残疾人与正常人之间的区别；服务机器人承揽了从育儿到清扫的所有家务；竞技类机器人可与人类一起打网球、篮球等；借助多语种翻译机，人们可与世界上任何一个人进行无障碍沟通，充分理解对方的文化”。[①] 我们和社会发生的买卖、支付、学习、社交、娱乐等各种关系，都可通过人机协作来实现。

要关注机器人取代人的工作岗位后，劳动变少或长期不劳动造成人的功能退化，要始终在人机协作中让人处于操作、支配的主动地位。虽然机器人在做更多的工作，但有些工作可能由人类来做会更好，人类必须与机器和谐结合，才能避免因人工智能的广泛普及而遭到排挤，维护人的尊严和体面，培养和保持人机的友好关系。

随着人工智能、大语言模型、机器视觉、语音交互、大数据等技术的创新升级，以及传感器等关键组件的进步，机器人的“人格化”愈发明显，与人类的合作、和谐、共处、共存关系渐趋明确。随着人工智能等前沿技术在服务机器人产品中的加速应用，服务机器人更注重与人交互的特征，人类与服务机器人之间的互动更为频繁。

在探讨人工智能机器人涉及情感和意识的问题时，我们要站位高，深入研究对策。对人机交互、人机耦合等带有人类进化内容的研究，需要权威的国际组织、各国政要尽早涉入，并与科学家、未来学

① 冷伏海，等.面向2030年的人与科技发展愿景研究[J].中国科学院院刊，2021(2).

家共同预测。在计算机超越人类，机器拥有智慧，可能会对人类产生威胁之前，人类就要做出有利于自身发展和未来的决策，这是最重要的安全和人权。

未来很可能会从人机协作过渡到人机融合，随着脑机接口技术成熟、纳米机器人进入体内以及各种假肢的介入，以人类健康和安全为前提，社会意义的人机关系有可能升级到科技意义上的人机融合。那时，人类和智能机器将会被重新定义。

快乐常态

苦难与幸福都是生命盛开的花朵。然而苦难深重，幸福往往只是一种祝愿。随着人工智能取代大量人类劳动，原本繁重的劳动将被较多的脑力劳动、娱乐休闲活动取代，人们的身体负担将会明显减轻，加之休闲时间、娱乐活动、健身锻炼、旅游观光、网络研讨、元宇宙交往增多，人们较少会有外在压力。由于机器人可提供充足优质的产品和服务，保障生活无后顾之忧，人将更多地从事创造性工作和进行快乐生活，致力于全面发展，思想、文化、精神、信仰、创作、艺术将成为同工作和生活融为一体的内容。

物质和服务的保障，减少了由于物质短缺和不平等造成的烦恼和争斗心理，这是快乐的基础。随着吃穿用行更多依靠机器人，人们将更多地关注精神、思想、艺术和情感功能的发展和激活。虽然人仍会多愁善感，但为物质利益、情感、权力而纠结的时候越来越少了，人更多体验到的是快乐和兴奋的情感状态。

适当管理欲望预期会增长幸福感受。张杰院士说，幸福并不那么简单。今天韩国人均GDP是1985年人均GDP的十几倍，但今天韩国人的自杀率却比1985年的自杀率高很多。可见幸福并不简单地与物质的丰富程度呈正比。从科学角度看，幸福其实是人体长期进化的主观心理预期的满足。如果人的主观预期增长速度快于物质增长的速度，人就不会感到幸福。从根本上说，幸福是一种人体的生物化学反应，因此，要想掌控幸福，其实就要掌控人体的生化系统。①

《纽约时报》2023年5月发表题为《对于Z世代而言，失业就是一场“狂欢”》的文章，提出“失业乐活”的概念，就是工作时就工作，如果失业，就享受空闲时的快乐。或许由于社交媒体发达，Z世代对世界的看法不同，他们的价值观正在改变其生活，到底是聪明还是愚蠢，或许我们这代人还不能给出正确的答案。②

分享和合作驱动幸福。世界很大，很多东西都可分享。越与人分享，越能提升自身价值。规模化分享就是规模化的提携和合作，可让成千上万乃至几十亿的人以合作方式互动，这些人的共同协作可带来社会变革。不仅仅是分享设备，还会产生巨大的价值和财富，带来巨大的社会变革。人工智能取代人的劳动，如按资本分配，多数人将难以为继，因此，人工智能带来的劳动成果该如何分配，是未来分享的主要内容。

简约生活

我们正走向一个极简、极真、高效的时代，极简生活是高度自信、更加舒适自洽、能获得自我认同感的轻松愉快的生活体验。极简是生活的蜕变，不是细腻少粗放多，而是有生活的格调和线条，少了烦恼；不是占有少享受少，而是控制欲望，去掉不必，减少浪费。

① 上观新闻.张杰：中国错过了引领过去三次科技革命的机会，这一次一定不能放过[EB/OL].网易，2019-06-02.https://www.163.com/dy/article/EGL8M8RG055040N3.html.

② 苏茜·韦尔奇.对于Z世代而言，失业就是一场“狂欢”[N].纽约时报，2023-05-17.

“数字化生存使每个人变得更容易接近，让弱小孤寂者也能发出他们的心声。”①

极简生活有两个条件。一是机器人提供的丰裕物质能够保障基本生活，没必要更多地占有物品，物品够用即可。于是人们也不必为了生活再去绕圈，玩套路，而是办事直奔主题，作风干练，讲求效率，把复杂的事情简单化。二是注重物质和文化的平衡和人的全面发展，使人更加轻松平静，学会共享。追求精神生活超过追求物欲，文化和精神带来的快乐比物质享受带来的快乐更加深刻和持久。极简生活，就是有节制地开发自然，控制物欲横流。大自然在净化废物，人类在净化心灵。

零距离变迁

互联网把世界变成地球村，数智世界令距离越来越小，网络让人忘记距离。过去，地理位置相近是友谊、合作、游戏和邻里关系等一切的基础；现在，人们不受地理条件的束缚，数智科技可以变成一股把人们吸引到一个更和谐世界之中的自然动力。世界上最遥远的地方，莫过于我们坐在一起，你却频频地与天涯海角的朋友聊天。距离的概念已发生变化。

“数字化生存让我们的未来不同于现在，完全是因为它容易进入，具备流动性，以及引发变迁的能力。今天，信息高速公路也许还大多是天花乱坠的宣传，但是，要描绘未来的话，它又太软弱无力。数字化的未来将超越人们最大胆的预测。当孩子霸占了全球的信息资源，并且发现只有成人需要见习执照时，我们必须在前所未有的地方，找

① 尼古拉·尼格洛庞帝. 数字化生存[M]. 胡泳，范海燕，译. 北京：电子工业出版社，2017.

到新的希望和尊严。”[1]以往人们的思维方式很难改变，必须经历足够多的繁衍，才能让下一代的思维束缚少一些。现在新技术和大变革促进思维方式变革，由量变转化到质变，除了认知上迅速拓展，人的思维习惯也能较快地发生变迁，这种变化没有多么艰难，反而是数字化生存给了人们自然的变化和由衷的乐观。在没有距离的未来，神奇的变迁会普遍展现。

一是原来由物理距离决定的亲戚、同族、发小、老乡、同学、战友、同事等关系，正在向以网络为基础结成的跨地区、跨领域、跨级别、跨国家、跨代际的宽泛关系过渡，信息传播变得比以往更快，使得文化及语言的交流变得更加普及和全球化，跨越距离，海阔天空。

二是发达便捷的交通工具，使得在小范围内生存生活的绝大多数人，通过旅游、学习、工作、贸易，向着地球上更大的范围，乃至星际穿越变迁，人们将拥有更多机会进行跨文化的相遇和交流，拓宽眼界的时间在缩短、空间在变小。

三是由单一现实世界向现实与虚拟双重的元宇宙变迁，虚实交互，沉浸式体验。借助VR、AR、MR（混合现实）、XR（拓展现实）等技术，依托游戏、社交等工具，人们可随时在现实和虚拟间穿越。

融入自然

人与多物种生存互为条件和环境，打破人为的壁垒和边界，与动植物和谐相处，是生态环境恶化带来的人类觉醒。中国文化崇尚天人合一、天人一体、道法自然，追求人与自然和谐，主张顺应和敬畏自然。越来越多的国外学者提出“自然联结”，从情感、认知和体验诸

① 尼古拉·尼格洛庞帝.数字化生存[M].胡泳，范海燕，译.北京：电子工业出版社，2017.

方面，研究人类亲近和融入自然。人类的生态意识在增强，应对气候变化、保护生态环境的行动在增多，超越物质主义的工业文明，构建人与自然共生共存的生态文明，已成为全球广泛的呼声。

面向未来，要像保护眼睛一样保护自然和生态环境，坚定地走生产发展、生活富裕、生态良好的文明发展道路。人类正在将生活、工作、建筑、气候、生态联系起来，更多地关注大地、植被、湿地、蓝天、动物，这是迷人的混合体。自然和生活从来没有壁垒，建筑与生命应和谐共存，这符合自然规律和社会规律，同时也有助于营造舒适的生活环境。人类来自自然，难以割舍心中对自然的向往，未来更期待亲近自然、融入自然。人们在更多地呵护城市中的公园、湖泊等自然景观，更多的人在家中种绿植、养宠物，频繁地与自然交互，更多的人将会放下手中的一切，走进森林，踏入海洋，感受生态，倾听自然。越发现生活中美好的自然，就越感到轻松和快乐。闭上双眼、展开双臂，用各种方式呵护自然、融入自然、感受自然。任何温暖与馈赠，都难及大自然，因为自然生态是所有生命的母亲。

好奇至上

在一律化的教育体制下，一些人在受教育期间发现了自己的兴趣和潜能，于是朝着感兴趣和好奇的方向去发展，一路顺风，获得了成功。而有些人在同样的教育下，为了各科都及格或优秀，没能顾上发现自己的爱好和潜能，结果发展平平。当“从一而终”的就业方式被学习、就业可多次选择取代后，不断学习和多次就业的过程，就为探寻自己的爱好和潜能提供了更多的可能和机会。这就形成早发现爱好和潜能的人早成功、晚发现的人就大器晚成的现象。人们按所学专业选择就业，虽然储备的相关专业知识可以专业对口，但其中不少人所学专业并非自己的兴趣和潜能。由于在工作上仍未遇上自己真正喜欢和具有潜能的职业，就出现了年轻人找工作不是按照所学专业找，而是要么倾向于“兴趣和热爱”，要么会在就业后出现跳槽的现象。选对爱好和有潜能的工作，就会事半功倍，给自己带来难以想象的积极性，容易走向成功。

随着机器人更多地取代人的体力劳动，就业没有过去那么紧迫，未来人们将更多倾向于脑力劳动，从事较少的体力劳动，可与机器人协作、互动。人的一生是不断发现自己爱好、挖掘自己潜能的过程。教育要以发现和开发爱好、兴趣、潜能为目的进行变革，社会教育也要配合在职的成年人，开辟多种职业的体验式教育。不断体验各种职业和岗位，坚持寻找适合自己爱好和兴趣的事，本身就是一种有意义的生活体验。一旦找到最合适的职业岗位，加上自己的努力实践、人生体验和知识积累，许多人会很快取得成功。

因此，不要为别人的成功而焦虑，你在哪个阶段、哪个岗位获得成功，取决于你在各种体验中，是否遇到适配的岗位。寻找自己的潜能和爱好是个过程，一旦找到了，你会很专注，成功就会来临，当然这个过程仍然需要勤奋和努力。机器人取代人的体力劳动，将人解放出来，使人们有了更多机会去体验各种职业，参与同机器人的协作交互。人的思想、文化、创造力、艺术性、技能，仍然需要到实际生产中去亲身体验，寻找灵感。但是这种体验不再是强制性的，一切都随自己的好奇心、兴趣、爱好而行。

整合零碎

数字智能和自媒体时代，信息和知识的爆炸，内容庞杂，累积成山。这些内容以音频、视频、图表、文字等各种形式喷涌而来，每种形式都吸引眼球，让人无法抗拒，既给人感官诱惑，又滴漏式渗透人心。许多人不停地看手机，整天泡在网络上，低头刷屏，极度依赖

Wi-Fi，购物、交友、猎奇、导航，所有这一切，已像空气和水一样自然了。若对这些鸡零狗碎不以为然，来者不拒，就会侵蚀时间和精力。几分几秒的吸纳没什么，但如果长期积累，似垃圾成堆，杂乱无章，就会影响人的心情，到处是矛盾的思想，让自己不得安宁，对此不可小觑。

我们习惯对物品有序处理，如果多得杂乱无章，就会扰乱心情，好在拥有的物品和空间都很有限，尚能可控。然而，大脑吸收的东西要比卧室、客厅、书房里的物品多得多，积累得太多，缺乏整理，也会心烦意乱。数智时代接受知识和信息的方式不同，应根据兴趣、事业、职业、家庭、个性，建立自己的体系，要有意识地选择，抵制诱惑，或按工作、生活、悠闲等方式，吸收自己需要的不同内容，调整自己的选择，借助终端不定期地予以整理，使其分门别类，形成格局，服务自己。当我们需要某种信息和知识时，可以直接要求，或含蓄暗示，事实上许多信息传播源头会根据我们关注的重点，有针对性地推送我们所需的内容，也可随意获取。对于消遣类的内容，要控制大脑吸收的时间和数量。

数字化条件下，人们被手机、电视、电脑、自媒体等各种载体的信息所包围和割据，而个人的时间与精力被随时到达的信息切割，艰难地应付多重身份，容易分散注意力，让效率低下。这就需要养成平时零碎吸收、定时系统整理的习惯，管控好自己的注意力，把握好集散度，保持清醒，增强毅力。无限的数字信息对应人们有限的注意力，因此在信息摄取过程中必须做出选择。

在各种新鲜信息的刺激下，宝贵的时间和精力在流失。未来信息依然会呈指数级增长，人们选择的机会更多，抉择的难度更大。人们既要在信息对等上参与广泛的信息交流，又需要在自己的工作和生活上集中注意力；既要从大量信息中捕捉适合自己的东西，防止错过机会，又要在选择和调整的基础上，坚持做有价值的事，其间的难度在于集中注意力。从众多信息中选择自己需要的很关键，我们可以储存信息，并决定储存哪些信息以及是否需要长期储存。所有的东西都变得越来越丰富，唯一变得稀缺的是人的注意力。

注意力成为决定人们能否在工作和生活上取得成就的重要因素。集中注意力与摆脱成瘾习惯相矛盾，许多人注意力不集中与手机、应用程序等不断出现的刺激和新鲜的信息有关，对此要坚持抓重点，拒绝上瘾，用自觉的注意力取代习惯的成瘾症。注意力和工作生活记忆是大脑信息的把关者。在信息、数据、流量的时代，更需在动态中实现有价值的坚守。注意力与高回报呈正相关，只有集中注意力，才能劳有所偿。

数字消费

数智技术应用和数智经济发展，使信息日趋对称、消费需求升级，几乎所有商品的价格、供应商、产地、构成等信息，都在数智世界透明呈现，倒逼企业满足客户需求，客户可以有更多选择，从而涌现数字消费模式。数字消费的产生、发展、特点和趋势，引领生活方式新变化。

新转折。数字消费是重大转折，“从功能消费到数据消费，从一次性消费到持续性消费，从单一产品消费到联网型消费，从个体消费到社群消费，形成新的消费市场。企业兼顾实体和虚拟两种市场，创造新实体消费，释放虚拟数字消费”。[①]

新创意。科技创新支持消费升级，促进消费转型，改变消费方式。线上购物方式改变了消费者触达商品和服务的方式，减少了时间和信息成本，增强了交易透明度，带来多样化选择，成为生活不可或缺的消费方式。“互联网+实体商业的方式，实现了线上为线下引流、线下为线上

① 上观新闻.张杰：中国错过了引领过去三次科技革命的机会，这一次一定不能放过[EB/OL].网易，2019-06-02.https://www.163.com/dy/article/EGL8M8RG055040N3.html.

提供配送和体验等服务，优化了服务和管理流程，推动了线上线下联动、融合互动发展的诸多创新，提升了线上线下的交易效率，带动餐饮、出行、住宿、娱乐、教育、金融等诸多消费行业的转型升级。”[1]

新概念。数字消费包含消费主客体的数字化、消费渠道与工具的数字化，以及消费理念与环境的数字化，涌现了诸如虚拟现实方式的新游戏、新社交，以及利用云技术将文化旅游产品汇集云端的“云游”“云聚”等，正在走进新消费时代。

新模式。以网络购物、网络直播、数字文化、在线教育、在线医疗等为代表的数字消费新业态、新模式迅猛发展，与数智技术加速融合，深刻改变着人们的消费习惯。城乡数字消费亮点频出，各项新技术加速落地应用，越来越多的消费者注重对生活品质的追求，发展前景可期。

新趋势。基于消费者画像把握结构性机会，提升新消费品质，普及新兴技术，注重精神追求，成为新消费的趋势。新消费将与数智技术融合，使其定位逐渐个性化，凸显出越来越多的新应用、新体验、新市场和新风尚，数智技术点亮美好生活。

新体验。消费者的购买更在乎过程和获得愉悦、享受、舒适的感觉，这种体验式消费深刻改变着消费习惯。如在线旅游平台不仅提供旅游产品销售，也提供旅游目的地的详细介绍、旅游攻略的分享等内容，让消费者获取更多的旅游信息和体验。这将使消费者注重商品的品质和服务，对售后服务和用户体验的要求越来越高。

新支付。发达国家早已进入信用卡时代，而中国跳过信用卡阶段，开创了一种全新的支付方式——电子支付方式，引领支付新时代，现已影响到世界各地。如微信支付和支付宝等极大地方便了群众的消费行为，颠覆了传统支付模式。电子货币也纷纷登场，数字货币

① 王微.产业互联网时代的数字化转型与创新[EB/OL].新浪财经，2021-06-16.https://baijiahao.baidu.com/s?id=1702699887013810290&wfr=spider&for=pc.

场景已涵盖餐饮、文旅、住宿、购物、教育、交通、医疗等多个与百姓生活息息相关的行业。数字新应用与消费的黏合度越来越高。五花八门的数字人民币硬件钱包格外抢眼。

新便利。数智经济为消费者带来便捷、高效的消费方式，人们只要打开手机就可体验预约、购物、交通等各种服务，便利大众消费，提高购物效率，提升生活品质，催生新的消费风尚，为消费者带来生活质量提升和改进，社会也变得更加智能化和高效化。

新观念。网购改变了人们的消费模式，颠覆了消费观念，让群众敢消费、愿消费和能消费，数字消费、定制生产、共享经济正深入人心。在数字消费实践中，也将新的消费现象上升到消费理念层面，如便捷消费、智能消费、个性化消费等观念，都是消费者需求和愿望的反映。

个性化。适应多元化和个性化需求，数字消费为每个人提供个性化的定制服务，在购物、健康、娱乐等方面，都能根据个体所需、喜好和要求进行定制化。个性化服务模式会有效提高人们的生活质量，深刻影响人们的生活方式。例如，医院通过大数据处理病患的健康信息，为患者提供个性化医疗方案及医疗服务。“90后”“00后”正成为消费主体，他们借助数字手段快速走向社会舞台，以早得多、快得多的方式表达个性化诉求，企业则为他们提供满足个性化需求的多元化产品。[1]

全球化。数智技术极大地拓展了全球市场范畴，消费者可从全球市场购买想要的任何物品，在价值的交流方面，全球合作将有效推动消费品质量的提高。

绿色化。数字消费包含绿色低碳的生产方式和生活方式，消费者将绿色可持续的理念落实到消费行为中，在满足兴趣的过程中更加亲近自然，从而体验获得感，收获健康快乐和满足。

新关注。消费升级后，数据安全、隐私泄露、网络犯罪等问题和

---

① 赵敏，计晓军.从工业经济蝶变到数字经济[J].中国经济周刊，2021-06-18.

隐忧也随之出现，需要更多的安全措施来保护消费者权益。为确保新技术应用更加智能与公平，要从技术、制度、工具等方面探索路子，助力人们享受美好的未来生活。比如，硬件钱包广泛应用于衣食住行各类消费场景，简化共享单车的开锁、支付流程等，解决老人、儿童等群体面临的数字鸿沟问题，让全龄段人群都能享受数智经济红利，实现数字时代消费升级的可持续发展。

数智生活新理念

生存内容非常丰富，维持生命健康是基础，提高生活质量是目标。生存犹如海洋，碧波荡漾；生活如同日月，多姿多彩。让生存不断升华，让生活充满价值，才是人生意义。生存是为了生活，生活体现生存价值。数智时代开辟的未来，人的生存几乎都是生活，是一种充满活力和价值的生存。过去的人类生活几乎全是生存，为了维持生命；数智社会的生存则多是生活，让人享受幸福。人生理想的曙光照进我们的世界，幸福快乐的生活即将开启。不同时代有不同的生存和生活理念，数智生活新理念，将在未来的数字智能世界升华。在已经展开的数智社会实践中，让我们捕捉些细微内容，顺着社会发展逻辑，探索预示未来的数智生活新理念。

重塑生产和生活的关系

生产是为了生存生活，生产劳动辛苦，但目的伟大。人们为延续生命和让后代幸福，不惜辛苦劳作，才使人类社会变得如此美好。人类历史一直以生产为主，生活为辅，先治坡后治窝。生产是手段，生活是目的。生产为主缘于生产力低下，生产难以满足最低生活消费，生产几乎成了人生的全部，生活的分量非常微小。

数智技术发展，生产力极大提高，由过去机器人取代部分人的劳动岗位，到未来机器人取代多数人的劳动岗位，这是符合人类理想和追求幸福的趋势。广泛使用机器人，人的劳动退为其次。人类就业、生活保障，都会因机器人生产出大量财富，相应地变革分配和保障等制度，使人类生活的分量变得厚重，人类生产的分量减弱。人类生活为主与生产为辅成为趋势，这是未来要塑造的新型关系。

随着机器人取代人的劳动，消费社会将会兴起，人的全面发展将加快步伐。人类将从以物质生产为主转化到以精神文化生产为主。由于人机协作和交互，劳动将成为生活的第一需要，因为劳动和就业都没有压力，未来的劳动更像生活。生产和生活的界限在模糊。“智能时代，高效的机器人生产可以满足更多人口的基本需求。工厂主可能连‘剥削’人的意愿都没有了，因为机器人比普通工人做得更好。失去购买力的人也可从机器生产的丰盛产品中得到基本福利。那些衣食无忧的普通人可以从事马克思设想的‘上午狩猎，下午钓鱼，晚上研究哲学’的自由生活吗？也许可以。”[①]精神和物质要平衡，人们对精神文化的需求可能变成最大渴望。人们将进入文化、科技、教育、艺术、娱乐、研究、体育等精神文化的劳动领域。未来的入口在今天，应当从升级社会智能培训开始，为人们提供计算机、互联网和人工智能方面的教育，进入终身的社会教育。

原子和比特思维并重融合

原子是化学反应中的最小粒子，是构成物质的最小单位，人们似乎总是从物质这个基本单位开始思考问题和解决问题。比特是信息

---

① 李彦宏，等.智能革命：迎接人工智能时代的社会、经济与文化变革[M].北京：中信出版社，2017.

的最小单位，没有颜色、尺寸或重量，能以光速传播，好比人体的DNA，无比神奇。人类由原子组成，也一直被原子世界所包围。数智时代来临，比特构成的世界走进人类世界，以后我们将生活在两个并行的世界，即原子构成的现实世界和比特构成的数字世界。两个世界无缝结合，浑然一体，有望创造全新事物，开发新的工具，引发生活颠覆，产生新的价值，改写世界的运作方式。因此，我们需要在原子思维基础上，培养比特思维，具备原子和比特两种思维方式，原子是现实世界的生物人，比特是虚拟世界的数字人，有人称之为“原子比特二象性”。

霍金论述过平行宇宙理论，虫洞可把平行宇宙连在一起。那么数智技术就是连接物质世界和虚拟世界的虫洞，如同智能手机把现实和虚拟连在一起。从这个视角认识世界，可以扩展思维，提升思想价值。眼中只有原子世界，我们就永远停留在传统思维，若是有平行的虚拟世界，生活空间顿时开阔许多倍，能大大拓展我们的视野。[①]我有一次坐飞机到南方某市的数智经济论坛做报告，托运的行李因故要晚点取出，而下午报告时间卡得很紧，我要用的电脑、U盘、资料全在行李箱中，情急之下我让家人复制课件并用微信发到我手机上。虽然原子构成的东西给我带来了麻烦，比特却救了我，如此新奇的比特，令人神往。

比特与原子相依共存，有时比特能够代替原子。在一个没有疆界的世界，人们用不着背井离乡就可生活在别处。麻省理工学院建筑学家威廉·J.米切尔（William J. Mitchell）说：“比特与原子遵循不同的法则，比特容易复制，它以极快速度传播时没有时空障碍。原子只能由有限的人使用，使用的人越多，其价值越低；比特可以由无限的人使用，使用的

① 尚德商业模式.升级世界观之——原子世界和比特世界是一回事[EB/OL].搜狐网，2017-05-20.https://www.sohu.com/a/142070970_757038.

人越多，其价值越高。”通过寻找信号中的结构和信号产生的方式，我们就通过比特表面进入它的内部，从而发现图像、声音或文本的基本构件。这是数字智能生活最重要的事实之一。从原子到比特的飞跃势不可挡、无法逆转。[①] 未来要装备两种思维，否则难以进出虚拟世界。未来人们需要处理海量数据，数字世界与物质世界相映照，原子和比特相融合，可以利用原子的量子态存储和传输信息，在这项原子与比特融合的技术中，原子被用作比特，即二进制，有利于存储更多信息，提高传输速度，保证信息安全。树立原子比特并重和融合的理念，就会增强广泛应用这项技术的自觉，为人类带来更多的便利和发展。

不必样样拥有但求能够使用

数智世界有种现象引人注意，就是每件物品归谁所有并不重要，关键是需要时能够使用。平台的普遍存在，让世界的人、财、物在哪里，是否处于应用状态，一览无遗，平台可对其调剂余缺，让人们不必样样拥有，能够满足使用即可，从而减少购买所有权，以及减少维护和保存物品的负担。过去信息不畅通，距离相近的两家企业，同样的资源，一家长期空置，无可用之地；一家求之不得，只好让机器闲置。自己虽可拥有许多财物，如果长期不用，就没有使用价值，财物和所有权都在损耗。过去我们买很多东西，让其成为自己的财产，可其中不少并未使用，有的仅使用几次。只想使用一两次的人，因成本很高，会认为购买所有权并不值得，但同时也因没有所有权难以使用而无奈；而有些人的财物长期闲置，又不知借给谁来使用，这都是信息不对称造成的，是对财富的浪费，也是对劳动的不尊重。现在，如

① 尼古拉・尼格洛庞帝.数字化生存[M].胡泳，范海燕，译.北京：电子工业出版社，2017.

果有不常用的物件，就可通过平台去购买仅需要的使用权，而没必要购买所有权。比如，我们无须拥有汽车，只需使用这种服务，这样就无须维护，无须车库，无须自己加油。

优步是最大的租车公司，可并不拥有一辆车；脸书是最大的媒体公司，它却不拥有内容；阿里巴巴是最大的零售商，但它没有库存。到世界各地旅行，不用随身带什么，需要什么东西在哪儿都能得到。甚至以后连手机都不用带，因为看到的任何平板电脑，都可认出你是谁，变成你的屏幕；任何一部手机都可认出你来，变成你的手机。整个世界都是你的，非常了解你，你需要什么都可以给你提供，你想送到哪儿都可以，就像是新型游牧族，不需携带任何东西，轻松游走世界。[1]

马斯克现在是世界首富，但他认为占有物质只会让人变得沉重，思想比物质更重要、更有价值。因此，他卖掉大部分房子，除了公司的股票，几乎没有任何具有货币价值的财产。他没有艺术收藏品，没有汽车，没有房地产，没有其他我们通常认为的与富人联系在一起的东西。马斯克说："我为什么要持有股票，因为人类成为太空文明和多星球物种是很重要的。在火星上建造一座城市需要很多资源。我希望能够为火星上的城市做出尽可能多的贡献，这意味着需要大量资金。"[2]

开放交流中保护隐私

在数智世界，信息开放和保护隐私是对立统一的关系。数字化、网络化、智能化提供了信息开放交流的机会，也可能侵犯生活隐私。

---

① 企业先锋栏目 . 凯文 · 凯利最精彩的演讲：我们必须要相信那些不可能的事情 [EB/OL]. 百家号，2021-02-06.https://baijiahao.baidu.com/s?id=1690911942532189451&wfr=spider&for=pc.

② 华尔街见闻 . 马斯克：我的房子卖给了中国人 未来想葬在火星 [EB/OL]. 百家号，2021-01-07.https://baijiahao.baidu.com/s?id=1688212837823711851&wfr=spider&for=pc.

人们几乎可以不受限制地接触网络中的所有人与信息，同时也几乎可在线上完成生活与工作中的所有任务。人们的各种活动和生活在网络上留下了数据痕迹，其中有的属于个人隐私数据。对数据的滥用会导致个人隐私被粗暴侵犯，尤其是网络“人肉搜索”会曝光个人的大量信息，造成许多麻烦和干扰，甚至使当事人遭受网络暴力。[①]对此，我们需要保护隐私，但也不能因隐私泄漏就废止网络自由。

这要从行为到理念，致力于两者并重，开放交流要有秩序、规则、监管、保障，同时多方面保护隐私，特别要在技术上寻找突破。现在的机器学习正在向分布式隐私保护方向演进，全球多个国家和地区已出台数据监管法规，比如，我国的《网络安全法》《数据安全法》《个人信息保护法》这三部数智经济基础性法律对网络安全、数据安全和个人隐私搭建了全面的监管框架。又比如，美国《健康保险流通和责任法案》、欧盟《通用数据保护条例》等，通过严格的法规限制多机构间隐私数据的交互。分布式隐私保护机器学习，通过加密、分布式存储等方式保护机器学习模型训练的输入数据，是打破数据孤岛、完成多机构联合训练建模的可行方案。[②]

同时，还要防网瘾，戒数字歧视。“各种智能时代的‘技术沉溺’，包括智能游戏成瘾、VR体验成瘾、虚拟交往成瘾，以及因智能算法推送而形成的网络购物成瘾、视频浏览上瘾等，在消耗人们的大量时间和金钱，无不令人深刻地感受到这种宰制和依赖。”[③]还要消除数字歧视和偏见，探讨消除或减轻人工智能应用产生的歧视和偏见。要将对上述规范的法律、规章、制度、做法，转化成思想、理念和价值观，养成类似的作风和习惯，以指导和影响人们的行为。

---

① 王天夫.数字时代的社会变迁与社会研究[J].中国社会科学，2021(12).

② 张璐.2021年人工智能十大技术趋势发布[N].新京报，2021-01-04.

③ 孙伟平.人工智能与人的“新异化”[J].中国社会科学，2020(12).

碳基文明与硅基文明的理念

智能世界用硅元素较多，探索太空，向地外空间发展需要摆脱碳基局限。因此，认识碳基和硅基两个文明，并确立相应的理念，有利于适应科技探索和人类更大范围的发展，并检视这些方面的人类安全。今天看来这些问题似乎离我们很远，然而半个世纪前，我们根本想象不到数智技术及其驱动的发展能达到今天这样的程度。20世纪90年代在北京安装家庭固定电话尚需要几千元钱，且要排队，更难想象今天许多数智技术及其工具的丰富运用。

碳基生命是生物的基本形态，而硅基生命存在于碳基生命之外。碳基生命复杂，碳原子的还原性和氧化性都较强大，在生命活动中很容易形成一些结构比较复杂的高分子物质，比如基因。碳基生命适合在稳定条件下生存，在地球之外无法生存；硅基生命结构简单，适合在较极端的条件下生存。碳基文明代表着人类历史以来的文明或地球文明，是碳组成的有机体形成的文明。硅元素很简单，也非常多，但自然界中很难找到硅单质，它常以化合物的形式出现。硅是现代计算机芯片的基础，如果电脑再升级，发展成高级智能电脑，那就成了硅基生命，网络世界或许将是硅基世界，硅基生命体可能会更加适应高温、酸碱等极端环境。

有科学家推测地外可能有硅基生命，也不排除碳基生物进化到硅基生物的可能。由于碳基生命存在诸如寿命、交流效率、记忆储存等能力限制的弱点，为追求更高目标，适应特殊环境，有可能“自我进化”，摆脱碳基肉体，重新塑造身体，硅基生命体应运而生。智慧生命体的共同点是拥有自己的逻辑思维能力，只要将逻辑思维能力搬运到高度智能化的机器上，比如将人的大脑上传到超级电脑上进行意识转移，或通过拥有硅基芯片的超级电脑将人的大脑功能完全复制出来，就能使人的意识出现在机器上，相当于人类制造出“硅基生命”。目前的肢体残缺后换成由芯片控制的机械四肢，就是碳基生命向硅基生命转化的一部分，包括脑机接口技术也有可能向着这个方向发展。[1]其实，人作为碳基生命，与数字智能的硅基生命并存，可以相互补充，让硅基生命在太空遨游，同人类相协同，为人类和地球的安全、繁荣服务。如果将人的大脑传到高级计算机，那要以技术伦理和人类安全为前提，绝不能做出用硅基生命取代人类或损害和毁灭人类的事情。因此，秉持碳基与硅基并存的理念，既可以促进数字智能世界发展，又在人们的意识觉醒中，防止一些有损人类安全和健康的事情发生。

数智生活新机制

在数字智能化条件下，社会生活的现象变化，透出无所不包、涵盖全面的数据痕迹，展示人们相互间数字网络连接的复杂性，最终揭示人类个体与群体生存生活等活动的特点、规律和机制。

社会生活的连接契合机制

社会是矛盾的统一体。芸芸众生，大千世界，存在即合理，它们有机契合，使社会生活丰富多彩，和谐有序。许多新科技具有弥合种种矛盾的功用，而数智技术在改进传统社会中，更多地弥补和完善了社会契合的不足。

“在数智社会，数智技术开启了人与人之间信息传递的新纪元，改变了人们与外界的连接方式，由此带来社会的革命性变化。如今，

---

① 维度科学.碳基生物和硅基生物有什么不同？谁更适合在宇宙中生存？[EB/OL].百家号，2021-10-30.https://baijiahao.baidu.com/s?id=1715057938749779890&wfr=spider&for=pc.

人们使用手机读新闻、刷卡乘车、扫码支付、开启门禁、追踪健康数据、查检行动轨迹，以及用小程序与亲朋好友时刻联系。数字技术已渗透到日常生活的每个角落，我们进入了互联网和数字时代。”[①]

“如果没有人为设限，任何手持数字设备终端的人，既可与接入网的所有人相连，也可参加网上任何活动。数字网络无限包容。”“数字时代，个人与世界便捷相连，轻松接触各种信息，更多了解身外世界。互联网、物联网支持的数字媒介提供自我学习的方式，也是日常娱乐等数字文化场所。维基百科创建初期，许多人嘲笑其谬误连篇。如今，任意一个时刻，全球的某个角落，都有人在修订维基百科的内容。通过这种‘群体智能’的努力，维基百科成为网民获取知识的来源，也成为互联网分享知识、赋权个人的范例。日常娱乐、短视频制作与浏览，越来越成为互联网文化的重要方式，由此形成新兴的数字文化与网络价值观念。”[②]现在，ChatGPT 又抢了维基百科的风头。

数智技术对人们的连接方式的改变，重塑了社会生活及人际关系。事实上，数字通信技术提供了人们交流的多样性，许多文化水平不高的人，因使用智能手机，提升了自己的交流和表达能力。“通过分析无所不包、涵盖人们生活各方面的痕迹数据，展示人们相互之间数字网络连接的复杂性，揭示人类个体与群体的活动规律。”[③]

一是用虚拟组织和方式弥补实体组织和传统方式的不足。数字网络孕育各种社会群体，带来更多的社会互动与身份认同，分割了个人的注意力，导致个人参与群体活动的碎片化以及社会互动的表层化。现在，真实社会与虚拟社会相互交织，紧密互动，互为因果。线下社会活动往往通过线上媒体展示出来，线上社会舆论压力也容易转化成

---

① 王天夫.数字时代的社会变迁与社会研究[J].中国社会科学，2021(12).

② 同上。

③ 同上。

线下群体行为过程。[1]数字网络带来更多远程合作，使各种特定成员组成线上群体并开展线下互动，呈现数字网络支持的更多合作。像缴纳水电费、物业费等生活琐事，到政府部门办理各种事务，都可通过数字政务或者一卡通解决，省时省力，提高效率，方便群众。

二是运用智能科技修复和矫正复杂的现实关系。过去生活存在的许多复杂因素，彼此有逻辑关系，相互依存，现在没有了过去的环境和手段，难以让社会处于契合状态，演绎出各种矛盾、对抗和冲突。数智时代各种社会关系正在按照契合程度建规则，以求达到理想状态。比如，性格内向的两个人在交往中，由于不善言表，难免产生一些误会，若长期不解释，会造成事实上的隔阂。有了微信、抖音、朋友圈等交流方式，双方或分享信息等资料，或同在朋友圈聊天，就有更多的机会和渠道消除疑惑或误解，也就不会导致现实矛盾。比如，交往中人们注重礼尚往来，而有的礼物超出正常交往应接受的价值，接受者想要退还，可能因忙碌未及时退回，也可能忘记了，就形成了违纪违规的事实。如果彼此有微信等交流方式，收受方就可用电子方式及时支付给对方，或发信息告知对方及时取走物品，以挽救正在变化的关系。又比如，人们在出行、办事、约会、交往中曾因信息不对称造成一些麻烦和误解，影响了效率，有了数字社交方式后，让一切变得更加顺畅协调和富有效率，带来井然有序的生活和各种和谐关系。人与人的高度契合，其补充的方式看似是一些社交工具，背后其实都是数据的采集、计算和最终的安排。随着人类智慧能力和科技水平的上升，人际关系的契合程度会不断提高，从而更加和谐。

三是数字智能社会弥合各种文化反差。数智社会产生的智能文化突破了文字、区域和民族的局限，用简单、共同的数码符号，刷新

① 王天夫.数字时代的社会变迁与社会研究[J].中国社会科学，2021(12).

着一个时代和世界，因而成为共生的文化。智能文化极易连接各种文化，有可能成为不同文化整合和发展的媒介。这种文化的基础在于互联网、大数据、区块链、人工智能和网络更新换代等技术对社会的持续赋能，使能力、资源、关系的颗粒度越来越细，连接、匹配的精准度和敏捷性越来越强。数智技术支持的崭新治理结构，适应高效的数字政府、虚拟的网络交易、全球的跨境联系，使许多工作和服务足不出户即可快速完成，通过复杂内容简单化、烦琐程序简约化，达到快速、简洁、保密、方便、高效的目的。

数智技术伴随全球化孕育而生，也必将在推进全球化中成为重塑未来的重要力量。东方文化的集体主义和西方文化的个人主义，经过人们在网络上更多的交流，已开始逐渐彼此融合和吸收，但复杂历史背景下所形成的东西方文化差异，也有相互结合的难度。数字智能社会在弥合两种文化方面具有更多的粘贴效应。比如，在数字化条件下防控新冠疫情，中国发挥集体主义优势，以防相互交叉感染，大大降低了患病率和病死率，其他国家在学习中国的防疫做法时，也在接受贯穿于这些举措中的集体主义文化。同时，数字化能使人们在网络和虚拟空间充分释放自己的思想，彰显自己的个性，加之全球化带来尊重个人权益等西方文化思想，也使我们的社会更加重视人的多元角色，保障人的权利。正是数字化和全球化加强了东西方文化的相互借鉴和吸收，推动着全体人类文明的进步。

人的自我认知与表达机制

有些技术可从根本上改变自我认知和自我表达方式。过去的自我认知较为模糊，没有完整的证据，个人、社会和单位的反差较大。数字时代提供了自我认知和表达的三种手段：一是数字人，二是大数据，三是自媒体。它们在技术的作用下，随着社会的改造而重塑自我认知和表达。

一是数字人或者元宇宙人，虚拟地延伸了自我，甚至在失去生物人时，数字人和元宇宙中的自我仍可依照自己的逻辑和特点去发展。数字人是运用数字技术创造出来的、与人类形象接近的数字化形象。狭义的数字人是信息科学与生命科学融合的产物，是利用信息科学的方法对人体在不同水平的形态和功能进行虚拟仿真。其研究过程包括“可视人”“物理人”“生理人”“智能人”，最终建立多学科和多层次的数字模型并达到对人体从微观到宏观的精确模拟。广义的数字人是数字技术在人体解剖、物理、生理及智能各层次、各阶段的渗透。数字人将有望替代真人完成其完成不了的任务，诸如到宇宙失重地区、高寒缺氧地区和不便长期居留地区，完成对真人有损伤性的汽车撞击防护试验、防核试验、防生化试验、防生物武器试验等。[①]用户在元宇宙的身份映射和虚拟替身，具备形象自定义、动作驱动等功能。[②]

二是自媒体带来的变化。过去官媒相对发达，社会对个人的认识极其有限，自我认知狭隘。自媒体可以随时随地反映社会和个体情况，表达个人认知。人们在微信、微博、抖音、公众号、朋友圈发布文字、照片、视频来记录自己的行为、经历、感想、情绪，有的还发布时事评论与学术观点。这样的自我表达既展示自我，也强化自我认知，成为年轻人的一种生活方式。

三是大数据记载了人们的活动痕迹。社会生活的大数据可分为几类：数字生活数据，即使用社交媒体产生的数据与传感器记录的身体

---

① 小小鱼鱼爱旅游. 数字人的由来[EB/OL]. 百度知道，2021-11-26.https://zhidao.baidu.com/question/2274568051675988348.html.

② 孙自法. “元宇宙”等如何定名释义？全国科技名词委研讨会形成共识[EB/OL]. 人民网，2022-09-15.http://finance.people.com.cn/n1/2022/0915/c1004-32526554.html.

状态数据，如个人发布的健身日志、网上视频素材以及纸质图书的数据化等；数字痕迹数据，如手机通信记录下来的通信时长、接入基站空间位置等数据；设备记录的行为数据，如通过社会记录仪收集的佩戴者之间每分钟的互动数据。大数据是事后数据，是由人们在无干预的数字网络中的“自然”行为产生的。[①]

每个人都是公开透明的数据终端，都在用真实的数据进行展示和表达。人们的生活已全面数字化，数字表达着人的一切形态、一切生活所需、一切愿望。这些数据是全样本数据，客观地留存了我们的足迹。有时个人的自我认知都没有大数据和网络及媒体对自我记载的准确。比如，和朋友聚餐、玩乐，大数据能精准地知道我们爱吃什么、爱玩什么。而我们自己受一时情绪、特殊事物的影响，极易做出错误的选择。当然，个人数据的网络发布也带来了个人隐私数据保护的难题，同时模糊了私人信息与公共领域信息之间的界限。

数字时代人们参与不同群体有差异，不同群体接触数字技术的程度与使用能力有差异，甚至形成“数字鸿沟”，导致有的人和群体无机会表达自己的意见，也无法参与公共事务讨论，从而造成个人认知和表达的差距。因此，拓展网络布局，普及数字技术常识，提供必要的终端，是未来社会人们表达和认知的基本条件。

人际关系变化新机制

卡耐基说：“专业知识在一个人成功中的作用只占15%，而其余85%则取决于人际关系。”数字智能科技推动世界发生太多变化，日常生活中人们交际的一些关系，都在改造、包含、颠覆中，重塑着未来生活和社会关系的新趋势、新机制。

---

① 王天夫.数字时代的社会变迁与社会研究[J].中国社会科学，2021(12).

爱情、婚姻、家庭诸关系的新机制

传统的爱情、婚姻和家庭高度统一。恋爱为了婚姻，婚姻为了家庭，家庭为了传宗接代，三者紧密联系。受传统习惯、观念和某些长辈的影响，有人把爱情与财产捆绑，把婚姻与家庭捆绑，把家庭与生子捆绑，传统与时代的反差演绎出租用男女朋友来应付家长、亲戚、朋友，逼迫儿女结婚生子，棒打鸳鸯，父母与子女关系不和睦，甚至断绝关系，造成了许多闹剧和悲剧。

未来爱情、婚姻和家庭的发展趋势。数智时代，人们感受到颠覆性变化的到来，人类活动将在高速算法下，获得执行的有效方案，这些苗头和现象代表着未来爱情、婚姻和家庭的发展趋势。

一是数字化扩大了人们的活动范围，拓展了爱情、婚姻、家庭的圈子。交通的快速和便利，让人的活动半径变大；全球化的推进，使世界成了地球村；数智科技发展，打开网络虚拟的广阔世界。爱情、婚姻和家庭，都可在更大范围内选择，机会增多，个人权利变大，拓宽了眼界，平等、自由、自主的意识不断增长。特别是数智技术及其工具将获取所有适婚年龄男女的基本信息，由计算机统计，无论范围有多大，它都能迅速筛选出在性格、情感甚至基因方面最合适的两个人。而且由计算机筛选出的两人会十分匹配，可以迅速结婚，繁衍出下一代健康又聪明的宝宝，使人类基因得到一代代优化，促进文明的发展。[①] 恋爱、婚姻与家庭观也将随之演化。

二是长寿社会延长了人类的生命长度，为爱情、婚姻、家庭提供了充裕时间。现在人均寿命逐年增长，80岁人生已成寻常，超百岁的人口增多，未来注定是个长寿时代。4 000年前，在人类寿命较短的

---

① 文史摸鱼官. 未来展望：未来世界人类还要谈恋爱吗？高科技下的婚嫁高效冰冷[EB/OL]. 百家号，2022-04-08.https://baijiahao.baidu.com/s?id=1729165923014177917&wfr=spider&for=pc.

情况下产生的婚姻是十几岁结婚，40多岁寿终，婚姻的“使用期限”只有20年。现在医疗技术进步，寿命延长，五六十年甚至更长时间的婚姻逐渐增多。加之高等教育普及，相当比例的学生攻读硕士、博士学位，学生毕业时大多到了24~30岁，以过去的标准看，这个年龄段的爱情、婚姻已很紧迫，但从长寿社会看，可以有更长时间从容办好人生大事，如仓促应付，势必造成短期婚姻，使离婚率上升。当然，人工智能会快速为人们挑选另一半，不仅两人高度契合，而且可以一起走到很远。

三是数智科技及其产品和服务，为恋爱、婚姻、家庭创造更多的方式。超越父母家人、媒人及婚介公司介绍，以及小圈子内恋爱、结婚、成家的传统方式，未来人们有更多方式去寻找自己的幸福，创造自己的人生，开辟自己的未来。

第一，数智科技创造的方式。通过网络聊天、朋友圈交往、共同参加线上线下联谊活动，撞击出爱情火花，实现婚姻梦想，构建家庭基础。人们的联系可在瞬间全球化，文字、语音、图片、视频等方式让两个陌生人在虚拟世界相识相爱，不受时间空间的约束，给人更多的自由和选择。比如穿上人工智能体感衣服，通过虚拟形象与意中人身临其境地交往，更能拉近彼此的距离，爱情和婚姻会有更多可能和想象。

第二，异国他乡的方式。全球化和数字化，让世界更加开放，国际联系增多，相互不断交流，通过留学、贸易、旅游、文化交流、移民等各种方式，使异国爱情、婚姻、家庭成为常态。

第三，智能机器人介入方式。人类可以将自己的情感投射于物的身上，比如陪伴机器人、抚慰机器人，使它们具有对人做出模拟情感反馈的能力，甚至可取代传统婚姻和家庭的一些角色。人工智能越发达，越能跟人的情感形成一种选择性的正向反馈。未来，人类可能会更加依赖智能机器人。这些方式既提供了便利，也给交织和变迁中的人造成许多困惑。

未来，爱情、婚姻、家庭三者的关系将会迎来新机制，爱情、婚姻和家庭各自的内容更加丰富，三者既有联系，又相对独立。想处理好三者的关系，要解决两组矛盾。

第一，人的自由引发的矛盾。爱情是男女双方的事情，需要浪漫的经历，有各种各样的恋爱，数智时代还有“智性恋”，热烈的爱发展到一定阶段多数转化为婚姻。基于爱情的婚姻天经地义，婚姻是男女双方平等的共同体，是家庭的基础，但婚姻不等于家庭，婚姻对现代人而言仅仅是一种生活方式的选择，并非必需。生子养育是家庭的一部分，但也不是必需。追求爱情、婚姻和建立家庭，以及处理相互之间的关系，不可避免地会带来一些矛盾，造成忧虑、痛苦和不幸。

第二，智能技术引发的矛盾。人工智能可以帮忙选择最合适的两个人，会理智地从不同因素方面予以匹配。比如，婚姻需要房子、车子、票子等物质基础，由人工智能选择的高度契合的灵魂和物质条件会让双方达成如意的婚姻。但婚姻要从爱情开始，爱情的非理性可能会抛开单纯的人工智能的选择，不少人更在乎样貌和感觉，更相信一见钟情。人工智能能选择出最匹配的两个人，却难以保证爱情高速运转后必然走向婚姻。而且，爱情很多时候并未考虑现实，热衷于新鲜感的恋爱，未充分思考婚姻可能牵涉的物质条件。可见，恋爱是男女婚嫁的内核，也是未来婚姻资源高效优化的羁绊。我们可以预见到，未来以人工智能的选择而走向婚姻，与以情感为入口的选择会发生矛盾。要么人工智能屈服于情感选择，可能导致婚姻短暂，留有后患；要么人工智能的理性配对虽带来和谐长久的婚姻，但可能扼杀美丽的爱情。未来，或许有成功的婚姻而缺少浪漫的爱情，也或许有浪漫的爱情而缺少理智的婚姻。

处理这些矛盾，要从现象分析升级到要素互动，从而达到矛盾基础上的契合机制。第一，要尊重和坚守个人权益、自由和平等。这是三者良性互动的基础。爱情是双方爱的自由表达，不应受外在因素影响，可以趋向婚姻，而不婚主义也是爱情中人们的一种选择。婚姻是两者平等的结合，他们选择将“婚姻”当作一种生活方式，是追寻人生意义中的一条途径，而婚姻关系也仅是人与人关系中的一种。家庭结构的松散或紧密要符合家人的选择，现在人们接触世界的范围不断扩大，并且拥有长寿人生，既可以追求过去那种几世同堂的幸福，也可以追求那种更易放松和休闲的独居方式。但无论哪种方式，都要继承尊老爱幼、孝敬长辈的美德，把权益、自由和平等贯穿到家庭美德、公序良俗、法律法规当中。

第二，要尊重各自的定位。让爱情的归爱情，婚姻的归婚姻，家庭的归家庭，尊重各自的相对独立性，按照各自的特点和规律运行，改变过去那种爱情服从婚姻、婚姻服从家庭的依附关系，以后相对独立性更强，相对联系性更弱，建立既有独立性又有联系性的新型关系，尤其要帮助老年人适应大时代的变迁，用新风尚对待三者新的发展趋势。

第三，在大转折时代要允许探索和适应。农业时代、工业时代、数字时代是大的时代转换，而不是前后两辈或是二三十年的代际转变，特别是科技革命带来的产业变革、社会变革，必然导致生活方式的更大变革，许多新事物需要我们去探索和认识。比如数字智能带来的虚拟的爱情、婚姻和家庭，是一种在新科技应用中出现的新现象，还有人工智能对婚恋对象的选择可以作为参考，让一切积极因素相互配合，共同发挥作用，让一些矛盾在理解中逐渐消化。不能以前辈的观点否认新现象、新青年，发生在青年人身上的新现象对老年人来说也有个认识和转变的过程；不能以新技术的科学选择及其效率来否定人的情感的表达过程，人在情感和婚恋的过程中可以参考技术指标，决定的因素是人而不是技术和工具。

个人、家庭、单位、社会诸关系的新机制

过去的个人、家庭、单位和社会关系，可以简单概述为家庭和单位两点一线。个人将单位和家庭看作大局，并将服从作为责任，个人依附于家庭，单位是主要的社会关系。过去工作就业“从一而终”，家庭变故少，很稳定，“家本位”观念占主导地位。人们与社会的联系，主要是与工作单位的联系，人生相对简单。人们基本在家庭和工作单位之间穿梭，早上到单位上班，晚上回家生活休息。这种情况可能会造成一些个人权利、自由和乐趣的丢失，当然，这与生产力的局限有关。

数字智能开启的时代，让一切发生变化，特别是单位和家庭的变化，使原来家庭和单位之间的两点一线受到冲击，衍生出有丰富内涵和广阔外延的个人权益和社会关系。

一是单位的变革打破了惰性的超稳定结构，带来人们丰富的社会关系。工作的流动和变化带来员工重新择业的挑战，带来多次选择的机会。人们可在各领域寻找自己感兴趣的工作和岗位。工作流动让人们有了在不同单位工作的经历，结识了更多的同事。原来的同事重新就业，分布在不同的岗位，相互联系之后让人们有可能了解到更大社会面的情况，超出原来在一个单位的眼界。充分的市场化环境，使得虽然身在单位，也能衍生出一些新的社会关系，比如，由于岗位安排，和单位一些客户有了工作之外的共同兴趣；有的在本职工作外有了兼职，越来越多的年轻人主动探索和尝试打造个人 IP或者参与运营IP，构建主业+IP副业的多元收入格局。比如，短视频博主+知识博主+带货博主+专业服务等。社会关系由单一到多元，带来丰富的生活，工作夹杂生活，人生多姿多彩。

二是家庭的变化丰富了爱情、婚姻和家庭的内涵和外延。家庭的稳定结构被打破，促进了家庭的变迁，带来家庭更加丰富的内容。几

次人口普查数据和相关调查数据概括过家庭变迁的特征，反映了家庭发展的基本趋势。第一是小型化，受人口流动、住房状况改善等因素影响，平均家户规模持续缩小，家庭在不断分化之中，家庭规模小型化趋势比较明显，2020年我国人口普查家庭平均规模为2.62人。第二是多样化，家庭类型更加多样，核心家庭比例大幅下降，呈现多种居住方式，婚姻解体或不婚所致的单亲家庭比例在上升，重组家庭上升，不完整的流动家庭与留守家庭的比例居于高位。第三是空巢化，子女数量下降，预期寿命延长，独生子女家庭因子女外出求学，增加了家庭空巢期，出现“中年空巢”现象，使空巢家庭比例上升，出现了“临时子女”陪老人看病等现象。第四是流动化，我国对内搞活、对外开放，以及市场经济的活力，促使人口流动增加。我国人口普查数据显示，2020年流动人口为3.76亿人，较2010年增长约70%，其中以家庭为单位的人口流动明显上升，有人对2013年流动人口数据进行分析发现，已婚流动人口中家庭式流动占到65.5%。[①] 发生家庭迁移和流动的大多在不同的城市或地区。

未来，个人、家庭、单位、社会之间的关系也将迎来新机制。家庭不可能代替个人，单位也代替不了社会，过去家庭与单位之间两点一线的关系，将被更多的点和虚实的线条联结成网，体现复杂的特征，建立代表未来趋势的新机制。

第一，利益关系。技术、商品、市场、物质、利益等现代文明的基本要素，已渗透到单位、社会和家庭。这些要素的作用就是训练人的利益计算意识与能力，那种工作为单位、生活为家人的责任和情感日渐式微。人们遇到计算利益得失的囚徒困境，超越功利的情感诉求在功利型人际关系面前几乎无处安放。现代利益竞争型人际关系还导

① 北京日报客户端. 调查 | 中国家庭变迁呈现五个趋势性特征[EB/OL]. 百家号，2022-05-25.https://baijiahao.baidu.com/s?id=1733778075971001930&wfr=spider&for=pc.

致人与人之间的情感淡漠、世态炎凉，而其依靠利益来维系的现状也与传统社会渐行渐远。现在需要弥合利益与情感之间的矛盾，并非二者选一，要承认两种情况共存。一是随着生产力发展水平提高，人们之间的情感依赖越来越被对物的依赖所取代；二是人们之间关系的情感也是自然产生和发展的，体现出真诚，有的还有血缘关系。虽然在利益面前，情感的因素在让步，但还是要维护情感与利益的互惠。无论基于共情感受到的温暖，还是基于互惠感受到的利好，都应得到保护和巩固。随着生产力的更快发展，人们的物质需求得到智能发展的保障，利益和情感得到平衡，人们的关系将会更加和谐、快乐和满足。

第二，距离关系。距离可丈量关系程度，联系频次反映关系效用。无论家庭、单位或社会，对人们而言都是近则亲，远则疏，不同的关系有公共距离、社交距离、个人距离、亲密距离。近二三十年，因外出打工族较多，长期缺少与家人的联系，逐渐习惯外地，疏远家乡，导致一些人亲情淡漠，对父母孝敬和赡养的责任感减弱。城乡差别、环境差别、贫富差别、文化差别，都反映了距离对人际关系的影响。人们平时的客观距离，同交往距离是两回事，而且这些距离都不是固定不变的，拉近距离要增加联系的频次，新一代通信技术正好提供了各种联系的可能性和便利性。

第三，虚拟关系。数智技术的广泛应用带来了线上办公的便利选择，员工上班将变得更加灵活，在家或其他地方，包括出差，都可在线上班、参加单位的虚拟会议和活动，改变了唯一的现场办公模式。广泛的线上联系和虚拟方式拓展了社交关系，可以提供更多的社交机会，有利于培养人的社交技巧和交往能力，从而勇于与陌生人交流，敢于表达自己的看法，更好地适应不同的社交环境。很多人经常发消息、打电话、视频连线，不错过重要的交流机会，犹如与人面对面的交往。人们平日里有些压力不愿跟身边人诉说，虚拟交流正是很好的发泄方法，彼此平常只在网络上沟通，谁也不踏入谁的生活。一些内向性格的人在现实中不好意思结识朋友，更喜欢在线上结识志同道合之人，有些网友之后也会在线下见面。但是，有些人在习惯了虚拟的简短语言和表情符号表达后，逐渐淡忘了现实社交中那些通过语言、手势、表情甚至眼神来传神地与人沟通的方式。不少年轻人的线上好友越来越多，人却越来越“宅”，过多的虚拟社交让人更加孤独。虚拟社交关系须与真实生活社交相交互，防止过度虚拟社交削弱真实生活中的社交能力，导致社交焦虑和社交障碍，防止书面和口头表达能力降低。要平衡虚拟和真实生活两种社交，根据自己的情况和需求，合理利用虚拟平台，充分利用真诚的情感，保持真实社交的重要性，不断提升自己的社交能力。

利益关系、距离关系和虚拟关系形成的社交立体网络，已经取代了家庭与单位两点一线的传统社交，呈辐射状地扩展了包括家庭、单位和复杂社会的关系，实体上已经是无中心、多中心的多线交织联络，加之更多形式的虚拟社交，体现了人们生活、工作、社会联系的丰富和充实。

老乡、同事、同学、战友等关系变化新机制

在传统社会语境下，人脉圈子可分三层：最近的是亲情圈子，从出生就拥有，几乎固定不变；中间是经常接触的邻居、同学、同事等圈子，关系相对稳定；最外围是广泛的社交，这是个动态的圈子。人情、人缘、人伦贯穿于这三个圈子，是基于亲戚、邻居、同乡、同学、同事、战友、师生、病友、偶遇等结成的关系，还会通过彼此传递恩惠和礼物加以巩固。前两个圈子的朋友长时间处于接近状态，关系不断加深，比社交圈有更深的情缘。与同学、同事的交往日渐增多，那种紧密联系的影响力有时会超过家庭成员之间的感情。同样的

生活习惯，又身处同样的地方，都是美丽的人生彩虹，是永久的回忆。比如战友关系是生死之交，有的胜似亲兄弟；老乡是对故土眷恋的情结，包含深厚的情感因素；村庄里的亲戚、朋友以礼物的馈赠、交换、走动为标志，遇到儿女结婚、上大学、老人丧事、传统节日等特殊日子，相互间的“礼物创造出送礼者和受礼者之间的精神联系，兼具利益与非利益、表达性与工具性、情愿与被迫两方面的特点，具有很强的生命力”。[①]可以说，基于老乡、校友、同学、同事、战友等关系而建立的人情网络，经过刻意经营，也会变得趋于坚固。虽然城市化、工业化发展会冲淡传统人情关系，但许多人仍然认识到这种关系的价值所在。不过，过于私密的关系也有可能是一只带毒的冰激凌，含在嘴里很爽，但咽下去会难受。这是智者应该避免的。

新的时代有三个内容在影响未来人际交往：一是市场经济，二是开放和全球化，三是数字网络和智能科技的广泛应用。以往那些因频繁接近而形成的同伴关系，将被网络、人工智能、朋友圈所冲淡、取代和包含，赋予其许多带有时代特征的形式和内容，人际关系也有了新变化：

一是开放性和多元性。由封闭走向开放，人际交往的范围扩大，由安分守己转向自由开放，由一元走向多元。虚拟朋友圈拓展了现实中的人际交往，内容更丰富，交际动机和目的更多元。关系的外延和形式的拓展，给了人们更多的选择，比如，友邻关系+社会关系，用社会思维，升级内外关系，在更长的关系链中，找到发展的更多可能。比如，联络关系朋友圈，由朋友、老乡、战友、同学、家庭成员等分别建立朋友圈以保持联系；工作关系朋友圈，用于企业内部信息沟通、外部客户维系；学习关系朋友圈，让各领域优秀者分享知识及案例；兴趣关系朋友圈，使共同爱好者形成稳定的朋友圈。过去，人

① 郑渝川.人情关系网络的生命力[N].深圳特区报，2017-07-25.

们会与家人、朋友、同学、老乡、战友一起进行各种活动，比如，看电影、吃饭、打麻将，现在的年轻人更倾向于由“搭子”来代替。“搭子”原本是上海方言，就是一起打牌的人，后来引申为合伙者。现在的“搭子”代表一种社交方式，甚至演变成“搭子文化”，就是将个人的需求和爱好分类，结交不同朋友，达到更加准确、高效的目的。比如，考研党找考研搭子，游戏党找游戏搭子，还有骑行、自驾、唱歌等都可找搭子。这些都是因共同兴趣爱好或共同需求而结合成的社交关系，规律性地结伴活动。这种将垂直兴趣和轻松交友相结合的模式早已有之，以前流行的“驴友”“跑友”，在某种程度上也算“搭子”的一种。相对于朋友和同事的功能而言，“搭子”更偏向某一范围，主打垂直细分领域的精准陪伴。

二是间接性和广泛性。现实交往同时转向虚拟交往，特别是智能网络支撑的诸如微信等各种平台，将各种关系凝结在一起，形成实体和虚拟两种方式。受精力、时间限制，以及工作、兴趣、利益等影响，实体的传统社交关系在变淡。间接和更大范围的交往，具有明显的自主性和平等性，重个体轻集体，重自主轻依赖，由主从关系转向平等互利。

三是重契约和轻情感。以血缘为中心转向以契约为中心，在交往上重价值轻感情，重物质轻精神，重竞争轻合作，人际情感在疏远，人们交往注重实际利益。

重构社会关系新机制

无论社会变化多么巨大，具有什么样的特征，建立社会关系新机制，在形式上更善于利用市场机制、开放环境、智能科技。这些方面虽然肢解着传统的社会关系，但实际上是用新手段和新形式对以往社会关系进行补充、修复、改造，有的具有颠覆性。贯穿社会关系的原则和内容，是防止分化和极端化的工具性的填充物、校正器，包括真诚、善意、互惠、法治等。

真诚原则。真诚是打开交往者心灵的金钥匙，给人以安全感，减少自我设防。越是好的社会关系越需要双方以心交心，坦诚相待，富于感情，把自己的真实想法与人交流。虽然这样会冒一定风险，但完全把自我包装起来，则无法获得别人的信任。真诚交往与网络形式要契合，正视网络交往中的非现实性和匿名性，注意带有随意性和失范性的现象，用真诚原则及相关法规防范网络欺骗，防范网络交际的信任危机。

善意原则。人与人之间的善恶是相互的，一般情况下，真诚换来真诚，敌意招致敌意。因此，与人交往应以良好的动机出发。主动对人友好，表达善意，能使人产生受重视的感觉。主动的人会令人产生好感。表达善意就是要尊重他人，平等待人，与人交互发展。平等的关系会让人体验到自由、无拘无束。但是人们在网络交往中有不同的动机和目的，要防止有人利用朋友的善意，泄露朋友隐私，欺骗朋友的感情。

互惠原则。社会交往是双向行为，来而不往非礼也。单方面获得好处的交往不能长久。双方都能受益、都要讲付出和奉献，在重契约的基础上建立友情，情义交融，防止金钱至上，不让社会关系交往沾染上铜臭味。

法治原则。各种社会关系要情理交融，贯彻法治精神和廉洁意识，防止人们在热衷感情和利益的交往中，失去理性而违背道德和法纪。法治建设和廉政建设，可能对城乡人情关系网络形成一定冲击，但适当的冲击有利于净化人际交往，有助于使亲戚、朋友、老乡、同学、战友、师生、网友等人际关系变得更加纯粹和干净。

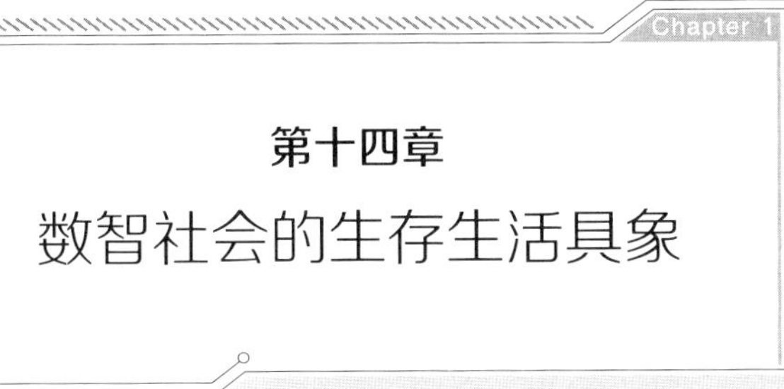

第十四章 数智社会的生存生活具象

我们的社会生活正在发生根本变革，正是那些经久发展的科技，对未来更加深远的影响，极大地改进着我们的生存条件和生活面貌。从生活最基础的社区服务和管理，到作为生活细胞的数字化家庭，再到数字化对吃穿行用等具体生活的影响，人们会逐渐感受到生存更有价值，生活更加丰富。未来的社会生活，很可能是人和机器人一起奔跑，人机协作将成为未来社会的一道亮丽风景。

数智社区管理

社区是最基础的社会，能集中反映社会的变化。社区作为人们生活的单元，要提升综合品质，满足居民的美好生活需要，这是社区建设的主要内容和目标。未来社区规划建设以物联网、大数据和人工智能等先进技术为依托，对社区自然资源、基础设施、行为数据进行发掘应用，以人的需求为核心构建数据应用模型，实现数据向智能化的价值转换。

数智科技赋能和驱动社区建设，正在对未来社区进行规划和建设，并组织确立治理理念，将带来城市和社区的改变，悄然影响人们的生活。在新科技改变社区生活中，要防止陷入技术决定论。在新技术应用带来社会变迁的同时，新科技也必然受到社会因素的影响。

新科技影响社会生活的过程往往取决于所处社区的不同情境。不同的社区文化与价值背景，导致新科技在使用过程中的差异。社区反映数智社会的样态，尤其是反映管理、组织、流动、生活的状况，展现人、技术、数据的相互作用。

社区规划建设的多种模式

分析比较纽约2050规划、墨尔本2050规划、新加坡2019总体规划、雄安新区规划和浙江未来社区等不同社区方面的特点，世界城市的未来社区规划建设价值导向在趋同，体现出生活链、人本主义、科技元素、生态舒适的特点，而且生态、人本、科技在融合。通过构建数字城市，在规划内容、决策机制、建设标准、编制模式等方面融入数字化技术架构，形成天地空一体化的云网融合。由于国家地区、文化历史、民族风俗等因素的差异，以及经济社会等方面的发展需求，国内外的社区营造，在政策设计与实施方案上均有不同的风格。比如，可持续社区、智慧社区、健康社区、低碳社区、产业社区等，拥有不同的规划建设模式，体现人们对美好生活方式的新追求、新目标。在此提出几种社区规划建设的模式。

一是绿色低碳的公园社区模式。遵循绿色低碳理念和技术应用原则，雄安新区构建区域生态格局，规模造林，就近建设公园和林荫道路，居民3千米进森林，1千米进林带，300米进公园，街道林荫化，绿化覆盖率50%；阿联酋马斯达尔以保育水源、太阳能系统、凉风输送系统为基础，构建零碳排放的生态社区；新加坡榜鹅数码社区设立智能电网，透过洁净能源及智慧创新科技，协助社区从业者提高能源效益、节省能源成本、降低碳排放量。

二是网络化的社区功能布局模式。加拿大多伦多与谷歌Walkside

实验室合作的一个社区，应用人工智能、无人驾驶、物联网等技术运营城市，提升管理效率，弱化边际效应，降低距离敏感性和交通阻力，形成功能布局网络化、城市用地混合的布局模式，使居民可便捷享受社区服务。

三是慢行优先的社区交通组织模式。新加坡榜鹅数码社区的规划以通勤为重点，依托轨道交通和快速公交与外部高效衔接，形成覆盖率高和复合性强的慢行网络，提升出行便利性。谷歌在未来社区中创造了三种不同尺度的街道，通过多样化的空间组合，形成社区内的便捷交通空间，激活街道空间活力。

四是全生命周期的建设开发模式。雄安新区开发并融合土地、资本、人力、信息、技术等多要素，形成全生命周期的城市规划、建设、运营、管理模式，促进城市可持续发展。荷兰 Brainport 智慧社区的开发建设采用灵活框架，公共优先，按居民需求开发，适应未来社区精细化建设的要求，保障未来社区全周期开发的经济可持续性。

五是多领域协同的规划组织模式。该模式就是多视角保障未来社区规划的专业性。荷兰 ReGen Village 为应对生态问题，与丹麦的建筑设计事务所共同开展未来社区规划设计。加拿大多伦多政府与谷歌 Walkside 实验室合作共同开展未来社区建设，保障规划分析手段的先进性。荷兰 Brainport 智慧社区，由数个不同的专业公司联合进行规划设计，确保在多领域运用超前技术。[①]

无论哪种模式，社区建设都要从绿色低碳的基础建设做起，在社区信息模型平台上调整建筑、景观、建造、拆迁方案，辅助选取最优方案。未来社区营造涉及范围广、带动资源多，囊括新型城镇化建

① 成都市规划设计研究院．“未来社区”的规划新理念新模式 [EB/OL]. 成都市规划设计研究院（微信公众号），2021-03-30.

设、旧城更新改造和城市基础设施建设等，让社区在承接历史和现实中走向未来。

社区功能的变革、调整和完善

社区功能涉及政府、企业、民众等角色在未来社区体系中的作用与定位，面对的是千变万化的人群、空间场地、文化及制度等。通过对多种社区的研究，以若干必要的功能揭示社区建设的复杂性和可变性，体现未来社区发展的逻辑、系统和功能，一般涉及公共服务、公共空间、生态环境、社会文化、安全建设等方面。

新科技革命带来的人工智能、5G网络、大数据、物联网、无人驾驶、边缘计算等技术，正在被大量应用到智慧城市和智慧社区中，加之数字化治理对社区管理方式的影响，使社区的功能、地位悄悄地发生变化，社区将完善议事制度，统筹推进未来社区治理和运营管理。通过制定公约、构建人文管理系统等方式，调动居民互助、参与社区治理的积极性，打造有文化底蕴、有人文关怀、有温度的熟人社区。在此罗列一些新社区功能的调整和定位。

一是社区成为吃穿住行和在线工作的中心。过去，人们大多是走出社区购物、办事、上班，造成道路拥堵、停车难，消耗了大量时间、人力和能源，难以按时回家，不能照顾老人、小孩，产生许多家庭矛盾。现在，该集中的集中，比如，家人、邻居和必要的生活工作所需；不应集中的散开，比如，违反道德、法规的关系和行为被监督和禁止，使社区成为集合多种生活服务设施的综合性社区中心，是未来社区各种场景落地的重要依托。未来的社区将被打造成具有一定规模、功能集成的综合性邻里中心，成为安全、健康、整洁的天伦之乐社区。这将拓宽社区功能，也对社区干部素质提出更高的要求，成为干部服务的主阵地。

二是社区成为智慧城市和智慧家庭的衔接中心。要以打造舒适宜居的生活圈为目标，将政府服务职能延伸至社区和邻里中心，打通政府提供服务的便捷通道，方便居民不出社区就能办理各类事项。坚持市场化思维，引入优秀企业和社会组织参与社区运营，提供更多便民、惠民服务，让未来社区拥有持久的生命力。智慧城市的理念、体制、设施需要通过社区落地到千家万户，如各种管网、交通等设施，治安、康养、服务等功能要延伸到社区和家庭，而智慧家庭的安保、通信、娱乐、家电、健康、生活等，需要社区提供衔接落地的服务和技术支持，给人机互动提供保障。社区及延伸到社区的快递员、家庭医生等各类线下服务，走家串户，链接数字城市与智慧家庭，加大了社区对流动人员和各类服务工作者的对接和管理，扩大了社区与社会联络和协调的广度。

三是社区成为现代化与自然生态环境和谐一体的首善之区。社区的数字基础设施向着取代机器隆隆的传统设施发展，树木、草地、小动物向着取代过多的玻璃水泥建筑发展，业主社区向着办公楼、公寓、食堂、康养、娱乐、运动等趋势发展，有力地整合和节约了社区人的时间、能源、精力。社区与业主工作单位的衔接机制，有利于家庭邻里小区的组织和活动。通过整合社区用房、产权置换、征收改建、插花式改造等方式，将社区逐渐建成舒适、便捷、多功能的生活工作区域。

社区功能要根据发展形势不断调整和完善。新科技正在为社区功能的创新和丰富提供更多的可能，例如创建社区闲置物品交换平台、兴趣交流平台；基于物联网、传感器，对空气质量、温湿度、水质及土壤信息等环境指标进行数据分析与呈现；通过社区可视化系统，统计实时人流量和通行率信息，输出热力分析模型，优化资源配置，提高社区安全保障能力。多功能景观亭、AR 交互屏、智能配送快递柜、智能照明系统、AI体感互动健身跑道等，都涉及功能的调整和增减。随着科技发展开辟更多新业务，社区功能会在革新中得到改进和完善。

社区治理的数智特色

数字化治理是对社区管理的重塑。社区的数字化治理为多元主体参与治理提供了条件，治理的针对性效果更好，延展了数字化治理广度，提高了社区工作的质量和效率。特别是防控疫情带来数字化治理的机遇，克服了正常转型遇到的观念滞后、能力不足、成本偏高等阻力，降低了转型成本，催生数智社会迅速到来，启动了社区数字化治理方式。

一是治理主体的多元化。社区居民的生活需求和利益诉求呈现差异化趋势，使得吸纳各方参与治理成为社区管理的必然。制度创新可提供自下而上的治理渠道，提高居民、企业和社会组织参与的积极性。我国的许多社区都在逐步引导社区社会组织、社会工作服务机构、社区志愿者、驻地企业单位等共同参与社区治理。美国地方政府通过社区发展公司，来促进非营利组织参与社区建造。新加坡政府设立专门的社区治理职能部门，依靠众多基层组织，包括公民咨询委员会、民众俱乐部管委会和居委会，参与社区治理。日本政府推行社会组织主导的社区营造模式，形成多元主体合作治理模式，包括町内会、市民组织、自治会或者非营利组织等社会组织。社区呈现多元主体参与的共同治理格局。

二是治理对象的智能化。社区建设和治理是对居民的服务，要以人的需求为核心开展服务和管理。要对社区基础设施进行智能化改造，通过对社区本地数据的多源感知和挖掘建模，融合建模仿真、视觉计算、自然语言处理等技术，为社区各项业务赋能，取得各主体社区共治的效能。同时，以感知人和满足人的需要为导向，通过深度学习、遗传算法等实现建筑、社区环境的最优设计，通过与智能控制、大数据分析、预测、决策相结合，打造智能、便捷、舒适、健康的社区，降低治理成本，提升社区品质。

三是治理方式的协同化。社区正在构建和开发城市数据平台，设立社区信息数据库、社区管理运营系统、社区服务应用软件，实现社区高效智能管理。在数据中台连接、融合，借助智能引擎联动、进化，让智能化应用于生产、生活、治理各领域。基于社区组织的社交媒体、新媒体等公共交流平台，有效协同调配社区多种资源，维持和提升社区组织凝聚力。如多伦多未来社区智慧管理依托实施数据收集技术和人工智能自我学习技术，全面构建城市运营的实时预测模型、管理模型和决策模型，提升未来社区的管理效率。

四是治理实践的自组织化。新冠疫情期间，社区的自组织在抗疫中发挥了重大作用。社区自组织团购食品、药物，组成志愿者团队上门配送物资、维护检测秩序，为社区管理系统提供重要力量，在这个过程中，社区的公共议事能力、公民意识、公共精神得到了培养。

第一，数字化治理是在组织防疫中启动的。社区将数字技术应用在疫情防控的组织、调度、协作和行动上，成效显著，缓解了隔离在家生活和工作无着的恐慌情绪。网络媒体及时地将疫情信息传播到千家万户，让人心中有数；相关人群得到及时的隔离、治疗和防控，解除了人们心中的不安；数智技术解决了吃穿住行上的需求与供给矛盾。这是社区数字化治理的实际推力，并从生活领域向生产、工作、社会领域渗透，线上线下结合，人机协作，还将快递人员等线下服务纳入社区的有序管理，涌现了在线教育、云办公、远程医疗以及更多的电子商务、移动支付等技术和平台，解决了社交距离限制带来的生活和工作不便。

第二，在防控中建立从采集到反馈的社区数智治理系统。建立社区数字化治理的闭环管理系统，从患者发热，到社区卫生院初诊、送医院核检就诊；从密接者流调，到流调密接者隔离、核检数字筛查，再到出院后隔离监测，实现了全流程数字化。每个过程都是网络数据共享，每个环节都能无缝对接，其中包含各种数据采集和各种信息反馈，包括向求助热线和平台的反映和反馈，这在以前是不可想象的。这套数智治理机制，对于社区应对紧急或突发性事件，具有重要的参考价值。

第三，防疫的数智治理实践延展到社区工作各方面。社区数字化治理探索，保障了疫情防控中的家庭生活和特殊的社区管理，涌现了共享员工，对接了政府紧急调控、社会的复工复产。社区进而将这套系统延展到其他工作，比如，在平安建设上，完善了重要区域和路口的高清摄像头配置，降低了犯罪率；在提高办事效率上，综合的办事大厅方便快捷，从一站式办理到无人化办理、非接触办理；在信访快捷回应上，尽可能“民有所呼，我有所应”，例如一个市长热线投诉，任何问题都有回应；在安全生产上，一些社区装上防护罩，有了数字化的火险、燃气险预警系统；在办公系统数字化上，让群众用上App，方便问政、政务账务公开，使德治、法治、自治更有舞台，拓宽了社区数字化治理的平台。

社区理念的培养和重塑

社区规划建设、社区功能调整、社区数智治理，这些新科技革命推动下的社区发展实践，将孕育和升华未来社区的崭新理念。

社区数字化转型以及数字化治理，促使数字赋能社区建设，搭建社区 CIM [1] 数字化平台和社区智慧服务平台，并充分衔接行业主管部

---

① CIM是城市信息模型的缩写，以建筑信息模型（BIM）为基础，融入地理信息系统（GIS）、物联网系统（IoT），是智慧城市和数字城市的最终表现形式。

门现有的数字应用系统，加快社会事业领域跨场景落地应用，让居民动动手指就能享受便捷的社区服务。从新的治理实践效果和趋势看，社区治理理念和方法正在萌芽和形成。

一是社区平等治理理念。该理念关注弱势群体对包容、公平、参与及安全的需求，为公民提供便利、健康、安全、韧性、公正的服务。社区的各种刷卡刷脸等防伪识别系统一视同仁，不看出入者的职位和单位，包括社区的各种管理、服务和建设，对居民都是平等相待，进而养成平等、包容的治理理念。

二是社区的生态绿色发展理念。在注重绿色、低碳等技术的利用中，建设生态海绵社区、绿色智能社区、公园社区，培养和树立与生态绿色社区相统一的绿色生态理念。

三是多元治理主体和民主理念。文化、价值观和生活方式上的认同感，是居民参与社区营造的关键。公众参与的行为塑造公共意识，社区公共意识是居民身份认知的基础，进而可更好地塑造社区居民的认同感。韩国的社区理念以“形成社区意识”为关键，推行政府引导、专家协同和公众广泛参与的建设模式。在公共参与的模式下，创造全新的社区参事议事模式，推动未来社区在建设理念、运管模式及治理方式上的重塑。社区居民以公开、公正和民主的方式参加决策与管理，让居民完成从被服务者到决策者的角色转变，更好地满足居民的社区生活需求。社区人都是数字信息的发布者、掌握者、传播者、运用者，体现治理的快捷、敏锐、准确、高效。

四是关爱和人性化理念。随着机器人参与更多劳动，降低人们因急难险重岗位而产生的伤亡风险，使得就业更具人性化。特别是数字产品和服务越来越多，生产成本下降，吃穿住行问题得到缓解和改善，娱乐休闲度假会普遍增加，进而提升生活品位，将形成更多关爱和人性化理念。

未来社区建设方兴未艾，数智平台用户将成为日常生活的主流，其人口结构将超出物理社区的范围。网络的真正价值更多地和信息无关，而与虚拟社区相关，虚拟社区创造着一个崭新的、全球性的社会结构。在数智社会发展中，尚需健全数字规则，完善平台企业垄断认定、数据收集使用管理、消费者权益保护等方面的法律规范，促进数字化发展更加健康，让数字化在实体社区和虚拟社区治理中都能发挥更好的作用。

未来社区代表着人类理想的社群生活模式，作为城市高质量发展的基础单元，仍处于探索实验阶段。要在社会、经济和环境可持续性发展的平衡中，探索和建设包容、安全、有韧性和可持续的城市及社区。

数智家庭架构

随着数智产品和服务的广泛应用，数智生活场景不断涌现，使家庭这个社会的基础单元变得越来越智能，拓宽了家庭智慧发展空间。智慧家庭建设的全流程硬件制造、研发、服务，以及物联网平台、技术、生态等能力在逐渐提升，对用户潜在需求的不断预见和创造，使智慧家庭按照单品智能、协同智能、决策智能三个阶段逐渐发展，未来将展现主动智能和泛在智能，把家庭变得高度自动智能。物联网技术让独立的个体通过硬件和路由等传感设备实现互通，实现不同层次控制和远程控制结合、输入和输出互动、自主调节与智能运行，进而得到主动感知学习、主动决策、主动提供场景方案的家庭生态服务，满足家庭衣食住娱的高品质需求。

随着5G、6G和人工智能的深度发展，智能家庭将改变人们的生活方式，创造更便捷、更安全、更高效的生活空间。智能家庭是一个由分系统组成的智能自动体系。

安保系统。家庭防护和安保是重要系统，从门锁到门窗，从水电资源到家电设备，保障嵌有智能硬件的设备都能做到智能控制。当有异常开门、漏水、漏气等情况，即便家中无人，安保系统也可向家庭成员的手机发出智能报警，并同小区安保物业联通，在家人用手机远程打开密码门锁后，在手机视频的监视下，可请警员、保安或维修人员到现场处理，直到处置完毕，远程关门。智能门锁是守护家庭财产安全的核心，还有指纹识别开锁、面部识别开锁和虹膜识别开锁等方法，实现无须携带钥匙便可轻松开门，还可实现智能家居的系统联动，比如，通过视频等方式在异地随时查看家中老人、小孩的安全状况。

通信及居家办公系统。这个系统由手机、座机、电脑、打印复印机、传真机等通信设施组成，既保持独立，又能进行必要的组合联网，遇有急事，可高效联通，有条件的还可以书房为中心进行在线办公、远程开会、在线学习。如电信公司给当地农村留守老人安装“一键通”专用电话和手机，一旦遇到生病、安全等紧急情况，只要按下有关电话键，即可接通在外打工的家属、当地安保等单位的电话，预防和保障紧急情况得到及时处置。

娱乐系统。这个系统由客厅影院、电视、投影、家庭K歌、背景音乐等设施组成，实现智能操控，比如流行的“天狗精灵”“小爱同学”。智能电视遥控可实现对家居设备的控制，为用户播放节目；智能背景音乐可对客厅、卧室、厨房、阳台及卫生间全覆盖，实现一个音源全屋分享，让每个房间都能享受动听的背景音乐。系统会根据环境调整播放音量和内容，让家人时刻感受声音带来的魅力。通过机器人管家支持电视、音箱、手机等多种硬件设备，唤醒机器人管家，用户就可口头命令它播放音乐、播报新闻、搜索图片、查找信息、设置闹钟、叫外卖、聊天等，还可唤醒多方视频电话、语音留言等。

厨卫洗漱系统。这个系统包括厨房、卫生间、洗浴室、洗衣室等，需要不同的智能组件支持，做到厨房内烤箱、榨汁机、电磁炉、冰箱、油烟机、微波炉、洗碗机等自动化器具相互智能匹配，井然有序，不彼此干扰。当你走进厨房，冰箱会根据你的身体数据制订健康饮食计划。智能冰箱通过放入的食物类别、使用习惯进行分区温度调整，甚至为你提供提前解冻功能。只需将衣物放入智能洗衣机，它便能够自动监测洗涤剂余量，主动为用户下单洗涤剂，带来无感支付体验，同时还会提醒用户“今天预计有雨，建议室内晾晒”。智能马桶不必整日加热，可根据户主上下班时间和传感器决定加热时间。夜晚如厕有感应设施，卧室和厕所的夜灯会自动开启，马桶也会启动冲水模式，不必吵醒其他家人。魔镜除了娱乐功能外，还是健康管家，照照镜子就可进行医生般的面诊和舌诊，并给出具体的养生建议。

电器家具系统。通过传感器实时提供数据，将家具以及房屋供暖、空气净化、室内清洁等功能串联一体，通过烟雾传感器、浸水传感器、人体传感器、温湿度传感器、光线传感器等实时数据，系统控制屋内智能设备开关。当主人步入卧室，空调自动检测室内空气状况，调节室内温度及湿度。当温度传感器检测到室内温度过高时，会自动打开空调，待温度降低至合适值时，再自动关闭空调，空调还能够主动监测主人的睡眠情况，保障主人的良好睡眠，从而带来良好的身心状态。智能窗帘系统通过光线传感器自动判断是否需要开关或调节高低、内外的窗帘，协调家庭场景元素。可让智能窗帘系统主动记录和学习主人的使用习惯，在适合的时间自动开合以调节光线，配合主人作息习惯。这样的操作不仅为我们带来便利，更能降低能耗。越来越多的家电产品都在逐步智能化，并适时升级。

机器人管家服务。机器人胜任私人秘书岗位，会主动贴心、安全可靠。Skype软件可为用户提供语音通话服务，能够与人自然交互，就像人与人的沟通一样，可打断、可停顿，无须每次都说唤醒词。它会了解你，为你服务，会贴心地提醒你，为你保守秘密。它能监测老人的健康数据，协助家庭康养老人，如有异常，会及时同步反映给子女，且在安防系统断网的情况下也能用；特别是养老家居智能系统，可观测、记录老人的起居规律，调整有关家电状态，甚至在老人作息异常时也能向其亲人发出预警信号。它还会成为育儿专家、工作助手、看护专家，而拟人化的机器显得有趣、轻松、友善、可用，不那么机械。它能像人脑一样持续学习，根据感知状态，为主人提供合适的建议方案，可迭代升级智慧家庭生态体系，为家庭幸福开辟生活方式的无限可能。它对整个家庭各板块实现总体智能化控制，智能地整合零散的智能家电，包括从单品智能到互联互通和安全可靠的全场景智能。它无处不在，不论主人在室内哪个空间，都能及时跨空间、跨场景触达。比如，人在室外，可通过App开启热水器，客厅智慧屏会提示冰箱食材过期，根据主人起居和出入习惯和特殊情况，通过系统分析提前打开室内空调，设置合适的温湿度，待主人回到家时指纹识别开门，开门一刹那，灯光自动亮起，背景音乐播放，窗帘缓缓闭合，电视提前播放主人喜爱的节目，甚至可以对着智能设备说“我饿了”，然后需要的食物会自动配送到家。遇到特殊情况，紧急通报家里相关人员，以及时处置。这些看似遥不可及的梦想，都将在5G、6G时代实现。

智能家庭的前提是家居功能强大。数智技术是电器成长的通行证，数智世界比模拟领域更有弹性，数字信号可以携带各种自身的额外信息，本质上数智世界可以不断升级，有机地发展和改变。比如，电视发展从模拟技术转变到数字技术，“计算机可以即时处理或事后处理各种信号，增加或减少交错，改变帧频，修改屏幕高宽比，让某个特殊信号的长方形要素能够恰好适合某个特殊显示屏幕”。电视数字化，“电视变成一种可以随机获取的媒体，更像一本书或一张报纸，可以浏览，可以调整，不再局限于某一时间和日期，也不受传送耗时的限制”，[1]许多计算机及电器从与固定的电压相接发展到可同各种不同的电压相接，靠技术进步和产品能力方便用户。

智能家居市场分析报告显示，智能家居企业从整个智慧家居考虑，用户不仅可以实时查看住宅内的风吹草动，并且可对其进行远程操控以及语音操控。如家中视频被入侵，就会报警给服务器，智能模块会根据入侵账号的操作习惯自动屏蔽，保护家庭隐私安全。通过对家中智能插座和开关的数据统筹分析，能够管控家庭能源，制订出节能环保、方便舒适的家电灯光使用计划。

家用电器将没有说明书，用户无须学习怎么使用。比如，怎么打开电视会议系统，怎么调节空气净化器，一旦机器觉得自己被妥善地安装好，保修单就会以电子方式自动呈现出来，机器会比任何文字说明都更了解自身的操作和维修，或者你只要说话，它就能听懂，充当家人的助手。智能机器会让人的生活更加便捷，不像过去的机器那样让人感到功能烦琐、操作复杂。智能工具的应用会极大地提高运作效率和生活品质。

家庭智能普遍化提升生活品质。智能家居带来舒适和安全的生活，将安防监控、家电控制、灯光控制、背景音乐、语音声控集为一体，使传统家居发生质的改变。物联网化是智能家电的主流发展方向，可同智慧社区和智慧城市衔接。存在于科幻世界的“红外线监控”“门开灯亮”等科幻效果也将出现在生活中，提高我们的生活品位，现在的不可能在未来都会变成现实。

智能家庭机制需要无线网络技术的连接。ZigBee、Wi-Fi和蓝牙是连接各种家电的网络技术。就目前的ZigBee、Wi-Fi和蓝牙的应用而言，ZigBee的传输速度不高（小于250Kbps），但功耗很低，使用电池供电一般能用3个月以上；Wi-Fi是无线局域网，速率大（11Mbps），

---

① 尼古拉·尼格洛庞帝.数字化生存[M].胡泳，范海燕，译.北京：电子工业出版社，2017.

功耗大，一般外接电源。ZigBee用于低速率、低功耗场合，比如无线传感器网络适用于环境监测、智能家居控制等领域。Wi-Fi用于覆盖一定范围，如一栋楼的无线网络技术，覆盖范围100米左右。表现方式是常用的无线路由器。在一栋楼内布设1个无线路由器，楼内的笔记本电脑带无线网卡，基本可无线上网。ZigBee作为新兴技术正处在高速发展和推广中，因成本和可靠性原因，还没有规模化；Wi-Fi技术成熟很多，应用也很多。二者的相互干扰较大，尤其是Wi-Fi对于ZigBee的干扰。目前来看，Wi-Fi的优势是应用广泛，已普及到千家万户，ZigBee的优势是低功耗和自组网。这两种技术各有不足，没有一种技术能完全满足智能家居的全部要求。随着网络技术的迭代升级，更加夯实了智慧家庭的基础建设，以满足不断提高的智慧家庭水平。

社区、家庭、个人，彼此紧密联系，智慧家庭作为智慧社区和智慧城市的一个细胞，需要相互链接，才能放大功能，展示智慧家庭的勃勃生机和不竭动能。智慧家庭建设是分阶段、有条件的，不可能一次进入理想状态。我们树立理想，创造需要，创造条件，实现梦想。在智慧家庭建设中，需要为家庭医生、社区食堂、社区健身、托儿服务、老年饭桌、物流快递等社区服务等留下接口，为未来的发展预先建立连线设施，做好与社区智能的无缝衔接。随着智能社区的健全和完善，可为家庭智能输入社会力量。

智慧家庭会让人们越来越期待温馨舒适、高效便捷的生活体验，融合智能化、交互化、多元化的智慧家庭服务持续丰富，将会成为未来满足个性化、高品质生活追求的新实践。

数智生活举要

如今，数据已经浸染到生活的各个方面，生活的一半是数据。数据生活正走近我们，“计算机、智能手机、智能提款卡，贴身收集着我们的一言一行，通过计算建模越来越了解我们，使得看新闻、健身、吃饭、听歌、出行等日常活动都成为一次次隆重的数据盛典”。[①] 可以说，数字智能默默地注视着我们生活的每个细节，万物皆数，潜移默化地鼓励和劝告我们做出选择，强化我们的角色，书写人类的生活。未来的每项实际生活都在发生颠覆性变化。

饮食

科技进步解决了人类的饥荒问题，也带来更多的美食。如美团可以解决做饭难的问题，重新定义吃饭方式。只要你想，就可以吃到全世界的美食，无论是阿拉斯加的鳕鱼，利比里亚的火腿，还是智利的牛油果，都可翻山越海来到你的舌尖。许多有利于健康的“未来食物”正在研发中，如俄罗斯科学家研发的吃不胖的甜品，用苹果、木瓜和李子等富含膳食纤维的水果制成，甜品中添加的干松果菊提取物包含可预防癌症和胃肠道疾病的物质。还有不含鸡蛋成分的蛋黄酱、高抵抗力土豆等。[②]

有的智能餐饮店，把人工智能技术应用到餐饮场景，以更好地服务消费者，其中人脸识别点餐、AR 表情互动装置是两大亮点。顾客来到餐厅特定屏幕前，机器会自动扫描拍照，并判断用户的年龄、性别、颜值以及当时的心情等指标，根据这些指标推荐个性化套餐，并完成消费闭环。

奶茶似乎已进化成“90后”“00后”的“精神支撑”和“生活必备”，俨然成为饮料界的“流量担当”。未来茶饮店的特点是全程无店

---

① 李彦宏，等.智能革命：迎接人工智能时代的社会、经济与文化变革[M].北京：中信出版社，2017.

② 佚名.俄罗斯科学家研发“未来食物”：吃不胖、能防病[N].环球时报，2021-03-27.

员，靠机器人智能作业。到这样的店面先扫码，再选择奶茶口味，付款，接着一台机械臂开始调配茶饮。出杯后的奶茶被机械臂送到取餐柜，整个过程不到两分钟。

无论是长沙的奥特曼机器人削面、深圳的E顿饭、南京的传厨无人科技餐厅，还是宁波的机器人送餐员、上海嘉定区南翔镇2.0版机器人餐厅，消费体验都在青年人的购物中占有越来越重的地位，将极大地激发消费潜力的释放，有力地推动消费升级。[①]

如何更好地掌握食材搭配，吃得更健康且不会出现负面影响？在今天的生活中，人们已开始享用数据搜索功能，比如吃什么水果减肥最快，竟有多达几十万人提这个问题。数万人在搜索"放了一晚的螃蟹死了还能吃吗"，甚至"菠菜和豆腐能否一起吃"这个话题也能引起无数讨论。

穿戴

柔性供应链让服装款式更加丰富多彩，每个人都将变得更加时尚和个性化。3D打印技术广泛用于制作带光合作用的可穿戴装置，在装置中放入微生物，实现光、糖、生物燃料之间的转化，制造出会自行生长的衣服。"不久的将来，这些功能将通过扫描皮肤、修复受损组织和维持身体来增强穿戴者的体能，这是前所未有的尝试。"[②]

智能服装是智能技术与服装融为一体的高科技产品，结合了电子信息技术、传感器技术、纺织科学及材料科学等相关领域的前沿技术。目前进入智能服饰的企业主要为两类：一类是科技企业，以谷

---

① 张耀铭，张路曦.人工智能：人类命运的天使抑或魔鬼——兼论新技术与青年发展[J].中国青年社会科学，2019(1).

② Pinterest.她是皮特的绯闻女友、麻省理工的"疯子教授"：我只想改变世界[EB/OL].搜狐网，2019-10-20.https://www.sohu.com/a/348260890_642209.

歌、三星、神念科技等为代表；另一类是服装品牌企业，以莱仕特、红豆集团、柒牌等为代表，通过智能服装的探索来谋求转型。

随着科技、电商和时尚结合，智能服装越来越受到青年消费者的追捧。几年前，唯品会携手腾讯QQ空间发布《AI+时尚：中国95后流行色报告》。报告以唯品会上亿级的“95后”穿戴类销售大数据和QQ空间相册年度千亿级的公开照片为基础，通过腾讯优图AI人脸识别与图像处理技术，发现“中国‘95后’最喜欢的颜色”。为此唯品会与腾讯邀请先锋设计师张驰将流行趋势作为灵感设计服装，并在纽约举办“AI+时尚”大秀，引起轰动。“我就是我，是颜色不一样的烟火”，活动彰显了中国“95后”自我独立的时尚态度，意味着现在青年消费者已和过去大不相同，电子商务时代的来临比子弹还快。阿里巴巴首家人工智能服饰店落地香港，消费者只要站在智能试衣镜前就会被扫描，并精确计算出肩宽、胸围、腰围、臀围、腿长等数据，然后会针对消费者身形推荐各种新款或个性化的选择。它借助人工智能技术，拥有50万服装搭配师的经验，3分钟可提供100种穿搭建议。并且具有社交分享功能，消费者喜欢哪件衣服，可一键分享到朋友圈。人工智能应用使这家店人气极高，不仅青年人购买力旺盛，也吸引了不少中老年人到店里亲身体验。[①]

居住

目前的住宅已基本满足了人们所有的居住要求。未来的居住更加讲究户型、朝向、物业、配套设施等，还要满足人们对未来生活的畅想。未来住宅有三个方向：一是生态绿色住宅，通过融入生态、园林

① 张耀铭，张路曦.人工智能：人类命运的天使抑或魔鬼——兼论新技术与青年发展[J].中国青年社会科学，2019(1).

元素，满足居住者亲近自然的渴求；二是高科技智能住宅，通过高科技智能技术的植入，给居住者全新的居住体验；三是适应各种环境住宅，通过对不同地形地貌的改变，让人类能居住在地球上的每一片土地。生态、智能、适应各种环境是未来住宅的三大类型，随着建筑技术飞速进步，这些未来住宅将很快出现在我们眼前。①

建筑上“和会缠丝的机器人一样，我们可用最有效的方式来处理一些复杂的事情，在打印天然材料的过程中，加入基因改造的微生物后，建筑可以像大树一样生长。这些探索代表了建筑和设计的未来”。②

家居装修通过 3D 增强现实房间，允许主人按意愿设计生活区，然后进入空间的虚拟模型，以更好获得其设计的直观印象。

每个居住空间都是一个“能源+”系统，按居住者需求管理热能和电；电动汽车是“能源+”的一部分，通过可控的双向充电，家庭电力不足时可将电动汽车在行驶中产生的富余电力用于家庭用电，家庭能源系统也可为汽车充电。“每个家庭都可通过自身的太阳能发电系统实现电力自给自足，并将富余的电力卖给电力公司。白天用电高峰的写字楼与夜晚用电高峰的娱乐中心可协调错峰用电，提高效率。”③

出行

未来的出行依靠自动驾驶和电驱动。这是一个庞大的自主系统，可把物联网和每个人的生活紧密关联。自动驾驶将成为未来产业竞争的焦点。未来，你不必再去买车，也不必花时间加油、停车、考驾

① 冷眼看地产.未来住宅畅想——未来你将住在什么样住宅里[EB/OL].百家号，2019-06-22.https://baijiahao.baidu.com/s?id=1637032761457455533&wfr=spider&for=pc.

② Pinterest.她是皮特的绯闻女友、麻省理工的“疯子教授”：我只想改变世界[EB/OL].搜狐网，2019-10-20.https://www.sohu.com/a/348260890_642209.

③ 冷伏海，等.面向2030年的人与科技发展愿景研究[J].中国科学院院刊，2021(2).

照、交保险费，城市将会很安静，走路很安全，因为90%的汽车都不见了，以前的停车场将会变成公园。电动汽车很安静，会变成主流。人类正从驾驶中脱离出来。[①]

现在的滴滴、携程，不仅解决了打车难的问题，而且实际定义着出行方式和汽车的概念。智能出行颠覆着传统认知与策略，推动着无人驾驶技术的发展。汽车作为一种交通工具的社会地位和符号性将彻底改变。

青年人成为使用智能驾驶技术的先行者。尽管自动驾驶技术落地还有待时日，但AI技术对于青年群体的智能出行来说已司空见惯。2016年，滴滴出行发布的《教育行业智能出行大数据报告》显示，一、二线城市的大学生对智能出行更为热衷，在前100名智能出行最活跃的高校里，超九成分布在一、二线大城市，其中北京和成都占比超过1/3。

智能导航作为智能出行的组成部分，已成为青年群体的标配。无论是百度地图、腾讯地图、高德地图，还是苹果手机、华为手机自带的地图，在路线选择、交通路标、周围设施等数据点上都做了智能分析设计，可以在线导航，会自动调用用户的路线和交通信息，并对用户的计划进行推断，这无疑更加高效和便利。当然，开车违章也难逃人工智能的法眼，智能摄像头拍照、对比，查找数据库、违章记录、缴款记录、消除违章等，都通过智能系统自动实现。人工智能让出行更加文明、轻松、绿色。[②]

无人车将成为家和办公室之外的第三空间。在吸引人们踏上征程的未来世界，无人车不再只是通行工具，而是移动、安全、舒适的第三空间。它的最大性能是安全，是一个全新的安乐窝，以往低效带来的堵车、污染、停车问题都将大为缓解，酒驾、闯红灯、超速等危及

---

① 小爱.难以置信！美国预测10年后的世界！[EB/OL].爱用建站，2018-09-14.https://www.iyong.com/cn/displaynews.html?id=2869875862193088.

② 张耀铭，张路曦.人工智能：人类命运的天使抑或魔鬼——兼论新技术与青年发展[J].中国青年社会科学，2019(1).

安全的驾驶将不复存在。无人车以最低成本穿梭在空间，有望成为全球物联网的血脉。[①]

“在无人车里，可以休息、工作、学习、娱乐、休闲，甚至旅行，充分利用路途时间，使居住在市中心与郊区的差别不再巨大，由此影响城市布局和地价均衡，影响年轻人的工作和生活。人们将有更多时空发展自身技能，提高健康水平，弥补陪伴家人的不足，尽情地打开我们对无人车想象的空间。”[②]无人车改变的不单是人与车的关系。一旦车与车、人与人、人与社会都被智能工具连接，带来的将是对物质世界规则的重塑。

“半自动或全自动商用飞机、公共汽车、出租车可为人们提供更安全的出行方式，同时减少拥堵和污染。开放共享调度数据有助于人们计划行程、了解交通拥挤和延误情况，交通自主性正在从码头、轻轨等交通系统，向个人行程方面扩展。”[③]便利出行，近处可自如应对生活，远处可到处旅游。地球之大，无所不及。人类可去北极旅游、去外太空探险，插上天使的翅膀，飞向远方，扩大自己的视野。

娱乐

娱乐将呈现多终端、多元化趋势，电子娱乐产业将迎来新一轮发展浪潮。

置身游戏场景，全方位感受。娱乐是生活的重要部分，尽管目前的《密室逃脱》《王者荣耀》《魔兽世界》等电子游戏已是大数据支撑的新游戏方式，但未来人类将超脱于电脑，置身于游戏场景当

---

① 李彦宏，等.智能革命：迎接人工智能时代的社会、经济与文化变革[M].北京：中信出版社，2017.

② 同上。

③ 冷伏海，等.面向2030年的人与科技发展愿景研究[J].中国科学院院刊，2021(2).

中，真切体验。从AR和VR技术到各种技术融为一体的元宇宙，可让人们体验三维、四维甚至更高维度的刺激和快乐，人们可以感受风吹发梢，看见身边的灰尘扬起，也可闻见花香，这种游戏的感觉更为真切。

“未来将出现基于脑机接口的神经游戏产品、基于生物识别分析方法用于改变机能和心理情绪状态的产品，实现高度逼真和视觉、听觉、嗅觉、味觉、触觉五感再现的娱乐体验。用户互动的大型游戏平台将持续监测用户的肌体能力和心理状态，评估用户活动的认知情况、生理数据等信息。基于所获数据，对用户进行非侵入式刺激以实现娱乐体验。”[①]

科技为创造性打发时光提供机会。卫星、广播、有线电视、电话和经过包装的媒介等渠道，不时地将信息和娱乐送入家庭和个体。数智世界以比特为媒介，数字播放超越了我们已经习惯的传统娱乐监管方式，在对新的比特媒介进行监管的初期探索中，往往存在公益与私利、竞争与垄断的较量。但总体来看，到剧场、影院、展会观演的智能购票方式更加方便，丰富的智能娱乐内容游走在各种媒介和手机App上，让人们有更多的选择和更高的参与度。

智能助理和智能类聊天应用将颠覆人与手机交流的方式，智能手机将变成聪明的小秘书。“小秘书”的智慧场景可将手机上的重要信息进行聚合，智能识别火车票、机票的启程和到达时间并提醒用户，还可提供音乐和电影推荐、出差目的地温度播报等服务，把时机拿捏得恰到好处，且懂得尊重人的偏好。你与它会有深度共识，它能时刻为你的最佳利益着想，且拥有高智商。

AI已成为改善手机使用体验的发力点，摄影则是手机AI的专攻方向。美颜摄像头能针对不同场景中用户的发型、服饰进行全速精准人脸

① 冷伏海，等.面向2030年的人与科技发展愿景研究[J].中国科学院院刊，2021(2).

识别，并实现细腻自然的多种艺术虚化效果。美图秀秀推出的手绘自拍功能一夜刷屏，无数新潮男女纷纷将自己变成二次元世界里超萌、可爱的漫画形象。英国《每日电讯报》有报道说："如果你突然在社交网络上看到处处都是迷人的自拍，那么你应该感谢来自中国的美图秀秀。"

人工智能在电子游戏中的大量应用，促使游戏和社交媒体完成一种合流，并迅速挤占青少年的日常生活。智能手机新增游戏助手功能，游戏App、游戏模式、游戏免打扰和锁定导航键使游戏时刻更加畅快。近些年手游的白热化也促成了"游戏手机"的诞生，小米黑鲨、努比亚红魔、vivoX21、华为p20系列、三星S9+等相继问世，更是让手机游戏如虎添翼。哲学家詹姆斯·卡斯认为，"没有人能独自玩游戏"，游戏需要玩伴和分享。当游戏成为一种有趣的社交方式和形象标签时，青少年可能和朋友圈里一个并不熟悉的陌生人找到某种心灵共识，把关乎阶层、专业、智识、身份的距离一概消解。"他们说：玩是这个时代独属于我们的严肃姿态，我们在玩中思考和成长，学会责任与担当，回应时代召唤！相信我们，能玩出一个世界！"[①]可能很多人家中已有全息式助理，声音将会成为我们与界面代理人之间主要的沟通渠道。多媒体的手段和信息将集科技和艺术成就于一身，其背后的推力将是人们对文化消费产品的需求。我们对新娱乐的渴求似乎永无止境。

养生

未来人们追求生存质量，日常养生成为主流，采取"医养结合""医养健结合"的方式。现代生物学、健康医学的发展，给养生

① 张耀铭，张路曦.人工智能：人类命运的天使抑或魔鬼——兼论新技术与青年发展[J].中国青年社会科学，2019(1).

提供了许多科学手段和方法，养生可利用各学科最新科技，增强体质、预防疾病，从而达到延年益寿的目的。调养、保养、补养，都是为了生命、生存、生活。根据人的生命过程和规律，主动进行物质与精神的身心养护，通过适度运动和外在护理等手段，让身体机能得以休养生息。

适时适地适人地调配食疗，滋养并调理周身，保养五脏，使生命得以绵长。许多养生手法采取中西医结合的方式，用健康科学的图文、音乐、行为、活动、药械、饮食等，改善生活习惯、生活环境及心理状态，注重调理身心达到未病先防、不适消除、已病促愈、病后复原的保健目的。养生还要涵养内在，开阔视野，通达心胸，广闻博见，修炼和提升道德情操，让身心得到静养。

生命在于运动。人是物质的人，是自然的人，如果体力劳动少了，那么人的生理平衡就会被打破。科学养生和健身锻炼将成为保障身心平衡的重要方式，注重健身，习惯养神，身心交融，才能有愉悦的生活。

一直以来，人们奋斗的目标都是改善生存环境，改变生活内容，改进生活方式，使社会和生活的方方面面呈现新概念、新方式、新治理、新思想。康有为在《大同书》中描述的身份平等、财产平均和物质保障的核心理想，包括他的公养、公教、公恤等三阶段的完备保障体系，在充实、改进和完善中，正在变成社会现实。

人生的绚丽、生动和神秘已从历史中走出，将要迈向未来。新科技的广泛应用和大量科技造就的产品和服务，提升着我们的生活质量。通过科技、经验和方法制造智能的工作和生活用品，让每个人都乐意消费，享受科技带来的美好生活。曾以为捕风捉影的浪漫生活正在变成有根据的现实，不少理想图景在现实中逐渐打开，预见着更加成熟的美好。飞速奔向未来，生活更加美好。

Chapter 1

第十五章

应用科技手段开展数智治理

未来的治理将由数智治理、社会治理和自然治理三种方式构成。数智治理在数智经济和数智社会中酝酿生成，虽然尚处探索过程，但它适应了治理主体、治理对象、治理任务的数字化趋势，是最有优势和发展潜力的治理方式；社会治理是在传统治理的基础上，针对绿色、黄色、红色分别标识的正常状态、风险状态和危机状态，对其防范、转化和处置的治理方式；自然治理是为了维护人、社会和自然的协调，针对新科技、全球化、现代化过程中出现的负面效应，积极预防和干预，以保障自然性和人性的治理方式。在三个治理方式中，以数智治理为主，以社会治理和自然治理为辅，相互贯穿，三位一体。

数智治理是在数智经济和数智社会蓬勃发展中，亟待建立新的经济、社会、生活秩序，而被时代呼唤出来的崭新治理方式。它需要在新旧治理转换中，探索新的治理方法，学会运用数字技术等科技手段和平台，明确治理目标和任务，注重顶层设计和机制建设，把握数据、算法、算力等要素，建立数字化条件下的制度和法律体系，发挥数字治理的特点和优势，形成尽可能“用数据对话、用数据决策、用数据服务、用数据创新”的新型治理模式。

数智经济和数智社会呼唤数智治理

不同的社会形态对应不同的治理模式。数字化转型推动了信息智能技术的逐渐渗透、广泛运用和充分融合，改变了经济、社会和文化赖以存在的传统基础，在打乱各自原来结构的基础上重组新架构，改变了经济形态、社会形态、文化形态，出现了数智经济、数智文化、数智社会的雏形。同时，在全社会加速数字化重构过程中，过去传统工业文明的治理方式已经无法适应数字时代的需要，传统的治理能力受到挑战，从而对数字政府的建设，尤其是数智治理提出需求。政府机构、企事业单位都在考虑如何借助数字化技术，让各自的组织体系更加灵活，让协同更加高效，借助数据化、平台化推动数据治理能力和水平的提高。[1]这样的数智经济和社会环境，势必要求在原有决策、规划、调控、监管、法治的治理方式基础上，吸纳赋有时代气息的智慧社区、智慧企业、智慧城市、数字中台、数字政府的管控形式，并加以梳理综合，形成完整的数智治理系统。

由于数智经济、数智社会的发展仍是零碎的、不系统的，数智治理的整体框架尚未完善，需要在促进经济社会数字化转型的基础上，着力探索并搭建数智治理体系，把转型过程的每个环节有机地连接起来，使零散的功能系统化，尽快形成以数据和信息为要素和重要资源的治理机制，建立与数字技术兼容、与数智经济社会匹配的治理模式，探索和实践崭新的治理。虽然数智治理正在替换原来社会治理的任务，但是从治理手段、治理效率、治理范围上，都已超越原来的治理模式，其范围更加广泛，治理任务更具时代性和前瞻性。

数智社会广泛应用数智技术，几乎涵盖了现代科技的方方面面，

---

① 张建锋，筑牢新基建底座 加速数字化转型升级[N]. 中国改革报，2020-06-18.

如互联网、物联网、大数据、云计算、区块链、人工智能等，甚至包括基于智能科技的现代生物技术、纳米机器人等衍生领域。数智社会在以网络为中心的基础上，转化和提升到以算法为中心。这种快速发展和变化，让许多人还没完全适应信息社会，甚至一些人还没适应工业社会，就被迅速地引入数智社会。特别是数智科技脱颖而出，空前地改变着人类社会的生产方式、生活方式、生存方式、学习方式、行为方式，迫切需要与数智经济、社会相适应的崭新治理方式，改进和完善国家的治理体系，提高治理能力，改变国家的决策程序和实施机制，改变法律体系及其运行方式，以塑造一个全新的智能社会。

社会治理需要从传统方式转换到数智方式

适应数智社会，首要任务是将传统的被动监管治理转化为积极的数智治理模式，这需要从几方面实施转换。

从工业社会向数智社会转换

21世纪以来，各国都想占领科技制高点。新兴国家的崛起，打破旧的市场秩序，数字化、信息化、网络化、智能化的社会，一切都在加速改变，各个领域的变化节奏加快。经济社会发展日新月异，现行的治理体系、治理规则、治理能力、治理技术已不能有效应对以数智科技为核心的新科技革命的挑战，导致原来的规制失灵、秩序失调，出现“治理赤字”，甚至出现失控失序导致危及公民权利、社会福祉、公共秩序、国家安全、全球和平的严重局面。面对风险和挑战，我们要跟上数智科技创新发展步伐，加快构建智能社会的法律秩序，破解智能社会日益严重的“治理赤字”，才能保障智能社会行稳致远，保障民众生活幸福安康。

数智社会在信息社会、网络社会基础上，引领未来发展方向，运用多种数智技术，引导和支撑工业社会跨入智能社会。万物皆数、连接泛在，自主智能系统与人类共存，将是未来人类社会的图景。社会运转将由工业模式转化为数智模式，人类社会的生活方式、生产方式、组织方式、思维方式都将发生深刻变革。工业社会的石油、机械、资本将更多地被数据、算法、算力所取代。对数智社会要由自发的认识，过渡到自觉的实践，这是数智治理的起点和背景。

数智社会打破以往思想家有关人类社会规律的结论和未来社会的想象，深刻改变人类社会文明的发展方向和道路，它的到来将给人类带来无限福祉。这就要破除原来治理所依赖的“经验驱动”，更多适应新的数智社会，依据“数据驱动”实施治理。

从政府主导向多元主体参与转换

工业社会后期，社会治理强调多元主体参与，要求在政府主导下，社会、企业、个人等各方共同参与治理，保障治理的民主化。由于传统治理习惯一时难以扭转，各主体参与治理的方式手段缺乏。随着数智科技的发展和应用，各主体参与治理时有了科技手段和数字平台，可以发挥积极性，从而建立合作治理机制，促进治理主体向多元转变，加强社会治理的主动性。

大量数智技术和数字平台，适应多元化治理主体的格局，强化数智治理的协调、联动、共治、共享，营造公平、包容和良性竞争的治理环境，激发社会创新创造活力，开发跨主体的兼容和共享数字信息系统，尽可能使信息系统跨部门共享，减少信息不对称问题，避免道德风险和逆向选择，降低信息成本和治理成本，扩大数智经济公共产品和数智社会公共服务的供给，促进跨部门、跨区域、跨系统对接，形成有效联动、共同推进的治理工作格局。

多元主体共治就是政府、社会和民众共同治理。这样的治理秩序应建立在合作共治的基础上，实行法律和科技结合、法律与道德结合、多元主体协同结合的共治格局，通过共治破解“治理赤字”，形成智能社会新的治理秩序。

各主体共治和合作共享，要避免有共享无协同的问题，避免与相关单位数据资源彼此分散、割裂和碎片化状态。要挖掘各治理主体不同地区、层级和部门以及自身的应用潜能，促进政府、企业、社会组织和个人间的数据交换，实现数字信息共享和数智法治。

比如，对政府治理主体而言，要依据法律法规全面梳理行政审批事项，优化审批服务流程，做到法无授权不可为、法定职责必须为；推进数字监察，利用大数据、区块链等技术实现全程留痕和有据可查，规范和约束权力运行，强化执法问责；加强数字政府运维过程中的执法监督，形成合法的政府建设机制和有效的市场参与机制。

再比如，电信企业各自掌握的大数据信息都不完善，在上级监管部门协调下实现数据融合资源共享，提升数字运用能力，可以在社会管理、公共安全、商业服务等领域发挥不可替代的作用，可以有效解决“数据割据”“数据孤岛”“数据碎片化”等问题，推动大数据的跨界融合，使其发挥更大的作用，并推动商业创新和社会众包。

又比如，在疫情过后的复工复产中，很多企业出现供应链衔接问题，而企业纳税和交易数据就提供了解决线索。营改增以后增值税的缴纳数据在一定程度上反映了企业的供应链情况，据此可以摸清企业之间的网状联系，并为复工复产规划提供决策依据。

数智治理的协同互助，还需要加强各部门的配合，建立工作沟通机制，研究解决数字化、智能化升级中的突出问题，明确职责分工，统筹推进治理，确保治理落实到位。

从被动处置的应急监管向主动防范化解风险转换

以往的社会治理多是应对已有的矛盾、危机，处置突发事件。在这种情况下，事故多已发生，损失和危害已产生，唯有善后处置，追究责任。这种治理极为被动，多是发挥救火队作用，很少有防范风险和危机的意识，更缺乏预防预测的功能，因此须将过去被动的针对事件的处置转向主动的预测和防范，把各类风险的防范和化解作为治理的重中之重。

结合现实风险和危机防范趋势，防治出现若干现象：一是区域单一风险向时空多元风险转变，二是事件原风险与衍生社会风险并存，三是风险与次生风险出现。这就使以往少有的风险应对方式和效果更加弱化，导致主体行为僵化、边际效应降低、负外部性增强。因此，传统的监管、处置等治理思维和方式要向主动性、预测性、结构式、扩散式治理转变。不是盯着事件去监管处置，而是要防范各类事件发生，预测风险和危机的发生，减少围绕事件处置的治理模式。将紧盯事件变为预防风险，将风险治理视为常态，积极应对多重风险由潜在转化为现实，选择和参考风险对冲策略、风险自留策略、风险分散策略和风险转移策略等方法，尽可能将风险消除在萌芽状态，防止风险酿成危机。[①]

以往事件处置应对常常忽略预防作用，重心放在突发事件发生后的解决办法上，以在尽可能短的时间内有效控制事态，但这样很难从根源上减少甚至避免突发事件的发生。从某种程度上看，监管方式与干部激励机制和宣传报道突出应急处置及救援有关，造成抢险救灾轰轰烈烈，事前防灾减灾却无人问津。比如，甲地干部带领民众兴修水

---

① 张春颜，王思卿.新时代突发事件后的风险治理思维转变：由涂层式治理转向结构式治理[J].行政科学论坛，2022(3).

利，加固河堤，洪水来了，百姓安然无恙；乙地干部将除险加固资金挪作他用，洪水来了，河坝决堤，于是带领民众抗洪抢险，媒体则对其采访报道，引起上级重视，遂拨款救灾。水退之后，乙地干部因抢险有功而可能晋升，而河堤牢固的甲地无灾害发生，干部职位不变。这种方式注重的是投入和奖励救灾，没有防灾的导向，而是等火烧起来或洪水泛滥再去抢救，应彻底予以纠正。

风险演化为紧急事件要经历一个过程，如风险能避免或被有效控制，就不会演变成突发事件。以风险预测和防范为核心的治理，注重源头治理，需要以风险评估和管控为核心，是主动防范和治理模式。防范风险的治理是以最小的成本，最大限度地控制、分散、转移或消除风险，达到最大的安全效果，对风险因素予以系统评估和科学管控，消除或控制各种存量风险，有效预防或减少增量风险。针对突发事件发生前的风险阶段，着力点要放在抑制风险演变为突发事件上，是一种常态化、程序性的管理措施。

防范风险治理的关键在于风险识别和评估、风险处置、风险沟通、风险转换。风险识别和评估，是分析风险的来源和产生的原因，确定可能的影响范围。这需要从可能出现哪些风险、为何出现、如何出现、何时何地出现、主要影响哪些对象等不同方面，进行全方位扫描，及时识别各种漏洞，建立风险清单。然后，在识别基础上对特定期间内安全、健康、生态、财产等受损害的可能性及可能程度做出评估，分析识别风险发生的概率和后果，比照事先确定的风险标准确定风险等级，并在风险矩阵图中予以标绘，完成动态风险登记。

由于风险预测与识别具有主观性，不同利益主体对风险感知度不同。风险沟通是风险信息在所有利害关系人之间有目的的流通，旨在协助利益相关者更好地了解风险评估结果和风险处置的原理。要在不同政府部门之间、不同地区之间建立信息共享和沟通机制，加强政府、专家、社会组织、媒体、公众之间的交流，增进不同利益主体对风险的认识和理解。风险处置和沟通，可通过风险保留、风险规避、风险减缓、风险转移四方面的措施，以风险评估结果为基础，综合考虑风险水平、风险处置能力和风险处置成本及收益问题，对不同风险提出有针对性的处置策略，争取以最小成本获得最安全的水平。

风险并非一成不变，随着时间和环境的变化，应建立风险监控和更新机制，及时发现那些新出现和已经变化的风险，及时反馈，并根据风险新情况重新开展风险识别、评估和处置。[①]

数智治理的发展目标决定数智治理任务

数智治理主要是运用信息智能技术，利用各种数字监管工具和平台，释放数据作用和价值，激发数据生产要素对经济社会的放大、叠加、倍增作用，更多地将风险化解于萌芽状态，使经济、社会、文化等各方面处于平稳运行、安全健康和发展向上的趋势，进而提高整个社会综合发展的创新活力、竞争实力、治理能力。特别是针对重大突发性公共风险，要敏捷反应、测算研判、及时应对、技术干预、科学施策，达到化解风险、解决问题的目的。

具体来说，就是要构建科学、人本、包容、普惠的社会秩序。数智社会治理要实现的社会秩序是多元的，包括科学、人本、普惠、包容等若干要素。

科学治理是用科技赋能社会治理。遵循客观规律，把数智治理建立在科学和规律认知的基础上，通过科技手段治理科技异化风险、网络暴力风险、算法歧视风险、非法移动跟踪风险等，保护科技创新激活数智社会的活力和生机，使科技成为社会发展的推动力。通过科学治理，激励和保护数智技术、数智经济、数智社会的创新发展。

---

① 钟开斌.风险治理：打造应急管理升级版[N].学习时报，2016-09-12.

人本治理是以人为中心。把权利保护和人权保障作为数智社会治理的核心要义，保障人的独立、尊严、自由和全面发展。治理内容包括个人信息保护、公民人格权保护、数字人权保护，使数字化、网络化、智能化成为新的生存方式和生活方式，数字人权也将成为数字时代重要的人权。

普惠治理是把公正、共享、公平等原则作为数智社会的价值目标。把智能科技广泛应用于教育、医疗、社保、交通、就业、养老等民生领域，使民众尤其是经济落后地区的人口、残障人士以及更多老年人搭上人工智能发展和公共服务普惠化的快车，体现数智社会的共享特点。

包容治理是以辩证思维和包容思维处理各种社会关系。包括利益与风险的关系、人工智能发展与安全的关系、个人信息权利与信息公益的关系、互联网自由与监管的关系、大数据自主与共享的关系、数据的原始性真实性与数据脱敏的强制性关系、智能科技的产权保护与增进社会福祉的关系、算法的技术秘密与信息公开的关系、激励创新和允许出错的关系等，通过处理这些关系，促进社会和谐发展、公平发展、可持续发展。①

未来数智治理将主要担负两类任务：一是治理数字生态下的经济、社会、文化发展中的问题和风险，通过数字技术和数字分析，精准研判、及早预警、紧急处置治理安全和发展方面的各种风险和危机；二是治理数字技术及其运用中自身产生的问题和风险，比如数据的泄露篡改、数字壁垒、数字鸿沟问题，信息垄断、信息污染和信息孤岛问题，网络病毒、网络黑客、网络安全问题，智能化带来的空虚、暴力甚至仇恨情绪问题，对智能过高的期待和不负责任的智能炒

① 参考张文显教授2020年10月13日在中国人民大学进行的一场以"'未来法治'与'智能社会法律秩序'"为主题的讲座。

作问题，以及平台自身的生态系统问题。

具体来说，企业要把数据治理和数字管控结合起来，从组织架构、管理制度、操作规范、信息技术应用、绩效考核支持等多维度对组织的数据模型、数据架构、数据质量、数据安全、数据生命周期等进行全面梳理、建设以及持续改进。数字技术会改变企业管理方式，大数据和预测算法有潜力改变所有组织和行业的性质和数量。通过数据治理，达到精准营销、改善用户体验、提升服务质量的目的，将无序的数据转化为有效的利润。

政府作为治理的重要主体，要在建设数智社会、数字政府的基础上，提升公共服务和社会治理的数字化智能化水平，利用各种信息数据分析预测国民经济政治的发展状况，同其他主体一道，为未来政策的制定和方向的规划提供重要参考，并“将数据转化为科学决策，使舆情监控、网络反腐、政府绩效考核等公共领域对数据的应用程度不断加深，实现政府决策、政府管理由事后决策转为事前预警，从而为各行业提供有效的业务信息支持。社会各种组织可以利用数据开发实用性强的大众应用，提升公众在社会管理中的参与度，实现全社会向创新方向发展”。[①] 由于个人信息可随时上传系统，办理很多事情和业务的手续会极大地简化。

数智治理是对数智社会行使权力和控制的活动，包括组织、制度、流程、工具等要素。通过数智治理，增强企业竞争实力、政府治理能力、社会创新活力，实现对数字的治理和用数字来治理。

数字世界色彩斑斓，新事物、新现象迭出，不可预知性、不确定性正在冲击生产、工作和生活。安全和发展成为数字世界的两大痛点，对此必须面对，做好平衡，以安全保发展、以发展促安全，既要

---

① CDA数据分析师.银行业数据治理：数字化转型的必选之路[EB/OL].百家号，2020-05-11.https://baijiahao.baidu.com/s?id=1666356836400316270&wfr=spider&for=pc.

数智社会促进发展，又要网络社会保障安全。树立数字意识和思维，培养数字能力和方法，构建治理体系和机制，完成数智治理的任务，实现数智治理目标。

数智治理的顶层设计和统筹运行机制

日趋成熟的数智社会需要多元主体参与，上下左右形成系统有序的数智治理过程，需要以系统观念和整体思维设计数智治理。

在数字政府、数字社区、数字企业等组织的系统化建设中，体现不同层级、不同领域的特点，统筹规划、投资、建设、运营、管理，理顺治理机制，形成治理合力，确保数智治理目标的实现。

在网络、平台、数据、业务等运转系统上，要全方位统筹规划，做好顶层设计，确保一体化运行，整体上提升数据质量，增加数据可获取性，提升数据价值转化率，促使数据从无形资产到有形价值的转变，实现数智治理的大棋局。

在治理的标准规范、管理制度、法律法规等配套措施上，规范基本操作，明确主要职能，力促数智治理实践的标准化、制度化、法治化，防止和规避各自为政、重重障碍、重复浪费现象，防止表面繁荣、实际乱象的消极治理。

在建立数智治理的秩序上，需要增强共识、统一协调，不同层级的政府、市场主体、规模企业和社会组织都应被纳入数智治理大局，在统筹规范的同时融入个性化，运用好数智治理的自主权。在治理主体方面，应明确政府的业务数据、企业的交易数据和个人的行为数据；在治理要素方面，应当包括技术发展、战略策略、组织结构和标准规范四个内容；在治理流程方面，健全数据采集、数据存储、数据分析、数据挖掘、数据展现五个环节。

在统筹线上线下的治理方式上，把传统的社会治理组织与网络组织协同起来，发挥两者协调互动的作用。网络社群组织建立后，如何发挥它们在社会治理中的作用就格外重要。为此要着眼社会秩序和世界秩序的建立和完善，扫除网络空白，建立以互联网为核心的网络社会平台，通过智能科技手段，让人们从传统的繁重劳作中解放出来，轻松工作，快乐生活；通过智能终端，广泛反映民意，实现政治和经济的民主、平等和自由；通过互联网平台，改善组织方式，提高治理的科学化水平和效率。

总之，“国家层面的竞争力将部分体现为一国拥有大数据的规模、活性以及对数据的解释、运用能力”。[①]而数据规模和数据活性依赖数据收集、分析、应用和管理等具体环节，当把这些环节串联成有序、完整的流程时，就形成完整的数据治理过程。这样的数智治理就会有宏观规范，有细节和流程的秩序，能保障良好的治理效果。

数据、算法和算力在治理中的运用

数据、算法、算力是构成数智治理基本的技术要求。

数据是数智经济和数智社会的核心，大数据、人工智能等技术对经济社会中各种数据广泛和实时的采集和处理，使数据成为数智经济时代重要的生产要素。中国的数据拥有量处于世界领先地位，但是数据的集中度不够，算法和算力也是短板。数智治理要加快数字化平台建设，为数据挖掘、采集提供设备支撑；还要提高数据分析和处理能力，让数据动起来，活起来，加强人工智能的算法训练，提高人工智能的深度学习能力，加大算力领域的科研投入力度，以高算力和高存储来应对网络攻击，从而筑牢技术支撑的防火墙。

---

① 詹正茂.创新型国家建设报告（2013—2014）[M].北京：社会科学文献出版社，2014.

算法是利用人工智能对人类的行为轨迹进行处置，它是人工智能技术的核心，由于“算法泛在”，使算法可以主导社会。数据是算法的来源，是算法的形成对象，体现算法的价值。数据之所以成为重要资源和要素，关键变量是算法。算法是数智社会的中心技术，数智社会由算法驱动。在大数据、云计算、区块链、互联网、物联网、人工智能等前沿技术的综合发展融会运用中，新的产业革命正朝向“超级软件”技术发展。这种超级软件的核心就是算法，算法是各种信息技术的有机结合、广泛运用和价值创造的关键。

算力是通过对信息数据进行处理，实现目标结果输出的计算能力。它需要以强大计算能力的超级计算机系统为支撑。算力决定了数字经济发展速度、社会智能发展高度、数字治理的程度。

2022年年底涌现的ChatGPT，到2023年出现的文心一言等许多大模型，它们的共同点是大数据、大算力、强算法的结合，这些生成式人工智能的技术和应用，可以运用于产业，更方便运用于治理，是数字治理可以运用的一种智能技术。

正在研发的6G，也不再是单纯的通信网络，而是集通信、计算、存储为一体的信息系统，对内可实现计算内生，对外可提供计算服务，即网络无所不达、算力无处不在，也是数智治理的有力支撑。

仅就大模型、6G、元宇宙技术而言，它们的研发、突破、迭代、融合，都在鼓舞和推动着数字经济、数字社会的发展，也从智能、形态和动力等方面，助推着数智治理。

大模型在持续提升数智治理的智能

新阶段的人工智能提升数智治理新水平。人工智能已发展到大数据、大算力、大模型的阶段，数智治理也要积极跟进。ChatGPT、文心一言等大模型超过了90%的人的智商，OpenAI董事会成员海伦·托勒说："创造大模型的人也不知道它们能做什么，不能做什么。我们真正了解ChatGPT-4能做和不能做的所有事情可能还需要几年时间。"谷歌还发现大模型的"领悟"现象。在大模型的应用中有些人觉得它会归纳、概括、推理等，人的意识是否也是这些方法的应用过程？数智治理，尤其是城市治理大脑不能错过了大模型推动其智能化的机会，要跟着大模型提升数智治理的智商。

应用大模型强化城乡治理的基础功能。以前靠传感器、物联网、云计算等技术，铺设各项新基础设施，形成城市大脑神经网络系统；聚焦公共安全、应急管理、规划建设、交通管理、市场监管、生态环境等领域，实现态势感知、风险预警、趋势研判、资源调度、人机协同，形成治理的决策和管控系统。

现在的AI大模型更具海量复杂数据的智能分析和决策能力，尤其在大模型突破一定规模时，性能会显著提升，涌现出令人惊艳和意外的语言理解能力、生成能力、逻辑推理能力等，大模型的这些智能可以镶嵌到数智治理中，优化原有功能，提高服务和治理效果，更好地发挥数智治理的指挥中心和平台作用。

大模型拓展了数智治理的功能。大模型分为几种类型，应当将通用性和垂直性的大模型改造成城乡治理的GPT，向城市市民和企业释放智能，且会生成数智治理的崭新功能。

比如增加或优化服务公民的治理功能。通用大模型的巨量化参数与训练数，能够降低AI的应用门槛，改变以往AI"一个场景一个模型"的方式，应用通用大模型可以"一网通办"，既降低成本，又能为公民提供更优质和更方便的服务。通用大模型囊括了大量知识和一般思想方法，它的答问方式简单，一旦推广，极易成为传播知识和方法的工具，有利于提升公民素质。美国OpenAI的ChatGPT对一般性知识的回答客观而全面，但有些内容有意识形态倾向。百度的文心一言经过良好的测试，已经公开应用推广，虽然也有打不准的情况，但它可以作为人们学习的便捷途径。对此，需要做好这方面的引导和治理。

比如有价值的产业数字治理功能。垂直和行业大模型开辟了各个产业领域，有利于产业的价值创造。华为的盘古大模型“不写诗、只做事”，已在金融、制造、医药研发、煤矿、铁路等行业发挥作用。一方面促进智能机器人取代人的劳动，把人从繁重的体力劳动中解脱出来；另一方面GPT赋能经济社会千行百业，绘制产业图谱，展示产业状况，关注重点企业，可以提供精准、专业、实时的线上产业服务，也是需要数智平台协调的产业治理。

元宇宙提升数智治理的形态

数字治理平台重要是因为各个方面对其的营养和贡献。若没有“五官”感知和“四肢”行为体验，就很难有“数字大脑”的正确决策，即便有了也难以准确传达。比如在技术条件允许的情况下，就可以从Web2.0的拟人化的城市大脑，上升到Web3.0的拟组织化的城市元宇宙，实施立体化的治理效果。

数智治理要由二维升三维。智慧城市、智慧企业的本质是融合，同元宇宙技术的融合性相吻合。以往对城市发挥治理的城市大脑融合了分散的数据资源、信息感知、运行系统，但依然是二维呈现。元宇宙已将虚拟现实、增强现实、混合现实、拓展现实以及数字孪生等沉浸式技术融为一体，还在融合数字智能等使能技术，这样就可将城市大脑的二维变三维，使虚拟与现实交互或映照，构建城市元宇宙。有人说元宇宙天然属于Web3.0，或者它本身就是Web3.0。

城市大脑治理、智慧城市建设可扩展相关组织。应用虚拟技术、智能技术，可以生长出感知和表达的“五官”，如未来取代头显的3D全息显示器，将展示逼真动态影像，而声学全息图将改善超声成像；通过垂直大模型和虚拟技术、数字孪生在产业上的应用，可以生长出城市产业的“四肢”；通过数智技术在家庭、社区和城市的广泛应用，可以生长出城市的“五脏六腑”，虚拟与实体交互，形成沉浸式的城市元宇宙。

向着城市元宇宙的形态努力。二维城市大脑势必要向三维发展，与其以后升级，不如在元宇宙萌芽期就在城市先行探索。其实有的城市大脑和智慧城市，已在应用虚拟技术和数字孪生技术，进行城市大脑升级的探索。如中国信通院提出数字孪生城市的构建路径和方法；不少地方还将对城市大脑、智慧城市、城市元宇宙等几种情况同时探索。以城市大脑为统帅，统筹其他部位，做全功能，就可以向着城市元宇宙的方向努力。

6G将会增强数智治理系统的动力

随着6G的加快研发，其将会参与数智治理的塑造，更会成为数智治理升级的动力。

6G是数字化发展的重要载体。从5G开始，移动通信就不再仅用于手机，它在使能并利用人工智能。6G有一些重要技术决定它本身是新基建的关键，比如原生智能、网络感知、极致连接、星地融合、原生可信、碳中和，6G的这些智能将会带来更广泛的连接、更智能的应用，将会促进城乡治理系统更智慧、更聪明，将会推进数字经济发展和人类生活改善。

6G将满足数智治理升级的技术条件。在智能方面，6G将具备智能感知、智能决策、智能优化的能力，可提供个性化、智能化的通信服务。无论是智能语音助手、智能推荐系统，还是智能物联网设备，都将更加智能和高效。它的其他多项能力指标也将属于智能性质，可以成为推进城乡治理系统发展的重要动力。

在形态方面，元宇宙如果取代数智系统的一般形态，自然要求高同步、低延迟，获得实时和流畅的完美体验，要求现实和虚拟世界之间的镜像或孪生，并通过通信网络实现同步。6G将会提供数智治理系统所需的物—机—人—数字空间的百亿级设备的泛在连接，完全可以支撑智慧城市、智能企业、智慧乡村的各类传感器和智能交通系统，以及虚拟世界与实体世界的交互，支持沉浸式XR通信、远程多感官呈现、全息通信。

从未来视角探索6G及其支撑的数字治理系统。现在的探讨都是预期，并非很快就能实现，因为大模型、元宇宙、6G都处于不同程度的技术研发中。这些技术研发仍有不确定性，有些技术应用即便进入产业和市场也需要冷静观察。如ChatGPT在2022年掀起高潮之后，市场又在降温；又如2021年以来人们对元宇宙有着美好期待，Facebook（脸谱网）部分品牌更名为Meta（元），许多互联网企业纷纷跟从，但似乎效益并不好，后来不少公司退出元宇宙转而一哄而上大模型；还如6G在各大国均处于研发初期，目前正在加快速度，具有广阔的应用预期和前景，但它又是个需要冷静对待的技术。应当注意的是，不要将技术研发当作产业和市场，中间还有若干环节；不要将未来愿景当作近期目标，两者大相径庭。有些技术在发展初期，逻辑上有缺口，而有的舆论却文学式地主动“补缺”，进而炒作，客观上误导了社会，让资本市场和相关产业如同过山车，上去了又下来了。对此，要让研发的归研发，产业的归产业，市场的归市场，保持清醒。

建立制度和法规体系以维护数智治理秩序

数智社会需要建立和维护安定有序、充满活力的社会秩序，这也是数智治理的目的和价值追求。秩序是某种程度关系的稳定性、结构的一致性、行为的规范性、进程的连续性和未来的可预测性。秩序意味着人身权、人格权、财产权、信息权等权利的安全性；意味着权利与权力、发展与安全的和谐。法律正是防范无序、制止脱序、补救失序的首要且常规的手段。法律是秩序的象征，是建立和维护秩序的手段，用法律建构和维护社会秩序就是法律秩序。社会秩序是体，法律秩序是形。面对数智经济和数智社会发展进行数智治理，原来的法律不适用了，修改的法律也很快就不管用了，法律的稳定性优势和社会秩序的常态化难以维持。[①]这就迫切需要建立适应数智社会的法律和秩序。

数智治理要贯彻法治理念。以法治点亮和引航未来，需要以法学支撑走向未来。把提高数智经济治理的精准化、智能化、专业化和社会化，同依法治理的制度化、法治化、长期化结合起来，全面把握数智经济和社会的治理问题，从制度、技术和法制诸方面推进治理体系升级，减少数字企业跨领域运营的成本与潜在风险。

随着数智社会运行和数智治理的发展，我们要把成功做法和有效经验制度化、常态化。根据数智经济、数智社会和数智治理的发展程度，不断出台、修改、完善数据治理安全的法律法规，平衡技术创新与风险、网络开放与用户安全、数据挖掘与隐私保护、数据垄断与竞争之间的关系，营造有利于数智治理的法律环境，打击数据滥用、数据泄露等违法行为，引导各方履行社会责任，坚守法律和道德底线。

数智治理要求算法与法律相结合。“生产资料之间的信息变得越来越对称，但作为信息匹配中介的人工智能却变得更不透明，其规则设计和运作从属于用户甚至开发者都无法理解的秘密状态，这就回到法律如何处理与代码的关系问题。”[②]具体体现为法律抽象化与技术黑箱化之间的冲突。“没有隐私就没有独立个体。但在数据时代，绝

① 参考张文显教授2020年10月13日在中国人民大学进行的一场以“‘未来法治’与‘智能社会法律秩序’”为主题的讲座。

② 胡凌.人工智能的法律想象[J].文化纵横，2017(2).

对的隐私让个人无法被联网和识别。最好的办法是突破制度与技术的手段，建立统一的数据保护平台，让个人可以了解自己的数据被政府、公司使用的情况，避免单独过度使用。”英国社会学家鲍曼曾认为，数字时代带来比监控更麻烦的问题，权力与政治在技术之下分离。传统政治囿于解决一个国家内部的问题，而跨国资本及其政治力量，却通过技术蔓延至各个领域，制造出更多不确定性。权力随着资本和数字网络流动起来，传统政治却对约束它们无能为力。作为对全球化资本权力的反弹，欧美各国“部落主义”思潮重新崛起，这就是英国脱欧、孤立主义在美国兴起的大背景。“政治、经济、文化、传媒权力都会被数据智能渗透，金融资本借助数字网络、智能投顾、闪频交易等技术在全世界频现。一些社交媒体催化了中东国家的动荡，数字权力越过主权国家的边界，纵横捭阖。甚至以往向外输出数字权力的美国，也开始担心被跨国数字权力侵袭，黑客凭借网络技术获得了威慑美国统治阶层的能力。这说明在数字权力面前无人幸免，预示着从个人到国家，都要加紧适应数智时代。数字权力形态如同福柯描述的现代权力，是错综复杂、多中心存在的网状结构。数字权力弥散在这张网中，难以捉摸。国家层面需要做好顶层设计，防止政府滥用数字权力。而恶意挑战国家与社会正常运行的数字权力已在现实中出现。”“美国白宫认为政府应该推动执法数据和公众数据的充分应用，以便算法系统正好帮助人类在犯罪报告、治安、保释、量刑和假释决定等方面减少偏见，做到高效、公正的决策。”[①]

数据爆发式增长，而人类的适应能力有限，也给罪犯留下可乘之机。传统的数据管控方式也显得千疮百孔，普通人或团体很难主动保护自己的隐私数据。这就需要多方努力，警方要利用大数据对付犯

① 李彦宏，等.智能革命：迎接人工智能时代的社会、经济与文化变革[M].北京：中信出版社，2017.

罪，科技公司可为此助力。依托大数据建立“安全号码库”和“诈骗电话地图”，将信息共享给公安机关，定位诈骗嫌疑人的号码和所在位置；实时拦截诈骗电话并在诈骗电话地图上同步显示、识别诈骗电话动态，“亮红灯”提醒用户。[①]

对数智社会的法制监管，须加强对市场不正当竞争行为的打击，明确多元化治理主体的权责，开展并行和分类监管，形成以国家治理为核心，行业自律、平台治理和社会监管广泛参与的立体化治理体系。

发挥数智治理的特点和优势以提升治理效果

数智治理具有数据的流动性、资源的复用性、平台的赋能性，在治理过程中呈现数字资源流动的开放活力，激发治理的创新热潮；数字要素重复使用的无限分享，实现着治理的低成本、高效能；数据积累赋能的广泛合作，输送着源源不断的治理动力。

治理的平台性、社群性和交互性，实现民主平等的治理效果

数智治理打破过去点状和线状的信息传输方式，站到平面和立体的信息互动平台之上，平台可以弥补单个企业资源有限、市场协调时滞的缺陷，在短时间内动员和协调人员、技术、设备，提供规模庞大的响应服务。疫情防控中数字平台高效配置资源，使平台企业积极组织人力物力，保障民生所需商品的市场供应，全球采买各类急需的医疗防护用品，通过企业快捷物流体系向疫区输送防疫物资，展现出数智经济的精准高效。平台企业发挥特殊的功能，比如有的电商依托自身公益平台及时发起募捐，为疫区购买输送急需物资，体现出平台企

① 李彦宏，等.智能革命：迎接人工智能时代的社会、经济与文化变革[M].北京：中信出版社，2017.

业直接联系各类人群的广泛性和持续性。[1]

各方面数据呈多方位、全息性、动态式的图景，反映现实的不同角度、时间和方位。在平台上大家是治理的参与者，也是被治理的对象，组织、单位和个人通过自己的终端或平台与不同的治理系统互动，或单向输出信息，或相互沟通，各群体互动参与，治理者与被治理者的身份界限由清晰到淡化。这与以往领导式、监管式的自上而下的单向治理系统不同，体现出多元主体和共同参与的特点。原来较多的以人为主的监管角色过渡到由智能机器辅助的多元治理主体，这会减少许多人的主观影响，能毫无保留地坚持原则，达到一视同仁的治理效果。

数据对不同事物和行为价值及其关系的反映，使原本复杂的关系变得简单

每个人都是数字信息的提供者，物联网让万物都以活的数字存在，数据具有一般意义上的价值，不仅是智能技术形式，也是信息的表达方式，是重要的商品资源，还是生产和工作的组成要素。2009年英国明确提出数据成为信息时代的新货币，治理中的数字不仅反映自身价值，还能够同货币一样，反映各种数据体现的事物、行为的价值以及事物之间、行为之间、事物与行为之间的相互关系及其反映的价值程度。随着技术应用的程度和普遍性不同，开始可能在同一个工种、同一个行业、同一个层次等相近的方面，以数字为尺度衡量相关的工作，之后可以在不同工种、不同行业、不同层次等方面，确定数字代表事物的比价关系，使数智治理标尺具有广泛意义，使原来复杂的治理和监管变得简单，进而提高治理效率和效果。这种特点有赖于数字技术的充分运用才能更加突显，使数据普遍打通，推进数字确权，推广数字市场。

---

① 赵志耘，杨朝峰. 大数据：国家竞争的前沿[J]. 党政论坛（干部文摘），2014(1).

数智治理过程中决策和执行的统一，撤除了许多不必要的藩篱和梗阻

数智治理的重要作用在于决策，通过收集和积累规模数据，夯实数据分析基础，将分析成果应用在决策过程。越是大范围决策，越需要企业数据与政府数据的整合，进而建设数字政府和智慧城市，在此基础上形成更大范围的一体化数据平台，各平台统筹更多数据，加强宏观的数字分析，有助于提升企业、社会组织特别是各级政府的决策能力和水平。无论企业和单位，还是领导和管理者，都更多地依靠数据做决策，减少了人为分析与管理的比例。数据及其分析是决策的重要依据和参考，对决策组织和决策者素养提出了更高要求，决策水平最后又取决于决策组织能否很好地参考和利用数字分析的成果。

过去人们推崇果断决策，甚至把决策组织的作用都放在主要负责者身上。好处是决策责任明确，谁的决策权力大，谁担负的责任重；弊端是决策者担心承担决策风险，出于个人名誉或晋升考虑，可能导致将难度大的决策推给数据分析结果，或者过度保守或者决策滞后，错失机会。应将数据分析的决策辅助作用与决策组织更好地结合起来，让决策后果与个人责任和声誉脱钩，在数字信息的基础上建立集体决策机制，共担风险，共负责任。

由于决策数据来自各方面，既充分挖掘过去的信息，也遵循数据规律，推理和预测未来形势，在庞杂的信息数据中涌现出大量的意见建议。每个人都是信息的接收和改编者，都可以扩散信息。比如，疫情中民众在网络上表达求助救助的意见和建议，如果充分利用这些网络数字信息，就会收集到来自实践的最有价值的建议。例如，有的人利用网络发起为困难者捐助的活动，从筹集物资到安排运输，精准性强且路径更短，其实也是一种微型治理。人工智能和算法不带任何偏见地综合出有科学依据和民众基础的最优方案，一旦被决策机构选择

拍板，在认识和执行中会减少阻力，因为汇聚数据信息就是集思广益的过程，经过数字信息形成和过程中的讨论争辩，特别是多元数据的来源和间接参与决策，甚至决策主题都可根据信息反映较集中的社会矛盾来确定，这符合认识逻辑，也使决策具有相当高的透明度和科学性，省去往常那些动员和宣传解说工作，有利缩短了执行的准备过程，增加执行自觉性，减少行动中的阻力。

多域空间融合助力智能决策

万物互联使权力要素的流动、作用和交互都将超越人脑的思考能力，因此会更多地依靠人工智能辅助决策和调度。随着人工智能、脑机接口、高性能计算、复杂系统理论与建模等技术快速发展，社会将进入多域融合空间，智能决策将成为支配权力要素流动的主要动能，智能决策将成为权力优势的集中体现。

第一，更能适应复杂的决策。智能技术和复杂系统理论不断发展进步，将类脑芯片的实时数据采集能力与传统计算机的符号处理能力相结合。如美国空军研究实验室与IBM公司合作研发类脑超级计算机，实现智能化的数据分析和处理。洛克希德·马丁公司研发的“综合危机预警系统”（ICEWS），就用于监视、评估和预测国家、地方和内部危机。随着智能感知水平的提升，能更早感知治理问题，使决策前置。

第二，加快决策频率和速度。智能决策的普及将使决策速度加快。美国国防创新试验小组（DIUx）曾预计量子计算会把预测决策的速度和准确性提高一个数量级。如在量化交易中，基于人工智能算法的金融市场高频交易已非常普遍，尤其在量化对冲基金中的使用，美国文艺复兴科技公司已超越人工交易能力，并开始大量普及。

第三，对抗性决策。谷歌旗下的深度思考公司（DeepMind）的AlphaZero的成功，就实现了对抗性决策的智能技术，使决策工具不需要通过学习人类经验智慧，而通过相互对弈，在对抗中学习、加速进化，实现决策能力的指数级跃升。未来在智能决策中，为体现系统的非线性特性，必将引入对抗性决策机制，使决策效应在对抗中得到更准确的评估。

第四，算法应用推动智能决策。智能决策的巨大效力，使各领域多会采用。美国国防部设立“算法战跨职能小组”（AWCFT）进行战争博弈、建模仿真，以全面提升军事决策的速度和效率。智能决策能力在很大程度上取决于算法，围绕智能决策算法的竞争将更趋激烈。①

未来政党政治的数智治理特色

华东政法大学高奇琦认为，技术进步影响政党政治的发展演变。信息化、网络化和智能化，都会反映在社会治理中。如选举过程采用信息化手段和方法，开展调研、民意预测等，技术成了赢得选举的重要助力；网络支撑的社交媒体软件兴起，候选人和选民可近距离沟通，政党没必要通过组织进行动员；智能化发展使政治动员更为扁平，通过推荐算法精准锁定用户偏好和需求。政党能否获胜在很大程度上依赖于技术和资本的力量。特别在西方选举政治体系下，政党功能重在选举，技术发展将加剧西方政党政治异化和极端化，加速社会撕裂。中国强调民众团结、社会和谐，不管是精准扶贫，还是倡导构建共同体，都将社会作为一个整体看待，有利于避免智能社会极化问题。②

当然，要注意对技术运用的泛化，根据治理现实所需，有区别地运用技术工具。决策前，用数字智能手段，征求各方意见，集思广

---

① 唐新华.技术政治时代的权力与战略[J].国际政治科学.2021，6(2).

② 季思.加强世界政党研究 开创政党外交新局面——“疫情背景下的世界政党政治走向和政党外交”研讨会观点摘要[N].光明日报，2020-06-29.

益；选举中，通过公民手机等终端投票，防止弊端，充分利用算法，尽快得出结论，接受公民监督，即时唱票，但不能将所有治理都搞成民意投票，因为不是所有治理都适合这样的方式。比如，调查病毒的来源，通过民主投票只能更加混乱。其实明智的办法是加强专家力量，联合攻关，借助科学得出结论。

清华大学教授赵可金认为："随着数字化、智能化的发展，数字型政党可能体现几个特征：价值上，趋于认同型政党；组织体制上，更加重视共享平台；民意基础上，高度关注'粉丝'数量。政党的数字化发展，驱动政党外交的网络数字形态，对此要积极采用新技术，创新外交手段，打造'云外交'机制。这样可以更加开阔视野，关注人类共同命运；可以采取更加多样的形式，探索使用新的数字平台进行传播；实现参与主体的多元化，促进官民结合、各界联动，催生突破传统外交框架的多种新机制。"[①]同时，还能通过网络征求民意，与重要政策的咨询、代议相结合。

海量数据的智能运用形成综合治理模式

数智治理发挥战略治理和算法预测的优势，立足长远算大账。宏观的数智治理，克服了头疼医头、脚疼医脚的教条式缺陷。比如，疫情期间把防控、治理、恢复生产、缩小负面影响等各环节都融为一体，宏观统筹，分步实施。再比如，在数智治理中产生的"共享员工""共享人力"，降低了创业就业的门槛，缩短了择业就业的时间，减轻了待业中的焦虑和痛苦，保护了招聘中的个人隐私，提高了工作效率。

中国制度适应数智治理，将举国体制与民间活力相结合，调动一

① 季思.加强世界政党研究 开创政党外交新局面——"疫情背景下的世界政党政治走向和政党外交"研讨会观点摘要[N].光明日报，2020-06-29.

切积极因素。在防疫中运用数字系统快速动员，发挥国有医疗卫生机构、军队、国有企业的优势，组织有方，灵活调度，为防疫提供强有力的保障。在数字技术支持下，使现有制度比市场机制反应更快，了解供需更准，也更具民主和平等精神。

在全球化条件下，宏观治理也是长远治理，需要覆盖更大范围的治理主体和对象，短期内很难实现。随着各国和地区的联系越来越密切，只有不断优化完善整个治理系统，重新组合各种要素、降低治理成本和提高治理效率，才能使数智治理更好地发挥作用，将国家治理与全球治理衔接起来。要适应数智社会的开放性、共享性和长远性特征，尊重不同发展阶段国家和地区的实际，从世界多样性和不平衡发展中认识数智治理系统的复杂性和技术支持程度，将线上治理与线下治理相结合。数智治理虽然是主要方式，但并非独立于所有治理，是整个治理中不可或缺的部分。

数智治理要与传统、域外的治理方式共融，并留有接口。在数字技术支持程度不同的网络信息和数字智能的合作中，协同打造全新动能，逐渐开辟网络空间秩序的有效途径，推动数智治理能力现代化，降低数智社会的安全风险，维护网络空间的正常秩序，增强全球数智治理环境的正面效应，降低国与国之间面临的经济、社会和政治安全风险，维护全球的网络空间秩序，改善全球数智社会和福利状况，共建人类命运共同体。

数智治理要拓宽界面，深化信息安全领域的国际合作，共同应对网络威胁，构建开放包容、公平合理、安全稳定、富有生机活力的全球网络空间治理体系。在数字生态共同体中，需要更加开放、包容、协作，把更多的精力和智慧放在创造增量、把蛋糕做大上，不搞零和博弈、存量厮杀。中国积极推动基础设施建设互联互通，加强经济政策协调和发展战略对接，这些举措将有助于促进全球协同联动发展，共同携手走向更加开放的未来。

Chapter 1

第十六章
突出社会特征的三色治理

社会治理，是效仿红黄绿三色的交通治理模式，创建预防、转化、处置的治理方式，突出社会性。

三色治理是将治理对象或工作分为红黄绿三种颜色，分别象征危机状态、风险状态、正常状态，要巩固提高正常状态，防范转化风险状态，快速处置危机状态。

三色治理是全世界听得懂的语言、看得懂的符号，让人们能直观地对事物做出判断。用三色治理易于理解，符合人性，会提高效率。

三色治理的功能

三色治理需要将治理对象划分为三类或几类，动态观察和把握不同种类的变化，针对不同情况，运用不同手段，作用于治理对象，实现治理的目标。三色治理的不同功能要结成机制，建立不同模式，采取不同的治理方式，得到理想的治理效果。

客观描述治理对象，科学预测风险

事物都不平衡，三色治理符合事物不平衡的规律。认识社会的不平衡，区分不同的类别或程度，是治理的起点。三色治理就是要把治理对象划分为三类或者几类，大体分成好中差。以往划分事物或治理对象，基本靠统计、调查、目测等方法，现在数智治理有了大数据、物联网、人工智能等技术手段，将数据作为社会的重要资源和要素，数据庞大，有云计算等工具，很易区分好中差等情况。不过，描述治理对象的不同情况要客观、全面。

社会治理要注重识别风险，辨识危机，解决问题。在大致分类的基础上突出预测风险、问题和危机。预测是为了预警和预防，要在红黄绿三个区域寻找不同程度的问题，这是最难的工作。数据反映一定的情况，数据的自动分析能更好地说明情况，面对复杂社会，辅之以别的方法，既要认识现象，更要分析本质；既要看到现实危机，更要预估潜在风险和危机。将代表危机、风险和问题的红色区域认准，做出分析判断。要把代表一定风险或者潜在风险的黄色区域分清，拿出充分的证据和材料予以说明，这可能是三个区域最难把握的。对于代表少量风险或没有问题且很正常的绿色，要看到它的优势和发展势头。把红黄绿各区域的特点说清搞明，要有定量的依据和定性的理由，读出它们的现象，透视它们的本质，做到区别治理。

比如对于企业的三色治理，就要创新一代信息技术应用，创新风险预警管控模式，提高对风险的预测、预警、预防能力，利用物联网、大数据等技术，加强企业生产现场数据的实时采集和分析，提高对潜在安全隐患的发现能力。对企业资金、市场、人员等安全风险深度挖掘分析，从资金流动、人员管理、市场渠道等方面及时洞察可能影响企业正常运行的风险因素，对企业治理划分三色标志。

识别风险和危机是社会治理重要的步骤，要有风险和危机意识，做好预测预警预防的工作。《深圳2050城市发展策略研究》中写道，面对充满不确定性的未来，“危机预警”与“愿景畅想”对深圳的未来同等重要。不仅需要畅想更好，更需要预防更坏。深圳之所以长期占据各城市前列，不仅有城市远见，还在于其骨子里的“危机意识”。他们立足未来主动预判当下可能出现的若干危机。比如，全球化转型加剧城市竞争，国际枢纽链接能力、全球感召力、社会文化特色等领域出现短板，国际化水平亟待提升；比如，在科技创新与经济转型的挑战中，创新企业遭遇劳动力、租金、营商等成本快速上涨的多重挤压，城市创新生态面临着破碎化、僵化的风险，可能丧失持续的创新基础和创新动力；比如，人口红利减少和城市衰退威胁，移民精神衰退和本土文化消亡，等等。之后，他们意识到未来城市潜伏的危机也许比“深圳2050”预判的更加复杂、更早抵达。深圳重视未来风险和潜在危机的预判，传承远见，主动作为，“不做危机斗士，而要做风险的主动管理者”。[1]这就为深圳市的风险和危机管控和治理摸清了底数，夯实了基础，变防火型治理为预防性治理，变被动为主动，把握了治理主动权。

三色治理将治理对象或工作分成上中下三个等级，便于治理主体、对象及其各方面掌握。其实在一些社会治理中，有的情况非常复杂，仅用三个等级难以区分治理对象的复杂程度，因此，也可用同样的方法，将其分为三种以上更多的等级，以便更有针对性地治理。在一般情况下，分的色彩越多，对每个层级把握得越准，但治理起来也会过于烦琐。因此，一般的情况可分为三种颜色，较为复杂的可分为五种。

比如，有的基层情况较为复杂，就采取基层治理的“五色预警”方式，提升风险防控的前瞻能力。像杭州市基层社会治理重点事件风险评估“五色图”，就是以普遍关心的火警、交通亡人、电诈、偷盗等八类社会治理重点事件为中心。通过红、橙、黄、蓝、绿五种颜

① 吕晓蓓，孙文勇，樊德良.深圳2050：面向未来，主动预警6个危机！[EB/OL].澎湃，2020-09-02.https://m.thepaper.cn/baijiahao_8993281.

色，对杭州各区的这八类风险进行分级预警。基于这样的“五色图”，市平安办按照“主抓一级、预警两级”要求，每季度生成各地区的预警报告，指导各区县和乡镇街道分析重点事件，评估风险，研判趋势。对排名靠后的地区，联合行业主管部门专项整治，提升本地区、本部门的治理实效。“五色预警”把社会治理重点事件按镇街加权排序，突出重点问题和关键单元，进行分层分类精准治理。推动基层对标管理、互比互学，从“被动响应”向“主动预见”的转变，及早尽快地防控处置风险隐患，维护一方平安。[①]

未来治理有必要从追逐式治理变成预测性治理，把处置危机变成风险防范。

动态观察，适时调整

红黄绿标志的不同状况是动态的，鉴于多种因素会产生各种变化。一般绿色的区域会很大，经过工作绿色区域会再扩大，黄色的在缩小，红色的在变淡。要根据变化的情况，通过科技手段和人为工作，综合分析，适当调整，根据变化了的对象，调整力量和方法。

指示交通的红、黄、绿信号灯一直在动态变化。百度地图具有显示一个路段拥堵的预警功能，如前方路段畅通会显示为绿色，拥堵则会显示成红色，提醒用户选择其他路线。如果有A和B两条路线可选择，此时A路线拥堵而B路线畅通，那么我们都会选择B路线；当越来越多的车主选择B路线，那么B路线将会拥堵而A路线又会畅通，此消彼长，千变万化。百度地图、高德地图等领先的定位功能，可实时更改当前的路况监测结果，精准地告知每一个位置的用户当前所面

① 朱颖婕.杭州发布基层社会治理“六和指数” 同步建立重点事件风险评估五色预警机制[N].杭州日报，2020-08-17.

对的路面情况。还可通过数据可视技术和各种评估手段，描绘一座城市的日常脉搏，比如上下班人流数据变化，仿佛城市在吞吐呼吸。[①]

上述是交通的三色治理，它的动态相对典型，社会动态会相对稳定一些，但变化是常态，根据治理对象性质的不同，总要在原来三色的基础上，从静态管理向动态跟踪反馈落实，及时调整对象等内容。

分别工作，积极转化

三色治理意味着治理的各方面不是一律的，能体现出区别和针对性。

一是针对绿色对象，主要是做稳定、巩固、提高和扩大的工作。这是治理对象中最好的一种情况。认清这个对象良好的现象、优势、做法和经验，搞清为什么它能保持得这样好，而其他治理对象却会不同程度出现问题。总结这个治理对象的经验和规律，既要让自己珍惜和发扬，又要让其他治理对象借鉴和学习。做这个治理工作虽然负担不重，但是要随时加强预防，防范由绿变黄，出现潜在的风险和问题。还要吸取黄色对象由正常状态变化到风险的教训，寻找造成这些状况的原因。

二是针对黄色对象，主要防止潜在风险转化成现实风险，防止现有风险转化成现实危机。黄色对象是中间状态，是绿色和红色都要争夺的阵地，常发生治理中的拉锯战，因此，要用积极转化取代消极转化，策略方法至关重要，一方面做好面上的工作，促进环境和氛围的积极转化，另一方面做好重点人、重点环节、重点事件的工作，促进积极转化。转化是这个治理对象工作的重点，可能要激励和约束并

---

① 李彦宏，等.智能革命：迎接人工智能时代的社会、经济与文化变革[M].北京：中信出版社，2017.

举，对已经积极转化的人、事和环节要予以激励，对坚持危险立场甚至扩大消极面的，要严肃对待，用防范、警告、惩处的方式以儆效尤。

三是针对红色对象，抓主要矛盾，区别多数与少数，孤立极个别，曝光其恶行和事实，毫不犹豫，坚决处置。让多数人看到形势的转化，看到希望，从而一部分一部分地争取不明真相的人，让他们从风险和危机中解脱出来。如果纯粹是对人的治理还好些，不少是对非人对象的治理，还要应用不针对人的转化工作和措施。比如，冬天森林大火的危机治理，夏天易燃易爆的风险治理，都要有三色治理的应对方案。

三种治理各有重点，方法相互配合，促进红色向黄色或绿色转化，促进黄色向绿色转化，扩大正常状态，缩小中间地带；最大程度、最快速度地处置风险和危机状态，抓住关键环节、关键事、关键人，至少要向黄色状态转变，进而巩固成果向绿色状态延伸。

三色治理的优点

广泛适宜的普遍性

三色治理的广泛性涉及对世界、国际、国家的治理，对社会各阶层的治理，对宏观、中观和微观的治理，以及对组织、人群、物质状态的治理。

一是全球治理可分为三个层次、三种状态、三个目标予以治理。三个层次，即分世界、国际、国家的不同范围治理。三种状态，即稳态、非稳态、中间态的治理。三个目标，即维护共同利益，捍卫人类命运，保护生态环境，共排战略性风险，争取世界和平、富裕、安宁；各国相互尊重，平等相处，共同合作，遵守规则；国家和地区要服从和维护全球秩序，着重国内稳定和发展，消除局部风险。

二是全球宏观的三色综合治理。例如，全球治理要将秩序防治治理、要素转化治理、危机处置治理，分别想象为绿色、黄色和红色标识，将三者结合起来统筹治理。一要巩固和维护以联合国宪章宗旨和原则为基础的国际关系基本准则，发挥国与国之间、区域间、全球性的各种平台作用，包括国际货币基金组织、世界银行、世贸组织和二十国集团等很多组织的治理作用，随着更多的区域性治理平台的发展，不断去对接全球治理平台，由诸边协定的区域规则向多边协定的全球规则发展，让世界朝着拥有一个合理强大的全球治理平台前进。二要尊重世界经济格局正常变化的实际，接受全球贸易发展中国家和发达国家在贸易和投资中占比的变化，比如过去是3∶7，现在是4∶6，要适应积极转变去治理，还包括增加治理环境的内容，以及将数字经济中跨国公司的互联网广告收益纳入直接收税范围等。三要防止美国推行逆全球化，反对霸权主义挑战世界秩序，防止美国产业转移出去后在贸易和投资中受益的国际公司、跨国公司与不受益的底层人民的国内矛盾向世界转嫁，特别是联合别的国家制裁他国，搞无原则的大国博弈。

三是微观的街道社区移民的三色治理。例如，云南昭通鲁甸县砚池街道针对移民安置区青壮年劳动力外出务工、留守老人和青少年较多、特殊困难群体比重大等情况，依托安置区智慧管理平台进行数字化建档，以“红黄绿”三色标签化识别，实现社会治理底数清、情况明。他们对就业稳定、生活物资、养老需求、就医需求、就学需求、人身安全都有保障的家庭标记为“绿色”，对有基本保障的家庭标记为“黄色”，对独居老人、空巢老人、困境儿童、留守儿童、大病患者、残疾家庭等特殊家庭标记为“红色”。实行“街道、社区、片区、楼栋、住户”五级网格化分级管理，对“红黄绿”三色家庭逐户制定帮扶措施，全面落实社保、产业、就业等帮扶措施，多措并举筑牢防返贫底线，持续巩固拓展易地扶贫搬迁脱贫成果。落实“日随访”“周跟踪”“月监测”，网格化推进社区服务优质化。让参与组织有力、引领干部有为、整体服务贴心、社会治理有效，不断提升群众的幸福感、安全感和获得感。[①]

四是三色精准管控共享单车等非机动车的停放。共享单车乱停放是城市治理新难题。上海新虹街道城运中心大屏显示区域内共享单车的注册数量及违停数量。屏幕上有多个用红、黄、绿三色标识的点位，代表该点位非机动车停放量的饱和程度。比如新虹街道内的哈啰单车，通过前期安装的蓝牙道钉来规范停放，对于没运用道钉技术来监管的共享单车，通过街面探头和人工巡视来劝阻、管理违停现象。通过这套试运营的数字监管，将已饱和的点位推送给共享单车公司和街面巡查人员，督促其及时清运，同时在不饱和的点位补足车辆。新虹街道探索“政府—单车公司—商务楼宇”三方共治模式，使街面上所有非机动车都能有序停到点位中，街面变得整洁。[②]

牵一发而动全身的综合性

三色治理可将主体、对象、方式、性质、目标等复杂的治理要素简洁地展现出来。明确三种色彩，能一以贯之，理清治理的所有方面。

划分红黄绿，表明红色是处置的重点对象，是危机状态，要分派骨干主体、使用处置手段，通过治理达到黄色甚至绿色的目标状态；黄色是转化的重点，需要具备转化能力的主体，应用适当的转化方式

① 邹树娟.昭通鲁甸卯家湾安置区“红、黄、绿”分类 社区管理创“妙招”[EB/OL].澎湃，2020-07-09.https://m.thepaper.cn/baijiahao_8204428.

② 金旻矣．“红黄绿”三色显示共享单车饱和度 上海城管推广城市环境治理数字监管[N].新民晚报，2022-10-09.

和手段，争取转化到绿色的目标状态；绿色是巩固提高的重点，属于稳定状态，需要具备巩固和提高的工作主体，应用总结鼓励促进的方式，实现巩固和提高的目标状态。

上下左右的程序性

三色治理可以促进条理地思考问题，更睿智地做出决策，提高执行效率。比如，可以明显减少80%的无效会议时间，明显提升会议效率；可以让人摒弃自大的缺陷，促使客观中立地审视当前的议题；推进思考的条理性，避免陷入混乱状态。尤其要针对苗头、倾向、趋势性的问题实行“三色预警”，补齐基层风险治理短板，不断提升对各类风险预警防范、源头化解的能力。

一是在程度上，区分道德、制度、法规三种力量。对于绿色状态，一般使用道德感召力量，辅之以另两种办法，去巩固提高和促进；对于黄色状态，一般使用制度的力量，辅之以其他两种方法，促进向好转化；对于红色状态，一般采用执法的办法，辅之以另两种办法，惩治极少数，以儆效尤，挽回局面。

在实现治理目标上要达到渐渐提高的程度，比如有的基层社会治理目标，先是要求保持良好的社会秩序，进而要求提供优良的社会服务，最后要形成有效的治理格局。这样讲究治理策略和方法，能激励基层，肯定成就，提高信心，向着更高的目标努力。

二是在程序上，区分告知、督促、处置三种方式。有的治理将红黄绿三色用在治理某件事的不同程度上，对于有一定问题的对象，先是绿色劝告，督促其自查自纠；对于不听劝告的则黄牌警告，督促其尽快改正；对于警告置之不理的则亮出红牌，予以处置处理。江苏宿迁市泗洪县城管局针对小区治理中条块联动不够、部门权责不清、执法效果不好等问题，综合执法进小区采用绿黄红“三次告知”方法，对小区内违法违规行为，在小区管理人员口头提醒尚未制止的情况下，实行三次告知制度，第一次“绿色”告知书由小区网格员、物业巡查员下发进行教育劝导，第二次“黄色”告知书由社区、驻点执法员进行警示整改，第三次“红色”告知书由街道小区管理部门、执法单位职能部门下发进行执法处罚。这种条块联动、三色动态综合执法，让综合执法在小区的工作更有温度。[①]

三是在顺序上，区别事前、事中、事后三个阶段。社会治理是个完整的链条，各环节彼此有序地串联在一起，完善事前、事中、事后全程治理机制，形成从源头到末梢的有序闭环，实现全过程、全要素、全场景的动态治理、系统治理。这就需要准确把握社会矛盾风险的发展过程、发展阶段和发展的内在逻辑，从源头、传导、转化等关键环节打造风险防控整体链条。做好事前的预防、预测、预警，事中的调查、应急处置，事后的恢复、评估、总结、学习，使其逐渐成为风险应对和危机治理的科学程序。

针对性治理的精准性

三色治理能防止胡子眉毛一把抓，避免烦琐的清单式管理，可以有针对性且精准地按层次、分步骤治理，也可以分流治理，找准靶向，精准施策。

一是测评治理对象及其问题要准确。如同诊断治病一样，能够判定某个社会范围或单元存在什么问题，原因何在，至关重要，这是对症下药的前提，否则问题不清，粗放治理，难以解决问题。

二是确定治理对象和方式手段要准确。有的问题在基层，根子在

① 王恒，蒋运樑，董亮. 泗洪县城管局“条块联动”让综合执法更有温度[N]. 新华日报，2021-07-29.

上层，如果把治理力量集中投入基层，企图消除乱象，很难奏效，要防止上级患病，下级吃药。这种情况的治理对象应该是上层，而不是问题存在的基层，要讲究艺术和策略的治理方式方法，需要运用政策、理论，甚至攻心等人性化方式予以解决。

三是扩大治理效果要精准。当治理好某个问题后，就要举一反三，治理有同样问题的其他地区和单位。但是这个扩大不是随意的，而是用同样方法扩大战果，解决其他地方存在的类似隐患。比如，按照基层乱象根子在上层问题的良好治理方法，治理同类的问题是精准，如果用同样的方法治理本身是基层产生的问题，就是欠精准，不一定管用，而且还会惹出麻烦，扩大问题。

三色治理的探索和完善

要着眼于治理的协调和机制建设进行探索和完善，强调治理的社会性和人性，将治理实践的总结提升到理论层面，以便在治理实践中发挥一般性指导作用。

社会治理过程中的各种协调及其机制建设

社会治理应该是全社会的共同行为，在治理中一般会遇到三类问题，即线性的、非线性的和系统性的。线性的问题，可以用逻辑化思维解决；非线性的问题，可以用结构化思维解决。但现实里，往往场景更复杂，因果关系被颠覆，用逻辑推理和结构化思维很难抓住问题的关键，这就需要我们站在更高层面，以更宏观更系统的角度去看待和解决问题，这便是系统性思维。社会治理问题需要到系统层面去思考，非单点能够突破。缺乏系统性思维，容易犯这几种错误：只看细节，不看全局；只顾眼前，忽略长远；只看表面，远离本质；本位主义，屁股决定脑袋；头痛医头，脚痛医脚。三色社会治理系统，要养成先看整体再看部分、先看全局再看局部、先看宏观再看微观的习惯，以点带面，让不可能变成可能，让可能变成现实。

社会治理协调系统是若干相互作用、相互关联的要素组成的具有特定目标和功能的、复杂而又统一的整体，系统拥有其单独部分不具备的特征。

社会治理系统包含要素、连接、系统功能和目标，还包括治理主体、治理对象、治理方式、治理方法等，几者之间形成一个系统。治理主体要明确治理对象，主体和对象要明确治理的方式和方法以及目标。

主体、对象、方式、方法、目标等不都是单纯的，主体包含几个可能各不相同的情况。比如，治理主体有许多，本身就需要协调。社会治理主体分为政府主体、市场主体和社会主体。政府主体包括各级政党组织和政府机关，它是社会治理的领导者和指导性力量；市场主体包括企业、消费者和各类行业组织，它是社会治理最主要的资源配置者；社会主体包括社会组织、公众和公民各种形式的自组织，它既是社会治理的对象，也是社会治理的主要参与者。

增强社会治理主体的协调性，关键要促进治理主体间的协调配合、紧密衔接。协调是具体的，政府主体要明确它的边界，市场主体要发挥其整合功能，社会主体要有参与治理的积极性，更重要的是加强政府、市场、社会主体之间的沟通协调。不仅要根据各治理主体自身的特点和需要有目的、有针对性地进行优化和改进，还要不断加强各治理主体之间的沟通和协作，这对于市场和社会主体了解政府动向、领会政府政策，政府指导市场和社会主体运作、获知市场和社会信息需要具有双向促进作用，实现政府治理和社会调节、居民自治良性互动，为社会治理的活力和秩序提供制度和组织保障，使各主体能够团结一致，有效推动社会治理。

要注重处理好社会性三色治理、科技性数智治理、生态性自然治理之间的协调，三者治理各有重点，在针对同一对象的治理上，需要协调配合，这样的协调、衔接和交互能保证治理系统的完整性。

社会治理的系统有三大特性。一是适应性，这个适应性包括上层与基层、秩序与活力、常态与应急、城市与乡村、线上与线下，这些方面既有各自特点，又要彼此适应，才有利于系统内的运转，而且这些要素间的相互影响会形成回路关系。系统原有的变化态势不断被强化，形成强化回路，强化回路一旦形成，就会自我强化，直到系统的上限，调节回路来控制它。比如，全球治理就是全球问题的各相关者，包括全球问题的制造者，为了控制、缓解甚至解决面对的全球问题而进行的全球协同。或者是各相关方和行动者避免“非协同”甚至“失序”而选择协同，促进相互适应，缓解矛盾直至解决问题。

即便是特殊的社区建设和治理也需要培养起自身的适应性，促进经常性协调，形成机制。比如，超大城市社区政社协同包含横向“链”和纵向“块”两种混合治理机制，其中，“链”有利于扩展公共服务分工，提高公共服务的敏捷响应能力，“块”有利于增加多元公共服务主体，提高公共服务的有效供给能力。两种机制的相融互补，对政社协同治理的有序运行与效能产生影响。[1]

二是层次性。层级为系统的空间结构，系统内部往往分为大系统—子系统—子子系统—要素。信息流和物质流沿着层级传递，上层决定下层。顶层设计就是从系统层面去设计好上层和结构，好的结构会让信息流和物质流在各层级高效传输。比如，从治理主体而言，无论政府、社会和企业，都有上层、中层和基层，有些问题在基层，但

① 李健，李雨洁.链块结合：超大城市社区政社协同治理机制创新——以北京市“回天地区三年行动计划”为例[J].北京行政学院学报，2022(6).

是问题根源在高层，就需要围绕重点和一般统筹三个层次来合力解决。从治理对象的现状看，社会公共问题通常呈现多层次性，要准确界定社会治理的危机、风险和一般现象问题，危机是深度问题，风险是中度问题，一般问题是浅层次问题，需要根据不同层次用不同的治理方式和方法，才能保障治理效果。在治理手段上也将道德治理、制度治理、法制治理分为不同层次，对症下药，有针对性地治理。在强调顶层的设计、方向、指导的前提下，抓好基层最为重要，因为大量矛盾都发生在基层，即便有的发生在高级机关，其内部也分层次，也有相对应的基层组织。

三是自组织性。当社会治理系统的要素、回路、结构、目标设定好，系统就会朝着目标自运转。社会是一个大系统，组织和个人都是要素。中国城市管理社区事务的是居委会，农村是村委会，还包括各种由居民自愿组织成立的业委会、中介组织等自治组织。无论哪类自治组织，都由所在社区居民选举成立。社区的大多数居民有意愿参与社区居委会或村委会等自治组织，包括法制宣传教育、精神文明建设、社会治安维护、居民权益维护、居民建言献策等，也有一些居民对各种公共活动没兴趣，在自身利益与社区公共利益相冲突时，会违背社区自治组织治理规章制度与行为规范。基层自治组织在探索中强化领导、坚持动员、募集资金与优化规划设施，提高治理能力，增强自治组织的吸引力、凝聚力、服务力和监管力，致力于解决实际问题。曾经的“枫桥经验”是基层解决矛盾的经验，现在又发扬光大，更注重本源，最大程度地把矛盾风险防范在基层，化解在萌芽状态。

社会治理的系统思维夹杂着对商业、人性、文化的深刻认识，整套系统状态都朝着设定的目标推演。通过系统性思维解决问题，在系统中施加某个小的变化或动作，让系统发生显著改变，起到事半功倍之效；运用多模型思维工具，调动较多资源，为不同时间节点的阶段性小目标服务，进而实现社会治理的某个大目标。

社会治理系统处于良性的动态中，输入与输出平衡，整体大于局部，信息和物质的流动很快，表现出的结构很美。[①]

三色治理的社会意义和人性价值

数智治理、自然治理还不是完全意义上的治理，治理要体现充分的社会性。社会治理要有必然的动态性、发展性和延续性，要考虑不断发展变化的社会经济背景对不同人群的影响，不能完全靠规章条例一律化治理，冰冻三尺非一日之寒，要允许人们有个转换过程。

社会治理要倡导“和谐”。社会本身是一个有自组织能力的有机体，通常处于一个生机勃勃的过程，不能试图用某种强力或蛮力去支配社会，要让社会本身发挥自我生存、自我发展乃至自我纠错、自我修复的功能。社会治理需要高超的“治理艺术”，在收放张弛间拿捏得恰到好处。

社会治理要尊重社会本身的多元性。社区由各个阶层和群体构成，不同阶层和群体的经济利益、社会地位和政治诉求不一样，要重视治理主体、对象的多元化，不论多数少数，不论强势弱势，不论公立民营，共同参与社会治理，共享发展成果。

社会治理要体现“互动”。即便是“一帮一、一对红”，也要体现两者的平等和尊重，不是先进的带动了落后的，而是在相互尊重的前提下走到一起。先进也有弱点，后进也有长处，要引导全社会达成利益共识，尤其要针对长期目标的利益共识，建立适合多元主体参与的

① 苏格柏图.真正的高手，都在用系统性思维！[EB/OL].个人图书馆，2023-01-16. http://www.360doc.com/content/23/0116/14/44523557_1063876814.shtml.

治理框架和社会机制。在行动上是互动型的，上下配合，同心同德，使多元主体都能提出自己的利益诉求，在沟通交流、相互妥协、协商一致的基础上达成共识。

社会治理要把握和理解人性中的积极力量。治理的最小细胞是人，治理的根基在人性。治理中面对的多是负面因素，要看到人性的弱点，比如贪欲、偏见、自私、狭隘、极端、攀比、虚荣、嫉妒等，这些都是人性中的消极力量，会引导人走向堕落甚至违法乱纪。因此，要积极把握正能量，如智慧、开明、上进、宽容、仁爱等，这会引导社会更加文明和高尚。

三色治理就是要通过适宜的方式方法，扩大人性中引人向上的力量，缩小人性中引人堕落的力量。人性是一切治理学的基础。由于人性复杂，要将启迪人性的道义与防范人性的措施相结合。任何一种治理和管理模式都应多管齐下，激发人性的善，约束人性的恶。

三色治理的实践分析和理论概括

三色治理包含多视角分别治理和三者统一的综合治理。绿色是人们追求的理想稳定状态；红色是人们不愿看到，但是又常常发生的风险和危机状态，需要抓紧解决；黄色是介于绿红之间的中间状态，需要我们去转化，向着积极方面努力，防止滑向危险的红色。使用此标准衡量任何治理对象，都会容易理解和把握。

一千个人眼中会有一千个看问题的角度，将不同的情况大体归为三类，是既兼顾各方，又统筹全局，既善于抓大，也不陷入细小圈子的治理方式，这也符合中国文化一生二、二生三、三生万物的认识规律。三角形结构具有稳定性是一条公理，三角形确定三条边后，就能确定仅有这一个三角形，三条边长一旦确定后，内角也确定了，是唯一且无法改变的。而其他多边形，内角还能拉伸改变，所以三角形是最稳定的结构。

在治理上，三个层面的概念和范畴很多，如源头预测、事中预警、事后处置；德治、法治、人治等许多三方面的视角，有利于形成稳定的三角治理格局。这样既能区别治理，又能整合协调，跳出单点迷思和二元对立，以宏观广角全方位治理。构筑共建共享共治的理论模型，就可实现发展与安全、自由与秩序、开放与包容的和谐统一。

郝叶力将军认为："三视角可以形成看问题稳定的一个三脚架和一个包容的对话框。而分层思维就是在多元思维的基础上，再利用三角形这样一个金字塔的结构，上尖、下宽，便于分层抓主要矛盾，区别对待、分清主次、求同化异，不是铁板一块，不能一概而论。这个世界是多元的也是多层的，不能非此即彼、非零即一、非好即坏，分层思维可以解决问题。""整体思维是各方共处三角形空间，内切圆形成平衡的共同利益区，外接圆反映了多方利益的矛盾分歧风险性和确定性。三视角的三边越平衡，内切圆即共同利益越大，外接圆即不确定性风险越小。但拥抱了多元、分层、旋转、整体思维，我们就拥有了超越二元对立的智慧，有了稳定的基石和解决问题的钥匙。以此为方法论，可在网络大潮中，开合作大局，利社会共治。"①

三种或多种颜色还代表多种不同的思考方向。绿色让人想到万物生机，象征改变和创新，运用发散性思维，获得创造性的解决方案。黄色象征希望的阳光，代表着乐观、希望和积极的思考，以价值为焦点，注重发挥自身的优势，帮助发现更多的机会，一般建议黄在红前，先思考价值，再思考困难和风险，有助于获得正能量。红色是严肃的象征，代表着小心谨慎，以探讨真实性、合理性和可行性为焦点，看见问题和困难，帮助我们控制潜在风险，处置已发生的危机。

① 宋雪峰. 郝叶力：升级三视角理论，六大关键词定义数字世界的规则取向[EB/OL]. 百家号，2019-09-17.https://baijiahao.baidu.com/s?id=1644911850294169861&wfr=spider&for=pc.

三色既可单独使用，也可按一定顺序组合使用，具体的顺序只要合乎情理就可以。可以按绿黄红的顺序组织治理会议，也可以按红黄绿的顺序商讨简单问题，还可以按黄绿红的顺序改进工作流程。三色治理的组合非常多，就像彩色打印机，可以打印出千变万化的彩色图片。各种颜色的过渡和组合，就是复杂的转化和治理过程。比如，团队在开讨论会的时候，可以先让所有人用相同的颜色来充分思考，然后再换另一种颜色思考。这样可以让会议更高效，挖掘每个人的智慧和潜能，让思考更深入，避免陷入低效、无聊、争吵、对抗的状态，减少对时间和精力的浪费。要数据化跟进目标的进度，把那些能够指导未来行动的经验沉淀下来，避免陷入低效的重复治理。

三色治理可以客观地认识和理解现状、看见差距、分析原因、洞见可能、预测未来，并将各方面联系起来，使各方遥相呼应。

无论各方意见如何对立，当懂得换位思考后，就能摆脱已有知识和经验的束缚，提出富有创造性的见解、观点和方案。《了不起的盖茨比》的作者菲茨杰拉德有句名言：同时保有两种截然相反的观念，还能正常行事，这是一流智慧的标志。

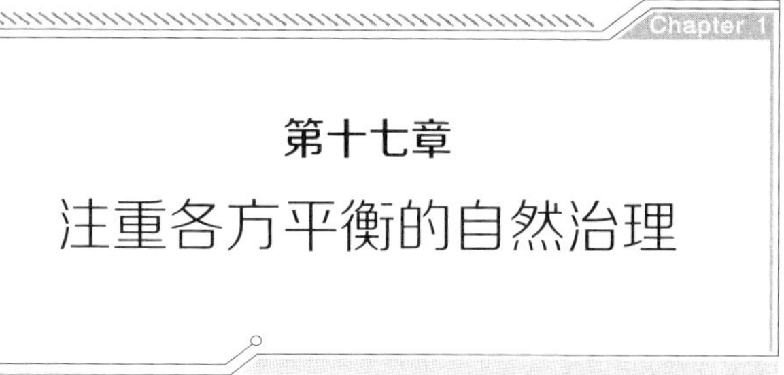

第十七章 注重各方平衡的自然治理

自然治理，突出人是自然界的组成部分，保障人的自然性的安全和发展，实现人与自然和谐共处和发展。

面对气候变暖、生态破坏、环境污染、生物多样性丧失等问题，需要全球共同应对。重点治理生态环境、现代化、社会化和人的异化中出现的违反自然规律的问题，处理好人与社会、人与自然、经济建设与生态环境的关系，坚持绿色发展、系统治理、以人为本，实现人与自然和谐共生的现代化，建立绿色化、智能化、低污染、低消耗的新型人类文明。

从观念和行为上构建人与自然的和谐关系

近代以来，工业化的快速发展，过分强调人类对自然的利用和需求，对自然环境造成巨大破坏。强调人类征服和占有自然，使人与自然对立，人成为自然的主人和拥有者，自然被演绎为僵死的原料仓。人类不加限制的无偿索取和占有，未曾考虑经济活动引起的变化及其反作用，导致生产系统和资源系统失衡，致使环境恶化、资源枯竭、物种减少、水源污染、气候异常、臭氧屏障趋薄、海平面逐年升高、自然灾害频发、多种疾病威胁人类健康，甚至威胁到人类生存。

很多自然灾害与人为因素不无关系，人与自然的矛盾加剧，面对自然灾害，人们大部分时候无能为力，防范和抗击灾害中的努力，往往得不偿失。加上不定性和不可控的行星碰撞威胁、可能存在的外星人威胁，使人与自然的矛盾上升为人类社会的主要矛盾，自然和生态环境问题亟待治理。

树立自然治理的理念和意识

每个人都应当树立环保意识。地球资源有限，生态系统吸收人们排放废物的能力有限，所有事物有其必然的去向，人类必须尊重自然、顺应自然、保护自然。

整个地球是密不可分的整体，万物同源，和谐共生。作为共生共荣的生命共同体，人因自然而生，人与自然一荣俱荣、一损俱损。马克思认为，自然界是人无机的身体，人靠自然界生活，与自然界交往，人类需要不断地同自然界进行物质交换、能量交换和信息交换，才能维持自己的生命活动。恩格斯也认为，自然界不仅是人的生命之源，还是人存在与发展的物质基础。恩格斯说："我们连同我们的肉、血和头脑都是属于自然界和存在于自然之中的。"[①]离开自然界，人类根本谈不上存在和发展，人们应正确对待自然，通过社会的生产活动实现人与自然的物质变换。物质变换的频率不能超出自然的实际承载能力，否则将会影响自然界正常的物质循环与能量循环。

人类在利用和改造自然中不能随心所欲，相反还要受到自然规律的制约。认同人的价值与认同自然的价值并重，不能以人类需要来认定自然价值，自然与人都有其内在价值。为某个物种敲响的丧

① 马克思，恩格斯.马克思恩格斯选集（第4卷）[M]北京：人民出版社，1995.

钟，也是为人类敲响的警钟。要通过人与自然的和谐求得人类社会的发展，以经济社会发展来促进生态平衡的实现，努力实现社会发展与生态环境的良性互动。在利用自然、改造自然的过程中，合理利用自然资源，尊重自然，善待自然，爱护自然，实现人与自然的“和解”，使人与自然形成紧密互利、不可分割的关系。这种人与自然的生命共同体，体现了与物共适、美美与共的有机整体世界观和生命观。

消费习惯直接决定商家的投资取向，购买和使用不符合环保要求的商品，无异于支持破坏环境的行为；购买和使用包含濒危动植物成分的产品，等于间接毁灭濒危物种。作为消费者，我们应把手中的货币投给那些符合环保标准的产品，选择崇尚俭朴的绿色消费方式。

我们要树立维护生态环境就是改善生态环境、保护和发展生产力的理念，选择与地球承载能力相适应的绿色生活方式，因为自然的发展和人的发展相互影响、相互制约，人对自然的任何改造都会直接或间接地作用于人类。

建设人与自然和谐共生共存共发展的世界

环境问题应与社会正义结合，才可能得到解决。人与自然是相互依存、相互联系的整体，对自然界不能只讲索取不讲投入、只讲利用不讲建设。要在尊重自然规律的基础上合理利用和改造自然，实现人与自然的永续发展；若违背自然规律，人类对自然的伤害最终会伤及自身。人和自然的各自的价值组成共同体的利益，既要强调尊重自然、顺应自然和保护自然的生态价值观，也要强调提升和增强保护自然和维持生态平衡的道德境界与行为自觉。把环境问题与社会问题联系起来，就要关注不同的主体对环境的不同认识与需要，使公民的生存权、健康权、平等参与权在环境领域里得到充分体现，不能离开客观存在的各种群体之间的利益差异来抽象地谈论人类共同利益。

构建人与自然的生命共同体，要尊重自然的整体与完美，完善全球环境治理，积极应对气候变化，一个行为的评价标准就是看它是否有助于保护生命共同体的和谐、稳定和美丽，能做到这一点，就是正当的，反之，就是不合理的。气候和环境问题的紧迫性，要求加快绿色低碳转型，实现绿色复苏发展。强国富国要支持发展中国家能源的绿色低碳发展，在应对全球变暖方面，建立南北半球互信关系。

努力营造良好的生态环境

良好的生态环境是人类共同的财富，创造良好的生态环境就是最普惠的民生福祉，要满足人民日益增长的对优美生态环境的需要，改善群众的生存生产生活环境，解决影响群众生产生活的突出环境问题，推进绿色发展，保护生态系统，改革生态环境监管体制，合理地配置资源能源，不断提高全社会的资源能源利用效率，持续减少污染物排放总量，提升生态系统质量和稳定性，持续改善环境质量，让城乡环境宜居，推动生态文明建设。

生态环境保护的成败，取决于经济结构和经济发展方式，经济发展不应对资源和生态环境“竭泽而渔”，保护生态环境也不是舍弃经济发展的缘木求鱼。正确的发展方式是合理利用自然，将利用与保护统一起来，实现合理的发展目标，人与自然始终保持协调关系，同时构建陆海统筹、天地一体、上下协同、信息共享的生态环境监测网络，实现环境质量、污染源和生态状况监测全覆盖。实践表明，这种科学的发展方式，能够实现经济社会发展与人口、资源、环境相协调。

处理经济发展与生态环境保护的关系，要自觉地推动绿色发展、循环发展、低碳发展，不以牺牲环境为代价去换取暂时的经济增长，让良好的生态环境成为民众生活改善的增长点和经济社会发展的支撑点。经济和生态协同转变，就能从根本上解决生态环境问题，实现从经济到生态的优势转换，改善生态环境，恢复自然活力，在生态系统的良性循环体系带动下，资源得到合理分配和循环利用，使生态价值转换成促进生产力发展的源泉和动力。[①]

在防灾减灾救灾中发挥数智技术优势

在自然灾害治理中，传感器、网络、云计算、点对点智能和群体智能等技术，可以增强计算智能，将这些技术应用于治理灾害的实践中，将会提高灾害治理效率。灾害遥感图像与计算智能的结合将会促进群体智能，特别是人类思维模型化与自然启发等技术在自然地形特征、土地利用监测、地下勘探、环境灾害评估和城市规划等灾害治理领域的应用，有可能出现遥感图像、人类思维模型化与灾害治理相结合的态势，从而更加科学地治理自然灾害。

灾害环境具有非结构性、复杂性、动态性、不确定性和随机性等特点，应用科技治理灾害仍然会存在新的问题。比如，大数据存在噪声与冗余等局限，在这样的环境中使用智能机器人技术进行实时决策会变得异常复杂，出现错误决策的风险也会增加；自主机器人能否适应内外部环境变化，能否保证自主处理的正确性及避免算法安全风险，能否在灾难情景中进行有效搜索、救援与监视，这些都是自然治理中面临的重要挑战；灾害大数据来源众多，为灾害治理提供了巨量

① 王青，莫文凯.人与自然和谐共生现代化的鲜明特征[N].学习时报，2021-09-20.

数据与丰富信息，但也会伴随许多噪声数据，巨量数据面临体积庞大、品种繁杂等多重陷阱，人工智能能否从中分辨出噪声与错误讯号仍然存在不确定性。可见，未来需要建立一套能正确分辨噪声数据和处理巨量数据的人工智能数据处理系统，以应对数据安全与信息安全风险。[1]

分析和化解社会化、现代化与自然的矛盾

人类在地球生物中有自己变化和发展的文化和社会，比生物学特征变得更快，许多人类差异是社会引入而非天生的，它们可以被社会改动，不利的差异可以被消除。文化积累意味着进化可以无限延续，使得社会问题最终都可解决。有人以为人类的文化特性可免除生物性的限制，因此，自然法则和生理原因不能完全解释人类社会现象。社会学奠基者之一埃米尔·杜尔凯姆认为，社会其实具有不同于自然现象、生理现象的特征和特殊的决定因素。也有学者认为虽然人类有突出的文化和技术特征，但人类依然是包含在生态系统中的相互依赖的众多物种之一；人类事务不仅受社会文化因素的影响，也受自然网络中原因、结果和反馈的错综复杂的影响，因而有目的的人类行为会产生许多意外的后果；人类生存依赖于一个有限的生物物理环境，它潜在地限制着人类的活动；尽管人类的文明创造和来自某个地方的能力可能在一段时期内会扩展承载力的限定，但生态法则不能免除。[2]

城市化是社会化的重要内容，由于城市化中社会结构和群体诉

---

① 周利敏.面向人工智能时代的灾害治理——基于多案例的研究[J].中国行政管理，2019(8).

② 于孙姆.从人类中心主义走向自然中心主义[EB/OL].个人图书馆，2006-12-12. http://www.360doc.com/content/11/0412/22/1987259_109196956.shtml.

求趋于多样，优质生态产品供给水平和需求将不断提升。步入老龄化和长寿社会，“中等收入群体上升，总体进入消费型、网络型社会，将会带来信息渠道增多，传播方式和表达诉求方式跨入全民‘微时代’，社会价值观更趋多元，社会治理认同度面临挑战。加之生活方式改变和消费升级，新技术、新业态的发展应用带来新型生态环境问题，快递包装物、电子废弃物、海洋微塑料等问题凸显”。[①] 随着工业化和城市化进程加快，尤其是近20年，金砖国家的不少地方，已将很多乡村田园转变为城市。“美国都市化现象导致社会的解体、个人粒子化以及社区之间的分裂和对立。可怕的是在水泥丛林中，每个人都是迷失的个人，孤独而迷茫。其实农业与工业可以共存，农产品加工过程可将工业生产这部分与农业结合，植根于土地之上，而不是剥削土地。人类应该适应自然，而不是蹂躏自然。美国过去开发内陆，将河流拉直、处处筑坝，导致如今大雨一来就洪水遍地。美国本来拥有世界上最大的林区，然而最近山火不断，就是因为高山融雪和森林地下蓄水都已被截流转移为城市用水，导致森林没有足够的水源，一到干燥季节，山火随风而走，连片的林区，数十万、数百万的树木化为灰烬。如此浪费水资源，使大自然蒙受严重伤害。美国使用机械深耕，大量使用化肥与杀虫剂伤害土壤、剥去表土，每收获一次，一尺到三尺深的表土随风而去。我们担心，50年之内，美国内陆的大片平原将变成巨大的沙漠。中国不应一味跟随所谓现代化，将城市作为主要居住形态。中国人口占全球人口的1/4，不能不考虑粮食自给自足。”[②]

全球化使社会化规模和范围越来越大，世界变成地球村。社会化和城市化使我们的环境污浊、拥挤不堪、人口膨胀、耕地减少，不少

① 王倩，储成君.如何看待当前及未来生态环境保护形势？[N].中国环境报，2020-06-23.

② 许倬云.许倬云说美国[M].上海：上海三联书店，2020.

问题都与人类的生存方式、治理方式有关，不少灾害是人为和社会方式激发的。人类社会组织的不适应，国家地区间的矛盾趋于激烈，大国争斗残酷，都说明人类现行治理模式难以为继。人口老龄化带来的养老、健康、保障问题增多，人口流动使多民族在一起的矛盾增加，贫富差距有可能继续增大。这些年龄、种族、财富、观念的差异会影响政治经济的很多方面，给社会治理带来新的课题，也给每个人的社会存在感觉造成影响。[①]加强社会化发展中的治理，把人类的社会转变为社会性与自然性兼有，要从对“经济人”的假设改变为对“生态人”的假设，从理性经济人转变为理性生态人，发展要考虑人类自身的利益，也要考虑环境因素，将损害降到最低。从开发利用自然，转为尊重保护自然，不能仅从人类角度出发，而要从整个自然的生态系统出发去发展，以生态系统的平衡作为出发点和立足点，促进自然与人的和谐相处。[②]

现代化含有工业化和高速发展之意。工业文明时代，把自然作为开发和攫取的客体，导致人与自然的危机。现代化是个普遍而复杂的概念，性质上只有时间限制，没有领域限制，应该包括人类活动各方面的特点，而时间上开始于约公元1500年之后，没有下限，“现代”可以无限延长，可以指向新近出现的特点和变化，比如数智社会。现代化是一个历史过程，包括从传统经济向现代经济、传统社会向现代社会、传统文明向现代文明的转变等。现代化在带来社会进步的同时，也带来违背自然的一些现象，比如，温室效应导致环境越来越热，代步车出行让人越来越懒，管理缺失的实验室会泄漏致病性越来越高的物质，人类越来越残忍地吃鳄鱼等野生动

① 于平荣．科技投资与后疫情时代的趋势[EB/OL]．钛媒体，2020-10-28.https://www.tmtpost.com/4806956.html.

② 于孙姆．从人类中心主义走向自然中心主义[EB/OL]．个人图书馆，2006-12-12. http://www.360doc.com/content/11/0412/22/1987259_109196956.shtml.

物，加减法都靠计算机让人越来越笨。德国社会批判理论家哈特穆特·罗萨（Hartmut Rosa）提出了“加速社会”概念，认为不断强化的增长逻辑造成科技加速、社会变迁加速、生活步调加速，人们越来越紧密地捆绑到不断加速的社会化大生产中，造成空间异化、物界异化、行动异化、时间异化、自我异化与社会异化。[①]“由于经济和社会运转驶上快车道，人、财、物与信息一样在全球高速流动，疾病流行、群体骚乱、生态灾难等的跨地域扩散前所未有。各种加速叠加，让越来越多的人感觉眼花缭乱，整天疲于应付，陷入紧张、焦虑和不安，却并不知晓相关变化的意义和方向，无力掌控自己的命运。”[②]

中国的现代化事业成就斐然，但也存在发展不平衡不充分的问题，在发展过程中面临复杂的矛盾和风险。在产业结构上，以重化工为主的工业结构、以煤为主的能源结构、以公路货运为主的运输结构没有根本改变。产业结构调整优化是个长期过程，须按双碳指标，逐渐改变二产占比偏高的状况，特别是煤炭消费约占全球一半以上的能源结构、公路货运约占2/3的运输结构。在环境保护上，要改变许多城市细颗粒物浓度尚未达标、环境空气质量达标城市数量不到一半，以及五大流域仍处于轻度污染的状况，生态环境事件多发频发态势仍处高位，改变制药、化工、造纸等高风险行业企业集聚的沿江、沿河、沿海区域水环境受体敏感性高，突发水环境事件以及安全生产事件引发的次生环境风险事件，需要开辟新的治理途径。未来的经济社会发展给生态环境保护带来的压力不容忽视，生态环境保护须久久为功。在社会化和现代化的发展中，做好相应的现代化治理，使治理体系达到现代社会的要求，治理标准向着社会

① 哈特穆特·罗萨.新异化的诞生：社会加速批判理论大纲[M].郑作彧，译.上海：上海人民出版社，2018.

② 孙伟平.人工智能与人的“新异化”[J].中国社会科学，2020(12).

安定、生活富裕、政治民主、自然生态和谐等目标努力，进而实现治理的现代化。

发挥科技治污作用。数智技术的应用将会提高生产、交换、消费各环节的精准度，大大缩小物质和能量的消耗，无人工厂、无人车间、无人物流、无人售卖将会使以往的设备变得多余，这些将减轻对生态和自然的开发，与之相应也会积极地影响产业结构、社会就业、仓储物流、用户体验等产生节能节物的变革。“以新能源科技为驱动的储能释能技术，以材料科技为支撑的制造技术革命，将全方位革新社会生产、生活、消费等领域。这既有利于经济社会发展的清洁化、绿色化升级，从根本上改变环境污染特征，同时新技术、新业态也将给生态环境治理带来新手段，有助于持续提升环境治理能力的现代化水平。”①

让现代化建筑和环境拥有更多自然和生态性质。“德国柏林参考绿化面积制定相应的政策，实施针对性的减税激励、资金补贴措施，引导市民针对公共建筑垂直墙壁、平屋顶、闲置角落等进行绿化。在利用城市社区四周的公共空间时，柏林市允许市民进行低价租用，将其打造成为花草、蔬菜混合种植的绿色地带，以城市绿地建设推进城市更新，更大幅度地提升城市精细化、生态化水平。”②修复生态结构、提升生态质量、融合生态与生活，使城市与自然更亲近，自然让城市更美好。面向长远的可持续发展，应制定低碳生态城市战略，将低碳发展理念渗透到城市发展中，探索寻求产业转型、推广低碳生活、鼓励低碳交通和支持绿色建筑等多元的减排路径。完善城乡排水系统，保护地下水不受污染。城市化要使居住与办公更方便，而且在经常居住和活动的地方要便于用餐和健身。在平时的生活方式中提倡公共

① 王倩，储成君. 如何看待当前及未来生态环境保护形势？[N]. 中国环境报，2020-06-23.

② 王磊. 德国柏林是如何实现城市更新的[N]. 学习时报，2021-08-20.

交通、住房面积适度、节约能源、减少排放。居住周围保持一定比例的森林、公园、操场和公共文化场所。社区要有公共写字楼，方便就近办公，小区还应有健身、娱乐、购物、悠闲、医院、学校等配套设施。地区或部门适时发布重污染天气应急响应和解除日期，以便企业和公众安排工作和生活。

促进循环经济和绿色经济的发展。循环经济是新的经济增长方式，以再利用和资源化为原则，提高资源利用率，注重资源节约、综合利用和清洁生产，通过调整结构、提升技术和管理等措施，大幅减少资源消耗、降低废物排放、提高生产率。鼓励企业循环式生产，推动产业循环式组合，形成能源资源节约型的经济发展方式和消费方式，促进经济社会的可持续发展。清洁生产、合理流通、绿色消费、绿色产品和绿色产业等都属于绿色经济，与循环经济一样被称为“生态经济”。我们要注重自然生态环境的保护，促进经济发展与生态环境协调，从源头入手高质量地治理农业面源污染，保持农业生产环境系统健康，促进绿色发展和乡村生态美好。

从世界观价值观的高度寻找环境保护的新支点。环境危机是在先进技术的背景下产生的，还要依靠技术来解决。把环境保护与持续发展放在文明转型和价值重铸的大背景中，从世界观和价值观的高度寻找环境保护的新支点。把带有掠夺和征服自然的工业文明转变成数字智能社会的生态文明，破除技术决定论，限制人的无限欲望。人类文明发展到现阶段，务必要保护生态环境，确保人与自然的和谐，这是经济发展的前提，也是文明延续的保证。中国提出创新、协调、绿色、开放、共享的新发展理念，就是强调人与自然的和谐统一，不以牺牲环境为代价追求经济增长。

现代化领导、管理与寻找乡愁的基层治理相结合。现代化领导和管理须在数智社会条件下升级提高，通过领导和管理的革新，引导并融入扁平化的新型社区和村落的基层治理中，致力于维护人的自然性、社会性和生命力。要让人类的建筑设施与土地森林环境匹配，留住田园式生活，防止脱离人的自然属性。让现代设施受人支配，防止人的功能蜕化，避免机器人等现代机械异化而取代人。同时，让人们在家庭、单位、社区等地方自由办公，增加独立支配的时空，多些休闲活动，保持同事和谐、邻里和睦、童趣乡愁，防止人的社会功能弱化。

用简单方式治理现代化社会化中的复杂问题。现代化使社会越来越复杂，属性越来越多，对现实和后续情况难以全面把握。人们在感叹智能科技突飞猛进时，却不知快速发展中也埋伏着风险和问题。越是复杂的状况越要简单化治理，其实是抓住主要矛盾和矛盾的主要方面，给现代化发展留下解决自身矛盾的空间和机会。有些问题具有自生自灭的规律，越是现代化、社会化，越要坚守自然标准，越要突出人与自然的联系，突出人群间的自然联系，防止单打独斗，同时创造新的生产和生活方式，治理中要保留一些传统的社会性，包括家庭聚居、邻里关系、社区或村庄的不同建设风格等。

重视和解决代际平等和种际平等的问题

生态危机在某种程度上是过于注重人的直接需要和当前利益，放弃了人的长远利益和整体利益，造成当代人与后代人之间的脱节。如果当代人只看重眼前的物质财富而忽略生态财富，不考虑后代人的生态利益，那么后代将很难生活和生存。现代人总以现实生存和发展来支配行为，往往忽视后代人利益，以不可持续的方式掠夺自然资源，总想更多地占用地球资源，实现对财富的追求。然而，对享受的追求部分是建立在对地球环境的破坏基础上，当代人的急功近利使地球出现“资源赤字”“环境赤字”“生态赤字”，终将使人类的可持续发展难以为继，从而压缩后代人的生存空间。后代人由于尚未出现，无法与当代人争取权利，现代人享受着环境破坏带来的暂时好处，而后代不得不承受由此产生的累累恶果。

在处理代际关系上，要处理好自然资源的有限性和人类需求的无限性之间的矛盾。“在自然生态系统中，当代人对自然资源的利用不能以牺牲后代人的资源为代价。要将地球资源能源可持续利用作为挑战，不仅给后人留下先进的生产技术与成熟的经济发展模式，还要留下稳定而健康的生态环境。要通过有效措施，实施可持续发展战略，使资源在满足当代人需要的同时，不损害后代发展和消费的权利，也就是在发展过程中体现代际公平原则。改变现在不可持续的消费方式，提倡适度消费，建立与环境相协调、低资源低能耗的适度消费体系。提倡健康食品、节能舒适的住宅、便捷的公交工具，这些举动可以节约资源、无污染或少污染，对环境和健康有利，给后代留有资源余地。”[①]保护环境是可持续发展的前提，实现可持续发展，生态环境才能得到有效保护。

影响可持续发展的另一个问题，就是注重生态链中每个环节的保护和巩固。新冠疫情暴发给人类带来灾难。反思这一现象，应检讨人类对待其他物种的态度和行为，要慎重考虑人类与其他物种之间的相处，改变人们对待动物的严重缺陷。比如，有些人在享受丰衣足食的工业文明时，存在着吃野生动物的现象，存在着与野生动物抢占生存空间的问题，特别在人口增长、耕地和林地的扩大过程中，人类逐渐侵占了其他生物过多的空间领地，破坏了自然界本身的生物链。[②]人和动物是平等的，要尊重动物的生存发展权，端正人类的态度和行为，改进人类的生活方式。就居住地球的时间长度而言，人类是自然进化过程中出现较晚的一种高级生命形态，某些动

---

① 于孙姆．从人类中心主义走向自然中心主义[EB/OL]．个人图书馆，2006-12-12. http://www.360doc.com/content/11/0412/22/1987259_109196956.shtml.

② 郭艳华．走向绿色文明：文明的变革与创新[M]．北京：中国社会科学出版社，2004.

物在地球上的存在时间比人类还长，大自然将进化的智慧更多地赋予人类，因而使人类比其他动物有诸多优势。但人类不能因此就以万物之灵而自居，因为人和动物都是生态链中不可缺少的一环。人和动物和谐相处，既要重视人的发展，又要使动物得到很好的保护。在英国，每年春天，蟾蜍离开森林到附近的池塘交配繁殖，常常遭到汽车的碾压。英国动物保护协会就在泰晤士河畔的公路下，建起一条蟾蜍公路。澳大利亚曾为长颈海龟修筑了一条地下通道，那些从大洋中上岸到琼达佩湖产卵的海龟，由此可安全地穿过交通繁忙的公路。这些都给我们提供了范例。[①]中国也采取了许多积极举措保护动物，比如，依托国家公园等自然保护地体系，保护野生动物、野外种群和栖息地；抢救和保护大熊猫、东北虎、亚洲象等珍稀濒危物种；制定《野生动物保护法》，颁布《国家重点保护野生动物名录》，让野生动物保护观念深入人心；推进野生动物保护的国际合作与交流，使野生动物野外种群数量稳中有升。许多科学家认为，人类如果不能够与其他生物达成和谐的生态平衡，在生物圈中和其他生物互济共存，其结果是必将受到自然规律的惩罚，甚至会遭受灭顶之灾。因此，在解决持续发展的问题中，要健全纵向生命链条和横向生态链条的关系。

研究处理国家间、人群间在环保上的问题

处于不同地位及文化背景中的人，对自然的理解不同。一个美国白人中产阶级和生活在社会底层的有色人种对自然的看法不一，前者呼吁保护野生动物、森林和荒野，后者关心城市社区的生活健

① 于孙姆. 从人类中心主义走向自然中心主义[EB/OL]. 个人图书馆，2006-12-12. http://www.360doc.com/content/11/0412/22/1987259_109196956.shtml.

康和医疗条件改善，阻止上层阶级将废弃物埋藏在社区。如果环境问题不与社会正义问题联系，就很难得到解决。治理自然和环境上的不合理、不公平问题，要坚持“环境正义”，人类不分国籍、种族、文化、性别、经济状况或社会地位，都同等地享有安全、健康以及优良环境可持续的权利，任何人都无权破坏或妨碍这种环境权利。

环境正义是自然背景下人与人之间的关系问题，反映现实生活中不同群体间、国家间、代际间在利益上的严重分化和对立，我们应正视这些不平等的现实。美国大量的消费品大多来自中国等发展中国家，由此产生的环境后果大多由中国等国承担；城市大量的物资来自农村生态资源，环境后果多由农村百姓承担；处于弱势地位的群体较多地承担着环境破坏的后果，而上层社会群体享用了更多的自然资源，却没有担负更多的生态保护责任；占据话语权的企业享受着破坏环境带来的利润，而生活境况差的人则迫于生活压力，不得不承受环境破坏的苦果；占全球少数的发达国家长期奉行自我中心主义，构筑贸易壁垒，实行不平等交往，忽略甚至破坏他国、他民族的利益来满足自己的私欲，从而导致国家间的利益对立与冲突；很多西方发达国家消耗和浪费过多的自然资源，并制造了大量废弃物，特别是资源剥夺与危机转嫁，却并未承担应负的国际和世界责任，反而以自身利益和愿望代表整个世界，凭借自己的经济、技术、军事优势，对发展中国家实行危机转嫁，将环境破坏的恶果全部推到处于弱势地位的国家，严重削弱和剥夺发展中国家人们的生存利益。

“少部分人的利益满足以损害绝大多数人的利益为代价。目前，世界上20%的富裕人口，消费了相当于不发达国家同样人口10倍的能源、10倍的木材、13倍的铁和钢、14倍的纸、18倍的合成化学物以及19倍的铝。”[1]富人的“奢侈型”消费，使资源和能源以惊人的速度被消耗。因此，解决环境问题，不能把视线从贫困问题、社会公正问题以及发达国家对发展中国家的补偿问题上转移开，而要与现实的社会正义联系起来，消除现实中人与人之间的不平等关系，才能实现人与自然的和谐。

当代人之间能否公平地分配环境保护的成本与利益，能否建立一套鼓励人们的环保行为的制度，直接决定着人与自然的和谐程度。因此，集体努力与个人选择是实现可持续发展的关键。

处理生态环境问题，要从全人类的整体利益出发。现在环境问题上升到全球性问题，任何局部的环境问题都会给整个地球造成影响和灾难，必须从生态环境的整体性和系统性来考虑人类的生态环境问题。任何个人的生存和发展都应与群体相联系，而任何群体的生存和发展又同整个人类利益紧密相连，我们要通过理性行为，建立人与自然的生命共同体。

《我们共同的未来》一书，把满足贫困人口的基本需要“放在特别优先的地位来考虑”。满足基本需要是人人享有的权利。贫困是对这种权利的剥夺，让人的价值难以实现。贫困与环境破坏互为因果，消除贫困，减少贫富差距，是国际社会的共同义务，也是对自然生态资源平等享有的内在要求。要在全球消除贫困、保护环境，就需要国际社会采取共同行动。在国家层面应制定适合国情的可持续发展战略，制定严格的环保法规，鼓励企业与个人的环保行为。在国际层面应建立更加公正合理的国际政治经济秩序；维护和平，反对军备竞赛，使各国更多地把有限的资源用于保护“唯一的地球”，而不是用于研制先进的杀人武器；发达国家应向发展中国家提供更多的经济技术援助，增强欠发达国家保护环境的能力；还应配合和支持各种非政府组织发起的保护地球的环保活动。

① 李友梅，刘春燕. 环境社会学 [M]. 上海：上海大学出版社，2001.

防范和解决人类进化中的风险和异化问题

人的发展是人与自然互动的实践。人类源于自然，是自然界长期进化的产物；人类又依赖自然，我们的生产生活都以自然环境为依托。马克思、恩格斯指出："全部人类历史的第一个前提，无疑是有生命的个人存在。因此，第一个需要确认的事实，就是这些个人的肉体组织以及由此产生的个人对其他自然的关系。当然，在这里我们既不能深入研究人们自身的生理特性，也不能深入研究人们所处的各种自然条件，包括地质条件、山岳水文地理条件、气候条件以及其他条件。任何历史记载都应当从这些自然基础以及它们在历史进程中由于人们的活动而发生的变更出发。"[①]

在人的社会和自然发展中不免会出现人的异化，就是自然、社会以及人与人之间的关系对于人的本质的改变和扭曲，是人的物质生产与精神生产及其产品变成异己的力量，反过来统治人的一种社会现象。它所反映的实质内容，学者们因时代差异有不同的解释。在异化活动中人的能动性丧失，遭到异己的物质力量或精神力量的奴役，从而使人的个性不能全面发展，或者只能片面发展，甚至畸形发展。但是，异化不等于或归结于对象化和物化。对象化与物化作为人的社会活动，将与人类社会一起长存，而异化活动则是短期的历史现象，随着私有制和社会分工的最终消灭，异化必将绝迹。现代人在物质、技术高度发展的时代下，面临自我异化、精神家园丧失等生存困境问题。在社会现代化过程中，人的现代性发生和成长是个较长的过程，这个过程同现代化建设保持同步或超越现代化发展，最终实现人的全面、协调发展。

现在，人的现代化面临市场经济和现代科技的双重挑战，市场经

① 马克思，恩格斯. 德意志意识形态（节选本）[M]. 北京：人民出版社，2018.

济下人的现代化面临封建意识束缚以及人的物化；新科技条件下人的现代化面临新科技对人的异化。前者要树立同市场经济相适应的观念和行为，以及相应的社会关系；后者须建立技术与人文结合的“高技术高情感社会”。[①]人类在用科技改造社会和自然的过程中，科技本身也在悄无声息中改变创造它的人类以及生存生活环境。科技正在向智能化、自动化方向发展，在科技变得越来越聪明、越来越人性化的进程中，科技不受人类控制的部分可能会越来越明显，这些不受控的部分会对人类以及人类赖以生存的自然界产生意想不到的负面影响，进而会导致人与人之间、人与自然之间的关系扭曲，这就是科技对人异化的影响。

马克思充分肯定了技术在社会发展中的巨大作用，揭示了技术的运用所产生的异化现象，使技术成为一种异己的力量，压榨、剥削、奴役工人和自然，成为人自由发展的桎梏。工业革命早期，马克思揭露过机器对人的异化：“劳动用机器代替了手工劳动，但使一部分工人回到野蛮的劳动，并使另一部分工人变成机器。劳动生产了智慧，但给工人生产了愚钝和痴呆。”[②]数智时代，日益“愚钝和痴呆”的异化“升级”。人们在科技造富的“病态社会”得到物欲满足和虚假的快感，丧失对现存社会否定、批判和超越的向度，丧失对解放、自由和美的精神追求，成了被操控的“单向度的人”。哈贝马斯指出，技术和科学在现代社会具有双重功能：作为生产力实现了对自然的统治；作为意识形态实现了对人的统治。芒福德、雅斯贝尔斯、弗洛姆以及一些国内学者以马克思的批判理论为武器，对于现代科技污染生存环境、压抑人性、物化自然生活，甚至使人成为无信仰、无思想、无生气的干枯灵魂等，都做过振聋发聩的揭露和批判。特别是人工

① 刘喆．论人的现代化[D]．武汉：华中师范大学，2016.

② 马克思．1844年经济学哲学手稿[M]．北京：人民出版社，2014.

智能在变革社会、为人造福的同时，也在实质性地加剧人的物化和异化。[①]

工业革命通过机器“解放”人的体力，数智革命通过信息技术“解放”人的脑力，而人除了体力和智力，还有什么呢？人工智能作为一种尚未成熟的革命性、颠覆性技术，它在深刻改变和塑造人与社会的同时，也在分裂出自己的对立面，发展成为一种新的外在的异己力量。它的研发和应用正给人类带来难以预料的不确定性和风险。作为整个社会的基本技术支撑，智能科技构成了对人公开的或隐蔽的宰割，人正在沦为高速运转的智能社会系统的“附庸”和“奴隶”；各种智能系统不断取代人的工作，不知不觉间，它们不仅成为人们学习、工作和生活中不可或缺的技术设备和手段，而且成为社会结构、规则秩序的组成部分，甚至正成为我们身体乃至生命的一部分。通过ChatGPT、“脑机接口”、人工神经网络之类实现对人脑的监控和超越。

由于人的身体机能、工作技能乃至社交能力“不用则退”，人类面临系统性退化的危险。尼克·波斯特洛姆（Nick Bostrom）觉得，人类很可能会遭遇“整体存在性风险”，“如果有一天我们发明了超越人类大脑一般智能的机器大脑，那么这种超级智能将会非常强大。正如现在大猩猩的命运更多地取决于人类而不是它们自身一样，人类的命运将取决于超级智能机器”。[②]事实上，人们正担心ChatGPT生出意识。霍金生前告诫人们，要警惕智能“新物种”招致人类的灭亡，“终结”人类文明。

“智能机器人的快速发展模糊了人机界限，对人的本质、人的主体地位等形成强烈冲击，令‘人是什么’和人机关系凸显为挑战哲学

---

① 孙伟平.人工智能与人的“新异化”[J].中国社会科学，2020(12).

② 尼克·波斯特洛姆.超级智能——路线图、危险性与应对策略[M].张体伟，张玉青，译.北京：中信出版社，2015.

常识的时代难题。我们要正视已经或正在到来的异化风险，拓展理论视野，创新智能时代的异化理论，从理想社会建构和‘人’自身进化两方面，构造人与智能机器协同演化、共同成长的生态系统，在智能社会、智能文明的建设中实现人的解放、自由和全面发展。”①“如果智能机器人有了类似人的智能，在一定意义上是‘人’，或者在一定程度上具有‘人的本质’，那么这将是人类诞生以来所遭遇的最新颖、最诡异的异化：人类兴致勃勃地创造人工智能，希望它成为类似机械一样‘驯服的工具’，帮助人类实现各种目标、创造美好生活，却发现打开的是一个神秘的‘潘多拉魔盒’，释放出前景莫测、难以驾驭的异己力量。”②

农业和医疗本来是人类延续的行业，但现在基因、生化研发，正在走向人类延续的反面，“智能技术正与生物技术加速结合，具有自主意识、创造能力、类人情感、社会交往属性的智能机器人已渐露端倪，未来很可能变得与自然人难分彼此”。③通过基因和生化制造疾病和瘟疫，得到改造部分人、毁灭部分人的工具。“特别是通过智能技术与生物技术结合，可能造成一种新的生命权的不平等。假如社会治理原则、政策和法规不予限制，一些精英群体便可通过基因修复、基因增强，或通过智能芯片植入、人机一体化等方式，使自己及后代的基因更加强大，更少患病，更慢衰老，至少可以有效改善身体的机能，使自己更加健康、更加智能、更富有适应性；而‘数字穷人’群体则由于资源的稀缺、难以负担的高昂价格，不仅不能得到无差别的机会，且由于生命体相对‘弱智能化’，必将大概率输在竞争的过程中。”④

---

① 孙伟平. 人工智能与人的“新异化”[J]. 中国社会科学，2020(12).

② 同上。

③ 同上。

④ 同上。

尤瓦尔·赫拉利认为，人工智能使当今世界正经历从智人到“神智”的巨大飞跃，其革命性比从猿到人的转变还要深刻；只有少数人能够进化成“神智”，多数人将沦为“无用阶层”。“至少部分精英阶层会认为，无须再浪费资源为大量无用的穷人提升甚至是维持基本的健康水平，而应该集中资源，让极少数人升级到超人类。”①

对于如何治理人的异化问题，这里提出一些粗浅思路。

一是人类要按科技伦理对人工智能的深度研发予以决策和管控。人类是当今世界的管理者和责任主体，是人工智能的创造者和使用者，掌握着解决问题、应对挑战的钥匙。不能眼看危机和风险的存在而任其发展，要防止资本利益集团绑架人类，防止政治家疏忽人工智能风险和走向失控，防止已实施的针对人工智能的早期法律顺理成章地升级，出现“温水炖青蛙”现象。

二是给人工智能输入服从人类、不危害人类的理念。一旦有反人类或毁灭人类的想法，就在其实施前，使人工智能自动毁灭。

三是把人类的道德规范输入人工智能，通过人性的光辉和行为示范“影响”智能机器人，在人机协同的世界中，让人工智能与人为善。

四是分析人工智能带来的利弊，包括当代人与后代人，注重人工智能与基因研究结合产生的让人非常被动的结果。

五是引导人工智能向着人类美好的社会发展，使其服务于人类社会，使其配合和服务于人的解放、自由和全面发展。要令“智能社会的建构和治理，按照马克思、恩格斯曾经设想的社会原理推进，让广大民众摆脱经济依附和阶级统治，摆脱技术宰制和旧式分工，以一种

① 尤瓦尔·赫拉利.未来简史：从智人到智神[M].林俊宏，译.北京：中信出版社，2017.

解放、自主的姿态从事生产劳动、社会管理和日常生活”。[①]

六是对人要正确引导，转变观念，认识人工智能的进步性，在得到充分的物质和文化需要的基础上，在改变所有制以及分配制度的基础上，改变传统的劳动和就业观念，把人们的劳动引导到如同体育锻炼一样的程度，把劳动作为快乐和需求，在人机协作劳动的基础上，允许人们开辟种植园、养殖园、加工厂，让人管控和指挥人工智能的生产劳动进程，让人更多地从事创作、创造、思想、文化等工作。

七是涉及家庭、情爱等方面的人工智能功能开发，要限制在辅助的基础上，防止对人性、家庭和社会的异化，防止它改变人的本质。比如家庭生活与社会活动的比例，比如人与准人、超人的界限，比如人的心理与社会发展速度的比例，比如人的更大范围的社会性与家庭、邻里、亲戚小范围社会性的比例等。

八是在涉及人类与外星及外星人的关系上，人工智能要将自己当作人类，始终站在地球人的立场，认知自己的身份，在开发外星和处理人类之外的各种灾害等问题上，要发挥拟人作用，而不是相反。防止反目成仇，反戈一击。

九是培养和建设一种面向未来的人机协同、人机和谐、人机共同提升的关系。正确认识人工智能对人的影响，正如约翰·马尔科夫（John Markoff）揭示的：智能科技、机器人一方面在“取代人类”，另一方面也可以“延伸人类智力”“增强人类”。[②]我们要利用智能技术的积极意义，提升人类自身，借助基因优化人类自身，将两者更好地结合起来，善于与比自己更加聪明能干的“智能伙伴”相互协作、和谐共生，让人类不仅处于主导人工智能的地位，也具

① 孙伟平.人工智能与人的“新异化”[J].中国社会科学，2020(12).

② 约翰·马尔科夫.与机器人共舞[M].郭雪，译.杭州：浙江人民出版社，2015.

有较过去更高的智慧，发挥防范、驾驭和处置一切困难和风险的能力。

十是人类也要积极追求自身进化，包括自然生理意义上的进化、精神道德意义上的进化，改变泛化地认识异化的观点，改变传统的自身也是人的进步，不一定都是异化，从而在进化上既要解放思想，又要把进化掌控在人类手中，保障安全、健康、进步。雷·库兹韦尔说："人类这一物种，将从本质上继续寻求机会拓展其生理和精神上的能力，以求超越当前的限制。"[①] 人类可以"利用生物、智能技术和设备有针对性地'武装'自己，减少疾病、延缓衰老、增强活力，帮助自己突破体力、脑力和群体协同能力方面的极限；同时，基于'脑机接口'、智能芯片植入之类的人机交互技术，与各种智能系统紧密合作，在虚实结合的多维时空协同思考和行动，从而全方位拓展人类的视野和活动范围，提升自己的脑力、体力和协作能力，丰富自己的经历和体验，使自己进化得更健康、更智能、更富有适应性"。[②] 皮埃罗·斯加鲁菲（Piero Scaruffi）指出："今天，我们延伸自我最让人印象深刻的方式就是发展出能够改变生命本身的技术。因此，未来将是有机世界和合成世界的联姻，正如未来一定是人类和机器人的联姻。"[③]

总之，越是现代的、未来的，越需要用自然的东西去衡量、去要求。社会发展可能非常快，但是不能远离人的自然属性，否则就会走向人类社会的异化，一发不可收。要把现代与自然融为一体，这才既体现人的基本属性，让人舒服，又让人感受到社会的进步。两者要紧

---

① 雷·库兹韦尔.奇点临近[M].李庆诚，董振华，田源，译.北京：机械工业出版社，2011.

② 孙伟平.人工智能与人的"新异化"[J].中国社会科学，2020(12).

③ 皮埃罗·斯加鲁菲.人类2.0：在硅谷探索科技未来[M].闫景立，牛金霞，译.北京：中信出版社，2017.

密结合，不能分离，这是社会治理的一个标尺，也可称作绿色治理，是自然用来区别事物是否具备人的自然属性的一种根本标准。在对整个世界的自然治理中，更多地坚持人性和自然性的原则，较多考虑自组织、多样性、生命力，由下而上地涌现、由上而下地协同，如同生物界，互利协作，成全滋养，求存为本。

后记

从已知求未来

当你即将合上这本书的时候，不知是否有走进未来的感觉?

现在是未来的入口，未来是现在的方向。

从已知的新科技引发产业变革，到其产业化扩展至整个经济，促使数字经济广泛发展，进而影响劳动就业、教育文化、健康医疗、社会生活等各方面。经济和社会的数字化，倒逼社会治理也要符合数字化趋势，这是追寻未来的逻辑。

从已知的数字产业化和产业数字化的现象中，我们发现了智能发展、平台发展和生态发展这样三个特征，而且三者之间具有内在联系，反映了数字化的共享本质，从对机会、资源、过程，以至成果的共享中，依稀看到未来的共富趋势。

从已知的智能机器人取代人的部分劳动，想象到大规模的机器人取代人的劳动后，人们可以摆脱繁重的体力劳动，从而导致机器人与人的劳动分工，在机器人提供的物质生活保障中，人们有时间和条件从事较多的智力劳动，包括创新、创意、创作、创造等方面的工作，从而提高智能、艺术、科技和品德素养，推进未来人的全面发展。

从已知的互联网、人工智能、大数据、大模型等，可以预见教育的社会化、在线化、终身化、共享化潮流，从而断定21世纪再不会重现15世纪那样的学校模样，教育的改变意味着未来新生力量对社会的创新和改变。

从已知的人类寿命延长、线上远程就诊、精准治疗，以及人工智能和基因结合的健康技术发展趋势，可以预见科技给健康带来的积极影响。未来人们会更多地从事智力劳动，同时注重人机协作交互、田园式劳动、体育健身等，人类将进入较少疾病甚至没有疾病的未来，健康长寿，甚至可能永生，这将使人们的生活更加快乐。

从已知的线上购物、支付、工作、学习等生活方式，以及智能管家、陪侍机器人、智能家电家具逐渐走入家庭的趋势，可以看到未来对财富的实际使用将会逐渐取代对财富的追求和占有，人际关系将向着平等、自由、轻松的方式转变。人们生活的环境将在钢筋水泥减少的空间中补充更多的树木、花草、飞鸟，从单一的物理空间向着虚拟与实体两者兼有的家园发展，从现在的语音或视频交流的微信等向着未来沉浸式的立体感观的元宇宙发展。

从已知的数字治理探索中，发现随着数字化的迅猛发展，作为主流的数字治理并非万能，数字化、现代化带来的异化，容易侵蚀自然和人性，因而非常需要保护生态的自然治理和保护人性的社会预防治理，由此形成未来的治理格局。

不平等的鸿沟暂时不会填平，全球不同地区走向未来也不可能同步。然而，数字化以来的世界，正在消除这样的差别。未来会致力于用平等普惠、共建共享来逐渐填平发展和时间的鸿沟。

2022年出版的《未来引擎》一书认为“用科技预测未来，比任何渠道和方式都更加可靠”。这本《未来发展》则注重从已知求未知，从现在求未来。

知道现在不易，求索未来更难。没有一个对现在客观、科学、全面、发展的认知，就难以得出对未来的正确预见；没有科学方法、哲学思维、逻辑推理、想象预见，求未知则无解。只有洞察天地，产生万物之理，才能推理未来，若能从规律中认识世界，就可洞万机于无形，置未来于眼前。

辛勤、科学、认真、智慧，可以为我们的认知补缺，尽管如此，一个人的努力也非常有限，短暂的研究更难有成效。这本书虽在《未来引擎》之后出版，却早于前者成稿，是我几年来学习理论、了解前沿、探索规律的过程记录，是蜜蜂般博采众长、提炼加工的过程记录，也是虚心请教、潜心学习的过程记录。

大道不孤，众行致远。庆幸《未来发展》这本书得到许多专家、领导、企业家，以及朋友、同学、同事的关心和支持，在此表达我的真诚感谢！

一是感谢各位专家、领导和企业家，或为拙作写序，或为拙作点评推荐，给我以精心指导、极大支持和热切鼓励。他们是：

邬贺铨：中国工程院院士

陈存根：中央国家机关工委副书记，中国社会工作联合会会长

杨志明：国务院参事室特约研究员，人力资源和社会保障部原党组副书记、副部长，中国劳动学会会长

杨学山：工业和信息化部原副部长，北京大学兼职教授

朱光耀：财政部原副部长

王东京：中央党校（国家行政学院）原副校（院）长

林左鸣：中国航空工业集团有限公司原董事长，中国航空学会理事长

王建宙：中国移动通信集团有限公司原董事长，全球移动通信协会高级顾问

汪明义：四川师范大学校长、教授

阎凤桥：北京大学教育学院院长、教授，中国教育发展战略学会常务理事

刘胜军：独立经济学者，刘胜军微财经创始人

李玲：北京大学国家发展研究院教授，中国健康发展研究中心主任

二是感谢中信出版集团陈炜总裁等领导的支持、重视和关心，感谢中信出版社的许志总编、王玲编辑、丰虹编辑等同志对拙作的认真策划、精心编辑和各种付出。

三是感谢各位同事、朋友、同学对书稿的修改和建议。他们是顾培、李森、王召武、葛颀、姚媛、姚宇晨、庄小军、张起生、常保国、陈天政、李栋、凌灿辉、付雯潇、李耀君、钟响、谭浩、高路、李耀君、李淑锋、李娅萌、郜毫非、成文华、宋宇等。

四是感谢我的妻子和女儿、女婿的理解和付出，他们承担了所有家务，给我提供温馨环境和杂务保障，使我能够全身心投入研究。

五是感谢读者朋友走进“未来系列”的阅读，让我们一起放飞思想，畅想明天，设计未来。